KB219895

예수님의 기적과

비유

예수님의 기적과 비유

이준호 지음

한국학술정보

목 차

머리말 // 6

1. 사복음서에 나타난 예수님의 안식일 치유 연구 // 9

2. 구조로 본 "중풍 병자 치유와 인자의 죄 용서" // 47

3. 구조로 본 "최후 심판 비유" // 85

4. "마지막 대심판 비유"의 종말론적 배경, 기독론, 윤리 // 123

5. 논쟁 담화의 두 안식일 논쟁 이야기 연구 // 155

6. 비유의 윤리적 의미와 신학적 해석의 가능성:
   누가복음 10:29-37에 대한 해석학적 연구 // 183

7. 갈등 구조로 본 누가복음 15장의 세 비유의 상징적 의미 // 215

8. 누가복음 15장에 나타난 신학적 의미 연구 // 247

9. 구조로 본 요한복음의 서시 // 281

10. 요한복음의 첫 번째 표적의 의미 // 307

사복음서가 성경에서 중심적인 역할을 하기에 학문적으로 가장 중요한 위치에 있다는 것에 이의를 제기하는 사람은 없다. 그도 그럴 것이 사복음서가 예수님의 생애와 사상을 네 가지 측면에서 다양한 모습으로 묘사하고 있기 때문이다. 예수님의 역사적 삶을 다루는 공관복음의 내용에 의해서 조직신학으로 대변되는 바울의 신학과 사상이 결정되고, 사도들의 가르침도 예수님의 생애에서 큰 영향을 받고 있다. 따라서 사복음서를 탐구하는 일은 신약성경 연구의 첫 단추를 꿰는 것과 같다. 확언하건대 사복음서는 인간의 역사가 존재하는 한 영원히 성경 연구에서 첫 번째 자리를 내어줄 수 없다.

학자들은 예수님의 생애와 사상을 탐구할 때 두 가지에 집중한다. 첫 번째는 예수님의 행위이고, 두 번째는 예수님의 가르침이다. 예수님의 행위는 예루살렘으로 올라가 고난을 받고 십자가에서 죽는 것에 가장 잘 나타나지만, 공적인 삶을 다루는 복음서의 전반부에서는 하나님의 아들 됨을 알리고 하나님 나라의 초대장으로 기능하는 수많은 기적 행위에서 두드러진다. 예수님의 가르침은 산상수훈과 같은 윤리적 교훈에서 잘 나타나지만, 하나님 나라에 대한 숨겨진 비밀을 담고 있는 천국 비유에서 절정에 이른다. 그러므로 예수님의 행위와 가르침이란 두 학문적 영역을 동시에 탐구하는 것은 사복음서를 이해하는 중요한 지름길이다.

본서는 예수님의 행위로서 기적 이야기를 다루는 두 편의 논문을 소개하고 있다. 넓게 보면 요한복음의 첫 번째 표적으로서 가나의 혼인 잔치에서 물을 포도주로 변화시킨 표적까지 포함할 수 있을 것이다. 요한복음에는 기적이 아닌 표적이 7편 등장하는데, 그것들은 모두 예수님이 누구인지를 알리고 죽음과 부활의 의미를 사인하는 역할을 한다. 따라서 정확한 의미에서 표적으로 이해해야 하지만 넓은 의미에서 기적으로 분류할 수 있다. 그것을 포함하면 본서는 3편의 기적 이야기를 소개하고 있다.

예수님의 가르침으로서 비유 이야기는 5편을 연구하여 소개하고 있다. 각 비유는 구조분석 또는 신학적 접근을 주로 시도하여 연구되었다. 하나의 비유에는 한 가지 또는 그 이상의 의미를 함축하고 있기에, 어떤 비유는 구조분석과 신학적 접근을 각각 시도하여 연구하고 있다. 두 접근 방법으로 각각 작성된 논문을 읽으면 비유의 풍성한 의미를 깊이 알 수 있을 것이다. 무엇보다 논문을 작성해야 하는 제자들에게는 같은 본문을 가지고 연구 방법에 따라 다른 논문을 작성할 수 있는 실례가 될 것이다. 다양한 학술지에 실린 각 논문은 독자를 배려하여 일부 수정 보완되었음을 밝힌다.

작은 연구 결과가 사복음서를 사랑하고 즐겁게 탐구하는 이들에게 작은 도움이 되기를 바란다. 무엇보다 서울한영대학교에서 성경을 연구하는 대학원

학생들에게 논문작성의 작은 나침판 역할 하기를 희망해 본다. 논문을 작성해본 경험이 없는 사람들은 처음에 모방으로 시작하여 창작으로 나아가는 절차를 거치기에 서툴 수 있으나 용기를 갖고 시도하기를 바란다.

이 연구에 매진할 수 있도록 도운 사랑하는 아내를 비롯하여 목사와 사모의 길을 즐거이 걸어가는 기대되는 아들과 딸에게 그리고 현숙한 며느리 사모와 공군에서 사역하는 믿음직한 사위 목사와 출판의 작은 기쁨을 함께 나누고자 한다. 모든 영광은 뇌출혈로 반신불수가 된 중풍 병자를 버려두지 아니하고 기적으로 치유하여 두 번째 인생을 살게 하신 하나님께 돌린다. 그분의 불쌍히 여기심이 지극히 작은 나에게 기적의 사람으로 살며 본서를 작성하고 출판할 수 있도록 역사하였음을 고백하지 않을 수 없다.

사복음서에 나타난 예수님의 안식일 치유 연구[†]

[†] 본 논문은 서울한영대학교에서 발행하는 학술지 『한영논총』, 제22호 (2016): 29-55에 게재되어 있다.

Ⅰ. 들어가는 말

사복음서는 예수님께서 안식일에 행한 일곱 개의 치유 이야기를 소개하고
있다.[1] 다섯 치유 이야기는 인간의 질병에 관한 것이고,[2] 두 치유 이야기는 귀
신축출에 관한 것이다.[3] 각 치유 이야기는 마태복음에 1개, 마가복음에 3개,
누가복음에 5개, 요한복음에 2개 등으로 중복해서 기록되어 있다.

일반적으로 치유 이야기의 범주에서 다루어지는 더러운 귀신 들린 자를 치
유한 이야기는 마가복음과 누가복음에만 등장한다(막 1:21-28; 눅 4:31-37).[4] 시

---

1 Daryl D. Schmidt, "The Sabbath Day: To Heal or Not to Heal," *Dialogue* 27 (1994), 125. 슈미트
   (Schmidt)는 안식일 치유 이야기의 숫자를 다섯 개로 본다. 손 마른 자 치유(마 12:9-14; 막 3:1-6; 눅
   6:6-11), 귀신 들려 고통을 당하는 여자 치유(눅 13:10-14), 수종병 거린 사람 치유(눅 14:1-6), 불구
   가 된 사람 치유(요 5:1-18), 태어날 때부터 맹인 된 자 치유(요 9:1-41).
2 다섯 개의 안식일 질병 치유 이야기로는 시몬의 장모 치유(막 1:29-31; 눅 4:38-41; cf. 마 8:14-17),
   손 마른 자 치유(마 12:9-15a; 막 3:1-6; 눅 6:6-11), 수종병 걸린 자 치유(눅 14:1-6), 불구가 된 자
   치유(요 5:1-18), 태어날 때부터 맹인 된 자 치유(요 9:1-41) 등이 있다.
3 두 개의 안식일 귀신 축출 이야기로는 더러운 귀신 들린 자(막 1:21-28; 눅 4:31-37)와 귀신 들린 여
   자(눅 13:10-14)를 치유한 사건이 있다.
4 Rudolf Bultmann, *Geschichte der synoptischen Tradition*, 『공관복음서 전승사』, 허혁 역(서울: 대한기독
   교서회, 1994), 260ff; 마태복음 4:24의 치유 목록에 귀신 들린 자가 포함되어 있다.

몬의 장모를 치유한 이야기는 공관복음에 모두 기록되어 있으나 마가복음과 누가복음만 안식일과 관련되어 있다(막 1:29-31; 눅 4:38-41; cf. 마 8:14-17). 한쪽 손 마른 자를 치유한 이야기는 공관복음에서 안식일에 곡식을 자른 논쟁 이야기 다음에 위치하여 안식일과 관련되어 있다(마 12:9-14; 막 3:1-6; 눅 6:6-11). 네 개의 안식일 치유 이야기는 누가복음과 요한복음에 각각 두 개씩 독립적으로 기록되어 있다(눅 13:10-14; 14:1-6; 요 5:1-18; 9:1-41). 모든 안식일 치유 이야기는 각 복음서의 전반부에 위치하고, 요한복음을 제외하고 예수님의 사역 초기에 일어난 것으로 기록되어 있다.

본 연구는 먼저 유대교의 안식일 치료와 관련된 규례를 간략히 살핀다. 그리고 각 복음서에 기록된 모든 안식일 치유 이야기를 순차적으로 고찰한다. 이러한 연구는 복음서에서 예수님의 기적 행위가 얼마나 심각한 유대교의 반감을 불러일으켰는지를 보여줄 뿐만 아니라 양자 사이의 충돌이 어떻게 시작되고 어떤 과정을 통해 증폭되고 어떻게 끝나는지를 알게 해줄 것이다. 그리고 유대교의 안식일 규례와 충돌을 불러일으킨 치유 이야기에 나타난 예수님의 안식일 정신과 자기 이해, 그리고 종말론적 메시지를 알게 해줄 것이다.

II. 유대교의 안식일 치료 규례

예수님 당대 유대교에서 할례와 더불어 엄격히 준수된 안식일 규례는 어떠한가?[5] 유대교는 안식일에 질병을 치료하도록 허락하였는가? 이러한 질문에

---

5 R. T. France, *The Gospel of Matthew*, NICNT(Grand Rapids, Michigan: William B. Eerdmans Publishing, 2007), 454. 안식일 준수는 할례와 함께 하나님의 백성으로서 유대인의 특징적인 표지다.

답변하는 것은 예수님의 안식일 치유 이야기를 해석하는 데 주요하다. 유대교의 안식일 규례는 두 가지 사상에서 비롯된다.[6] 첫째, 유대교의 안식일 규례는 십계명에 기초하고 있다. "일곱째 날은 네 하나님 여호와의 안식일인즉 … 아무 일도 하지 말라"(출 20:10; 비교. 신 5:14). 둘째, 유대교의 안식일 규례는 창조 질서에 기초하고 있다. 유대인들은 하나님께서 6일 동안 천지를 창조하고 일곱째 날에 쉰 것을 기념한다(출 20:11). 그들은 가나안에 입성한 이후 이 두 사상에 근거하여 안식일 규례를 엄격히 준수한다.

느헤미야서는 안식일에 노동이나 매매하는 자들을 꾸짖어 "어찌 이 악을 행하여 안식일을 범하느냐"라고 귀인들을 책망하는 것으로 기록하고 있다. 느헤미야는 안식일에 상인들이 이동하지 못하도록 예루살렘 성문을 굳게 닫았다(느 13:15-21). 그의 시대에 장사하는 사람들은 안식일에 예루살렘 성문에 짐을 내려놓고 잠을 자며 기다리다 안식일 시간이 지나서야 비로소 성으로 들어올 수 있다(느 13:20-21).

희년의 책(The Book of Jubilees)은 하늘에서도 안식일 법을 지키는 것으로 묘사한다. 그리고 "어떤 사람이 일을 할 경우 확실히 죽을 것이라"고 기록한다.[7] 마카비1서는 하시딤이 안식일 법에 얼마나 충실한지 단정적으로 보여주는 사건을 소개한다.[8] 에피파네스 왕의 신하들이 "경건한 자" 천여 명이 모이는 정보를 입수하고 찾아갔을 때, 하시딤은 안식일이라는 이유로 자신들을 방어하는 조치를 하지 않는다. 안식일 계명이 손으로 하는 모든 일을 금지하고 장

---

6 출애굽기와 신명기에 나타난 안식일 규정의 차이에 대하여 장재, "신명기 안식일 계명에 대한 소고," 『성경과 신학』, 제41권 (2007): 169-98을 보라.

7 The Book of Jubilees 2:27. Daryl D. Schmidt, "The Sabbath Day: To Heal or Not to Heal," 128. B.C. 2세기에 기록된 것으로 보인다.

8 1 Maccabees 2:37-38. Daryl D. Schmidt, "The Sabbath Day: To Heal or Not to Heal," 128. 마카비1서는 B.C. 168-136년에 있었던 이야기를 사두개파의 시각에서 기록한 글이다.

거리 이동을 제한하기 때문이다.[9] 그들은 안식일 법 준수하는 것을 중요하게 생각하여 아무런 저항도 하지 않고 죽음의 길을 선택한다.

율법의 해석에 열심을 품은 하시딤은 하나의 원칙을 세우고 있다. "율법의 둘레에 울타리를 쳐라"(M. Ab. 1.1). 그들은 안식일 법을 엄격히 준수하기 위해 율법 주위에 넓은 울타리를 친다. 그로 인해, 안식일 규례에 다양한 조항들이 추가되고 많은 보충 설명이 가해진다. 예를 들어, 안식일이 시작되는 시간을 일몰이 아닌 서산에 해가 지는 때로 정하여 미리 준수하도록 한다.[10] 그렇게 하면 일하다가 해가 서산에 지는 시간을 넘겨도 일몰 시간을 어기지 않으므로 안식일 법을 올바로 준수한다고 생각한 것이다. 이러한 방식으로 세워진 안식일 규례들은 장로들의 유전이 되어 예수님 시대에 율법과 같은 위치를 차지하게 된다. 장로들의 유전은 안식일에 병든 자를 치유하지 못하게 금하고 있다. 치료 활동은 노동에 해당하는 것으로 간주되기 때문이다. "회당장이 예수님께서 안식일에 병 고치시는 것을 분 내어 무리에게 이르되 일할 날이 엿새가 있으니 그동안에 와서 고침을 받을 것이요 안식일에는 하지 말 것이니라 하거늘"(눅 13:14).

유대교의 모든 종파가 안식일에 모든 치료를 하지 못하도록 금한 것은 아니다. 미쉬나(Mishnah)는 생명이 위급할 때 안식일에 치유하도록 허락하는 랍비 전승을 기록하고 있다. "만일 한 사람이 목에 고통이 있다면 그들은 안식일에 그의 입에 약을 떨어뜨릴 수 있다. 왜냐하면 생명이 위험에 놓였는지 의심스럽기 때문이다. 그리고 생명이 위험한지 의심스러운 이것이 안식일보다 우월하기 때문이다."[11] 미쉬나를 보충하는 자료인 토셒타(Tosefta)도 안식일에

---

9   이준호, 『성경과 함께 읽는 신약배경사』(서울: 도서출판 영성, 2012), 74.

10   이준호, 『성경과 함께 읽는 신약배경사』, 75.

11   Tractate Yoma 8.6b, *The Mishnah*, trans. H. Danby (London: Oxford University Press, 1933), 172.

생명이 위급하지 않을 때 치료를 하지 못하도록 금하고 있다. "그들은 안식일에 진통제 송진을 먹지 않는다. 어떤 상황에서 그러한가? 만일 호흡이 나쁘다고 판단될 때 치료를 위한 목적으로 이것은 허락되었다."[12] 이러한 기록들은 생명이 위험한 상황에 놓였을 때 안식일에 치료하지 못하도록 금한 규례를 무효화한 것이 주후 1세기 이후 일반화된 것을 보여준다. 하지만 생명이 위급하지 않을 때 유대교의 안식일 노동 금지 명령은 여전히 유효하다.

유대교는 안식일 규례를 어긴 자에게 죽음의 형벌을 내리지 않는다. 단지 그들에게 속죄의 제물을 드리도록 한다. "안식일의 원칙을 잘 잊어버리고 안식일에 많은 일에 전념하는 자는 누구든지 하나의 속죄 제물을 드릴 책임이 있다."[13] 이 언급은 유대교에서 안식일 규례를 어겼을 경우 속죄 제물을 드리는 것이 일반적인 규례로 자리를 잡은 것을 보여준다.

III. 사복음서의 안식일 치유 이야기

1. 마태복음(12:9–15a)

마태복음은 안식일에 일어난 두 개의 논쟁 이야기를 나란히 소개하고 있다. 하나는 안식일에 곡식을 자른 이야기이고, 다른 하나는 손 마른 자를 치유한 이야기이다(12:1-8, 9-15a). 두 논쟁 이야기는 11:28-30에 기록된 "쉼"(ἀνάπαυσις)에 관한 예수님의 교훈에 이어 등장한다. 이러한 순서는 두 논

Daryl D. Schmidt, "The Sabbath Day: To Heal or Not to Heal," 128.

12   Daryl D. Schmidt, "The Sabbath Day: To Heal or Not to Heal," 129에서 재인용.

13   Tractate Sabbath 7.1.

쟁 이야기가 안식일의 목적인 "쉼"에 관한 예수님의 사상을 설명하는 역할을 하는 것을 보여준다(출 23:12; 신 5:14).[14] 예수님께서는 서기관들에 의해 무거운 율법이 된 안식일의 쉼을 회복하기 위해 의도적으로 병든 자를 치유한다.[15] 두 안식일 논쟁 이야기는 서로 같은 날에 일어났으므로 밀접하게 연결되어 있다.[16]

마태복음은 마가복음보다 더 구체적으로 안식일에 한쪽 손 마른 자의 치유 이야기를 기록하고 있다. 마가복음은 바리새인들이 예수님께서 안식일에 병을 고치는지 단지 주시한 것으로 말하지만, 마태복음은 사람들이 "안식일에 병 고치는 것이 옳으니이까"라고 물어본 것으로 보고하고 있다(12:10). 그리고 마가복음에 없는 양 한 마리가 안식일에 구덩이에 빠졌을 경우 구해 주어야 한다는 실례를 소개한다(12:11). 마태복음에 기록된 예수님의 가르침에 의하면, 선은 안식일에 구덩이에 빠진 양 한 마리를 끌어내는 것이다.

보수적인 쿰란 공동체의 에세네파는 예수님과 다른 입장을 지니고 있다. 그들은 "누구든지 안식일에 출생하는 동물을 도울 수 없다. 그리고 만일 짐승이 저수지나 구덩이에 빠진다면 안식일에는 끌어올릴 수 없다"라고 생각한다.[17] 이렇게 보수적인 유대인들은 안식일에 어떤 일도 하지 못하도록 엄격히 금지한다. 그들은 안식일의 정신인 "쉼"을 약하게 한다. 좀 더 온건한 종파는 안식일이라 하더라도 생명이 위급할 경우 약간의 일을 하도록 허용한다. 비록 후기 시대의 기록이지만 랍비적 토론은 안식일에 구덩이에 빠진 짐승을

---

14 R. T. France, *The Gospel of Matthew*, 454.

15 R. T. France, *The Gospel of Matthew*, 455.

16 Eduard Schweizer, *Das Evangelium nach Matthäus*, 『마태오복음』, 국제성서주석 29, 번역실 역(서울: 한국신학연구소, 1982), 294; R. T. France, *The Gospel of Matthew*, 463.

17 CD 11:13-14.

돕도록 허락하고 있다(b. Šabb. 128b).[18] 이것은 예수님 시대에 이미 실행되고 있다. 그래서 예수님께서 안식일에 구덩이에 빠진 양 한 마리를 구해 주어야 한다고 했을 때 바리새인들의 반대에 직면하지 않는다. 또한 예수님께서 온건한 유대교의 입장에 호소하여 구덩이에 빠진 양 한 마리를 구해 주어야 한다는 할라카적 주장을 할 수 있다.

예수님의 눈에 한쪽 손 마른 사람은 구덩이에 빠진 양처럼 보인다. "사람이 양보다 얼마나 더 귀하냐?"(12:12). 수사적 비교급의 이 표현은 인간에 대한 신의 자비에서 비롯된 교훈으로서 예수님의 안식일 치유 행위를 정당화한다. 그러나 바리새인들은 생명이 위급하지 않은 상황에서 치료하는 것은 안식일에 금지한 것이므로 하지 말아야 한다고 생각한다.[19] 그들은 단지 생명이 위급할 때나 아이를 낳을 때 도움을 주는 것만을 허락한다(m. Šabb. 18:3).[20] 그렇지 않으면 다음 날까지 기다린 후 치료해야만 한다. 한쪽 손 마른 사람의 경우도 생명이 위급하지 않으므로 다음 날까지 기다려야만 한다.[21] 그럼에도 예수님께서는 안식일에 한쪽 손 마른 사람에게 "손을 내밀라"라고 하여 치유함으로써 유대교의 안식일 법 해석에 이의를 제기한다.[22] 곤경에 처한 사람을 구하여 쉼을 누리게 하는 것이 안식일 법의 정신임을 보여준다.

퀄러(Queller)는 "들어가시니', "한가운데에', "네 손을 내밀라', "마음의 완

---

18 John Mark Hicks, "The Sabbath Controversy in Matthew: An Exegesis of Matthew 12:1-14," *Restoration Quarterly* 27 (1984), 89; R. T. France, *The Gospel of Matthew*, 465.

19 John Mark Hicks, "The Sabbath Controversy in Matthew: An Exegesis of Matthew 12:1-14," 89.

20 R. T. France, *The Gospel of Matthew*, 464.

21 R. T. France, *The Gospel of Matthew*, 464.

22 Donald A. Hagner, *Matthew 1-13*, WBC, vol. 33A, (Dallas, Texas: Word Books Publisher, 1993), 334.

악함" 등의 표현을 출애굽의 홍해 사건과 연관시킨다.[23] 그러나 홍해 바다가 갈라진 사건의 반향으로 본문을 해석하는 것은 너무 멀리 나아간 것이다. 한 쪽 손 마른 자를 치유하면 회당에 있던 사람들의 찬사가 기대되나 예수님을 반대하는 바리새인들의 부정적인 태도가 나타난다(12:14). 바리새인들은 안식일에 행한 기적을 하나님의 나라를 알리는 표적으로 생각하여 관심하지는 않는다. 그들은 단지 자신들의 안식일 규례가 무너지는 것을 심각하게 여겨 "어떻게 하여 예수를 죽일까"라고 의논한다(12:14).

마태는 랍비적 토론 방식을 사용하여 예수님께서 죽은 원인을 안식일 논쟁에서 비롯된 것으로 서술하고 있다. 예수님께서 유대교의 안식일 규례에 정면으로 도전장을 내밀고 그로 인해 죽음의 어두운 그림자가 드리우기 시작한다. 예수님의 죽음을 예고하는 이러한 마태복음의 첫 번째 언급은 장차 다가올 십자가의 죽음을 영원한 안식을 제공하고 쉼을 가져다주는 사건으로 이해하도록 요구한다. 그리고 예수님께서 안식일 법의 올바른 해석자로서 랍비이며 쉼을 제공하는 안식일의 주인이라는 것을 보여준다.

2. 마가복음(1:21-28; 29-31; 3:1-6)

마가복음은 세 개의 안식일 치유 이야기(1:21-28; 29-31; 3:1-6)와 하나의 안식일 논쟁 이야기(2:23-28)를 기록하고 있다. 세 안식일 치유 이야기는 예수님의 공적인 생에 초기에 모두 발생한다.[24] 마가복음에 의하면, 예수님은 가버나움의 회당에서 처음부터 안식일에 권세 있는 교훈을 베풀고(1:21, 27), 더러

---

23 Kurt Queller, "'Stretch Out Your Hand!' Echo and Metalepsis in Mark's Sabbath Healing Controversy," *JBL* 129 (2010): 737-58.

24 Daryl D. Schmidt, "The Sabbath Day: To Heal or Not to Heal," 131.

운 귀신을 축출하고(1:25, 34), 병든 사람을 치유하며 공적인 활동을 시작한다(1:31, 34).[25] 가버나움은 예수님의 공적인 사역의 특별한 거점이다.[26] 그곳에는 많은 이방인뿐 아니라 율법 학자들도 살고 있다.[27] 회당에서 가르친 예수님의 권위 있는 새 교훈과 귀신을 축출하고 질병을 치유하는 권세는 처음부터 바리새인과 동일시되는 서기관들의 권세와 대조를 이룬다(1:22). 마가복음은 예수님께서 처음부터 안식일에 치유함으로써 안식일 규례를 논쟁의 중심에 올려놓는 것으로 기록하고 있다.

1) 더러운 귀신축출 사건(1:21-28)

마가복음의 첫 번째 안식일 치유 이야기는 예수님의 설교와 치유의 중심지인 가버나움에서 더러운 귀신을 축출하는 것으로 시작된다(1:21-28).[28] 예수님께서는 해변에서 고기 잡는 시몬과 안드레, 세베대의 아들 야고보와 요한을 데리고 그들이 살고 있던 가버나움의 회당으로 들어간다(1:21, 29).[29] 그곳에서 행한 예수님의 귀신축출 사건은 갈릴리 사역에서 처음으로 하나님의 나라를 선포한 1:15의 빛 아래 이해할 수 있다. "때가 찼고 하나님의 나라가 가까이 왔으니 회개하고 복음을 믿으라"(1:15). 1:15의 복음과 관련된 귀신축출 사건은 하나님의 나라를 선포한 예수님의 정체와 그의 나라가 어떻게 임하는지

---

25 William L. Lane, *The Gospel according to Mark,* NICNT (Grand Rapids, Michigan: William B. Eerdmans Publishing, 1974), 70-71.

26 Joachim Gnilka, *Das Evangelium nach Markus*, 『마르코복음』, 국제성서주석 28, 번역실 역(서울: 한국신학연구소, 1985), 96.

27 Joachim Gnilka, *Das Evangelium nach Markus*, 『마르코복음』, 98. A.D. 70년까지 율법 학자들은 주로 예루살렘에 거주하며 당파를 형성한다. 그러나 유대교의 무덤 비문은 갈릴리와 디아스포라에도 율법에 학식이 있는 자들이 살고 있었다는 것을 입증해 준다.

28 예수님의 갈릴리 사역의 가버나움 중심성에 대한 언급으로는 1:21; 2:1; 9:33; cf. 5:21을 보라.

29 William L. Lane, *The Gospel according to Mark,* 71.

설명하는 역할을 한다.

하나님의 나라를 선포한 예수님은 누구인가? 그의 정체는 기독론적인 요점을 담고 있는 귀신의 외침을 통해 드러난다(1:24). 일반적으로 마가복음에 등장하는 인물들은 예수님을 "주"(7:28), "선생"(9:17), "다윗의 자손"(10:47-48)으로 고백한다. 그러나 귀신들은 예수님을 "하나님의 아들"(3:11)과 "지극히 높으신 하나님의 아들"(5:7)로 부른다. 두 호칭은 예수님을 하나님의 아들로서 신적인 존재로 소개하는 역할을 한다.[30] 본문에서 귀신은 예수님을 "나사렛 예수"와 "하나님의 거룩한 자"로 부른다(1:24). "*나사렛 예수여* 우리가 당신과 무슨 상관이 있나이까 우리를 멸하러 왔나이까 나는 당신이 누구인 줄 아노니 *하나님의 거룩한 자*니이다"(1:24). 여기에서 "나사렛 예수"는 "거룩한 자 예수"라는 의미를 지니고 있다.[31] 두 표현 사이에 언어유희가 있다. 그것은 사사기 13:7의 70인역 알렉산드리아 사본과 바티칸 사본에서 삼손을 지칭할 때 *나지라이온 떼우*(ναζιραῖον θεοῦ, 하나님의 나실인)와 *하기온 떼우*(ἅγιον θεοῦ, 하나님의 거룩한 자)를 교호적으로 사용한 것을 통해 알 수 있다. 귀신은 예수님의 정체를 고백함으로써 그가 자신보다 더 높은 자로서 하나님과 특별한 관계를 맺고 있다는 것을 드러낸다.[32] 구약성경이 삼손 이외에 아론에게도 "여호와의 거룩한 자"라고 기록하고 있으므로 그것에 근거하여 귀신이 예수님의 대제사장적 신분을 드러낸 것으로 볼 수 있다(시 106:16).[33]

1:15에서 비로소 때가 차매 선포된 하나님의 나라는 예수님께서 높은 권세로 귀신을 축출하는 형태로 임한다. 하나님으로부터 위임받은 예수님의 권세

---

30 William L. Lane, *The Gospel according to Mark*, 74.

31 Joachim Gnilka, *Das Evangelium nach Markus*, 『마르코복음』, 96, 100. 각주 26을 보라.

32 Robert A. Guelich, *Mark 1-8:26*, WBC, vol. 34, (Dallas, Texas: Word Books Publisher, 1990), 58.

33 Joachim Gnilka, *Das Evangelium nach Markus*, 『마르코복음』, 100.

는 더러운 귀신 들린 사람이 저항하며 소리를 지르고 경련을 일으킨 격렬한 형태로 나타난다.[34] 귀신은 예수님의 권세를 고백하지 않지만 "하나님의 거룩한 자"로 예수님의 신분을 인식한다. "잠잠하고 그 사람에게서 나오라"라는 예수님의 꾸짖음은 귀신보다 높은 신적 권세를 부각한다(1:22, 25). 저항하던 귀신은 "잠잠하라"는 예수님의 신적 명령 앞에 힘을 잃어버린다. 더러운 영에게 잠잠하고 나오라고 한 추방 명령은 예수님의 심판이 시작된 증거이며,[35] 장차 있을 사탄과의 충돌을 예고하는 선언이다. 그것은 마가복음에 나타난 복음의 현저한 특징이다. 예수님의 권세와 복음은 서기관들의 가르침과 차별화되어 있으며(1:22, 27a), 귀신이 명령에 순종하는 것으로 입증된다(1:26, 27b).

2) 시몬의 장모 열병 치유(1:29-31)

예수님께서 안식일에 시몬의 장모의 열병을 치유한 가장 짧은 이야기는 마태복음과 누가복음에도 등장한다(눅 4:38-41; cf. 마 8:14-17). 누가복음은 더러운 귀신을 축출한 사건에 이어 안식일에 시몬의 장모를 치유한 것으로 기록하고 있으나 마태복음은 안식일에 일어난 언급을 하지 않는다. 마가복음에 자주 등장하는 특징적인 시간부사로서 "곧"(εὐθέως)은 이 치유 사건을 바로 앞에 등장하는 안식일 귀신축출 사건과 연결하도록 요구한다.[36] 두 이야기는 안식일이란 시간과 가버나움이란 장소로 연결되어 있다.

예수님께서 시몬의 병든 장모의 손을 잡아 일으킨 사건은 가버나움에서 발생한다. 가버나움에는 회당이 있고 그 근처에 시몬과 안드레가 함께 살던 집이 있다. 아마도 베드로는 벳세다 출신이지만 장인의 집이 있는 가버나움으

---

34 William L. Lane, *The Gospel according to Mark*, 72.

35 William L. Lane, *The Gospel according to Mark*, 75.

36 William L. Lane, *The Gospel according to Mark*, 70. 마가는 1:21-31의 두 치유 이야기를 안식일에 일어난 것으로 기록한다.

로 이주한 듯하다.[37] 마가는 예수님께서 베드로의 집에서 처음 질병을 치유한 것으로 기록한다. 그렇게 함으로써 초대교회에서 교육과 예배의 장소로 사용된 집에 의미를 부여한다. 마가복음에서 집은 제자를 교육하고 예수님이 누구인지를 드러내는 장소이다(7:17; 9:28, 33; 10:10). 시몬의 장모가 예수님과 일행에게 저녁 식사를 대접하기 위해 수종을 든 것은 자연스러운 일이다(1:31).[38]

예수님께서 시몬의 장모의 손을 잡아 일으킨 것은 병든 자를 부정한 자로 간주하여 멀리하던 유대교의 청결 예식을 어긴 것이다. 남자인 예수님께서 여자인 시몬의 장모의 손을 잡은 것도 유대인의 관습을 깨뜨린 것이다. 마가는 예수님과 시몬의 장모의 관계를 남자와 여자, 정한 자와 부정한 자의 관계보다 하나님의 아들과 백성의 관계로 이해한다. 예수님은 여인에게 자비와 동정심에서 비롯된 치유의 손길을 내민다. 이렇게 예수님의 치유 행위는 하나님의 나라가 다가온 것을 알리는 종말론적 사건으로 위치한다.

3) 한쪽 손 마른 자 치유(3:1-6)

한쪽 손 마른 자 치유 이야기는 마가복음의 특징적인 다섯 충돌 이야기 (2:1-3:6)의 마지막에 위치한다. 구조적인 측면에서 볼 때, 이 이야기는 치유보다 예수님과 대적자들 사이의 충돌을 더욱 부각한다.[39] 충돌 이야기의 마지막 구절은 갈릴리에서 발생한 다섯 충돌 이야기 전체의 결론이다(3:6).

이 이야기는 마태복음과 누가복음에 병행 본문을 갖고 있다(마 12:9-15a; 눅 6:6-11). 마태복음은 안식일에 구덩이에 빠진 한 마리의 양을 실례를 소개하

---

37 Joachim Gnilka, *Das Evangelium nach Markus*, 『마르코복음』, 105.

38 William L. Lane, *The Gospel according to Mark*, 78.

39 William L. Lane, *The Gospel according to Mark*, 121.

나 마가복음은 그것을 생략하고 있다(비교. 마 12:11). 그 대신 마태복음에 없는 "생명을 구하는 것과 죽이는 것 어느 것이 옳으냐?"라는 확장된 질문을 기록하고 있다(막 3:4; 눅 6:9). 예수님의 이 질문은 어울리지 않는다. 왜냐하면 한쪽 손 마른 질병이 생명에 위협을 주지 않기 때문이다. 그러나 이 질문은 바리새인들과의 논쟁에서 주도권을 잡는 역할을 한다. 그리고 이 질문 방식은 예루살렘 성전에서 발생한 논쟁 이야기에 다시 등장한다(12:35, 37).

안식일에 생명을 구하는 것에 관한 언급은 선을 행해야 한다는 교훈보다 더 나아간 것이다. 예수님께서는 안식일에 선을 행할 수 있다는 것을 보여주기 위해 목숨을 구하는 것을 함께 질문한다. 도움을 필요로 하는 자를 적극적으로 돕지 않는 것은 생명을 죽이는 것과 같이 악하다고 가르친다.[40] 한쪽 손 마른 사람을 치유하므로 구체화된 할라카적 대답을 요청한 예수님의 질문의 요점은 안식일에 선을 행해야 한다는 것이다.[41]

회당에 있던 바리새인들은 예수님께서 "안식일에 그 사람을 고치시는가?" 주시하고 있다(3:2). 그들은 전승에 기초하여 안식일에 어떤 유익한 일도 하지 말아야 한다고 생각한다.[42] 그러한 생각은 하나님께서 안식일 규례를 만들 때 보여준 인간을 위한 자비와 은혜를 잊어버린 것이다. 그들은 경건이란 미명으로 하나님의 목적과 인간의 고난을 모두 외면한다. 그래서 예수님의 질문에 아무런 대답을 하지 못하고 잠잠할 수밖에 없다. 예수님께서는 그들의 침묵이 갖는 의미를 간파하고 마음의 완악함을 탄식하며 절제된 신적인 분노로

---

40 Joachim Gnilka, *Das Evangelium nach Markus*, 『마르코복음』, 162.

41 William L. Lane, *The Gospel according to Mark*, 123.

42 Mary Ann Tolbert, "Is It Lawful on the Sabbath To Do Good or To Do Harm: Mark's Ethics of Religious Practice," *Perspectives in Religious Studies*, 23 (1996): 207.

진노한다.[43] 그리고 안식일에 한쪽 손 마른 사람을 치유하는 선을 행함으로써 안식일의 기쁨을 회복시키고 안식일 규례를 준수하는 실례를 제공한다. 그렇게 함으로써 잘못 준수되고 있는 안식일 정신을 회복시키고 고난받는 병든 자를 구원하는 자로 자신을 드러낸다. 그럼에도 예수님의 치유 행위는 유대교의 안식일 법을 깨뜨린다는 이유로 대적자들의 강한 반발을 불러오고, 그들에게 예수님을 죽일 계획을 도모하는 계기를 제공한다(3:5).[44] 바리새인들은 예수님을 제거하는 계획을 세움으로써 안식일에 악을 행하고 생명을 죽이는 쪽을 택한다. 그들은 안식일 날 안식일의 정신을 무너뜨리고 안식일의 주인인 예수님을 죽이려고 한다.

마가복음은 마태복음과 같이 안식일에 한쪽 손 마른 자를 치유한 것이 예수님을 죽이는 계획을 도모하도록 만든 직접적인 원인으로 보고한다. 이것은 누가복음에서 대적자들이 단지 "노기가 가득하여 예수를 어떻게 할까"라고 의논만 한 것과 다르다(6:11). 마가복음은 예수님을 죽이려는 바리새인들의 계획에 헤롯당이 협력한 것으로 묘사한다(3:6; 12:13). 헤롯당은 요세푸스 이외의 고대 자료에 언급되어 있지 않다.[45] 이것은 헤롯당이 분파나 조직적인 당파가 아니라 헤롯에게 충성하는 사람들인 것을 의미한다. 세금에 관해 관심을 기울이는 12:13 이하의 교훈을 통해 볼 때, 그들은 팔레스타인에 대한 로마의 지배에 충성스러운 태도를 보여주고 있다. 여기에서 헤롯은 아그립바1세를 가리킨다.[46] 그가 예루살렘을 포함하여 전 국토를 통일하고 바리새파 사람들과 동조하여 그리스도인들을 반대하기 때문이다.

43 William L. Lane, *The Gospel according to Mark*, 123.

44 Daryl D. Schmidt, "The Sabbath Day: To Heal or Not to Heal," 133.

45 William L. Lane, *The Gospel according to Mark*, 123.

46 Joachim Gnilka, *Das Evangelium nach Markus*, 『마르코복음』, 164.

마가복음의 세 안식일 치유 이야기에서 예수님은 생명에 위협이 되지 않는 경우 안식일에 치유할 수 없는 유대인의 안식일 규례를 따르지 않는다. 진정한 안식을 가져다주는 자로 자신을 이해한 그는 안식일의 정신을 새롭게 해석하여 적용한다.[47] 예수님에게 있어서 선을 행하는 것은 갑자기 죽을 만큼 위급한 병이 아닐지라도 안식일에 질병으로 고통받는 자를 치유하는 것이다. 이러한 예수님의 가르침은 유대교의 안식일과 관련된 전승을 폐지하고 창조 정신에 기초한 십계명의 안식일 법에 담긴 정신을 회복하는 것이다.

3. 누가복음(4:31-37; 4:38-41; 6:6-11; 13:10-14; 14:1-6)

누가복음은 예수님께서 안식일에 치유한 다섯 이야기를 기록하고 있다.[48] 사복음서 중에 가장 많은 안식일 치유 이야기를 기록하고 있는 누가는 의사답게 환자의 상태를 자세히 묘사한다. 예를 들어, 안식일에 더러운 귀신을 축출한 이야기에서 귀신이 환자를 쓰러뜨리고 나갔으나 "그 사람은 상하지 아니한지라"라고 기록하여 마가복음에 없는 내용을 덧붙이고(4:35), 시몬의 장모를 치유한 이야기에서 그녀의 열병의 "중한"(μεγάλω) 상태를 진단하고(4:38), 오른손 마른 자 치유 이야기에서 마태와 마가가 단지 "한쪽 손"이라고 언급한 것과 달리 "오른손"이라고 구체적으로 묘사하고(6:6), 열여덟 해 동안 귀신 들린 자를 치유한 이야기에서 "꼬부라져 조금도 펴지 못하는"이라고 하여 환자의 상태를 구체적으로 묘사한다(13:11). 이렇게 누가가 안식일 치유 이야기들을 상세하게 기록한 것은 의사로서 안식일에 질병을 치유하는 것이 적

---

47 William L. Lane, *The Gospel according to Mark*, 124.
48 누가복음에 나타난 안식일 논쟁에 관한 논문으로는 박홍순, "바람직한 기독 지식인: 누가복음의 안식일 논쟁단락을 중심으로," 『신앙과 학문』, 제13권 1호 (2008): 81-111.

합한지에 관한 문제에 많은 관심이 있다는 것을 의미한다(6:7; 13:14; 14:3).

1) 더러운 귀신축출(4:31-37)

누가복음에 기록된 첫 번째 기적 사건으로서 더러운 귀신을 축출한 이야기는 사탄과 예수님의 대결을 보여준다(4:31-37). 이 이야기는 갈릴리 지역의 순회 설교를 요약한 4:14-15를 상기시키는 언급으로 시작된다(4:31-32). 두 내용은 예수님께서 회당에서 가르친 것과 그의 가르치는 권위에 청중들이 놀라는 모습에서 유사성을 보여준다. 예수님의 가르침의 내용은 구체적으로 등장하지 않는다. 그러나 15-16절과 31-32절 사이의 병행을 통해 볼 때, 예수님께서 안식일에 가버나움에서 선포한 메시지는 나사렛에서 이사야가 예언한 것의 성취로서 희년의 정신을 취임 설교로 선포한 것과 유사하다(4:18-19).[49] 즉, 예수님은 안식일에 희년의 정신을 선포한다. 희년의 정신을 구현하기 위해 바로 이어서 귀신 들린 자를 치유함으로써 더러운 귀신으로부터 자유하게 해준다. 따라서 본문은 해석의 열쇠인 4:18-19의 성취로 이해할 수 있다.

더러운 귀신축출 이야기는 마가복음에 병행 본문을 갖고 있다(4:31-37; 막 1:21-28). 누가복음은 마가복음을 따르나 예수님의 권위를 더 부각한다.[50] 마가복음은 예수님께서 가르치는 것을 단지 "권위 있는 자와 같고"(ὡς ἐξουσίαν ἔχων)라고 언급하지만, 누가복음은 단정적으로 "그 말씀이 권위가 있음이러라"(ἐν ἐξουσίᾳ ἦν ὁ λόγος αὐτου)라고 기록한다(비교. 막 1:22; 눅 4:32). 또한 마가복음은 예수님의 가르침을 "권위 있는"(κατ' ἐξουσίαν) 새 교훈으로 언급하지

---

49   Joel B. Green, *The Gospel of Luke*, NICNT (Grand Rapids, Michigan: William B. Eerdmans Publishing, 1997), 222.

50   John Nolland, *Luke 1-9:20*, Word Biblical Commentary, vol. 35A, (Dallas, Texas: Word Books Publisher, 1989), 204. 누가는 마가의 본문을 따르지만, 마가의 특징적인 "곧"(εὐθέως)이라는 시간 부사와 "서기관들과 같지 아니함이러라"(οὐχ ὡς οἱ γραμματεῖς)는 표현을 생략한다.

만, 누가복음은 여기에 뒤나미스(δύναμις)를 추가하여 "권위와 능력으로"(ἐν ἐξουσίᾳ καὶ δυνάμει)라고 반복함으로써 강조한다(비교. 막 1:27; 눅 4:36). 누가복음의 이러한 강조는 마가복음보다 더 예수님을 권세 있는 구원자로 묘사하는 것이다. 예수님의 권세는 성령의 능력에 의한 것이다(4:1, 14, 18). 예수님께서 성령의 능력에 기초한 권세를 드러낼 때 청중은 교훈을 들을 때와 마찬가지로 놀라움으로 반응한다(4:32, 36). 그러나 신적인 능력의 표현에 대한 그들의 놀라움은 믿음으로 발전하지 못한다.[51]

예수님의 권세 있는 귀신축출 사역은 그의 통치 영역이 우주적이란 것을 보여준다.[52] 예수님의 통치가 자연과 인간세계뿐 아니라 영적인 세계에도 미치고 있기 때문이다(4:34). 사탄은 예수님에게 자신을 내버려 두라고 하며 예수님의 이름과 기원에 대한 지식을 드러내어 대적한다.[53] 예수님께서는 침묵 명령과 축출 명령으로 사탄을 제압한다. 그러자 귀신은 그 사람을 무리 중에 넘어뜨리고 떠나간다. 이러한 귀신축출 이야기는 예수님께서 사탄의 권세 아래 괴로움 당하는 자에게 자유를 선사함으로써 안식일에 진정한 희년의 정신을 구현하는 자라고 소개하는 데 목적이 있다.

2) 시몬의 장모 열병 치유(4:38-39)

예수님께서는 안식일에 회당에서 귀신을 축출하고 집으로 이동한다. 장소의 변화는 사도행전에서 바울이 먼저 안식일에 회당에서 복음을 선포하고 대적자들을 만난 이후 가정에서 복음을 선포하는 순서와 유사한 점에서 하나의 패턴을 이룬다(행 18:1-11).[54] 가정에서 시몬의 장모를 치유한 이야기에 대한

51　Joel B. Green, *The Gospel of Luke*, 224.

52　John Nolland, *Luke 1-9:20*, 209.

53　Joel B. Green, *The Gospel of Luke*, 224.

54　Joel B. Green, *The Gospel of Luke*, 224-25.

누가복음과 마가복음의 기록은 차이를 보여준다(4:38-41).

첫째, 마가복음은 사람들이 "여쭈온대"(λέγουσιν)라고만 언급하지만, 누가복음은 "구하니"(ἠρώτησαν)라고 하여 간청하는 기도를 강조한다(4:38). 중보기도를 통한 치유를 강조하는 것은 누가의 일반적인 경향이다(5:17-26; 7:1-10; 8:40-42).[55]

둘째, 마가복음은 단지 예수님께서 다가가서 "손을 잡아 일으키시니"(ἤγειρεν αὐτήν, κρατήσας τῆς χειρὸς αὐτῆς)라고 언급하지만, 누가복음은 가까이 서서 "열병을 꾸짖으신대"(ἐπετίμησεν τῷ πυρετῷ)라고 기록한다(4:39). 이것은 누가복음이 예수님의 말씀에 능력이 있다는 것을 강조하는 것이다. 또한 질병을 단순히 육체적인 문제로만 보지 않고 마귀의 세력으로 보는 것이다.[56] 누가복음은 비록 사탄이 질병을 일으켰다고 언급하지 않으나 귀신축출 이야기에서 사용한 것과 같은 용어를 사용한다. 즉, 귀신축출 이야기에서 사용한 "꾸짖다"는 의미를 지닌 에피티마오(ἐπιτιμάω)란 용어를 사용하여 예수님께서 권위로 열병을 꾸짖어 치유한 것을 기록한다.[57] 또한 사탄이 더러운 귀신 들린 사람에게서 떠나간 것과 같이 시몬의 장모에게서 열병이 떠나간 것으로 묘사한다. 이렇게 유례없는 귀신과 질병을 동일시하는 것에 근거하여 질병과 귀신을 동일하게 보는 것은 바람직하지 않다.[58] 그럼에도 누가복음은 더러운 귀신축출 이야기와 마찬가지로 4:18-19에서 선언한 예수님의 "자유롭게 하는" 희년의 정신을 구현하는 것을 염두에 두고 시몬의 장모의 열병을 치유한 사건을 기록한다.

---

55 John Nolland, *Luke 1-9:20*, 210.

56 John Nolland, *Luke 1-9:20*, 212.

57 Joel B. Green, *The Gospel of Luke*, 225.

58 John Nolland, *Luke 1-9:20*, 211-12.

구조적으로 볼 때, 누가복음은 예수님 사역의 성격을 4:18-19에서 희년의 정신을 성취하는 것으로 규정하고, 그 일환으로 더러운 귀신을 축출한 이야기(31-37절)와 시몬의 장모의 열병 이야기를 나란히 기록한다(38-39절). 비록 더러운 귀신을 축출한 치유는 회당에서 일어나고 시몬의 장모를 치유한 것은 가정에서 발생하지만 두 이야기 모두 예수님께서 안식일에 읽은 이사야가 예언한 것의 성취로 연결되어 있다. 두 안식일 치유 이야기의 긴밀한 관계는 안식일 사건의 결론 부분인 40-41절에서 병자를 치유한 일과 귀신을 축출한 이야기를 나란히 언급한 것에서도 확인할 수 있다. 분명히 누가복음은 귀신축출과 질병 치유를 포로 된 자를 자유하게 하고 눌린 자를 자유하게 함으로써 희년의 정신을 실현하는 예수님의 종말론적 구원 사역으로 설명하고 있다. 유대인 남자들이 식사할 때 여자들의 접대를 받을 수 없지만[59] 베드로의 장모가 일어나 시중든 것은 예수님의 종말론적 구원 사역에 대한 반응으로 지극히 자연스럽다.

3) 오른손 마른 자 치유(6:6-11)

마태복음이나 마가복음과 달리, 누가복음은 "또 다른 안식일에"라고 새 장면을 소개함으로써 곡식을 자른 이야기와 손 마른 사람을 치유한 이야기를 서로 다른 안식일에 일어난 것으로 말한다. 바로 앞선 이야기에서 해결하지 못한 안식일 규례 준수에 관한 논쟁을 그대로 지속시킨다. 따라서 본문은 6:1-5의 결론으로 5절에 기록된 "인자는 안식일의 주인이니라"라는 예수님의 자기 권위 주장과 밀접하게 연결되어 있다.[60]

---

59 I. Howard Marshall, *The Gospel of Luke: A Commentary on the Greek*, 『루가복음』, 국제성서주석 31, 번역실 역(서울: 한국신학연구소, 1983), 252.

60 Joel B. Green, *The Gospel of Luke*, 255.

누가복음의 기록은 치유한 날과 대적자들에 대한 묘사를 제외하고 마가복음과 유사하다(6:6-11; 막 3:1-6). 특히, "인자는 안식일의 주인이니라"란 언급에 대한 확장으로 안식일 치유 이야기를 똑같이 소개하고 있다. 또한 병자를 치유한 예수님의 의도와 그를 죽이려는 대적자들의 의도를 똑같이 대조시킨다. 안식일에 악을 행하는 것보다 선을 행하는 것이 더 정당하고, 인간을 파멸케 하는 것보다 유익하게 하는 것이 더 정당하다고 하는 마가복음의 주장을 그대로 따른다.[61]

그러나 누가복음은 마가복음 3:5에 등장하는 "탄식하사 노하심으로"라는 예수님의 감정에 대한 특징적인 언급을 생략한다. 그리고 "어떻게 하여 예수를 죽일까" 모의하는 것을 "예수를 어떻게 할까"라는 완곡한 표현으로 바꾼다. 마가복음은 바리새인들과 헤롯당이 협력하는 것으로 설명하지만, 누가복음은 "서기관과 바리새인들"이 대적하는 것으로 언급한다(막 3:6; 눅 6:7). 이것은 "바리새인의 서기관"이라는 마가의 언급과 어울리는 누가의 표현방식이다(막 2:16). 누가복음은 마태복음이나 마가복음과 달리 치유 받은 자가 오른손 마른 자라고 구체적으로 밝힌다. 하지만 안식일에 치유 받은 자가 누구인지에 대해 자세히 설명하지 않는다.[62] 단지, 예수님과 대적자들의 갈등이 안식일 규례의 준수를 둘러싸고 발생한다는 점을 부각한다(6:7). 그리고 예수님께서 대적자들이 보는 가운데 병든 자를 회당의 무리 중 한가운데 세우고 치유함으로써 안식일 법을 정하는 자라는 점을 부각한다(6:8-10).[63] 참으로 그는 이웃의 고통을 사랑으로 돌봄으로써 안식일 정신을 실현하는 자이고 하나님

61　I. Howard Marshall, *The Gospel of Luke: A Commentary on the Greek*, 『루가복음』, 305.

62　E. Hennecke, *New Testament Apocrypha* I, trans. R. M. Wilson, (London, 1963), 147-48. "나사렛 사람의 복음"에는 치유 받은 자가 석고장이며 거지라고 기록되어 있다.

63　Joel B. Green, *The Gospel of Luke*, 255.

을 대신하여 종말론적 구원을 하는 자이다. 예수님에게 있어서 안식일에 선을 행하지 않는 것은 악을 행하는 것이다.

누가복음은 바리새인과 예수님을 항상 적대적인 관계로 묘사하는 것을 피하는 경향이 있다.[64] 바리새인들이 예수님을 저녁 식사에 초대한 이야기를 여러 차례 소개하기 때문이다(7:36; 11:37; 14:1). 사도행전에서도 바리새인 가말리엘이 사도 바울을 구하는 것으로 묘사한다(5:33-42). 그리고 바울을 바리새인 가말리엘의 문하생으로 소개한다(22:3). 이렇게 누가는 역사적인 측면에서 예수님과 바리새인의 논쟁을 기록할 때 객관적인 입장을 하고 있다.

예수님께서 회당에서 가르치고 치유한 것은 안식일 정신을 회복하는 것으로서 모두 자기 이해와 밀접하게 연관되어 있다(6:9, 10; cf. 4:31-37).[65] 그는 안식일의 주인으로서 오른손 마른 자를 치유하여 창조의 본래 목적에 맞는 인간으로 회복시킨다.

4) 18년 된 꼬부라진 자 귀신축출(13:10-17)

회당에서 열여덟 해 동안 귀신 들려 꼬부라진 자를 치유한 이야기는 누가복음에만 등장한다(13:10-17). 이 이야기는 예수님께서 예루살렘으로 여행하기 시작한 9:51 이후 처음 회당에서 가르친 것으로 시작된다(13:10). 비록 예수님께서 가르친 내용이 등장하지 않으나 갈릴리 사역에서 가르친 것과 동일하게 "하나님의 나라 복음"(4:43)과 "가난한 자에게 복음"(4:18)을 전하였을 것이다.[66] 실제로 이 이야기는 예수님의 갈릴리 사역을 다시 상기시킴으로써 신적인 사역의 성취를 설명하고 있다. 누가가 이 이야기를 기록한 목적은 예수

---

64 Daryl D. Schmidt, "The Sabbath Day: To Heal or Not to Heal," 136.

65 Joel B. Green, *The Gospel of Luke*, 256.

66 Joel B. Green, *The Gospel of Luke*, 520.

님께서 하나님 나라를 가져오고 사탄의 통치를 무력화시키는 구원의 신적 대행자라는 것을 말하는 데 있다.

열여덟 해 동안 허리가 꼬부라져 펴지 못하는 여인은 오랫동안 고통 가운데 살며 회복될 수 없는 상태에 있다(13:11). 누가는 질병의 원인을 척추염에 의한 병적인 현상으로 설명하지 않는다. 그는 의학적인 것보다 영적인 것에 관심을 기울여 귀신을 질병의 원인으로 제시한다.[67] 이것은 예수님께서 그녀를 사탄에게 구속된 것으로 이해하여 말하는 12절과 16절에서 확인할 수 있다. 그렇다고 누가가 그녀를 귀신 들린 것으로 간주하는 것은 아니다. 단지 육체적인 질병과 사탄의 영향을 분리하지 않는 그의 일반적인 관점을 따르는 것이다.[68]

예수님께서는 귀신으로 인해 질병에 "포로"된 여인에게 안수기도하여 "자유"하게 한다. "여자여 네가 네 병에서 놓였다"라는 예수님의 선언은 4:18-19의 신적인 사명에 대한 묘사와 잘 어울린다. 치유 받은 여인이 예수님의 사역에서 하나님께서 일하심을 보고 하나님께 영광을 돌리자 회당장이 "일할 날이 엿새가 있으니 그동안에 와서 고침을 받을 것이요 안식일에는 하지 말 것이니라"라고 분을 낸다(13:13-14). 여기에서 회당장은 예수님께서 율법을 준수하는지 지켜보던 바리새인과 서기관의 역할을 한다(비교. 6:7). 회당장이 분노하며 한 말은 출애굽기 20:8-10(비교. 신 5:13)을 간접적으로 인용한 것으로서 당대 유대교의 일반적 가르침을 반영한 것이다. 유대교는 제2성전 시기에 안식일 준수를 자신들의 정체성을 유지하는 수단으로 중시한다.[69] 회당장은 안식일 법을 어기면서까지 그녀를 치유하는 것은 바람직하지 않다고 본

---

67   Joel B. Green, *The Gospel of Luke*, 521.

68   Joel B. Green, *The Gospel of Luke*, 521.

69   Joel B. Green, *The Gospel of Luke*, 523.

다. 그래서 율법해석의 권위를 가지고 있다고 스스로 생각하여 분을 내며 율법 선생인 예수님의 권위에 공식적으로 도전한다.

예수님께서는 유대교의 그릇된 안식일 법에 대한 이해를 바로잡기 위해 외양간에 갇힌 소나 나귀의 실례를 들어 대답한다(13:15). 이것은 팔레스타인의 일상적인 삶에서 쉽게 접할 수 있는 실례로 들어 가르친 것처럼 보이지만 사실은 신명기 5:14에 등장하는 인간과 짐승에 대한 안식일 준수 명령에 기초한 것이다.[70] 예수님께서는 귀신 들린 자를 갇힌 소나 나귀와 같은 상태로 이해하며, 안식일에 짐승들을 풀어 이끌고 가서 물을 먹이는 것을 안식일에 사탄에게 매인 아브라함의 딸을 풀어주는 것과 똑같이 간주하여 합당한 것으로 본다(13:15-16).[71]

예수님께서 안식일에 회당에서 복음을 가르치고 사회적으로 낮은 신분의 병든 여인을 치유한 것은 4:18-19에서 천명한 것과 같이 가난한 자에게 하나님 나라의 복음을 선포하고 자유하게 함으로써 희년의 정신을 구현하는 것이다(4:43-44).[72] 특히, "매임에서 푸는 것"으로 설명한 것은 "포로 된 자에게 자유"를 주어 희년을 완성하는 것과 유사하다(4:16).[73] 이렇게 누가는 예수님을 안식일에 질병에 매인 자를 풀어주어 희년의 정신을 구현하는 자로 소개하고 있다.

---

70 Joel B. Green, *The Gospel of Luke*, 524.

71 미쉬나(Shab, 5:1-4)에 의하면, 안식일에 짐을 싣지 않는 한 짐승들을 밖으로 끌고 나갈 수 있다. 일반적으로 안식일의 여행제한을 어기지 않는 범위 안에서 가축을 풀어 끌고 나가 물을 먹인다. 쿰란 종파는 가축을 2천 규빗 이상 끌고 가서 물을 먹이지 못하도록 제한을 가한다. I. Howard Marshall, *The Gospel of Luke: A Commentary on the Greek*, 『루가복음』, 243.

72 Joel B. Green, *The Gospel of Luke*, 521.

73 John Nolland, *Luke 1-9:20*, 197; Joel B. Green, *The Gospel of Luke*, 525.

5) 수종병 치유(14:1-6)

안식일에 수종병 든 사람을 치유한 이야기는 예수님께서 방문한 바리새인 지도자의 집을 배경으로 하고 있다(14:1). 일반적으로 공관복음이 바리새인을 예수님의 대적자로 설명하는 것처럼, 누가복음도 예수님께서 방문한 바리새인 지도자의 집에 있던 바리새인들을 대적자로 묘사한다. 그들은 예수님께서 수종병 든 사람을 치유하여 안식일 규례를 어기는지 주목한다(14:1).

바리새인의 집에서 떡을 먹는 것은 문학적인 장치로서 누가복음에서 종말론적 잔치에 대한 복선이다.[74] 그것은 하나님 나라의 잔치에 참여하는 것을 예표한다(14:15).[75] 유대교에서 정죄한 사람을 예수님께서 치유함으로써 하나님 나라의 종말론적 잔치의 일원이 되게 한 것은 누가의 일반적인 방식이다.

바리새인의 집에 모인 사람들 가운데 수종병 든 사람의 얼굴이 부어오르고 팔과 다리도 부어올랐기 때문에 예수님께서 그의 병을 쉽게 알 수 있다. 많은 사람이 안식일에 그를 고치는가 엿보고 있을 때, 예수님께서 바리새인들의 그릇된 율법 이해를 바로잡기 위해 질문을 던진다. "안식일에 병 고쳐 주는 것이 합당하냐 아니하냐"(14:3). 안식일에 적합한 행동이 무엇인지에 관한 앞선 토론을 생각나게 하는 이 질문은 구약의 안식일 법 준수에 관한 토론이 상당히 모호하다는 것을 보여준다(6:2, 9; 13:14-16).[76] 율법 교사들과 바리새인들은 모두 대답하지 못하고 침묵한다. 그때 예수님께서 랍비적 방식으로 설명한다. "너희 중에 누가 그 아들이나 소가 우물에 빠졌으면 안식일에라도 곧 끌어내지 않겠느냐?"(14:5). 수종병 든 사람을 치유하는 것은 예수님에게 있

---

74 John Nolland, *Luke 9:21-18:34*, Word Biblical Commentary, vol. 35B, (Dallas, Texas: Word Books Publisher, 1993), 746.

75 John Nolland, *Luke 9:21-18:34*, 747.

76 Joel B. Green, *The Gospel of Luke*, 547.

어서 우물에 빠진 자나 소를 구해 주는 것과 같은 것이다. 13:15-16에서처럼, 예수님께서는 짐승이 안식일에 물이 필요한 것과 같이 곤경에 처한 사람도 도움이 필요하다고 호소한다. 이 교훈은 안식일에 담긴 하나님의 구원목적을 이해하지 못한 바리새인의 일반적인 안식일 규례를 깨뜨리는 것이다. 13:17 의 대적하는 자들의 반응과 같이 안식일 정신을 가르치고 실천한 예수님에게 누구도 항변하지 못한다.

누가복음은 예수님께서 마리아의 찬가(1:52)를 따라 권세 있는 자를 끌어 내리고 비천한 자를 높이는 사역을 한 것으로 묘사하고 있다.[77] 안식일에 치 유함으로써 종말론적인 희년의 시작을 선언하고 그 정신을 구현하는 자로 예 수님을 묘사한다.[78] 즉, 예수님께서 마리아의 찬가를 성취할 뿐 아니라 나사 렛 회당에서 선포한 취임 설교를 충실히 이행하는 것으로 묘사한다(4:16-30). 실제로 예수님은 병든 자와 귀신 들린 자를 치유함으로써 포로 된 자를 자유 하게 하고, 매여 있는 자를 풀어주고, 가난한 자에게 복음을 선포한다. 이렇게 누가복음의 안식일 치유 이야기들은 모두 마리아의 찬가와 희년의 정신을 구 현하기 위해 안식일에 치유하는 것이 예수님께서 이 세상에 구원자로 온 궁 극적인 목적임을 보여준다.

4. 요한복음

요한복음은 두 개의 안식일 치유 이야기를 기록하고 있다(5:1-18; 9:1-41). 둘 다 요한복음의 특징적인 일곱 개의 표적 이야기에 포함되어 있다(2:1-11; 4:46-54; 5:1-15; 6:1-15; 6:16-21; 9:1-41; 11:1-44). 공관복음의 안식일 치유 이야

---

77   Joel B. Green, *The Gospel of Luke*, 541.

78   Joel B. Green, *The Gospel of Luke*, 548.

기가 갈릴리 주변의 마을이나 예루살렘으로 올라가는 과정에서 발생한다면, 요한복음의 안식일 치유 이야기는 모두 예루살렘에서 일어난다. 슈미트 (Schmidt)는 두 안식일 치유 이야기의 역사성을 의심하여 처음에 치유 이야기가 존재하며 후에 안식일 논쟁을 덧붙인 것으로 본다.[79] 그러나 브라운(Brown)은 요한복음의 안식일 주제가 치유 이야기에 없어서는 안 될 내용이라고 주장한다.[80] 세 복음서가 모두 예수님의 치유 이야기와 안식일 논쟁을 서로 연결하여 기록하고 있으므로 브라운의 주장이 설득력 있다.

1) 38년 된 병자 치유 이야기(5:1-18)

요한복음은 양문 곁에 있는 베데스다 연못에서 삼십팔 년 된 병자 치유한 것을 첫 번째 안식일 치유 이야기로 소개한다(5:1-18).[81] 이 이야기는 사건(5:1-9)과 오해(5:10-13)와 해명(5:14-18)의 삼중구조로 되어 있다.

사건(fact)은 예수님께서 예루살렘의 베데스다 연못에 병자가 누워있는 것을 보고 "일어나 네 자리를 들고 걸어가라"라고 명령하여 치유한 것으로 기록하고 있다(5:8). 예수님의 이 명령은 예루살렘의 종교지도자들과 그들의 안식일 법에 대한 도전으로 안식일에 의도된 것이다.[82] 안식일에 자리를 들고 걸어간 것을 말하는 8-9절의 언급은 유대인들이 자리를 들고 걸어가는 것을 경고하는 10절과 치유함으로써 안식일 법을 어긴 예수님을 대적하는 16절의

---

79 Daryl D. Schmidt, "The Sabbath Day: To Heal or Not to Heal," 138-40.

80 Raymond Brown, *The Gospel according to John I-VII* (Anchor Bible 29; Garden City, NY: Doubleday, 1966), 210; Joseph A. Fitzmyer, *The Gospel according to Luke X-XXIV* (Anchor Bible 28A; Garden City, NY: Doubleday, 1985), 1011.

81 J. Ramsey Michaels, *The Gospel of John* (Grand Rapids, Michigan: William B. Eerdmans Publishing, 2010), 288. 양문의 위치는 성전의 북쪽에 위치하고 그곳으로 희생 제사를 하기 위해 양을 가져온다. 베데스다 연못은 예루살렘 성전이 파괴된 A.D. 70년 이후에도 있다.

82 J. Ramsey Michaels, *The Gospel of John*, 295.

배경으로 제시된다.

오해(misunderstand)는 삼십팔 년 된 병자가 안식일에 자리를 들고 걸어가는 것이 올바른지와 그를 치유한 자가 누구인지 알지 못하여 발생한다. 갑작스럽게 등장한 유대인들은 치유 받은 것과 무거운 자리를 들고 걸어간 것을 안식일 규례를 어긴 것으로 오해하여 병든 자에게 경고한다(5:10). 그리고 예수님께서 안식일 규례를 어긴 것에만 관심하여 그의 정체를 알지 못한다(5:12).[83] 그들에게 있어서 예수님은 치유자나 기적 행위자가 아니라 단지 안식일 규례를 깨뜨리는 자에 불과하다.

해명(explanation)은 예수님께서 치유를 받은 자에게 질병의 원인이 죄이므로 다시는 죄를 짓지 말라는 설명으로 시작된다(5:14).[84] 이어서 예수님께서 안식일에 질병을 치유한 것을 아버지께서 일하기 때문에 자신도 일하는 것으로 해명함으로써 치유의 성격을 창조 이야기의 빛 아래 설명한다(5:17). 여기에서 두 주제가 부각된다.

하나는 죄와 질병의 관계이다. 본문은 두 관계를 밀접하게 연결하나 질병을 죄의 결과로 단정하지 않는다.[85] 저자는 죄와 질병의 관계를 쉽게 연결하지 않는다(9:1-4). 질병의 근본적인 원인은 죄이지만 하나님의 영광을 위해 질병에 걸릴 수도 있기 때문이다.

다른 하나는 예수님께서 안식일에 치유한 것을 신적인 창조 사역으로 설명한다. 유대인들은 창세기 2:2에 기초하여 하나님의 창조가 끝났으므로 지금

---

83 George R. Beasley-Murray, *John*, Word Biblical Commentary, vol. 36, (Nashville: Thomas Nelson Publishers, 1999), 74.

84 J. Ramsey Michaels, *The Gospel of John*, 297. 죄를 짓는다는 뜻을 가진 하마르타노(ἁμαρτάνω) 동사가 요한복음에서 처음으로 여기에서 등장한다.

85 C. K. Barrett, *The Gospel According to St. John*, 『요한복음(1)』, 국제성서주석 32, 번역실 역(서울: 한국신학연구소, 1984), 411.

까지 안식이 지속되고 있다고 생각한다. 그러나 예수님께서는 죄로 인해 타락한 인간을 구원하기 위해 하나님께서 지금도 일하고 있으며 그 일을 위해 자신을 보낸 것으로 주장한다(5:17; cf. 4:34). 즉, 하나님의 구원과 심판을 대행하는 자로 자신을 주장한다. 예수님의 해명을 들은 유대인들은 예수님께서 "안식일을 범할 뿐 아니라 하나님을 자기의 친아버지라 하여 자기를 하나님과 동등으로 삼으심"을 알고 죽이려고 한다(5:18). 유대인들은 하늘에 계신 하나님과 땅 위에 있는 인간이 동등할 수 없다고 생각한다.[86] 그래서 예수님께서 하나님을 아버지로 부르며 동등성을 주장했을 때 신성을 모독한 것으로 간주한다.[87]

안식일 치유 이야기는 안식일 논쟁으로 시작되나 예수님이 누구인지에 관한 기독론적인 문제로 귀결된다. 병든 자를 치유함으로써 안식일에 일한 예수님은 이제 생명을 부여하는 하나님의 일의 대행자로 부각된다.[88] 그렇다고 요한복음의 안식일 치유 이야기가 안식일 주제를 말하지 않고 기독론적인 주제만을 다루는 것으로 볼 필요는 없다.[89] 기독론 안에 안식일 논쟁이 결합되어 있기 때문이다.

유대인들은 안식일 규례를 어기고 하나님과 자신을 동일시하는 예수님을 죽이려고 한다(5:18). 그러한 태도는 요한복음 안에서 계속된다(7:1, 19, 20, 25; 8:37, 40; 11:53; 18:31).[90] 유대인들이 예수님을 죽이려고 하는 율법의 첫 번째 근거는 안식일을 모독한 자를 사형에 처할 것을 요구하는 출애굽기에 있다.

---

86   C. K. Barrett, *The Gospel According to St. John*, 『요한복음(1)』, 414.

87   George R. Beasley-Murray, *John*, 75.

88   George R. Beasley-Murray, *John*, 73.

89   비교. Herold Weiss, "The Sabbath in the fourth Gospel," *Journal of Biblical Literature* 110 (1991), 315.

90   J. Ramsey Michaels, *The Gospel of John*, 303.

"안식일에 일하는 자는 누구든지 반드시 죽일지니라"(31:15b). 이 계명은 영원한 언약으로 주어졌기에 유대교 안에서 중요하게 여겨진다. 두 번째 근거는 하나님의 이름을 모독한 자를 사형에 처해야 한다고 말하는 레위기에 있다. "여호와의 이름을 모독하면 그를 반드시 죽일지니 온 회중이 돌로 그를 칠 것이니라"(24:16). 유대인들의 두 율법 이해에 의하면, 예수님은 두 가지 죄를 모두 범한 것이 된다.

그럼에도 예수님께서는 안식일을 완성하는 하나님의 대행자로 자신을 이해하여 치유 사역에 종말론적인 의미를 부여한다. "내 아버지께서 일하시니 나도 일한다"라는 언급에서 "이제까지"(e[wj a;rti)는 종말론적인 의미를 담고 있다(5:17).[91] 아버지의 일은 구원하는 활동을 강조하는 아들의 일과 종말론적으로 연결되어 있다(4:34). 예수님께서는 안식일을 폐지하지 않고 오히려 종말론적인 안식을 그들 가운데 확립한다.[92] 그는 죄로 인해 파괴된 인간을 새롭게 하려고 안식일에도 일하는 창조자로서 하나님의 아들이다(5:17-18; 비교. 3:17, 35).[93] 이것은 그가 신적인 존재로서 이스라엘의 메시아란 것을 의미한다.

2) 날 때부터 맹인 된 자 치유 이야기(9:1-41)

요한복음의 두 번째 안식일 치유 이야기는 날 때부터 맹인 된 자의 눈을 뜨게 한 것을 내용으로 한다(9:1-41). 이 이야기는 사건(9:1-7)과 오해(9:8-34)와 해명(9:35-41)의 삼중구조로 되어 있다. 사건은 예수님과 제자들이 함께 길을 갈 때 날 때부터 맹인 된 사람을 보고 제자들이 맹인으로 출생한 것이 부모의 죄 때문인지 그의 죄 때문인지 예수님에게 묻는 것으로 시작된다(2절). 그

---

91   Herold Weiss, "The Sabbath in the fourth Gospel," 317.

92   Herold Weiss, "The Sabbath in the fourth Gospel," 319.

93   J. Ramsey Michaels, *The Gospel of John*, 302.

들의 질문은 아버지의 죄로 인해 아이들이 벌을 받는다는 구약성경과 유대교의 인식을 반영하고 있다(출 20:5; 신 5:9).[94] 예수님께서는 그 사람이나 부모의 죄가 질병의 원인이 아니라 하나님의 일을 드러내기 위한 것이라고 대답한다 (9:3; 3:21). 그리고 "나는 …이다"(ἐγώ εἰμι)의 신적인 문구를 사용하여 세상을 비추는 빛으로 자신을 설명한다(9:5; 8:12).[95] 그렇게 함으로써 요한복음의 서두에서 선언한 "그 안에 생명이 있었으니 이 생명은 사람들의 빛이라"를 다시 주장한다(1:4). 그리고 땅에 침을 뱉어 진흙을 이겨 맹인의 눈에 바르고 보냄을 받았다는 의미를 지닌 실로암 못에 가서 씻으라고 지시한다(9:6-7).[96] 예수님의 지시는 엘리사가 나아만 장군을 요단강에 보내어 몸을 일곱 번 씻으라고 지시한 것과 유사하다(왕하 5:8-14).[97] 맹인이 실로암 못에 가서 눈을 씻자 앞을 보게 된다(9:7, 11, 15, 25, 30). 이야기는 불필요한 설명 없이 아주 간결하고 빠르게 묘사되어 있다(9:6-7).

침을 뱉어 진흙을 이겨 맹인의 눈에 바른 행동은 흙으로 사람을 창조한 사건과 연결되어 있다.[98] "여호와 하나님이 땅의 흙으로 사람을 지으시고 생기를 그 코에 불어 놓으시니 사람이 생령이 된지라"(창 2:7). 예수님께서는 안식일에 쉬지 않고 죄로 인해 맹인 된 인간을 하나님의 형상으로 재창조하기 위해 침으로 진흙을 이겨 눈에 바른다. 그렇게 함으로써 안식일에 쉬지 않고 맹인 된 인간을 치유하는 하나님의 대리적 창조자로 자신을 계시한다. 따라서 침으로 진흙을 이겨 맹인의 눈에 바른 행동은 자신이 누구인지를 보여주는

---

94 J. Ramsey Michaels, *The Gospel of John*, 540.
95 J. Ramsey Michaels, *The Gospel of John*, 545. 요한복음에서 에고 에이미(ἐγώ εἰμι)의 형식은 6:35; 8:12; 10:7; 10:11, 14; 11:25; 14:6; 15:1, 5에서 예수님의 자기 이해와 관련되어 특징적으로 등장한다.
96 침을 사용한 것은 마가복음 7:33을 연상시킨다.
97 George R. Beasley-Murray, *John*, 155.
98 George R. Beasley-Murray, *John*, 155.

시위로서 독특한 표적(sign)이다.

예수님께서는 맹인을 실로암 못으로 보낸다. 실로암(Σιλωάμ)은 쉴로아(חלשׁ)에 대한 70인경의 번역으로서 "보내다"는 의미를 지니고 있다(사 8:6). 예수님께서 맹인을 실로암 못으로 보낸 것은 야곱의 예언을 메시아적으로 해석하여 자신을 보냄을 받은 자로 알리기 위한 목적에서 비롯된다. "규가 유다를 떠나지 아니하며 통치자의 지팡이가 그 발 사이에서 떠나지 아니하기를 '실로'가 오시기까지 이르리니"(창 49:10) 실로암 못에 가서 씻으라는 예수님의 명령은 맹인 된 자들에게 자신의 정체를 알려주는 장치로 기능한다.[99] 침으로 진흙을 이겨 바른 것과 실로암 못에 보낸 두 표적은 기독론적인 의미를 부각한다.

오해는 이전에 맹인 된 자를 알고 있던 이웃 사람들이 그를 데리고 바리새인들에게 가서 안식일에 눈을 뜨게 한다고 고함으로 발생한다(9:8-14). 한 바리새인은 "안식일을 지키지 아니한" 이유로 하나님께로부터 온 자가 아니라고 예수님을 평가절하한다. 그러나 어떤 사람이 "죄인으로서 어떻게 이러한 표적을 행하겠느냐"라고 하여 그들 중에 분쟁이 발생한다(9:16). 이미 유대인들이 예수님을 그리스도로 시인하는 자를 출교하기로 결의하였으므로 오해가 풀리지 않고 계속된다(9:22).

등장인물들이 제기하는 세 차례 반복된 질문은 오해에서 비롯된다. 첫 번째 질문은 이웃들에 의해 세 번 제기된다(9:8-12). "이는 앉아서 구걸하던 자가 아니냐?"(8절), "네 눈이 어떻게 떠졌느냐?"(10절), "그가 어디 있느냐?"(12절).[100] 세 질문은 맹인에 관한 질문에서 예수님에 관한 질문으로 진행된다. 두 번째 질문은 바리새인들에 의해 세 번 제기된다(13-17). "그가 어떻게 보

---

99   J. Ramsey Michaels, *The Gospel of John*, 547.

100 J. Ramsey Michaels, *The Gospel of John*, 549. "그가 어디 있느냐?"는 질문은 7:11의 유대인들의 질문의 메아리이다.

게 되었는지 물으니"(15절), "죄인으로서 어떻게 이러한 표적을 행하였느냐?"(16절), "그 사람이 네 눈을 뜨게 하였으니 너는 그를 어떠한 사람이라 하느냐?"(17절). 첫 번째 세 질문과 마찬가지로 두 번째 세 질문도 맹인에 관한 질문에서 예수님에 관한 질문으로 진행된다. 세 번째 질문은 유대인들에 의해 제기된다(9:18-34). "이는 너희 말에 맹인으로 났다 하는 너희 아들이냐 그러면 지금은 어떻게 해서 보느냐?"(19절), "그 사람이 네게 무엇을 하였느냐 어떻게 네 눈을 뜨게 하였느냐?"(26절). 세 번째 두 질문도 맹인에 관한 질문에서 예수님에 관한 질문으로 진행되어 구조적으로 기독론이 중심을 차지한다. 오해가 풀리지 않자 이웃과 바리새인들과 유대인들의 질문이 계속된다.[101] 그들은 맹인이 눈을 뜬 사건을 받아들이지 않은 상태에서 진상을 조사하려고 한다. 그로 인해, 오해가 해소되지 않는다.

이웃 사람들과 바리새인들과 유대인들이 모두 예수님의 치유 사건을 오해한 것은 안식일 법 자체보다는 구전 전승에 기초하여 이해하기 때문이다.[102] 안식일 법에 대한 그릇된 이해로 인해, 그들은 기적을 행하는 예수님을 하나님에 의해 보냄을 받은 자로 고백하지 못하고 안식일 법을 위반한다고 규정한다. 그리고 안식일에 금식의 침을 눈에 얹지 말아야 한다는 구전 전승(J. Abod. Zar)과 안식일에 반죽을 금지하는 구전 전승(Sabb. 7.2)에 근거하여 예수님의 치유 사건을 잘못 해석한다.[103] 그로 인해, 맹인의 눈을 치유한 것에 관한 놀라움은 예수님을 대적하는 공격으로 변한다. 그들은 신명기 13:1-5의

---

101 "바리새인"(9:13, 15, 16)이라는 호칭이 "유대인"(9:18, 22)으로 바뀌었다. 요한복음은 "바리새인" 대신 "유대인"이라는 호칭을 사용함으로써 호칭을 다양화하는 경향을 보여준다(참조. 7:13, 47; 8:13, 22, 48, 57).

102 George R. Beasley-Murray, *John*, 156.

103 George R. Beasley-Murray, *John*, 157.

거짓 선지자에 대한 교훈에 근거하여 예수님께서 안식일 법을 파기하고 미혹의 이적을 일으키는 것으로 간주하여 죽이려고 한다.

눈뜬 맹인은 자신을 치유해 준 자를 "예수" 혹은 "선지자"로만 알고 있다 (11, 17절). 그는 신명기 18:18의 "너와 같은 선지자 하나"를 보내줄 것이라는 약속에 근거하여 예수님을 모세와 같은 선지자로 고백한다. 그리고 하나님께로부터 온 자로 이해한다(33절). 그 이상 예수님의 정체를 알지 못한다. 불완전한 그의 고백은 신명기 13:1-5의 빛 아래서 예수님을 거짓 선지자로 이해한 바리새인들에 의해 묵살된다.

해명은 예수님께서 눈뜬 맹인에게 질문하는 것으로 시작된다. "네가 인자를 믿느냐?"(9:35). "인자"라는 호칭을 사용한 것은 복음서에서 일반적으로 믿음의 고백과 관련되어 있다. 그 호칭을 사용하지 않고 "하나님의 아들"이라는 호칭을 사용한 것은 당혹스러운 것이다.[104] 눈뜬 맹인의 대답은 예수님이 누구인지를 생각하도록 만든다. "주여 그가 누구시오니이까 내가 믿고자 하나이다"(9:36). 예수님께서는 "나는 …이다"(9:37; 8:58)의 형식을 사용하여 자기 정체를 밝힌다. 그때 맹인이 비로소 예수님을 주님으로 고백한다. 그러자 예수님께서 자신이 세상에 온 것은 "보지 못하는 자들은 보게 하고 보는 자들은 맹인이 되게" 하여 심판하기 위함이라고 말한다. 즉, 바리새인들은 예수님을 인자로 알아보지 못하므로 앞을 보지 못하는 자이고, 맹인 된 자는 예수님을 인자로 받아들이기 때문에 보는 자이다. 예수님은 "인자"(the Son of man)와 "나"(I)로 알려져 모든 오해가 해명된다.

요한복음의 안식일 논쟁은 공관복음과 확연히 다르다. 공관복음은 일반적으로 인간을 위해 안식일 법이 존재한다는 것을 알리는 데 무게의 중심을 두

---

104   J. Ramsey Michaels, *The Gospel of John*, 565.

고 있으나, 요한복음은 예수님이 진정한 안식을 가져오는 자임을 강조하기 위해 안식일 논쟁을 소개한다. 또한 공관복음은 비현실적인 안식일 법에 대한 그릇된 이해를 바로잡기 위해 기적 이야기를 소개하지만, 요한복음은 예수님이 누구인지를 알게 하는 표적으로 안식일 논쟁 이야기를 소개한다.[105] 요한복음은 공관복음보다 더 도발적으로 예수님의 신분을 알리기 위해 안식일 치유 이야기를 소개한다.

IV. 나가는 말

사복음서는 두 개의 귀신축출과 다섯 개의 질병 치유로 구분되는 일곱 개의 안식일 치유 이야기를 소개하며 예수님의 치유가 유대교의 안식일 규례와 충돌하는 것으로 묘사하고 있다. 유대교는 안식일에 생명이 위급하거나 아이를 낳을 때를 제외하고 어떤 질병도 치료하지 못하도록 장로들의 유전으로 금지하지만, 예수님께서는 안식일에 생명이 위급하지 않은 경우에도 병든 자를 치유해야 한다고 주장한다. 그로 인해 발생한 두 진영 사이의 충돌은 복음서 이야기의 본격적인 시작이라고 해도 과언이 아니다. 안식일 치유 사건에서 시작된 충돌과 논쟁이 예수님께서 십자가에 죽을 때까지 계속 강화되고 있기 때문이다.

안식일 치유 이야기는 다양한 주제를 수면 위로 부각한다. 첫째, 예수님의 안식일 치유는 그의 죽음과 관련된 역사적 의미를 지닌다. 안식일 치유로 인해 예수님을 대적하는 자들이 생겨났으며 그를 죽이려는 첫 번째 도모가 십

---

105 Herold Weiss, "The Sabbath in the fourth Gospel," 311.

자가의 죽음과 연결되어 있기 때문이다(마 12:14; 막 3:6; 눅 6:11; 요 5:16). 즉, 안식일 치유는 고난의 좁은 길로 들어가는 예수님의 첫발자국이다.

둘째, 예수님의 안식일 치유는 유대교의 안식일 법을 재해석하도록 요구한다. 예수님께서는 십계명과 창조 질서에 기초하여 안식일에 모든 노동을 하지 못하게 금한 장로들의 유전을 수정한다. 그는 안식일에 치유하는 것을 질병의 고통으로부터 쉼을 누리게 하는 것으로서 선을 행하는 것으로 해석한다(마 12:11-13; 막 3:4; 눅 6:9; 13:12).

셋째, 안식일 치유 이야기는 예수님이 누구인지에 대한 기독론적인 문제를 부각한다(요 5:12; 9:16). 즉, 예수님은 신적인 존재로서 안식일 규례 위에 높은 권세를 가지고 행사하는 자로 부각된다(막 1:22, 27; 3:11; 눅 4:31, 34; 요 5:18). 그는 종말에 귀신에게 억눌림을 받는 자들을 풀어주어 진정한 안식을 누리도록 해줄 뿐 아니라 질병으로 잃어버린 하나님의 형상을 회복시키는 자다(요 5:17). 또한 그는 자기 백성을 구원하는 종말론적 의사로 치유할 뿐 아니라 안식일의 주인으로서 진정한 안식을 제공하여 안식일을 완성하는 자로 자신을 알린다(마 12:8).

마지막으로 안식일에 행한 치유는 그 자체로 종말론적 메시지를 담고 있다. 안식일 치유는 단순한 기적이 아니라 그것을 목격한 청중의 회개를 촉구하고 회개하지 않는 자에 대한 심판을 선언하는 종말론적 메시지로 기능한다(요 9:39). 즉, 안식일 치유는 하나님 나라의 초대장과 동시에 그 부름을 거절하는 자에게 심판을 예고하는 경고장으로 기능한다.

● 참고문헌

박흥순, "바람직한 기독 지식인: 누가복음의 안식일 논쟁단락을 중심으로," 『신앙과 학문』, 제13권 1호 (2008): 81-111.

이준호, 『성경과 함께 읽는 신약배경사』, 서울: 도서출판 영성, 2012.

장재, "신명기 안식일 계명에 대한 소고," 『성경과 신학』, 제41권 (2007): 169-198.

Barrett, C. K. *The Gospel According to St. John.* 『요한복음(1)』, 국제성서주석 32, 번역실 역, 서울: 한국신학연구소, 1984.

Beasley-Murray, George R. *John,* Word Biblical Commentary, vol. 36, Nashville: Thomas Nelson Publishers, 1999.

Brown, Raymond, *The Gospel according to John I-VII.* Anchor Bible 29, Garden City, NY: Doubleday, 1966.

Bultmann, Rudolf, *Geschichte der synoptischen Tradition,* 『공관복음서 전승사』, 허혁 역, 서울: 대한기독교서회, 1994.

Fitzmyer, Joseph A., *The Gospel according to Luke X-XXIV,* Anchor Bible 28A; Garden City, NY: Doubleday, 1985.

France, R. T., *The Gospel of Matthew,* The New International Commentary on the New Testament, Grand Rapids, Michigan: William B. Eerdmans Publishing, 2007.

Gnilka, Joachim, *Das Evangelium nach Markus,* 『마르코복음』, 국제성서주석 28, 번역실 역, 서울: 한국신학연구소, 1985.

Green, Joel B., *The Gospel of Luke,* The New International Commentary on the New Testament. Grand Rapids, Michigan: William B. Eerdmans Publishing, 1997.

Guelich, Robert A., *Mark 1-8:26,* Word Biblical Commentary, vol. 34, Dallas, Texas: Word Books Publisher, 1990.

Hagner, Donald A., *Matthew 1-13,* Word Biblical Commentary, vol. 33A, Dallas, Texas: Word Books Publisher, 1993.

Hennecke, E., *New Testament Apocrypha* Ⅰ. trans. R. M. Wilson, London, 1963.

Hicks, John Mark, "The Sabbath Controversy in Matthew: An Exegesis of Matthew 12:1-14," *Restoration Quarterly* 27 (1984): 79-91.

Lane, William L., *The Gospel according to Mark,* The New International Commentary on the New Testament, Grand Rapids, Michigan: William B. Eerdmans Publishing, 1974.

Marshall, I. Howard, *The Gospel of Luke: A Commentary on the Greek,*『루가복음』, 국제성서주석 31, 번역실 역, 서울: 한국신학연구소, 1983.

Michaels, J. Ramsey, *The Gospel of John,* Grand Rapids, Michigan: William B. Eerdmans Publishing, 2010.

Nolland, John, *Luke 1-9:20,* Word Biblical Commentary, vol. 35A, Dallas, Texas: Word Books Publisher, 1989.

Queller, Kurt, "'Stretch Out Your Hand!' Echo and Metalepsis in Mark's Sabbath Healing Controversy," *Journal of Biblical Literature* 129 (2010): 737-758.

Schmidt, Daryl D., "The Sabbath Day: To Heal or Not to Heal," *Dialogue* 27 (1994): 124-147.

Schweizer, Eduard, *Das Evangelium nach Matthäus,*『마태오복음』, 국제성서주석 29, 번역실 역, 서울: 한국신학연구소, 1982.

Tolbert, Mary Ann, "Is It Lawful on the Sabbath To Do Good or To Do Harm: Mark's Ethics of Religious Practice," *Perspectives in Religious Studies,* 23 (1996): 199-214.

Weiss, Herold, "The Sabbath in the fourth Gospel," *Journal of Biblical Literature* 110 (1991): 311-321.

구조로 본
"중풍 병자 치유와
인자의 죄 용서"
(막 2:1-12)[†]

† 본 논문은 한국복음주의신학회에서 발행하는 학술지 『성경과 신학』 제45권 (2008): 35-71에 게재되어 있다.

I. 서론

마가복음은 예수님의 공생애 사역의 시작 이야기(1:1-13)와 마침 이야기
(16:9-20)로 둘러싸인 큰 기적 이야기(1:14-8:26)와 수난 이야기(8:27-16:8)라는
이중구조로 되어 있다.[1] 큰 기적 이야기(1:14-8:26)의 논쟁 시리즈(2:1-3:6) 안
에 포함된 "중풍 병자 치유 이야기"(막 2:1-12)는 네 친구에 의해 들것에 실려
온 중풍 병자가 극적으로 "치유" 받는 장면을 극적으로 묘사한다. 동시에 서
기관들과 예수님의 논쟁 속에 인자의 "죄 용서" 선언이 처음으로 나타난다.
그래서 루터(M. Luther)는 본 사건이 죄 용서에 관해 가르치므로 복음서 전체
를 요약한다고 말한다.[2] 이와 같이 본문은 마가복음 안에서 중요한 역할을 하

---

1   Jack D. Kingsbury, *The Christology of Mark's Gospel* (Philadelphia: Fortress Press, 1983), 50-51; 기적
    이야기(1:14-8:26)가 아닌 수난 이야기(8:27-16:8)에 등장하는 기적으로는 간질병 소년 치유(9:14-
    29), 소경 바디메오 치유(10:45-52), 무화과나무 저주(11:12-14, 20-23) 등이 있다; A. M. Hunter,
    The Work and Words of Jesus (Philadelphia: The Westminster Press, 1950), 54. 헌터에 의하면 마가
    복음의 1/3이 이적과 관련된 구절들이다; 마가복음은 1:1의 "시작"(VArch.)과 16:19의 "마치신 후
    에"(meta. to. lalh/sai)로 되어 있다.

2   Martin Luther, "'Take Your Bed and Go': Sermon on Matthew 9:2-8', *Word & World* 16 (1996),
    281.

고 있음에도 불구하고 비평적 시각에 의해 그 의미가 축소되어 새로운 조명
이 요구된다.

브레데(W. Wrede)는 중풍 병자 치유 이야기(2:1-5a, 10b-12) 안에 죄 용서 이
야기(2:5b-10a)가 삽입되었다고 1904년에 처음으로 제안한다.[3] 그 이후 그의
견해를 따르는 학자들은 처음부터 존재한 치유 이야기(2:1-5a, 10b-12)가 본
문의 중심을 이루고 나중에 삽입된 용서 이야기(2:5b-10a)가 이차적이라고 주
장한다. 반면에 본문을 한 단위의 이야기로 보는 미드는 치유 이야기(2:1-5a,
10b-12)가 아닌 죄 용서 이야기(2:5b-10a)가 본문의 중심을 차지한다고 말하며
예수님이 직접 치유 이야기 안에서 죄 용서를 선언한다고 주장한다.[4] 이렇게
학자들의 주장은 다양하다. 그래서 가이서(F. J. Gaiser)는 "치유와 용서 둘 다인
가 아니면 하나인가?"라고 중심주제에 관한 질문을 한다.[5] 또 다른 자극적인
입장으로서 캐배니스(A. Cabaniss)는 본문이 초기 기독교 성찬식의 기본적인
순서를 따라 구성되며, 본문이 초대교회의 성례전 혹은 성찬 예식으로서 사
중적 의미를 지닌다고 본다.[6]

연구자는 본문의 통일성을 존중하며 구조분석을 통하여 "인자 기독론"이
중심주제임을 새롭게 제시한다. 인자 기독론이 전체 본문을 포괄하는 중심주
제라고 보면 이차적인 치유와 용서라는 두 주제의 의미뿐 아니라 본문에 등

---

3   William Wrede, "Zur Heilung des Gelähmten (Mc 2, 1ff.)', *ZNW* 5 (1904), 354-58. Richard T.
    Mead, "Healing of the Paralytic--A Unit', *JBL* 80 (1961), 348에서 재인용.

4   Richard T. Mead, "Healing of the Paralytic--A Unit', 353-4; John Vannorsdall, "Mark 2:1-12',
    Interpretation 36 (1982), 59.

5   Frederick J. Gaiser, "'Your Sins are Forgiven.... Stand up and Walk': A Theological Reading of Mark
    2:1-12 on the Light of Psalm 103', *Ex auditu* 21 (2005), 74.

6   Allen Cabaniss, "Fresh Exgess of Mark', *Interpretation* 11 (1957), 326-27. 캐배니스는 사중적인 성찬
    식의 모습을 따라 그 의미를 네 가지로 설명한다.

장하는 죄와 질병, 믿음과 치유, 그리고 용서와 치유의 관계도 올바로 이해할
수 있다. 구조분석을 주된 방법으로 사용하는 이유는 듀이(J. Dewey)가 지적한
것처럼, 마가는 "우아한 헬라어를 사용하지 않지만 상당한 문학적 기술을 가
진 저자"이기 때문이다.[7] 그러므로 먼저 마가가 구조적으로 고안한 논쟁 시리
즈(2:1-3:6) 안에서 본문의 위치와 역할, 그리고 중심주제를 찾고자 한다. 이어
서 중풍 병자 이야기 자체의 본문 구조를 관찰할 것이다(2:1-12). 이러한 구조
분석은 본 논문의 연구목적으로서 본문의 진정성과 통일성을 드러내고 인자
기독론을 중심주제로 부각할 뿐 아니라 질병을 둘러싼 다양한 신학적 질문에
답하는 데 기여할 것으로 기대된다.

II. 논쟁 시리즈(2:1-3:6)에서 본문의 위치와 의미

"중풍 병자 치유 이야기"(2:1-12)는 논쟁 시리즈(2:1-3:6)의 처음에 위치한
다. 논쟁 모티프로 연결된 다섯 이야기는 그 형태와 내용에서 서로 유기적으
로 연관되어 있다. 그리하여 듀이가 수사학적으로 분석한 것처럼 잘 조직된
교차구조를 보여준다: A, B, C, B′, A′ (막 2:1-12, 13-17; 18-22, 23-28; 3:1-6).[8] 만
일 각각의 논쟁 이야기가 마가 혹은 초기 모음자에 의해 의도된 문학적 단위
로 구성되었다면,[9] 각 이야기의 의미는 서로 연관되어 있으므로 전체 구조의

---

7 Joanna Dewey, "The Literary Structure of the Controversy Stories in Mark 2:1-3:6", *JBL* 92 (1973), 401.

8 Joanna Dewey, "The Literary Structure of the Controversy Stories in Mark 2:1-3:6", 394. 듀이는 비평적인 분석을 통하여 마가의 편집을 강하게 주장한다.

9 Richard T. Mead, "Healing of the Paralytic--A Unit", 348; Joanna Dewey, "The Literary Structure of the Controversy Stories in Mark 2:1-3:6", 399. 미드는 10절의 말씀이 특별하다는 점을 지적하며, 그

틀 안에서 본문의 역할과 위치, 그리고 중심주제를 찾을 수 있다. 먼저 듀이가 제시한 다섯 논쟁 이야기의 교차구조를 수정하여 도식화하고 그 안에서 중풍 병자 치유 이야기의 의미를 관찰해보자.[10]

A. 2:1-12 중풍 병자 치유   *치유*

    B. 2:13-17 세리와 죄인들과의 식사   *식사*

       C. 2:18-22 금식에 관한 질문   *금식*

    B'. 2:23-28 안식일에 곡식 뽑는 일   *식사*

A'. 3:1-6 손 마른 자 치유   *치유*

A//B//C//B′//A′는 모두 논쟁 형식을 통해 예수님과 대적자 사이의 충돌을 묘사한다. 예수님의 반대자들은 서기관, 바리새인의 율법 학자, 바리새인, 그리고 헤롯과 함께하는 자들로 구성되어 있다. 그들의 반대는 이야기가 전개되며 더욱 증가하는 형태를 띠고 있다. 그리고 A′의 마지막 구절에서 과격한 결론에 도달한다. "바리새인들이 나가서 곧 헤롯당과 함께 어떻게 하여 예수를 죽일꼬 의논하니라"(막 3:6). 이러한 심각한 충돌은 장차 다가올 예수님의 십자가 고난을 예고하며 죽음의 원인을 해명하는 역할을 한다.[11]

마가는 다섯 논쟁 이야기의 구조 중심에 있는 금식 이야기(C)에서 예수님이 십자가에 죽임당할 것을 처음으로 예고한다. "신랑을 빼앗길 날이 이르리니 그날에는 금식할 것이니라"(막 2:20). 여기서 "신랑"은 기독론적 알레고리다. C의 20절은 구조적으로 "부활" 유형의 치유를 보여주는 A와 A′라는 두 외곽 이야기와 대조를 이루며, A//A′는 부활을 암시하고, C는 "죽음"을 예고

것이 마가와 Q자료에서 왔다고 주장한다.

10   Joanna Dewey, "The Literary Structure of the Controversy Stories in Mark 2:1-3:6", 394.

11   Joanna Dewey, "The Literary Structure of the Controversy Stories in Mark 2:1-3:6", 400.

하여 서로 긴밀하게 연결되어 있다.[12] 그리하여 각각의 세부 이야기들은 의도된 2:20의 예수님의 죽음 예고를 중심으로 기독론과 구원론의 시각에서 읽도록 요구한다.

1. A//A', 치유 모티프

우리의 연구 본문을 포함하고 있는 A//A'는 다양한 병행으로 이루어져 있다. 첫째로 동일한 도입으로 시작된다. A의 2:1은 "그리고 다시 안으로 들어가니"("Καὶ εἰσελθὼν πάλιν εἰς")라는 언급으로 시작하고, A'의 3:1은 "그리고 다시 안으로 들어가시니"("Καὶ εἰσῆλθεν πάλιν εἰς")로 되어 있다. 그리하여 치유의 장소가 같은 실내임을 보여준다. 물론 A는 집 안이고(2:1), A'는 회당이다(3:1). 둘째로 A//A'에서 각각 사용된 동사 에게이로(ἐγείρω, 일어서라)는 두 치유 이야기가 부활의 유형임을 암시한다.[13] 실제로 중풍과 마른 손은 각각 온전히 회복된다. 셋째로 A에서 예수님은 서기관이 앉아서 마음에 의논하는 것을 알고 있다(2:6). 마찬가지로 A'에서 바리새인들의 마음의 완악함을 알고 근심한다(3:5). 그리하여 예수님의 신적 인식을 드러낸다. 넷째로 더욱 중요한 것은 두 치유 이야기 안에 각각 논쟁이 있다는 점이다. 즉 마가는 예수님과 대적자가 논쟁하는 배경 아래 치유 이야기를 진행한다. 논쟁은 예수님이 랍비의 논

---

12 Joanna Dewey, "The Literary Structure of the Controversy Stories in Mark 2:1-3:6', 398. 듀이의 교차구조를 비판하는 킬루넨의 일직선 구조는 A//A'//B//C//C'이다. A//A'는 "죄/죄악들"에 의해 한 쌍을 이루고, C//C'는 안식일 문제로 쌍을 이룬다. B는 A'와 C의 식사와 관련된 주제로 중요한 역할을 한다고 본다. 그리고 다섯 개의 이야기는 적대자들의 증대되는 행동이란 주제로 연결되어 있다고 본다. J. Kiilunen, *Die Vollmacht im Widerstreit: Untersuchungen zum Werdegang von Mk 2:1-3:6* (Helsinki: Suomalainen Tiedeakatemia, 1985), 68-70.

13 동사 evgei,rw는 중풍병 치유 이야기에서 세 번 사용되고(2:9, 11, 12), 손 마른 자 치유 이야기에서 "한가운데 일어서라"(Egeire eivj to. me,son, 3:3)라는 표현에서 한 번 사용된다.

쟁적인 대화 형식을 사용하여 되묻는 질문에서 더욱 두드러진다. 즉 A의 2:9는 "중풍 병자에게 네 죄 사함을 받았느니라 하는 말과 일어나 네 상을 가지고 걸어가라 하는 말이 어느 것이 쉽겠느냐"라고 되어 있고, 3:4는 "안식일에 선을 행하는 것과 악을 행하는 것, 생명을 구하는 것과 죽이는 것, 어느 것이 옳으냐"라는 수사학적 질문 형식으로 되어 있다.

물론 A//A′는 대조점도 보여준다. A에서 청중의 반응은 놀라움이다. "저희가 다 놀라 영광을 하나님께 돌리며 가로되 우리가 이런 일을 도무지 보지 못하였다"(2:12b). 그러나 A′에서는 적개심이 나타난다. "바리새인들이 나가서 곧 헤롯당과 함께 어떻게 하여 예수를 죽일꼬 의논하니라"(막 3:6). 그러나 A와 A′가 모두 치유에 대한 청중의 반응을 보여주고 있다는 점에서 일치한다.

이렇게 중풍 병자 치유 이야기와 손 마른 자 치유 이야기는 도입 형식과 논쟁적인 내용, 그리고 용어 사용에서 뚜렷한 병행을 이룬다. 듀이의 생각처럼, 이러한 병행구조는 결코 우연히 생긴 것으로 보기 어렵다. "나는 2:1-3:6이 마가에 의해 중풍병 이야기와 균형을 이루도록 그리고 회당 논의 형식을 완성하도록 구성되었다고 가정한다."[14] 그렇다면 마가는 왜 A//A′를 병행시켜 강조하는가? 그 이유는 A//A′의 병행구조를 통해 치유 기적을 행하는 예수님이 누구인지를 논쟁적인 형식으로 강조하기 위한 것이다. 그러므로 A//A′의 치유 이야기에서 각각 논쟁적 대화가 강조하는 기독론적 중심주제를 찾아야 한다.

먼저 A′의 손 마른 자 치유 이야기의 논쟁적 배경에는 적대자 바리새인들이 위치하고(3:6), 그들은 예수님을 송사하기 위하여 안식일에 질병을 고치는

---

14 Joanna Dewey, "The Literary Structure of the Controversy Stories in Mark 2:1-3:6", 396. 듀이는 2:1-3:6에 대하여 비교적 섬세하고 조직적인 구조분석을 시도하고 있다.

가 엿보고 있다(3:2). 그래서 예수님은 인자가 안식일의 주인임을 보여주기 위해 치유 기적을 베푼다. 그러므로 A′는 예수님이 유전된 유대교의 안식일 법을 어기며 손 마른 자를 치유함으로 인간에게 진정한 안식을 제공하는 자임을 보여준다(비교. 2:27). 이것은 비록 A′가 치유 이야기이지만 그 중심주제는 안식일의 주인인 예수님의 자기 이해로서 기독론적 교훈에 있다는 것을 말한다. 이제 A′의 빛 아래 A를 관찰해보자.

A′와 마찬가지로 A의 논쟁적 배경에는 서기관들이 적대자로 등장한다. 예수님은 그들 앞에서 중풍에 걸린 자에게 죄 용서를 선언하므로 신적 권세를 드러낸다. "소자야 네 죄 사함을 받았느니라." 그리하여 "오직 하나님 한 분 외에는 누가 능히 죄를 용서할 수 있는가"라는 문제를 주요 이슈로 부각한다 (2:7b). 그러므로 A의 중심주제는 죄를 용서할 수 있는 권세를 지닌 예수님을 부각한다. 이렇게 마가는 A//A′의 치유 모티프를 통하여 기독론을 부각하고 있다.

2. A와 B, 죄 모티프

이제 A와 연결된 B의 관계를 살펴보자. 앞에서 A는 A′와 병행을 이루며 예수님이 누구인지를 말하기 위한 기독론적 논쟁을 담고 있다. 그리하여 예수님이 죄를 용서하는 신적 권세자임을 중심주제로 드러낸다. 그래서 예수님은 치유 명령에 앞서 먼저 "네 죄 사함을 받았느니라"라고 죄 용서를 선언한다. 이러한 "죄" 주제는 B에서 지속된다.[15]

B에서 예수님은 알패오의 아들 레위가 세관에 앉아있는 것을 보고 그의 집

---

15 Joanna Dewey, "The Literary Structure of the Controversy Stories in Mark 2:1–3:6', 396.

에 들어가 세리와 죄인들과 함께 식사한다(2:14-15). 그 모습을 본 바리새인의 서기관들이 제자들에게 "어찌하여 세리와 죄인들과 함께 먹는가?"라고 질문하며 유대교의 청결 예식을 어기는 예수님의 행동에 대해 이상히 여긴다. 그때 예수님은 속담 형식으로 자신이 죄인을 부르러 왔다고 주장한다. "건강한 자에게는 의원이 쓸데없고 병든 자에게라야 쓸데 있느니라 내가 의인을 부르러 온 것이 아니요 죄인을 부르러 왔노라"(막 2:17). 여기서 B의 병든 자와 죄인에 대한 언급은 A의 중풍 병자와 죄 용서 선언에 완전히 일치한다. 그러나 A의 치유 기적은 B에서 일어나지 않는다. 그러므로 구조적으로 B와의 관계 속에서 A의 중심주제는 치유라기보다 죄 용서로 보는 것이 타당하다.

이와 같이 마가는 2:1-3:6의 다섯 논쟁 이야기에 동일하게 등장하는 적대자들과의 긴장과 갈등을 의도적으로 부각하여 독자에게 기독론을 중심주제로 읽도록 구조적으로 배려하고 있다. 그리하여 각각의 논쟁 이야기에서 분명히 예수님이 누구인지에 대한 해답을 찾도록 안내한다. 그리고 기독론 아래 치유와 용서라는 두 주제를 다룬다. 이제 A의 비유 본문 자체의 구조를 세밀하게 살펴보자.

Ⅲ. 기적 이야기 본문 분석(2:1-12)

앞에서 중풍 병자 치유 이야기는 2:1-3:6의 논쟁 시리즈 처음에 위치하여 기독론을 중심으로 "치유와 죄 용서를 선언하는 예수님의 신적 권세"를 드러내고 있음을 살펴보았다. 이제 2:1-3:6의 논쟁 시리즈에서 발견한 논쟁적 상황과 기독론이 중풍 병자 이야기 자체 본문 분석에서 어떻게 나타나는지 확인할 필요가 있다. 만일 본문 자체 분석에서 기독론이 그 중심을 이루고 있다면 치유나 죄 용서보다 인자 기독론이 그 중심을 차지하고 있다는 우리의 주장은 타당성을 띠게 될 것이다. 이를 위하여 연구자는 본문을 배경과 결과로 둘러싸고 있는 큰 교차구조(A//B//C//B'//A')와 작은 교차구조(a//b//a')로 분석한다.

배경 1 수일 후에 예수님께서 다시 가버나움에 들어가시니 집에 계신 소문이 들린지라

2 많은 사람이 모여서 문 앞에라도 용신할 수 없게 되었는데 예수님께서 저희에게 도를 말씀하시더니

A 3 사람들이 한 중풍 병자를 네 사람에게 메워 가지고 예수님께로 올새

4 무리를 인하여 예수님께 데려갈 수 없으므로 그 계신 곳의 지붕을 뜯어 구멍을 내고 중풍 병자의 누운 상을 달아내리니

B 5 예수님께서 저희의 믿음을 보시고 중풍 병자에게 이르시되 소자야 네 죄 사함을 받았느니라 하시니

C a 6 어떤 서기관들이 거기 앉아서 마음에 의논하기를

    b 7 이 사람이 어찌 이렇게 말하는가 참람하도다

    오직 하나님 한 분 외에는 누가 능히 죄를 사하겠느냐

    a 8 저희가 속으로 이렇게 의논하는 줄을 예수님께서 곧 중심에 아시고 이르시되 어찌하여 이것을 마음에 의논하느냐

B' 9 중풍 병자에게 네 죄 사함을 받았느니라 하는 말과 일어나 네 상을 가지고 걸어가라 하는 말이 어느 것이 쉽겠느냐

10a 그러나 인자가 땅에서 죄를 사하는 권세가 있는 줄을 너희로 알게 하려 하노라 하시고

A' 10b 중풍 병자에게 말씀하시되 11) 내가 네게 이르노니 일어나 네 상을 가지고 집으로 가라 하시니

12a 그가 일어나 곧 상을 가지고 모든 사람 앞에서 나가거늘

결과 12b 저희가 다 놀라 영광을 하나님께 돌리며 가로되 우리가 이런 일을 도무지 보지 못하였다 하더라

문학적으로 연구하는 학자들은 대부분 본문의 통일성에 반대한다.[16] 먼저 이에 대한 논의가 필요하다. 본문의 통일성은 구조와 무관하지 않다. 브레데 는 10a의 예수님의 권세에 관한 언급은 예수님의 입에서 나온 말이 아니라 마가의 것이라고 말한다.[17] 그는 마가에 의해 중풍 병자 치유 이야기(2:1-5a, 10b-12) 안에 "인자"의 죄 용서의 권세에 관한 이야기(2:5b-10a)가 삽입되고 편집과 구전으로 변형된 것으로 주장한다.[18] 불트만(R. Bultmann)도 치유 이야 기는 원래 중간 부분을 포함하지 않는다고 말한다.[19] 그 이유에 대하여 루이 지(A. F. Loisy)는 치유 이야기가 그 자체로 충분히 독립적인 하나의 이야기로 구성되어 있기 때문이라고 한다.[20] 그럴듯하게 이러한 현상에 대하여 해명하 는 헤이(L. S. Hay)는 2:5b-10의 용서 이야기가 초대교회에 의해 "그의 독자들 에게 들려주는 삽입구적 설명으로" 치유 이야기에 거칠게 삽입된다고 주장 한다.[21]

좀 더 주목할 만한 입장을 제시하는 밴노스달(J. Vannorsdall)은 "삽입을 신중 하게 생각해야 한다고 요구하는 내적인 증거가 없다"라고 말한다.[22] 또한 미 드(R. T. Mead)는 용서 이야기가 치유 이야기 안에 짜맞추어진 것으로 주장하

---

16 Robert A. Guelich, *Mark 1:1-8:26*, WBC 34a, (Dallas, Texas: Word Books, 1989), 82-83을 보라.

17 William Wrede, *Das Messiasgeheimnis in den Evangelien*, 17-18. Richard T. Mead, "Healing of the Paralytic--A Unit", 354에서 재인용.

18 William Wrede, "Zur Heilung des Gelähmten (Mc 2, 1ff.)', *ZNW* 5 (1904), 354-58. Richard T. Mead, "Healing of the Paralytic--A Unit', 348에서 재인용; Bennett H. Branscomb, *The Gospel of Mark* (New York: Harper, 1937), 45. 브란스콤브는 치유 이야기는 보다 오래된 앞선 것이고, 용서 이 야기는 늦게 이차적으로 혹은 발전되어 신학적으로 첨가되었다고 본다.

19 Rudolf Bultmann, *The History of the Synoptic Tradition* (New York : Harper & Row, 1963), 15.

20 Alfred F. Loisy, *Les Evangiles Synoptiques, 1*, 88, 475-76, 480. Richard T. Mead, "Healing of the Paralytic--A Unit', 351에서 재인용.

21 Lewis Scott Hay, "Son of Man in Mark 2:10 and 2:28', *JBL* 89 (1970), 71.

22 John Vannorsdall, "Mark 2:1-12', 59.

는 것은 단순히 추리에 근거한 것이라고 올바로 지적한다.[23] 실제로 결합가설은 9절에서 치유 이야기와 용서 이야기가 복합적으로 함께 나타나는 이유를 충분히 설명하지 못한다. 단지 결합 이유를 후대 교회가 교리적 측면에서 죄 용서의 정당성을 확보하기 위하여 편집한 것으로 설명한다. 더 심각한 결합가설주의자들의 오류는 치유 이야기와 용서 이야기가 독립된 자체 형식으로 각각 존재할 가능성과 최초의 자료 형태를 충분히 밝히지 못하는 데 있다. 그래서 큐리히(R. A. Guelich)는 "독립적인 이야기로 존재하기 거의 어렵다"라고 주장한다.[24] 더욱이 신적 수동태로 기록된 2:5b의 죄 용서 선언과 "인자"의 권위에 관해 다루는 B′의 10a의 근거는 초대교회에서 찾을 수 없다.[25] 그것은 예수님에게서 기인한 자기 이해의 독특한 어법이다. 또한 2:5b-10을 독립된 이야기로 보기에는 시작과 끝이 너무 불분명하다.

결합가설을 받아들이게 되면, 그래서 처음에 치유 이야기의 독립적 형태만 본문에 들어온 것을 인정하면, 치유 이야기는 조심스럽게 조직된 논쟁 시리즈(2:1-36)에 어울리지 않는다. 왜냐하면 논쟁은 치유 이야기가 아닌 용서 이야기에서 등장하기 때문이다. 그러나 다우베(David Daube)가 주장한 것처럼,

---

23 Richard T. Mead, "Healing of the Paralytic--A Unit", 350. 두 자료 이야기를 주장하는 이유는 첫째로 논쟁 이야기(2:5b-10)를 빼버리면 나머지 기적 이야기가 잘 읽힐 수 있기 때문이다. 둘째로 2:6에 어떤 서기관들이 등장하는데 그들은 2:12의 "그가 일어나 곧 상을 가지고 모든 사람 앞에서 나가거늘 저희가 다 놀라 영광을 하나님께 돌리며"에 포함될 수 없기 때문이다. 그리고 무리의 놀라움은 질병 치유에 해당될 뿐 죄 용서 이야기와 무관하다. 셋째로 치유 이야기에서는 "믿음"이 중요하게 작용하는데 죄 용서에서는 믿음이 언급되지 않는다. 넷째로 예수님이 사람의 마음을 아신다는 점이 20여 차례 마가에 의해 삽입된 것으로 보인다. 마지막으로 죄 용서 이야기는 논쟁 이야기로서 치유 이야기와 어울리지 않는다.

24 Robert A. Guelich, *Mark 1:1-8:26*, 82-83.

25 Richard T. Mead, "Healing of the Paralytic--A Unit", 352. Robert A. Guelich, *Mark 1:1-8:26*, 88, 93.

치유 이야기와 용서 이야기가 함께 처음부터 예수님의 말씀으로 본문에 들어온 것으로 보면 논쟁 시리즈(2:1-3:6)에 정확히 어울린다.[26] 본 이야기 안에서도 서기관들의 침묵과 갈등, 그리고 그들에게 이의를 제기하는 예수님의 가르침의 생생한 묘사는 이야기의 배경과 기원을 마가 시대가 아닌 예수님 당대로 향하게 한다. 그러므로 2:1-12가 초대교회에 의하여 편집 수정되었다는 주장이 설득력을 얻기 위해서는 추론에 근거한 불가능한 증명을 계속해야 할 것으로 보인다.

이제 지나치게 초대교회의 상황에서 모든 자료의 출처와 편집 의도를 이해하는 시도는 두 이야기가 동일한 배경 아래 한 번에 예수님으로부터 왔다고 주장하는 것보다 더 많은 문제를 여전히 안고 있다.

1. 배경//결과, 도를 가르치시는 예수님 // 하나님께 돌리는 영광

배경//결과는 전체 이야기의 틀로서 기능할 뿐 아니라 각각 도를 말씀하는 예수님과 그에 대한 청중의 반응을 보여준다. 배경에서는 가버나움이라는 장소와 많은 사람이 모여 있어 문으로 들어갈 수 없는 상황, 그리고 예수님께서 도를 말씀하는 장면을 설명한다. 이러한 배경 설명은 "도"를 말씀하는 예수님 자신과 "도"가 본문의 주요 관심사임을 알려준다. 신약성경에서 "도"(o` lo.goj)는 "말씀"(막 4:14-20; 행 6:4; 갈 6:6), "주의 말씀"(행 8:25; 살전 1:8; 딤전 6:3), "하나님의 말씀"(눅 5:1; 행 4:31; 빌 1:14; 히 13:7)의 의미로 사용된다.[27] 가

---

26 David Daube, *The New Testament and Rabbinic Judaism* (London: Univ of London, Athlone Pr, 1956), 170-75.

27 Robert A. Guelich, *Mark 1:1-8:26*, 84.

버나움에서 복음을 전파하는 1:21-45의 사역과 2:3-12를 통해 볼 때, 예수님이 가르친 "도"는 하나님의 나라와 관련되어 있다.[28] 이제 하나님의 나라에 관한 가르침에 대한 청중의 반응이 기대된다. 전체 이야기를 초대교회의 성만찬의 관점에서 해석하기를 좋아하는 캐배니스가 A에서 "많은 사람이 모여서"($\sigma\upsilon\nu\acute{\eta}\chi\theta\eta\sigma\alpha\nu\ \pi\upsilon\lambda\lambda\upsilon\acute{\iota}$)라는 표현을 "예배와 교육을 위한 회당 모임"으로 해석하는 것은 지나치게 초대교회의 상황을 중시하는 것으로 적절하지 않다.

결과에서 군중의 반응을 놀라움과 두려움으로 표현한 것은 다른 치유 이야기들과 유사하다. 그것은 예수님의 치유의 완전성과 신적 권세가 드러나는 것을 보여준다. 그러므로 캐배니스(A. Cabaniss)가 "'하나님께 영광을 돌리며' 라는 표현은 부분적으로 하나님의 영광을 인식하고 표현하였다"라고 한 것은 옳다.[29] 또한 미드(R. T. Mead)가 "이 결론은 죄 용서의 중요한 논쟁을 포함하는 전체 구절을 요약하거나 나타내는 데는 부족하다"라고 주장한 것도 타당하다.[30] 왜냐하면 그 어떤 표현도 하나님의 나라에 대해 가르치는 예수님 자신과 그가 가르치는 "도"에 대한 청중의 반응을 충분히 담아내기에 부족하기 때문이다.

2. A//A', 침상에 들려 온 중풍 병자 // 침상을 들고 나가는 중풍 병자

하나의 완전한 치유 이야기를 보여주는 A//A'는 내용상 극적인 대조를 이룬다. A에서 중풍 병자는 네 사람에 의해 침상에 들려 왔으나 무리로 인하여

---

28   Robert A. Guelich, *Mark 1:1-8:26*, 84-85.

29   Allen Cabaniss, "Fresh Exgess of Mark', *Interpretation* 11 (1957), 325.

30   Richard T. Mead, "Healing of the Paralytic--A Unit', 349.

예수님 앞으로 인도될 수 없다. 그래서 네 친구는 지붕에 구멍을 내어 침상에 누운 중풍 병자를 예수님 앞으로 달아 내린다.[31] 이것은 중풍 병자가 스스로 예수님을 찾아올 수 없을 정도로 심각한 환자라는 것을 말해준다. 그러나 치유 이야기의 극적인 장면을 보여주는 A′에서 중풍 병자는 예수님의 명령을 듣고 곧 일어나 상을 가지고 집으로 돌아간다. 이러한 A//A′의 극명한 대조는 "일어나 네 상을 가지고 집으로 가라"는 예수님의 치유 명령의 완전성을 극대화한다.

A에서 네 사람이 지붕을 뜯어 구멍을 내고 중풍 병자를 내린 것은 믿음 있는 행함이다.[32] 그들은 믿음이 장벽을 넘어 예수님께 나아가는 것임을 실질적으로 보여준다. 비록 그들이 베드로와 같이 "주는 그리스도시니이다"(막 8:29)라는 놀라운 신앙고백을 입술로 하지 않지만 그들의 행동은 예수님께 믿음의 사람으로 인정을 받기 충분하다.

캐배니스가 A의 3절에서 "메워 가지고 예수님께로 올새"를 성체 봉헌 혹은 희생 제물로 해석한 것은 지나친 알레고리로 적절하지 않다.[33] 그러나 A′의 11절에서 "일어나"를 창조 명령으로 보고, 12a에서 "일어나"를 창조 명령에 대한 순종으로 해석하는 것은 가능하다.[34] 그러나 2:1-3:6의 구조에서 볼 때, "일어나"는 부활 명령에 더 가깝다.

---

31 Allen Cabaniss, "Fresh Exgess of Mark', 325. 중풍 병자가 누워있는 침상을 내리는 사건은 하나님이 부정한 것을 보자기에 내리며 베드로에게 받아먹으라는 사도행전 10:10-16을 생각하게 한다.

32 Frederick J. Gaiser, "'Your Sins are Forgiven.... Stand up and Walk': A Theological Reading of Mark 2:1-12 on the Light of Psalm 103', 76; Joachim Gnilka, *Das Evangelium nach Markus 1:1-8:26*, EKK (Zürich, Einsiedeln, Köln: Neukirchener Verlag, 1928), 97. 그닐카는 팔레스틴의 집은 갈대, 마른 풀, 나뭇가지가 대들보에 얽혀 있고 그 위에 점토를 발라 놓았으며, 헬라-로마식은 기와로 되어 있으므로 지붕을 뜯었다는 언급이 마가의 삽입이라고 주장한다.

33 Allen Cabaniss, "Fresh Exgess of Mark', 324.

34 Allen Cabaniss, "Fresh Exgess of Mark', 325.

3. B//B', 예수님의 죄 용서 선언과 권세

B와 B′는 각각 의미와 표현에서 병행을 이룬다. "예수"(ὁ Ἰησοῦς)와 "인자"(ὁ
υἱὸς τοῦ ἀνθρώπου), "저희"(αὐτῶν)와 "너희"(εἰδῆτε, 이인칭 복수), "네 죄 사함을 받
았느니라"(ἀφίενταί σου αἱ ἁμαρτίαι)와 "네 죄 사함을 받았느니라"(ἀφίενταί σου
αἱ ἁμαρτίαι), "중풍 병자에게 이르시되"(λέγει τῷ παραλυτικῷ)와 "중풍 병자에
게…하는 말"(εἰπεῖν τῷ παραλυτικω). 이러한 뚜렷한 병행은 본문의 의미를 더
욱 분명하게 강조한다. 윌리암슨(L. Williamson)이 제기한 것처럼, 극명한 병행
을 보여주는 B와 B′는 "죄와 질병, 용서와 치유 사이에 어떤 관계가 있는지"
를 생각하게 할 뿐 아니라 마가복음에서 처음으로 등장하는 "인자"와 동사
"믿음"이란 용어를 보여준다.[35] 이에 대하여 살펴보자.

1) 죄와 질병의 관계

B//B′에서 죄 모티프가 병행을 이룬다. 예수님이 질병에 걸린 중풍 병자
의 죄 문제를 부각하고 있으므로 죄와 질병의 상호관계에 관한 질문이 요구
된다.[36] 중풍 병자가 질병에 걸린 원인은 무엇인가? 폰 라드(G. von Rad)는 "죄
와 육체적인 질병 사이의 관계는 매우 밀접하다"라고 주장하며 창세기 3장으
로부터 논의를 시작해야 한다고 말한다.[37] 질병의 원인을 알기 위해 창세기로

---

35 Lamar Williamson, Jr., *Mark,* Interpretation: A Bible Commentary for Teaching and Preaching
(Atlanta, Ga. : J. Knox Press, 1983), 63, 64; Richard T. Mead, "Healing of the Paralytic--A Unit',
350. 미드는 저자가 다섯 가지 문제에 관심을 가졌다고 주장한다. a) "사람의 아들" 문제, b) 질병, 죄,
그리고 죄책감의 관계, c) 표적에 대한 예수님의 태도, d) 교회 교리와 예수님의 이야기의 관계, e) 복
음 전승의 양식들 등.

36 Richard T. Mead, "Healing of the Paralytic--A Unit', 350.

37 Gerhard von Rad, *Old Testament Theology,* 2 vols. trans. D.M. Stalker (New York: Harper and
Brothers, 1962), 1:275.

거슬러 올라가야 한다. "선악을 알게 하는 나무의 실과는 먹지 말라 네가 먹는 날에는 정녕 죽으리라"(창 2:17). 최초의 창조 언약은 인간이 선악과를 먹음으로 하나님께 불순종한 죄로 인하여 사망에 처하게 된다고 단언한다. 그리고 창세기 3장에 등장하는 인간 타락은 죄가 인간에게 미칠 영향력을 고난의 이미지로 예고한다. 그래서 인간에게 주어진 질병과 고통의 근본적인 원인이 죄임을 알 수 있다. 이 점에 대하여 바울도 동의한다. "이러므로 한 사람으로 말미암아 죄가 세상에 들어오고 죄로 말미암아 사망이 왔나니 이와 같이 모든 사람이 죄를 지었으므로 사망이 모든 사람에게 이르렀느니라"(롬 5:12). 여기서 바울이 죄로 인하여 사망이 왔다고 말하는 것은 질병과 고난에도 적용될 수 있다.

실제로 B의 5절은 예수님이 병든 자에게 죄 용서를 선언하여 죄와 질병의 밀접한 관계를 암시하여 질병이 죄로 인하여 왔다고 생각하도록 만든다. 성경은 종종 특별한 경우에 질병과 죄 사이의 연결을 주장한다(삼하 24:10-17; 시 38:3).[38] 예수님도 베데스다 연못에서 삼십팔 년 된 병자를 고치고 다시 성전에서 그를 만났을 때 죄가 질병의 원인임을 유일하게 직접적으로 밝힌다.[39] "보라 네가 나았으니 더 심한 것이 생기지 않게 다시는 죄를 범치 말라"(요 5:14)." 그래서 사람들은 죄로 인하여 하나님이 진노할 것이며 그로 인하여 질병이나 고난받을 것을 두려워한다.

본문에서 죄와 질병 사이의 연관은 상당히 복잡하다. 왜냐하면 B의 5절에서 예수님이 죄 용서를 선언하지만 중풍 병자는 여전히 침상에 누워있기 때문이다. 즉 중풍 병자는 죄로부터 자유롭게 되었으나 질병은 사라지지 않았

---

38 Frederick J. Gaiser, "'Your Sins are Forgiven…. Stand up and Walk': A Theological Reading of Mark 2:1-12 on the Light of Psalm 103", 77.

39 Lamar Williamson, Jr., *Mark*, 65.

다. 이것은 분명히 청중과 초대교회가 잊을 수 없는 충격적이고 괴로운 장면일 것이다.[40] 더욱이 예수님은 본문에서 중풍 병자가 그 자신 또는 부모의 죄로 인하여 질병에 걸렸다는 태도를 직접적으로 보여주지 않는다.[41] 오히려 요한복음의 인상적인 사건에서 예수님은 소경 된 자의 원인이 그의 부모나 그의 죄 때문이 아니라고 말한다. "랍비여 이 사람이 소경으로 난 것이 뉘 죄로 인함이오니이까 자기오니이까 그 부모오니이까 예수님께서 대답하시되 이 사람이나 그 부모가 죄를 범한 것이 아니라 그에게서 하나님의 하시는 일을 나타내고자 하심이니라"(요 9:2-3). 그러므로 죄와 질병의 직접적인 연관을 일반화시킬 수 없다.

오히려 B//B′는 죄와 질병의 직접적인 연관성을 일반화시킨다기보다 인자와 그의 죄 용서 권세 자체를 부각하기 위해 기록된다. 그래서 초기 교회도 예수님의 자기 권위 주장에 근거하여 그의 이름과 권세로 죄 용서하는 위대한 교리를 세운다.[42] 그러므로 우리는 본문이 질병과 죄의 관계에 대해 강한 긍정도 부정도 하지 않는다는 것을 확인하는 것으로 만족해야 한다.[43]

2) 믿음과 치유의 관계

신약성경의 기적 이야기들을 보면, 믿음이 기적에 선행하는 경우와 기적이 믿음을 갖게 하는 두 종류의 이야기로 구분된다.[44] 본문은 전자에 해당이 된다. B는 예수님이 중풍 병자를 데리고 온 네 친구의 믿음을 보고 죄 용서를

---

40 John Vannorsdall, "Mark 2:1-12', 60

41 Richard T. Mead, "Healing of the Paralytic--A Unit', 349.

42 Richard T. Mead, "Healing of the Paralytic--A Unit', 349.

43 Richard T. Mead, "Healing of the Paralytic--A Unit', 353; Robert A. Guelich, *Mark 1:1-8:26*, 95.
    쿨리히는 본문에서 죄와 질병의 관계를 명확히 알 수 없다고 한다.

44 Robert A. Guelich, *Mark 1:1-8:26*, 85.

선언한다.[45] 이어지는 중풍 병자의 치유도 지붕을 통해 극적으로 중풍 병자를 달아 내린 네 친구의 믿음의 결과다.[46] B의 5절에서 "저희의 믿음을 보시고"에서 "저희"는 네 친구를 가리킨다. 여기서 마가는 중풍 병자의 신앙고백이나 태도가 분명하게 믿음을 드러낸다는 점에 대하여 침묵한다.[47] 그러나 네 친구와 함께 중풍 병자의 동의를 통해 비롯된 그들의 행동은 곧 예수님에 대한 믿음 있는 태도이다.[48] 분명한 것은 중풍 병자 치유 기적 뒤에는 네 친구의 믿음이 있다.

사실 마가복음은 종종 믿음이 예수님의 치유 능력을 확신하는 태도나 예수님의 도움을 받고자 애쓰는 것이라고 말한다.[49] 예를 들어 혈루증 앓는 여인은 예수님의 옷에 손만 대어도 구원을 얻으리라고 생각하고 군중들 속에서 주님께 나아와 어렵게 옷을 만진다. 그녀는 확신에 찬 행동으로 인하여 믿음을 인정받는다. "딸아 네 믿음이 너를 구원하였으니 평안히 가라 네 병에서 놓여 건강할지어다"(막 5:34). 이렇게 예수님에 대한 태도와 행동은 곧 믿음으로 인정되고 그 결과는 치료다. 그러므로 그닐카(J. Gnilka)가 "믿음은 예수님의 능력에 대한 깊은 신뢰로서 조건 없이 자기를 내어 맡기는 것"이라고 말한 것은 옳다.[50]

마가복음은 또 다른 형태로 병자의 믿음이 입술을 통해 구체화되는 경우를 보여준다. 즉 믿음이 신앙고백을 통해 구체적으로 드러나고 그에 대한 응답

45 John Vannorsdall, "Mark 2:1-12', 60; Richard T. Mead, "Healing of the Paralytic--A Unit', 349.

46 John Vannorsdall, "Mark 2:1-12', 59.

47 Allen Cabaniss, "Fresh Exgess of Mark', 325.

48 Robert A. Guelich, *Mark 1:1-8:26*, 85, 94.

49 예를 들면, 시몬의 장모를 치유할 때(막 1:29-31), 열두 해를 혈루증으로 앓는 여자 치유(막 5:25-34). 그 이외에 마가복음 6:56을 보라.

50 Joachim Gnilka, *Das Evangelium nach Markus 1:1-8:26*, 99.

으로 치료가 주어진다. 예를 들어 여리고에서 소경 거지 바디메오가 치료받은 경우를 생각해 보라(10:46-52). 그는 "다윗의 자손이여 나를 불쌍히 여기소서"라고 소리쳐 고백하고 그로 인하여 예수님으로부터 "가라 네 믿음이 너를 구원하였느니라"라는 응답을 들어 치료를 받는다. 이렇게 일반적으로 믿음이 신앙고백이나 행동으로 먼저 드러나고 치유는 그 결과로 주어진다.[51]

그러나 치유가 반드시 믿음의 결과로 주어진다고 단정하기 어렵다. 왜냐하면 예수님은 그를 배척하는 사람들에게 믿음을 심어주기 위해 기적을 행하였기 때문이다. 예를 들어 안식일에 회당에서 손 마른 자를 치료한 사건을 생각해 보라(3:1-6). 그는 입술로 어떤 신앙고백을 하지 않는다. 주님이 회당에 들어갔을 때 손 마른 자는 이미 회당 안에 있다. 그는 예수님에게 어떤 행동을 취하거나 신앙고백을 하지 않는다. 그럼에도 예수님은 반대자인 바리새인들에게 안식일에 선을 행하고 생명을 구하는 일의 중요성을 알리기 위해 병자를 치료한다. 물론 바리새인들은 예수님을 죽이려고 헤롯당과 함께 모의한다. 그럼에도 예수님은 하나님의 나라와 그의 권세를 드러내어 믿음을 심어주기 위한 목적으로 기적을 행한다.

마가복음에 기록된 귀신축출(1:23-28; 5:1-20; 7:24-30)과 자연 이적(4:35-41; 6:30-44, 45-51; 8:1-10; 11:12-14, 20-25) 그리고 부활 이적(5:21-24, 35-43; 9:14-29)은 제자와 청중을 믿음의 세계로 인도한다. 고향에서 행한 기적은 흔하지 않으나 불신앙의 사람을 치유하였을 가능성을 남겨놓는다(막 6:1-6). 비록 믿음을 심어주기 위한 기적이 반대자들을 자극하여 그를 죽음으로 몰고 가지만 때로는 치유가 놀라운 믿음을 만들기도 한다: "다 놀라 서로 물어 가로되 이는 어찜이뇨 권세 있는 새 교훈이로다 더러운 귀신들을 명한즉 순종하는도

---

51   Joachim Gnilka, *Das Evangelium nach Markus 1:1-8:26*, 99.

다"(막 1:27). 그러므로 마가복음 안에서 반드시 믿음이 기적을 일으키기 위한 필수 조건은 아니다. 기적은 예수님의 자발적인 발로에서 기인한다. 그러나 본문에서 기적은 예수님께 믿음으로 반응한 자에게 선물로 주어진다.

3) 죄 용서와 치유의 관계

B′의 9절에서 나란히 등장하는 죄 용서와 질병 치유에 관한 질문은 혼란을 불러일으킨다. 분명히 예수님은 질병만을 치유하여 타락으로 인해 심화된 현존하는 무질서를 바로잡으면 그것으로 충분하다. 그런데 예수님은 먼저 질병을 치유하지 않고 누구도 예상하지 못한 죄 용서를 선언한다. 이제 중풍 병자의 죄 문제는 해결된다. 그러나 육체의 질병은 치유되지 않는다. 예수님의 죄 용서 선언에도 불구하고 중풍 병자는 여전히 침상에 누워있다. 청중은 두 가지 사실로 인하여 당황하였을 것이다. 첫째는 치유의 명령이 주어질 것으로 생각하는데 먼저 죄 용서가 선언되고, 둘째는 그의 죄가 용서되면 곧 침상에서 일어날 것이라고 예상하는데 여전히 그는 침상에 누워있다.[52]

그러나 본문의 신학적 배경을 제공하는 시편 103편의 빛 아래서 보면 예수님의 의도를 밝히 알 수 있다.[53] "저가 네 모든 죄악을 사하시며 네 모든 병을 고치시며"(시 103:3). B′의 9절과 문학적으로 병행을 이루는 시편 103편은 먼저 용서를 베풀고 그다음에 치유가 일어나는데 이 둘을 새 시대의 표증으로 제공한다. 그러므로 가이서가 주장한 것처럼 예수님은 시편 103:3의 신학적 전승을 따랐으며 그래서 먼저 용서를 선언하고 이어서 치유의 기적을 베푼다.[54] 그리하여 10a에서 말한 죄 용서 선언을 "증명하는" 근거로 11절의 치유

---

52 John Vannorsdall, "Mark 2:1-12", 60.

53 Frederick J. Gaiser, "'Your Sins are Forgiven… Stand up and Walk': A Theological Reading of Mark 2:1-12 on the Light of Psalm 103", 82. 시편 103편에 대한 구조분석은 79-83쪽을 보라.

54 Frederick J. Gaiser, "'Your Sins are Forgiven… Stand up and Walk', 71. 가이서는 마가복음 2:9와 시

를 제공한다.[55] 그러므로 중풍 병자 이야기에서 중심을 차지하는 것은 치유보다는 죄 용서에 무게가 있다.[56] 그것은 2:10의 고정된 언어와 공관복음의 병행을 통해 알 수 있다(마 9:2-8; 눅 5:17-26).

사실 마가복음에서 예수님은 처음부터 하나님의 나라를 선포하고 이어서 회개를 촉구하여 용서하는 새로운 시대를 열어 놓는다. "가라사대 때가 찼고 하나님 나라가 가까웠으니 회개하고 복음을 믿으라"(막 1:15).[57] 여기서 하나님의 나라가 예수님의 오심을 통하여 다가오고 그 나라에 들어가기 위해서는 "회개를 통한 용서받음"이 요구되는 것을 알 수 있다. 그래서 예수님은 "죄 사함을 받게 하는 회개의 세례를 전파"하는 세례 요한의 모델을 따른다(1:4). 예수님은 하나님의 나라 선포의 일환으로 중풍 병자의 죄를 용서하고 치유한다. 중풍 병자 치유는 회개와 죄 용서를 통해 다가오는 하나님의 나라의 가시적인 선포이다.[58]

본문에서 예수님은 중풍 병자에게 회개했는지를 물어보거나 요구하지 않는다.[59] 그래서 우리는 중풍 병자가 입술로 회개하였는지를 명시적으로 알 수 없다. 단지 치유의 발로가 예수님의 불쌍히 여김에 있다는 복음서의 일반적인 기록을 상상할 뿐이다(막 5:19; 6:34; 8:2; 10:47). 그럼에도 예수님이 중풍 병자를 치유하기 이전에 그에게 죄 용서를 선언하는 선지자적 직무를 수행한

편 103:3의 연결을 설득력 있게 논증한다. 그러나 귤리히는 치료와 용서의 명확한 결합은 전승에서 발견되지 않는다고 말한다. Robert A. Guelich, *Mark 1:1-8:26*, 82.

55 Richard T. Mead, "Healing of the Paralytic--A Unit", 353.

56 Richard T. Mead, "Healing of the Paralytic--A Unit", 353; John Vannorsdall, "Mark 2:1-12", 59.

57 Frederick J. Gaiser, "'Your Sins are Forgiven··· Stand up and Walk', 71.

58 Robert A. Guelich, *Mark 1:1-8:26*, 85.

59 John Vannorsdall, "Mark 2:1-12", 60.

것은 전혀 이상하지 않다.[60] 만일 예수님이 죄 용서 없이 치유만 한다면 중풍 병자에게 너무 적게 제공한 것이다. 지금 예수님은 중풍 병자에게 육체적 회복을 넘어 죄 용서라는 더 큰 영혼의 가치와 새로운 시대의 축복을 제공하고 있다. 즉 예수님은 중풍 병자에게 하나님의 용서와 불쌍히 여김을 알도록 먼저 죄를 없이하고 이어서 그가 당면한 육체적인 질병을 치유한다. 용서가 곧바로 치유를 가져다주지 않으나 치유가 예수님과 그의 메시지에 주의를 기울이도록 전략적으로 의도되어 긴밀하게 관련되어 있다.[61] 그런 측면에서 큘리히의 주장은 올바르다. "걸으라는 예수님의 명령(2:11, cf. 2:9b)은 용서에 관한 말씀(2:5b)의 증거이며 청중에게 인자의 권세를 보여준다."[62]

이제 우리는 하나님의 나라를 가져오는 예수님에게 있어서 치유와 용서 둘 중에 용서가 더욱 중요하여 치유하기 이전에 죄 용서를 베풀었다는 가이서의 주장을 받아들이며,[63] 동시에 그 둘은 어느 하나를 취하고 하나를 버려야만 하는 선택의 문제가 아니라 둘 다 하나님의 나라에서 중요하다는 사실을 알게 된다. 사실 질병 그 자체는 죄로 인하여 파생된 무질서이다.[64] 그래서 예수님은 일차적으로 근본적인 죄 문제를 해결한 후에 이차적인 질병 치유를 함으로써 무질서를 질서로 회복시킨다. 그런 차원에서 중풍 병자 치유와 죄 용서 선언은 하나님 나라의 등장에서 긴밀하게 관련되어 있다.

물론 상대적 개념에서 치유보다 용서가 더 중요하다. 그 이유는 치유가 육체의 문제로 국한된다면 용서는 영혼의 문제까지 포괄하기 때문이다. 그것은

60　Frederick J. Gaiser, "'Your Sins are Forgiven… Stand up and Walk'*, 73.

61　Frederick J. Gaiser, "'Your Sins are Forgiven… Stand up and Walk'*, 72, 74, 81.

62　Robert A. Guelich, *Mark 1:1-8:26*, 89; 같은 주장으로는 Lamar Williamson, Jr., *Mark*, 63.

63　Frederick J. Gaiser, "'Your Sins are Forgiven… Stand up and Walk'*, 83; Robert A. Guelich, *Mark 1:1-8:26*, 88.

64　Frederick J. Gaiser, "'Your Sins are Forgiven… Stand up and Walk'*, 74.

마치 마르다가 부엌에서 열심히 옳은 일을 하였으나 주님께 다가와 영원한 진리의 말씀을 들은 마리아보다 못하다는 평가와 같다(요 10:38-11:4). 또한 세례 요한이 세상에서는 여자가 낳은 자 중에 가장 큰 자이지만 천국에서 가장 작은 자인 것과 같다(마 11:11; 눅 7:28). 그러므로 미드가 "설교에서 그것의 가치를 중시하여 용서를 치유보다 더 강조해야 한다"라고 주장한 것은 적절하다.[65] 그러나 용서는 예수님의 권세이고, 치유는 그 권세를 확증하는 사인으로서 기독론과 종말론 안에서 서로 긴밀하게 관계되어 있다.[66] 둘 중의 하나만을 일방적으로 선택하는 것은 시편 103:3의 관점에서 적절하지 않다. 그리고 용서와 치유라는 두 주제 위에 인자 기독론이 있다.

이제 우리는 용서와 치유라는 두 주제에 대한 밴노스달의 지적을 마음에 담아두어야 한다. "오래된 삼단논법은 예수 안에서 깨어졌다. 그러므로 중풍이 그 남자의 죄의 결과이고, 그래서 죄 용서를 받고 예수님이 그를 치유하는 그런 방법으로 이 본문을 읽고 설교하는 것은 본문을 잘못 읽는 것이고 위대한 신약성경의 증거를 위반하는 것이다."[67]

4) 죄 용서와 "인자"(ὁ υἱὸς τοῦ ἀνθρώπου)

B의 5절에서 예수님의 독특한 죄 용서 명령은 마가복음에서 다시 발견할 수 없다[68]: "소자야 네 죄 사함을 받았느니라"(τέκνον, ἀφίενταί σου αἱ ἁμαρτίαι). 그리고 B′의 10a는 땅에서 죄 용서하는 권세를 가진 자가 "인자"라고 처음으

---

65   Richard T. Mead, "Healing of the Paralytic--A Unit', 353.

66   Martin Luther, "'Take Your Bed and Go': Sermon on Matthew 9:2-8', 283. 루터는 "일어나 네 침상을 가지고 집으로 가라"는 명령을 죄 용서의 권세를 보여주기 위한 사인으로 본다: Robert A. Guelich, *Mark 1:1-8:26*, 82. 쿨리히는 용서와 치료가 종말론적으로 하나의 주제를 대변한다고 말한다.

67   John Vannorsdall, "Mark 2:1-12', 60.

68   Richard T. Mead, "Healing of the Paralytic--A Unit', 353.

로 언급한다[69]: "인자가 땅에서 죄를 사하는 권세가 있는 줄을 너희로 알게 하려 하노라." 그리하여 B와 B′는 죄 용서와 인자의 관계를 생각하도록 만든다.

물론 예수님을 비난하는 자들은 죄 용서와 인자의 연관성을 무시한다. 아마도 "사람의 아들"(υἱὸς τοῦ ἀνθρώπου)이 셈어적인 일반적 용법으로 사용되고 있기에 그 독특성을 인식하지 못한 것으로 보인다. 그러나 예수님은 다니엘 7:13의 "'그' 사람의 아들"에서 "그"를 강조하여 일반적인 용법 이상의 의미를 담아 독특하게 사용한다. 그가 이사야 43:25와 44:22에서 예고한 죄 용서 선언 예언을 성취하는 자라는 사실을 알리기 위하여 신적 수동태로 말한다.

복음주의자들은 인자 언급의 셈어적인 배경에 관심을 기울인다. 헤이(Lewis S. Hay)는 유대교에서 호 휘오스 투 안뜨로푸(ὁ υἱὸς τοῦ ἀνθρώπου)의 셈어적 용법은 세 가지 의미로 광범위하게 사용된다고 주장한다.[70] 첫째는 인간으로서 "사람"(man)에 대한 표현으로 애매하게 사용되고,[71] 둘째는 "나"(I)에 대한 완곡한 표현으로 사용되고, 셋째는 초기 기독교와 예수님에게 지대한 영향을 행사한 유대 묵시 전승에서 두드러진 역할을 한 인자 인물이 다니엘서 7:13에서 특별하게 사용되었다는 것이다.[72] 첫 번째와 두 번째의 일반적인 사용은 그렇게 문제 되지 않는다. 그러나 세 번째는 상당히 논쟁적인 주제이다.

헤이의 조사에 의하면, 다니엘 7:13의 사용에 대한 영향력 있는 학자들의

---

69 마가복음에서 인자 칭호는 14회 등장한다. Robert A. Guelich, *Mark 1:1-8:26*, 89.

70 Lewis Scott Hay, "Son of Man in Mark 2:10 and 2:28", 69.

71 이 입장을 지지하는 학자로는 Jack D. Kingsbury, *The Christology of Mark's Gospel*, 83-84; Joachim Gnilka, *Das Evangelium nach Markus 1:1-8:26*, 101.

72 학자들의 입장은 Robert A. Guelich, *Mark 1:1-8:26*, 89를 보라.

해석은 크게 두 가지로 구분된다.[73] 맨슨(Thomas W. Manson),[74] 바레트(Hartes K. Barrett),[75] 던칸(George S. Duncan),[76] 쿨만(Oscar Cullmann),[77] 후커(Morna D. Hooker)[78] 등은 그 인물이 상징적 인물 혹은 집합적 의미라고 주장한다. 왜나하면 초기 교회의 용어 사용에서 두드러진 묵시적 인물로 아주 폭넓게 사용되기 때문이다. 반면에 그와 다른 입장으로서 헤링(J. Hering),[79] 스죄버그 (E. Sjöberg),[80] 빌하우저(P. Vielhauer),[81] 불트만(Rudolf Bultmann),[82] 퇴트(Heinz E. Tödt),[83] 녹스(John Knox)[84] 등은 그 인물이 인간의 운명을 결정하기 위하여 종말에 나타날 신적이고 천상적이고 초월적인 인자로 이해한다. 후자의 입장에서 마가복음에 등장하는 인자 언급을 이해하는 것은 유익하다.

마가복음에서 "그 사람의 아들"이 등장하는 문맥을 관찰하면 세 가지 형태

---

73 Lewis Scott Hay, "Son of Man in Mark 2:10 and 2:28", 70. 헤이가 조사한 각 학자들의 세부적인 주장에 대하여 그의 책 각주를 참조하라.

74 Thomas W. Manson, *The Teaching of Jesus* (Cambridge: At the University Press, 1963), 265-70. 맨슨의 논문으로는 "The Son of Man in Daniel, Enoch, and the Gospels", *BJRL* 32 (1950), 188ff.

75 Chartes K. Barrett, "The Background of Mark 10:45", in *New Testament Studies. Studies in Memory of Thomas Walter Manson*, 1-18.

76 George S. Duncan, *Jesus, Son of Man* (New York: Macmillan, 1949), 135-53.

77 Oscar Cullmann, *The Christology of the New Testament* (New York: Westminster Press, 1959), 140-41.

78 Morna D. Hooker, *The Son of Man in Mark* (Montreal: McGill Univ Press, 1967), 71-72.

79 J. Hering, *Le Royaume de Dieu et sa Venue*, rev. ed. 1959, 51-87.

80 E. Sjöberg, *Der verborgene Menschensohn in den Evangelien*, 1955, 124-32.

81 P. Vielhauer, "Gottesreich und Menschensohn in der Verkündigung Jesu", in *Festschrift für Günther Dehn*, ed. Bonn Universität Evang. (1957): 51-59.

82 Rudolf Bultmann, *Theology of the New Testament* I, trans. Kendrick Grobel (New York: Scribner's, 1951), 49.

83 Heinz E. Tödt, *Der Menschensohn in der synoptischen Überlieferung* (Gutersloh, Germany: Gerd Mohn, 1959), 19-28.

84 John Knox, *The Death of Christ* (New York: Abingdon Press, 1958), 56-57.

로 나타난다.[85] 첫째는 예수님 당대의 지상 사역을 다루는 논쟁 구절에서 등장한다(막 2:10, 2:28).[86] 둘째는 고난과 죽음에 대한 언급에서 나타난다(막 8:31, 9:12, 31, 10:33, 10:45, 14:21, 41). 셋째는 재림과 마지막 심판에 관해 말하는 곳에 나타난다(막 8:38, 9:9, 13:26, 29, 14:62). 이렇게 마가복음에서 "인자" 호칭은 모두 14차례 등장한다. 우리가 관심하는 2:10의 "인자"는 2:28에 등장하는 "인자"와 함께 첫째 분류의 지상 사역에 해당된다.[87] 그러나 세 분류의 구절들은 각각 논쟁과 죽음, 그리고 권세라는 주제 아래 서로 연결되어 있으므로 엄격히 구분하는 것은 적절하지 않다.[88]

그러면 첫 번째 범주인 2:10의 "인자"는 두 번째 범주에 속한 고난과 죽음에 관한 언급에서 등장하는 많은 "인자" 언급들(막 8:31, 9:12, 31, 10:33, 10:45, 14:21, 41)과 그리고 재림주로 오실 영광스러운 고양된 인자 언급들(막 8:38, 9:9, 13:26, 29, 14:62)은 서로 어떻게 연관되어 있는가? 예수님은 "그 사람의 아들"이란 호칭을 지상 사역에서 사용함으로 자신의 죄 용서 권세(2:10)와 안식일의 주인임을 드러내고(2:28), 그로 인하여 스스로 죽음과 고난의 길을 걸어가는 운명에 처하게 될 것임을 알리고(막 8:31, 9:12, 31, 10:33, 10:45, 14:21, 41), 다시금 영광스러운 하나님의 아들로서 재림하여 심판할 자로서 그의 신분을 암묵적으로 드러낸다(막 8:38, 9:9, 13:26, 29, 14:62).[89] 이렇게 예수님은 포괄적인 자기 길과 운명을 염두에 두고 10a에서 독특한 "그 사람의 아들" 호칭에 죄 용

85　Lewis Scott Hay, "Son of Man in Mark 2:10 and 2:28", 70.

86　Robert A. Guelich, *Mark 1:1-8:26*, 89.

87　Lewis Scott Hay, "Son of Man in Mark 2:10 and 2:28", 71.

88　Robert A. Guelich, *Mark 1:1-8:26*, 89.

89　cf. Jack D. Kingsbury, *The Christology of Mark's Gospel*, 157-67을 보라. 킹스베리는 마가가 "그 사람의 아들" 호칭으로 예수님의 정체성을 밝히려고 하지 않았다는 점을 길게 논증 하나 설득력이 떨어진다.

서하는 권세를 가진 고양된 묵시적 인물로서 자기 이해를 암시적으로 표현한
다.[90]

　사실 예수님의 "인자" 호칭 사용은 구약성경을 통한 자기 인식 아래 논쟁
적 상황에서 처음부터 의도적으로 사용된다.[91] 구약성경에서 첫 번째 죄 용서
하는 자로서 자기 이해는 이사야 43:25와 44:22에서 가져오고,[92] 두 번째 고
난받는 종으로서 자기 이해는 이사야 42:1-4와 43:3-12에서 오고, 세 번째
영광스러운 왕으로서 자기 이해는 다니엘서 7:13-14에서 가져온 것으로 보
인다.[93] 그렇게 볼 때, B´의 10a절의 "인자" 호칭은 2:20의 신랑의 죽음 예고
와 2:28의 안식일의 주인으로서 "인자" 호칭과 긴밀하게 연결되어 있으며,[94]
더 나아가 마가복음 후반부에서 강조되는 예수님의 세 차례 수난 예고(8:31:
9:31: 10:33)와 스스로 선택한 죽음(10:45: 14:21) 이야기에 등장하는 "인자" 구
절에 아주 잘 어울린다.[95] 그러므로 죄 용서하는 예수님의 자기 이해로서 "인

90　cf. Lewis Scott Hay, "Son of Man in Mark 2:10 and 2:28´, 72를 보라.

91　cf. James D.G. Dunn, *Unity and Diversity in the New Testament* (London: SCM Press, 2006), 36-42
　에 정리된 내용을 참조하라. 특히 42쪽을 보라. 던은 인자 호칭이 예수님이 아닌 초기 교회로부터 기
　인하는 입장을 따른다: 인자 호칭이 예수님으로부터 기인한다는 보다 상세한 입장으로는 Geerhardus
　Vos, *The Self-Disclosure of Jesus* (Presbyterian and Reformed Publishing, 1978), 228-56을 보라.

92　Lamar Williamson, Jr., *Mark*, 66. 윌리암슨은 이사야 43:25의 "나 곧 나는 나를 위하여 네 허물을 도
　말하는 자니 네 죄를 기억지 아니하리라"라는 언급은 마가복음 2:10의 빛 아래서 해석할 수 있다고
　말한다.

93　Oscar Cullmann, *The Christology of the New Testament*, 52. "그 사람의 아들"의 고난에 대한 구약적
　배경은 이사야 42:1-4, 53:3-12이고, 영광스러운 모습에 대한 배경은 다니엘서 7:13-14이다.

94　cf. 2:28에 언급된 "그 사람의 아들"에 관한 자세한 논의는 Lewis Scott Hay, "Son of Man in Mark
　2:10 and 2:28´, 73-75를 보라. 헤이는 그 기원을 마가공동체의 삶의 정황으로부터 시작된다고 주장
　한다.

95　cf. Joanna Dewey, "The Literary Structure of the Controversy Stories in Mark 2:1-3:6´, 400-401. 듀
　이도 "인자" 호칭이 초기 전승으로부터 왔다는 사실을 부인하면서, B´의 10a절에서 사용된 "인자" 호
　칭이 마가복음 8:31과 연결되어 있지 않다고 주장한다.

자" 언급은 본문의 중심을 차지할 뿐만 아니라 마가복음 전체를 이해하는 열쇠가 된다.

4. C, 논쟁의 중심: 죄를 용서하는 그는 누구인가?

C는 작은 교차구조를 보여준다. a//a'는 똑같이 어떤 서기관들이 마음에 의논하는 것에 대해 언급한다. 그리고 예수님은 그들의 생각을 간파한다. 사람의 마음을 읽는 것은 예수님의 신적 권위를 드러내는 사인으로 작용한다.[96] 분명히 마가는 예수님이 사람의 마음 중심을 알고 있다고 기록함으로 그의 신적 권능을 드러낸다. 신적 인식이 치유 기적과 용서 선언을 타당하게 만든다.[97] a의 어떤 서기관들은 마가복음에서 처음으로 등장한다. 그리고 b에서 예수님의 신적 권세에 관한 문제가 주요 의제로 제시된다.

이제 우리는 두 가지 질문을 할 수 있다. 하나는 b의 상반절에서 하나님 이외에 누구도 할 수 없는 죄 용서하는 예수님은 누구인가? 다른 하나는 b의 하반절에서 하나님과 예수님의 관계는 어떠한가? 사실 이 두 질문은 기독론으로 서로 연결된 하나의 질문이자 본문에서 강조하려고 하는 메시지다.

다시금 큰 교차구조(배경//A//B/C/B'//A'//결과)와 작은 교차구조(a//b//a')를 동시에 생각할 필요가 있다. 구조는 본문의 중심주제를 찾는 일에 크게 기여한다. 큰 교차구조(배경//A//B/C/B'//A'//결과)의 중심에 C가 있고, C의 작은 교차구조(a//b//a')의 중심에 b가 위치한다. 바로 그 b에 중심 주제가 담겨 있다. 그러므로 구조적으로 볼 때, 전체 이야기의 중심에 "이 사람이 어찌 이렇게 말하는가 참람하도다. 오직 하나님 한 분 외에는 누가 능히 죄를 사하겠느냐"

---

96   Frederick J. Gaiser, "'Your Sins are Forgiven… Stand up and Walk', *Ex auditu* 21 (2005), 74.

97   Allen Cabaniss, "Fresh Exgess of Mark', 327.

라는 언급이 자리하고 있다. 이것은 C의 논쟁에서 기독론 주제를 전면에 부각시키는 것이다.[98]

첫째로 마가가 a//a'에서 서기관들이 마음속으로 질문한 것을 예수님이 알아차린 것으로 기록한 것은 예수님의 신적 인식에 의존한 것이며 그가 '누구인지'를 강조하여 드러내는 역할을 한다. 이미 구약성경에는 하나님이 "마음을 아시는 분"(καρδιογνώστης, knower of hearts)으로 표현되어 있다.[99] 솔로몬의 기도에서 신적 인식의 소유자인 예수님은 단연코 하나님이다: "주는 계신 곳 하늘에서 들으시고 사유하시며 각 사람의 마음을 아시오니…주만 홀로 인생의 마음을 다 아심이니이다"(왕상 8:39). 이러한 구약적 사고를 활용하여 마가는 C에서 예수님이 하나님과 동일한 신적 존재로서 사람의 생각을 인식할 수 있다는 것을 복합적으로 부각한다. 여기서 우리는 예수님이 하나님으로부터 죄 용서의 권세를 물려받은 아들일 뿐 아니라 인간의 마음을 들여다볼 수 있는 신적 인식을 소유한 자임을 밝히 알 수 있다.

둘째로 b 상반절에서 종교지도자들은 예수님을 신성 모독자로 간주하여 참람하다고 심중에 생각한다. 그러자 b 하반절에서 예수님은 하나님의 유일성을 강조하는 LXX 신명기 6:4의 용법을 반영하여 "한 분 하나님"의 권세를 스스로 주장한다.[100] 그렇다고 해서 예수님이 스스로 하나님이라고 주장하는 것은 결코 아니다. 단지 하나님만이 할 수 있는 죄 용서를 예수님이 하고 있다는 것이다. 그 결과 예수님과 종교지도자들의 대립이 시작된다. 그리고 첫

---

98 Joachim Gnilka, *Das Evangelium nach Markus 1:1-8:26*, 101.

99 예를 들면, 사무엘상 16:7, 열왕기상 8:39, 예레미야 11:20을 보라 참조. 사도행전 1:24, 15:8, 누가복음 2:35.

100 Robert A. Guelich, *Mark 1:1-8:26*, 87; LXX 신명기 6:4b는 "a;koue Israhl ku,rioj o` qeo.j h`mw/n ku,rioj ei-j evstin"("이스라엘아 들으라 우리 하나님 여호와는 오직 '하나인 여호와'시니").

번째 이야기(2:1-12)에서 시작된 종교지도자들과의 갈등이 논쟁 시리즈(2:1-3:6)에서 계속 발전하는 갈등 구도를 보여준다.[101] 이제 갈등은 마가복음의 후반부까지 도달하여 십자가로 향할수록 증폭된다.[102] 마침내 예수님이 산혜드린의 재판에서 신을 모독한 죄로 고소당한다. "그 참람한 말을 너희가 들었도다. 너희는 어떻게 생각하느뇨 하니 저희가 다 예수를 사형에 해당한 자로 정죄하고"(막 14:64). 이렇게 b에서 시작된, 마가복음에서 갈등 속에 발전하는 예수님의 신적 모독이 종교지도자들과의 논쟁을 불러일으키고 예수님을 죽음으로 몰고 간 근본적인 원인이 된다.[103] 즉 예수님은 죄를 용서할 수 있는 하나님의 아들로서 자기 권세를 주장하다 레위기 24:16을 어겨 죽음에 이른 것이다. "여호와의 이름을 훼방하면 그를 반드시 죽일지니 온 회중이 돌로 그를 칠 것이라 외국인이든지 본토인이든지 여호와의 이름을 훼방하면 그를 죽일지니라"(레 24:16).

그렇다면 마가복음에서 종교지도자들과 예수님 사이의 논쟁이 죄 용서를 둘러싸고 시작되는 이유는 무엇일까? 그것은 유대교의 묵시문학 전승이 메시아가 죄 용서할 것이란 사실에 대해 주목하지 못하기 때문이다.[104] 단지 그들은 구약성경에서 메시아가 죄를 몰아내고, 악인을 심판하고, 역동적인 능력으로 정복할 것이라고 본다. 그의 백성이 죄를 피하도록 하려고 의로운 통

---

101 세 복음서 모두 예수님이 죄 용서를 선언하므로 신을 모독하는 의미로 "참람"하다는 반대자들의 비난을 받기 시작한다고 기록한다(마 9:2-8; 눅 5:17-26).

102 Joanna Dewey, "The Literary Structure of the Controversy Stories in Mark 2:1-3:6', 400. 마가의 신학적인 의도에 대한 듀이의 표현은 적절하다: "예수님의 사역이 처음부터 십자가의 그늘 아래 이루어진다."

103 예수님의 신성모독은 안식일에 대한 태도, 성전에 대한 권세 행세, 율법에 대한 입장 등을 중심으로 제기된다.

104 Gary W. Light, "Luke 5:15-26', *Interpretation* 48 (1994), 281.

치를 가져온다고 생각한다.[105] 그러나 유대교 문헌에 죄 용서에 관한 종교사적 본문이 없는 것으로 보아 그들은 메시아가 죄를 용서한다고 이해하지 못한 것으로 보인다.[106] 그래서 유대교의 메시아관과 예수님의 죄 용서 선언이 충돌하여 2:5에서 논쟁이 시작되고, 죄인들과 함께하는 식사를 통해 죄 용서가 실제적 사건이 되게 하여 갈등이 증폭되고,[107] 긴장과 갈등이 점진적으로 극대화되어 십자가에서 해소되고, 부활에서 반전하는 마가의 이야기 전개를 만들어 낸다. 그러므로 본문의 중심에 있는 b에 나타나는 논쟁과 예수님과 하나님의 동일시, 그리고 죄 용서 주제는 마가복음 이야기 뼈대로 기능하여 중심을 차지한다. 이제 b 상반절에서 서기관의 질문에 대한 예수님의 답변은 "인자"라는 것을 알 수 있다(2:10).[108] 그러므로 C의 죄 용서 주제는 인자와 연결되어 예수님이 본문의 중심을 차지한다는 사실을 구조적으로 말해준다.

이렇게 C는 죄 용서와 중심주제인 인자 기독론을 긴밀하게 하나로 연결하고 있다. 그러므로 밴노스달이 "이야기 자체는 죄 용서에 관한 예수님의 능력에 관한 것임에 틀림없다"라고 한 언급과 윌리암슨이 "본문은 일차적으로 하나님의 용서와 예수님의 권위에 대하여 증거하고 있다"라고 하며 죄 용서와 기독론을 함께 언급한 것은 적절하다.[109] 그러나 그들은 본문의 중심에 인자 기독론이 있으며 그 안에 치유와 죄 용서 주제가 위치한다는 사실을 간과한다. 실제로 마가는 예수님이 중풍 병자에게 처음으로 죄 용서를 선언하고 복음서 마지막 절정에서 십자가에 죽음으로 죄 용서를 완성한 자가 바로 인자

---

105   Joachim Gnilka, *Das Evangelium nach Markus 1:1-8:26*, 100.

106   Robert A. Guelich, *Mark 1:1-8:26*, 93; Joachim Gnilka, *Das Evangelium nach Markus 1:1-8:26*, 100-101.

107   E. Schweizer, *Lordship and Discipleship*, SBT 28 (London: SCM, 1960), 14.

108   Robert A. Guelich, *Mark 1:1-8:26*, 87.

109   John Vannorsdall, "Mark 2:1-12', 59; Lamar Williamson, Jr., *Mark,* 66.

라고 말한다. 그리하여 예수님의 자기 신분에 관한 주장과 죄 용서 선언이 십자가에서 하나로 절묘하게 조화를 이루도록 만든다. 이제 본문에서 죄 용서의 권세를 행사하고 신적 인식을 소유한 인자를 하나님과 동일시하여 그의 권세와 정체를 분명히 드러내는 예수님의 의도와 인자 기독론을 구조적으로 부각하는 마가의 묘사는 성공한 것으로 보인다.[110] 이것은 치유 이야기 안에서 논쟁의 형식으로 부각된 죄 용서하는 자로서 인자 기독론이 본문의 중심을 차지한다는 것을 말하는 것이다.[111]

Ⅳ. 결론

문학적으로 두 개의 크고 작은 교차구조(A//B//C//B′//A′, a//b//a′)를 보여주는 중풍 병자 치유와 죄 용서 선언 이야기는 예수님이 누구인가에 관한 문제를 주요 이슈로 부각한다. 배경//결과는 하나님 나라의 복음을 의미하는 "도"를 가르치는 예수님과 청중의 반응을 소개한다. A//A′는 중풍 병자의 질병의 심각성과 예수님 치유의 완전성을 극적으로 대조하여 기적을 베푸는 자로서 예수님을 소개한다. B//B′는 "죄 사함을 받았느니라"라는 언급의 병행을 통해 예수님이 죄 용서하는 권세를 가진 인자임을 부각한다. C는 a//a′에서 인간의 마음을 들여다보는 예수님의 신적 인식을 보여주고, 전체 이야기의 중심 부분인 b에서 "이 사람이 어찌 이렇게 말하는가 참람하도다 오직 하나님 한 분 외에는 누가 능히 죄를 사하겠느냐"라고 하는 언급을 통해 예수님이야

---

110 Robert A. Guelich, *Mark 1:1-8:26*, 95-96.

111 Joachim Gnilka, *Das Evangelium nach Markus 1:1-8:26*, 96. 그닐카는 논쟁보다 기독론적 관심이 앞선다고 말한다.

말로 죄 용서할 수 있는 하나님의 권세를 물려받은 자라는 사실을 알린다. 그러므로 치유 이야기와 용서 이야기로 된 구조의 중심에는 인자 기독론이 있다.

이 점은 다섯 개의 이야기로 구성된 논쟁 시리즈(2:1-3:6) 안에서도 확인할 수 있다. 논쟁 시리즈는 중심에 놓여있는 금식 이야기(C)에서 예수님의 "죽음"을 예고하고, A//A′에서 각각 "부활" 유형의 치유를 보여준다. 그리하여 기독론적인 성격을 보여주어 기적을 행하는 예수님이 누구인지를 알려준다. 반면에 A와 B는 "죄" 모티프로 서로 연결되어 있다. 결국 논쟁 시리즈(2:1-3:6)는 C의 죽음 예고를 통해 죄 용서를 완성하는 자로서 인자 기독론을 중심 주제로 보도록 요구한다.

이렇게 논쟁 시리즈(2:1-3:6)와 본문 자체(2:1-12)의 구조는 지금까지 증명할 수 없는 편집가설에 근거하여 먼저 치료 이야기(2:1-5a, 10b-12)가 본문에 들어왔고 나중에 논쟁 이야기(2:5b-10a)가 끼어들어 두 이야기가 결합되었다고 보며 치유와 죄 용서라는 주제에 얽매여 있던 종래의 해석을 벗어나 "치유와 죄 용서를 베푸는 자"로서 예수님의 자기 이해와 정체성을 부각한다. 그러므로 본문은 편집가설을 따라 읽을 때 치유와 죄 용서 주제 둘 중의 하나를 강조하여 이를 중심주제로 보게 되지만 본문의 통일성을 존중하여 구조적으로 읽을 때 인자 기독론을 중심주제로 보게 한다.

사실 신적 수동태로 기록된 2:5b의 용서 선언과 "그 사람의 아들"의 권위에 관하여 다루는 B′의 10a의 근거는 초대교회에서 찾을 수 없다. 또한 2:5b-10을 독립된 이야기로 보기에는 시작과 끝이 너무 불분명하다. 그러므로 예수님에게서 비롯된 진정성 있는 통일된 이야기로 보는 것이 적절하며, 그럴 때 하나님 나라의 복음을 전하며 치료와 용서를 베푸는 예수님 자신의 의도와 그의 정체를 올바로 이해할 수 있다. 예수님은 다니엘서 7:13을 통해 스스로 인자로 이해하며, 인자의 죄 용서 사역은 이사야 43:25와 44:22에서 가져오고, 시편 103:3의 예언을 성취하기 위하여 죄 용서와 질병 치유를 긴밀하게 병행시킨다.

자연스럽게 치유 이야기는 다양한 질문을 불러일으킨다. 첫째로 본문에서 죄와 질병의 직접적인 관계는 긍정도 부정도 할 수 없다. 왜냐하면 예수님이 병든 자에게 치유가 아닌 죄 용서를 먼저 선언한 것은 긍정적으로 작용하고(참조. 요 5:14), 예수님이 중풍 병자의 죄 용서를 선언하였음에도 불구하고 그가 여전히 침상에 누워있다는 것은 부정적으로 작용하기 때문이다(참조. 요 9:2-3). 그러므로 본문에서 질병의 직접적인 원인이 죄라는 공식과 죄와 질병이 완전히 서로 직접적으로 연관되었다는 생각을 일반화시키기 어렵다.

둘째로 믿음과 치유의 관계는 긴밀하다. 치유가 일어나게 된 원인은 네 친구의 말 없는 믿음이다. 그들은 비록 예수님께 입술로 신앙고백을 하지 않지만, 중풍 병자를 내어 맡기는 행동으로 믿음이 무엇인지를 보여주고 그로 인하여 중풍 병자가 치료함을 받는다. 그러나 본문은 네 친구의 믿음을 표면적으로 강조하지 않는다. 그 이유는 예수님에게 집중하도록 하기 위함이다. 또한 마가복음에서 치유는 믿음이 없이도 청중에게 믿음을 심어주기 위한 예수님 자신의 발로에서 발생한다는 점도 상기할 필요가 있다.

셋째로 용서와 치유의 관계는 시편 103:3의 빛 아래서 이해할 수 있다. 예수님은 시편 103:3의 신학적 전승을 따라 먼저 용서를 선언하고 이어서 치유를 베푼다. 10a에서 말한 죄 용서 선언을 증명하는 근거로 11절의 치유를 제공한다. 중풍 병자 이야기에서 중심을 차지하는 것은 치유보다는 죄 용서에 있다. 그 둘은 하나님의 나라 선포에서 동전의 양면과 같이 긴밀하게 기독론과 관련되어 있다. 실제로 마가복음 1장에서 예수님이 하나님 나라의 복음을 선포 이후에 비로소 시편 103:3의 성취로 죄 용서 선언과 질병 치료가 이루어진다.

마지막으로 본문은 인자의 죄 용서 권위 행사로 인하여 시작된 반대자들과의 논쟁을 보여준다. 반대자들의 비난은 장차 다가올 십자가의 고난을 예고할 뿐 아니라 예수님이 십자가에 고난받고 죽임당한 이유를 해명한다. 그래서 예수님의 죄 용서 권위 행세는 마가복음 후반부의 수난 이야기와 긴밀히 연결된다. 즉 본문에서 처음으로 시작된 예수님의 죄 용서가 십자가에서 인자의 죽음을 통하여 완성된다. 그런 측면에서 구조적으로 본문은 마가복음 전체를 관통하는 인자 기독론의 시작과 중심 뼈대로 기능한다. 그리하여 치유와 죄 용서의 권세를 행사하는 인자가 십자가와 부활을 통해 종말론적 구원을 완성하는 자라고 계시한다. 그러므로 본 기적 사건을 단지 치유 이적으로 보면서 등장인물의 믿음만을 부각하거나 죄 용서에 관한 이야기로 좁게 해석할 것이 아닌 두 주제를 포괄하는 인자 기독론을 중심으로 읽고 해석하고 가르치고 설교해야 한다.

● 참고문헌

Branscomb, Bennett H., The Gospel of Mark, New York: Harper, 1937.

Bultmann, Rudolf, The History of the Synoptic Tradition, New York: Harper & Row, 1963.

Bultmann, Rudolf, Theology of the New Testament Ⅰ. trans, Kendrick Grobel, New York: Scribner's, 1951.

Cabaniss, Allen, "Fresh Exgess of Mark', Interpretation 11 (1957): 324-27.

Cullmann, Oscar, The Christology of the New Testament, New York: Westminster Press, 1959.

Daube, David, The New Testament and Rabbinic Judaism, London: Univ of London, Athlone Press, 1956.

Dewey, Joanna, "The Literary Structure of the Controversy Stories in Mark 2:1-3:6', JBL 92 (1973): 394-401.

Duncan, George S. Jesus, Son of Man, New York: Macmillan, 1949.

Dunn, James D. G., Unity and Diversity in the New Testament, London: SCM Press, 2006.

Gaiser, Frederick J., "'Your Sins are Forgiven⋯ Stand up and Walk': A Theological Reading of Mark 2:1-12 on the Light of Psalm 103', Ex auditu 21 (2005): 71-87.

Gnilka, Joachim, Das Evangelium nach Markus 1:1-8:26, EKK. Zürich, Einsiedeln, Köln: Neukirchener Verlag, 1928.

Guelich, Robert A., Mark 1:1-8:26. WBC 34a. Dallas, Texas: Word Books, 1989.

Hay, Lewis Scott, "Son of Man in Mark 2:10 and 2:28". Journal of Biblical Literature 89 (1970): 69-75.

Hooker, Morna D., The Son of Man in Mark, Montreal: McGill Univ Press, 1967.

Hunter, A. M., The Work and Words of Jesus, Philadelphia: The Westminster Press, 1950.

Kiilunen, J., Die Vollmach im Widerstreit: Untersuchungen zum Werdegang von Mk 2:1-3:6, Helsinki: Suomalainen Tiedeakatemia, 1985.

Kingsbury, Jack D., The Christology of Mark's Gospel. Philadelphia: Fortress Press, 1983.

Knox, John, The Death of Christ, New York: Abingdon Press, 1958.

Light, Gary W., "Luke 5:15-26', Interpretation 48 (1994): 279-82.

Manson, Thomas. W., The Teaching of Jesus, Cambridge: At the University Press, 1963.

Mead, Richard T., "Healing of the Paralytic--A Unit', JBL 80 (1961): 348-54.

Schweizer, E., Lordship and Discipleship, SBT 28, London: SCM, 1960.

Tödt, Heinz E., Der Menschensohn in der synoptischen Überlieferung, Gutersloh, Germany: Gerd Mohn, 1959.

Luther, Martin, "'Take Your Bed and Go': Sermon on Matthew 9:2-8', Word & World 16 (1996): 281-83.

Vannorsdall, John, "Mark 2:1-12', Interpretation 36 (1982): 58-63.

Vielhauer, P., "Gottesreich und Menschensohn in der Verkündigung Jesu', in Festschrift für Günther Dehn. ed. Bonn Universität Evang, (1957), 51-59.

von Rad, Gerhard, Old Testament Theology, vols. 2. trans, D.M. Stalker, New York: Harper and Brothers, 1962.

Vos, Geerhardus, The Self-Disclosure of Jesus, Presbyterian and Reformed Publishing, 1978.

Wrede, William, "Zur Heilung des Gelähmten (Mc 2, 1ff.)', ZNW 5 (1904): 354-58.

Williamson, Lamar Jr., Mark, Interpretation: A Bible Commentary for Teaching and Preaching, Atlanta, Ga.: J. Knox Press, c1983.

구조로 본
"최후 심판 비유"
(마 25:31-46)[‡]

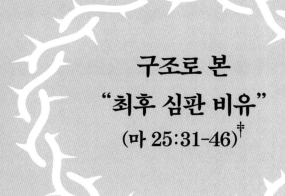

✝ 본 논문은 한국복음주의신약학회에서 발행하는 『신약연구』, 제6권, 3호 (2007): 527-562에 게재되어 있다.

I . 서론

마태복음의 마지막 담화에 포함되어 결론 역할을 하는 25:31-46은 주로 "양과 염소 비유" 혹은 "최후 심판 비유"로 불린다.[1] 마태복음에서 본 비유가 차지하는 종결 역할과 종말론적 성격을 고려하면 "최후 심판 비유"라고 불러야 한다. 실제로 양과 염소에 관한 부분을 제외하고 많은 언급이 비유라기보다 심판에 관한 예언이다.[2] 그러나 도나후(J. R. Donahue)가 본 비유를 "묵시적 비유"라고 부른 것과 같이 종말론적인 언급도 넓게 보면 비유의 성격을 함축하고 있다.[3] 물론 32-33절의 양과 염소에 관한 언급은 슈타인(R. H. Stein)이

---

1 Lamar Cope, "Matthew 25:31-46: 'The Sheep and the Goat's' Reinterpreted', *Novum Testamentum* 11 (1969), 32-44; John R. Donahue, "The Parable of the Sheep and Goats: A Challenge of Christian Ethics', *Theological Studies* 47 (1986), 3-31; C.H. Dodd, *The Parables of The Kingdom* (New York: harles Scribner's Sons, 1961), 63; Robert H. Stein, "The Final Judgment', *An Introduction to the Parables of Jesus* (Philadelphia: The Westminster Press, 1981), 130-157; Simon J. Kistemaker, "Last Judgment', *The Parable of Jesus* (Grand Rapids, Mich: Baker Book House, 1980), 146-57. 코프와 도나후와 다드는 "양과 염소의 비유"라고 부르고, 슈타인과 키스트메이커는 "최후 심판 비유"로 명명한다.

2 Kistemaker, "Last Judgment', *The Parable of Jesus*, 147.

3 Donahue, "The Parable of the Sheep and Goats: A Challenge of Christian Ethics', 10.

주장하는 것처럼 확실히 순수한 비유이다.[4] 이렇게 25:31-46은 비유라고 부르는 데 어려움이 있으나 역사의 종말 심판을 생생하게 묘사하는 파라볼레(παραβολη)로 번역된 마샬(lv'm)이다.[5]

본 비유는 올리브 담화(23-25장)에서 인자의 오심이란 주제로 연결된 "열처녀 비유(25:1-13)"와 "달란트 비유(25:14-30)"에 이어 25장의 마지막 세 번째 비유로 등장하여 절정을 이룬다.[6] 도나후의 언급처럼 "복음서의 요약" 혹은 "복음서 안의 복음"으로 기능한다.[7] 그러므로 코프(L. Cope)가 지적한 것처럼 충분히 연구할 가치가 있는 본 비유는 마태의 신학과 강조점 그리고 마태 공동체의 상황을 잘 보여준다.[8] 이와 같이 본 비유가 마태복음 안에서 차지하는 중요한 비중을 고려하면 그다지 많이 연구되었다고 말할 수 없다.

논란을 불러일으키는 이 비유를 둘러싸고 다양한 토론과 질문이 여전히 남아있다. 예레미야스(J. Jeremias)의 주장처럼 비유가 단순히 선행을 강조하는 윤리적인 교훈인가?[9] 아니면 코프의 주장처럼 윤리를 강조하는 비유가 아니라 예수님과 동일시되는 지극히 작은 자에 대한 태도에 의해 심판이 이루어지는 교훈인가? 아니면 도나후의 주장처럼 종말론적인 비유로서 모든 사람에 대한 심판과 제자도의 윤리를 보여주는 비유인가? 아니면 슈타인의 주장처럼 사랑이 있는 믿음에 의해 종말 심판이 진행되는가? 등의 중심주제에 관한 논

4　Stein, "The Final Judgment", *An Introduction to the Parables of Jesus*, 131.

5　Ibid.

6　Eugene W. Pond, "The Background and Timing of the Judgment of the Sheep and Goats", *Bibliotheca Sacra* 159 (2002), 202; Cope, "Matthew 25:31-46: 'The Sheep and the Goat's' Reinterpreted", 33.

7　Donahue, "The Parable of the Sheep and Goats: A Challenge of Christian Ethics", 3, 28.

8　Cope, "Matthew 25:31-46: 'The Sheep and the Goat's' Reinterpreted," 32. 코프는 본 비유의 연구 가치에 대해 두 가지 사항을 지적한다. 하나는 본 비유 분석이 마태의 신학과 강조점에 깊이 관계한다는 점이고, 다른 하나는 최근 기독교 윤리와 신학에서 이 교훈을 포괄적으로 사용하고 있다는 점이다.

9　Joachim Jeremias, *The Parables of Jesus* (New Jersey: A Simon & Schuster Company, 1972), 207.

쟁이 있다.

또한 "인자"(ὁ υἱὸς τοῦ ἀνθρώπου), "목자"(ποιμὴν), "임금"(βασιλεὺς), "주"(κύριος) 등의 용어로 자신을 계시하는 예수님과 "형제"(ἀδελφός), "지극히 작은 자"(ἐλάχιστος) 등으로 불리는 제자들은 어떤 관계인가? 왜 "양"과 "염소"로 분리되는 최종 심판이 "지극히 작은 자 하나"에 대한 태도로 좌우되는가? 예수님을 지칭하는 용어로서 "인자', "임금" 등은 마태의 창작인가 아니면 예수님의 진정성 있는 교훈인가? 더 나아가 심판의 대상인 "모든 민족"(πάντα τὰ ἔθνη)이란 이스라엘을 가리키는가? 아니면 이스라엘을 제외한 이방인을 의미하는가? 아니면 모든 인류를 지칭하는가? "양"과 "염소"의 배열과 행위의 대조를 통해 예수님이 강조하여 말씀하는 저의가 무엇인가?[10] 윤리와 믿음 사이의 긴장 관계는 어떻게 해소되는가? 등의 다양한 이슈가 존재한다.

본 비유를 둘러싸고 제기되는 다양한 문제에 관여하며 문학적 구조와 문맥 분석의 틀 안에서 그것을 다루고자 한다.[11] 첫째는 넓은 문맥인 마태복음의 오경 구조 속에서 본 비유가 차지하는 종말론적 위치를 살펴보고, 둘째는 인접한 문맥인 24-25장의 네 비유 속에서 그 위치와 의미를 관찰하고, 마지막

10　John Albert Bengel, 『벵겔 신약주석: 마태복음(하)』 (Bengel's New Testament Commentary, 고영민 역, 서울: 도서출판 로고스, 1990), 207. 벵겔은 34절과 41절을 대조하고 있으며, 이를 수정 보완하면 다음과 같다.

　　"나오라" ↔ "나를 떠나라"

　　"내 아버지께 복 받을 자들이여" ↔ "저주를 받은 자들아"

　　"나라를 상속하라" ↔ "불에 들어가라"

　　"너희를 위하여 예비된" ↔ "마귀와 그 사자를 위하여 예비된"

　　"창세로부터" ↔ "영원한 불에"

11　독자반응을 중시하면서 이야기 비평을 시도하는 논문으로는 John Paul Heil, "The Double Meaning of the Narrative of Universal Judgment in Matthew 25:31-46', Journal for the Study of the New Testament 69 (1998): 3-14를 보라. 그는 독자와 청중의 입장에서 이중적인 의미를 찾는다.

으로 비유 본문 자체를 분석할 것이다. 우리가 구조분석이란 접근 방법을 선택하는 이유는 구조가 본문의 중심 메시지를 찾는 것에 도움을 줄 뿐만 아니라 본문의 의미와 교훈을 둘러싸고 일어나는 논쟁을 해결하는 데 적지 않게 공헌할 수 있기 때문이다.

II. 비유의 문맥과 본문 분석

1. 먼 문맥 속에서 본문의 위치와 의미

"최후 심판 비유"는 마태복음에만 수록된 마태의 특수 자료(M자료)이다.[12] 마태복음에만 나오는 비유들은 대부분 다섯 개의 설교 가운데 등장하고 있으며 최후 심판 비유도 예외가 아니다(4:18-7:29; 9:36-11:1; 13:1-53; 16:21-20:34; 23:1-25:46).[13] 마태는 다섯 설교 군에서 본 비유를 제일 마지막에 위치시킴으로 앞서 기록한 예수님의 모든 설교의 결론으로 삼았다.[14]

마태복음을 구조적으로 분석한 베이컨(B. W. Bacon)[15]의 견해를 반영하며 세밀하고 정교한 분석을 하는 콤브링크(H. J. B. Combrink)의 구조를 보자. 그의 구조분석이 여전히 주관적이라는 비평을 면할 수 없지만, 그럼에도 마태복음 안에서 양과 염소 비유가 차지하는 역할과 위치를 살피는 데 여전히 빛을 비

---

12 마태의 특수 자료에 대한 논의로는 S.H. Brooks, *Matthew's Community: The Evidence of This Special Sayings Material* (Sheffield: Sheffield Academic Press, 1987)을 참조하라.

13 J. Ramsey Michaels, "Apostolic Hardships and Righteous Gentiles, a Study of Matthew 25:31-46', *Journal of Biblical Literature* 84 (1965), 27-37.

14 Donahue, "The Parable of the Sheep and Goats: A Challenge of Christian Ethics', 11.

15 B.W. Bacon, "The Five Books of Matthew against the Jew', *The Expositor* 15 (1918), 56-66.

구조로 본 "최후 심판 비유"   89

춘다. 기사와 메시지를 구분하는 그의 분석을 보면 다음과 같다.[16]

A. 1:1-4:17 기사: 예수님의 탄생과 예비

B. *4:18-7:29 머리말 자료, 첫 연설: 예수님께서 권세로 가르치시다.*

C. 8:1-9:35 기사: 예수님께서 권세로 행동하시다 - 10개의 이적

D. 9:36-11:1 둘째 강화: 12제자가 권세로 사명을 받다.

E. 11:2-12:50 기사: 예수님의 초대가 "이 세대"에 의해 배척되다.

F. *13:1-53 셋째 강화: 그 나라의 비유*

E'. 13:54-16:20 기사: 배척되고 믿어진 예수, 유대인과 이방인을 측은히 여긴 행위

D'. 16:21-20:34 기사 속의 넷째 강화: 예수님의 임박한 고난, 제자들의 이해 부족

C'. 21:1-22:46 기사: 예루살렘에서 의문시된 예수님의 권세

B'. *23:1-25:46 다섯째 강화: 이스라엘과 거짓 선지자에 대한 심판. 그 나라의 임함*

A' 26:1-28:20 기사: 예수님의 고난, 죽으심과 부활

문학적으로 마태복음의 구조를 연구한 콤브링크의 구조분석은 마태복음의 중심 요점이 F에 있으며, F는 천국에 관한 가르침을 비유의 나열을 통해 보여준다. 그리고 B와 B'는 F의 "천국"이라는 중심주제와 상호 연관된다. B는 산상수훈으로 "이미"라는 시간 속에서 천국에 들어간 하나님 나라 백성의 윤리를 제시한다는 점에서 F와 관련되며, B'는 "아직"이라는 시간 속에서 예수님의 재림을 통한 하나님 나라의 등장과 심판을 보여주는 점에서 F와 연관된다. 이와 같이 B와 B'는 각각 하나님 나라와 심판을 다룬다. B는 구체적인 현재의 실존적인 삶을 보여주고, B'는 하나님 나라의 도래와 함께 시작될 미래

---

16   H. J. B. Combrink, "The Structure of the Gospel of Matthew as Narrative", *Tyndale Bulletin* 34(1983), 61-90. R. T. France, 『마태신학』(*Matthew: Evangelist and Teacher*, 이한수 역, 서울: 도서출판 엠마오, 1995), 228-29에서 재인용.

의 심판을 묘사한다. 이러한 마태복음 전체의 구조 속에 B′에 속한 최후 심판 비유의 위치가 드러난다. 즉 최후 심판 비유는 하나님 나라와 깊은 관련 속에 종말에 일어날 심판에 대해 교훈한다.

B′와 대응이 되는 B의 7장을 보면, 마지막 13-29절은 "영생"에 대한 교훈 점이 대조라는 형식을 통해 제시된다. 즉 "좁은 문"과 "넓은 문"(13절), "가시나무"와 "포도", 그리고 "엉겅퀴"와 "무화과"를 통한 "좋은 나무"와 "못된 나무"의 대조가 나타난다(16절). "아버지의 뜻대로 행하는 자"와 "불법을 행하는 자"가 서로 대조를 이루고(21, 23절), "반석 위에 지은 집"과 "모래 위에 지은 집"이 대조된다(25, 26절). 이러한 뚜렷한 대조는 결국 B′에서 나타나는 "의인"과 "악인", "영생"과 "영벌", "양"과 "염소", 그리고 "오른편"과 "왼편"의 극명한 대조와 병행을 이룬다.

더욱이 B에서 "주여 주여"라고 부르는 자들이 천국에 들어가지 못하고(21, 22절), B′에서도 "주여"라고 부르는 자들이 영벌에 들어간다(34절). 또한 B에서 예수님의 가르침과 하나님의 뜻대로 행하는 태도가 심판의 기준이 되고, B′에서도 예수님이 자기와 동일시하는 지극히 작은 자에 대한 행위가 심판의 기준이 된다.

결국 마태복음 전체의 구조 속에서 최후 심판 비유(B′)는 영생에 대한 가르침(B)의 마지막 부분(7:13-29)과 대응을 이루면서 예수님의 가르침과 그의 가르침을 가지고 선포하는 "제자들에 대한 태도에 의해 진행되는 심판"이 중심 주제임을 보여준다.[17] 특히 B와 B′가 모두 각각의 강화에서 마지막 결론 부분을 차지한다는 점에서도 일치한다. 이것은 그만큼 최후 심판 비유가 마태복음의 문학적 구조 속에 전략적인 주요한 위치를 차지한다는 것을 시사한다.

---

17   Stein, "The Final Judgment", *An Introduction to the Parables of Jesus*, 136.

이러한 점은 마태복음을 하나의 "통일된 서사"로 볼 때도 현저히 두드러진다. 마태복음을 이야기로 보면서 서술적 흐름을 중시하는 서사 비평에 의하면 이야기의 흐름상 십자가의 죽음과 부활이라는 사건이 절정을 이룬다.[18] 그래서 본 비유의 위치가 약화되는 것같이 느껴진다. 그러나 시간적인 측면에서 본 비유가 십자가의 죽음과 부활이라는 절정을 넘어 재림과 최종 심판에 대한 미래적 전망을 보여준다. 그러므로 마태복음을 서술적 이야기로 볼 때도 종말의 재림 심판이 이야기의 대단원에서 결정적인 위치를 차지한다. 이와 같이 마태복음을 구조로 보나 시간적으로 보나 최후 심판 비유의 종말론적인 위치는 조금도 약화되지 않는다. 오히려 종말에 있을 최종 심판을 강조하는 본 비유의 전략적 위치와 중요성은 더욱 부각된다.

2. 인접 문맥 속에서 본문의 위치와 의미

도나후가 "종말론적인 유언"이라고 부르는 23-25장의 좁은 문맥 속에서 최후 심판 비유의 위치를 살펴보자.[19] 올리브 담화(24-25장)에 집중적으로 모아져 있는 예수님의 종말 설교는 서기관과 바리새인의 위선에 대한 일곱 가지 화에 대한 언급(23:13-36)과 선지자와 파송된 자들을 죽이는 예루살렘의 멸망(23:37-39), 그리고 예루살렘 성전 파괴 예언(24:2)에 대한 제자들의 두 가지 질문으로부터 비롯된다. "어느 때에 이런 일이 있겠사오며 또 주의 임하심과 세상 끝에는 무슨 징조가 있사오리이까"(24:3).[20] 이러한 질문은 마태가 마

---

18 Combrink, "The Structure of the Gospel of Matthew as Narrative', 66-68; Jack Dean Kingsbury, 『이 야기 마태복음』(*Matthew as Story*, 권종선 역, 서울: 요단출판사, 2000), 265. 킹스베리는 이스라엘과 예수님의 갈등 해결의 핵심이 십자가의 죽음이라고 주장한다.

19 Donahue, "The Parable of the Sheep and Goats: A Challenge of Christian Ethics', 11.

20 Pond, "The Background and Timing of the Judgment of the Sheep and Goats", 202.

가의 자료 "우리에게 이르소서 어느 때에 이런 일이 있겠사오며 이 모든 일이 이루려 할 때에 무슨 징조가 있사오리이까"(13:4)를 변경하고 성전 멸망을 추가한 것으로 보인다.[21]

종말 설교(23-25장)에서 중요한 위치를 차지하는 것은 심판자로 다시 "오시는" 인자에 관한 언급이다(cf. 마 24:27, 30, 33, 37, 39, 42, 44, 50; 25:6, 19).[22] 즉 24:3의 두 가지 질문은 "인자" 말씀과 긴밀하게 연관된다. 그리하여 두 번째 질문으로서 "주의 임하심과 세상 끝에는 무슨 징조가 있사오리이까"에 대한 답변은 인자 언급과 함께 나타난다. "그 때에 인자의 징조가 하늘에서 보이겠고 그 때에 땅의 모든 족속들이 통곡하며 그들이 인자가 구름을 타고 능력과 큰 영광으로 오는 것을 보리라"(마 24:30). 그리고 24:3의 첫 번째 질문으로서 "어느 때에 이런 일이 있겠사오며"에 대한 답변은 최후 심판 비유에서 주어진다. 즉 모든 민족이 복음에 반응할 시간이 지나야 한다.[23] 그러므로 종말에 관한 제자들의 두 가지 질문 중에서 두 번째 사항은 24:30에서 해소되고, 첫 번째 사항은 최후 심판 비유에서 답변이 주어진다. 그러므로 인접 문맥 속에서 최후 심판 비유는 24:3의 종말에 관한 제자들의 질문에 대한 답변으로 볼 수 있다.[24]

이렇게 인접 문맥 속에서 제자들의 종말 질문에 대한 답변 형식으로 주어진 25장의 세 비유의 심판 이미지는 마지막 최후 심판 비유에서 강화된다. 25장에서 인자인 예수님은 열 처녀 비유(25:1-13)와 달란트 비유(25:14-30)를 통해 심판의 때가 급작스럽게 다가올 것이며 그때에 심판주로 다시 올 것임을

---

21   Donahue, "The Parable of the Sheep and Goats: A Challenge of Christian Ethics', 11.

22   Heil, "The Double Meaning of the Narrative of Universal Judgment in Matthew 25:31-46', 5.

23   Michaels, "Apostolic Hardships and Righteous Gentiles, a Study of Matthew 25:31-46', 28.

24   Donahue, "The Parable of the Sheep and Goats: A Challenge of Christian Ethics', 12.

밝힌다. 그리고 본 비유에서 인자와 임금으로 자신의 신분을 드러내어 종말에 양과 염소, 오른편과 왼편이 갈라지는 심판이 있으며, 그러한 심판은 영생과 영벌로 마감될 것임을 분명히 한다. 마태는 그러한 예수님의 의도를 이해하여 최후 심판 비유를 자신의 다섯 번째 글 마지막 설교에 위치시켰다. 즉 마태는 그의 설교의 대단원을 인자의 재림으로 인해 파생되는 종말 심판에 두고 있다.

다른 한편, 마태복음을 서사비평을 통해 연구한 킹스베리(J. D. Kingsbury)는 마태복음에 세 개의 스토리 라인이 있다는 점을 발견한다[25]: "예수 이야기', "제자들의 이야기', 그리고 "종교지도자들의 이야기." 킹스베리의 이러한 지적은 예수님을 주인공으로 하는 마태복음의 이야기가 결국 그를 따르는 제자들과 그를 대적하면서 논쟁적 위치에 놓여있는 종교지도자들에 관한 이야기라는 것을 지지해준다. 우리는 마태복음의 주인공인 예수님이 종교지도자들과의 적대적인 관계 속에서 제자들을 "양"으로 생각하고, 그를 대적하는 자들을 "염소"의 위치에 두었을 가능성을 배제할 수 없다.[26]

실제로 마태복음에는 예수님과 종교지도자들의 논쟁이 돋보인다. 특히 종말 설교(23-25장)에서 예수님과 종교지도자들 사이의 긴장 관계가 두드러진다. 마태복음 23장은 처음부터 서기관과 바리새인들에 대한 예수님의 적극적인 공격을 묘사한다. 그리고 비판적인 시각의 요점은 23:11-12에 나타난다: "너희 중에 큰 자는 너희를 섬기는 자가 되어야 하리라. 누구든지 자기를 높이는 자는 낮아지고 누구든지 자기를 낮추는 자는 높아지리라." 예수님은 자

---

25 Kingsbury, 『이야기 마태복음』, 8.

26 Ibid. 킹스베리는 마태복음에서 종교지도자들이 예수님의 적대자로 등장하면서 사탄과 공조하는 자로 등장하고 있다는 점을 지적한다. 그래서 마태복음의 세계는 선과 악 사이에 놓인 우주적인 갈등의 세계라고 주장한다.

신과 그의 제자들을 "섬기는 자"와 "낮추는 자"로 정의하고, 서기관과 바리새인은 섬김을 받고 자기를 높이는 자로 규정한다(마 23:6-7). 그 후에 바로 서기관과 바리새인들에게 주어지는 일곱 가지 저주가 23:13부터 시작하여 예루살렘 성전의 파멸로 일단락된다. 그러나 예수님과 종교지도자들의 긴장 관계는 최후 심판 비유까지 이어지고 양과 염소가 영생과 영벌에 처해질 때 비로소 해소된다(마 25:46). 그러므로 두 세력은 종말 심판에 이르기까지 지속적인 긴장을 유지한다.

이제 우리는 마태복음의 구조와 전체의 흐름 속에서 본문의 위치를 규정할 때 두 가지를 생각할 수 있다. 하나는 구조적인 측면에서 본 비유가 종말론적인 위치에 놓여 심판에 대한 전략적인 역할을 하고 있다는 점이다. 마태는 본 비유를 다섯 번째 설교 군의 마지막 위치에 배치함으로 앞서 등장한 종말 심판에 관한 예수님의 모든 설교를 요약하여 결론짓고 있다. 다른 하나는 종말 설교(23-25장)가 예수님과 종교지도자들 사이의 "갈등" 요소를 지니고 있다는 점이다. 마태는 종교지도자들과 예수님을 적대적인 관계로 보고 있으며, 그러한 적대적인 대립 구도는 종말 설교(23-25장)를 대조와 갈등이라는 요소에 의해 진행되도록 만든다.[27] 그리하여 두드러진 23장의 일곱 가지 화에 대한 언급에서 절정에 이른 후에 본 비유에서 해소된다.[28] 아직 예수님의 고난과 십자가의 죽음, 그리고 부활(26:1-28:20)이라는 반전이 일어나지 않았지만 이미 예수님은 그들의 행위와 태도를 심판하고 있으며 영벌에 처할 자들로

---

27 마태복음 9:3, 11, 34; 12:2, 10, 14, 24-37, 38-45; 15:1-14; 16:1-4; 19:3; 21:12-23:39; 26-27장.

28 Kingsbury, 『이야기 마태복음』, 24. 킹스베리는 마태복음의 갈등 요소가 죽음으로 해소된다고 주장한다. 그러나 인자의 죽음이 아닌 종말 심판에서 해소된다고 보는 것이 타당하다. 왜냐하면 예수님의 죽음 이후에도 제자들과 종교지도자들의 갈등은 계속되고 있고, 결국 종말 심판에서 양과 염소의 분리를 통해 완전히 해소되기 때문이다.

저주한다(23:1-25:46).

3. 비유 본문 분석(25:31-46)

앞에서 우리는 본 비유가 종말에 있을 "지극히 작은 자인 제자들에 대한 태도에 의해 진행되는 심판"이 중심주제라는 사실을 마태복음 전체의 구조를 통해 살펴보았다. 또한 자기를 높이는 종교지도자들과 낮아진 예수님과 그의 제자들 사이에 "갈등"이라는 요소를 안고 있음을 지적한다. 이러한 "심판"의 주제와 "갈등"의 상황은 최후 심판 비유에서 "분리"라는 특징을 만들어 낸다.[29] 그리하여 "양"과 "염소"의 분리(32절), "오른편"과 "왼편"의 분리(33절), "오른편에 있는 자들"과 "왼편에 있는 자들"의 분리(34, 41절), "영벌"과 "영생"의 분리라는 큰 틀이 형성된다(46절).

동시에 본문의 구조는 전반부와 후반부가 서로 대응하는 교차 대조를 이룬다. 교차 대조에서 뚜렷한 점은 전반부의 "오른편에 있는 자들"(34-40)과 후반부의 "왼편에 있는 자들"(41-445)이 각각 예수님과의 대화에서 대조를 이룬다. 즉 예수님은 "복 받을 자들"을 향하여 그들이 주를 섬겼다고 언급한다. 그러나 "의인들"은 주를 섬기지 않았다고 대답한다. 반면에 예수님은 "저주받을 자들"을 향해 그들이 주를 섬기지 않았다고 비판한다. 그러나 "저희"는 주를 섬겼다고 대답한다. 이와 같이 대조와 분리라는 뚜렷한 문학적 구조를 보여주고 있으므로 다음과 같이 본문을 분석할 수 있다.

A. 인자가 자기 영광으로 모든 천사와 함께 올 때에 자기 영광의 보좌에 앉으리니(31)
    모든 민족을 그 앞에 모으고 각각 분별하기를 목자가 양과 염소를 분별하는 것같이 하여(32)

---

29 Kistemaker, "Last Judgment", *The Parable of Jesus*, 148-149.

양은 그 오른편에 염소는 왼편에 두리라 (33)

　B a. 그 때에 임금이 그 오른편에 있는 자들에게 이르시되
　　　“내 아버지께 복받을 자들이여 나아와 창세로부터 너희를 위하여 예비된 나라를 상
　　　속하라” (34)
　　　a) 내가 주릴 때에 너희가 먹을 것을 주었고
　　　　b) 목마를 때에 마시게 하였고
　　　　　c) 나그네 되었을 때에 영접하였고 (35)
　　　　　　d) 벗었을 때에 옷을 입혔고
　　　　　　　e) 병들었을 때에 돌아보았고
　　　　　　　　f) 옥에 갇혔을 때에 와서 보았느니라 (36)

　　b. 이에 의인들이 대답하여 가로되
　　　a') 주여 우리가 어느 때에 주의 주리신 것을 보고 공궤하였으며
　　　　b') 목마르신 것을 보고 마시게 하였나이까 (37)
　　　　　c') 어느 때에 나그네 되신 것을 보고 영접하였으며
　　　　　　d') 벗으신 것을 보고 옷 입혔나이까 (38)
　　　　　　　e') 어느 때에 병드신 것이나
　　　　　　　　f') 옥에 갇히신 것을 보고 가서 뵈었나이까 하리니 (39)

　　c. 임금이 대답하여 가라사대
　　　“내가 진실로 너희에게 이르노니 너희가 여기 내 형제 중에
　　　지극히 작은 자 하나에게 한 것이 곧 내게 한 것이니라” 하시고 (40)

　B' a'. 또 왼편에 있는 자들에게 이르시되 “저주를 받은 자들아 나를 떠나 마귀와 그 사
　　　자들을 위하여 예비된 영영한 불에 들어가라” (41)
　　　a") 내가 주릴 때에 너희가 먹을 것을 주지 아니하였고
　　　　b") 목마를 때에 마시게 하지 아니하였고 (42)
　　　　　c") 나그네 되었을 때에 영접하지 아니하였고
　　　　　　d") 벗었을 때에 옷 입히지 아니하였고
　　　　　　　e") 병들었을 때와

　　　　　　　f') 옥에 갇혔을 때에 돌아보지 아니하였느니라 하시니 (43)

　　　b'. 저희도 대답하여 가로되
　　　　a''') 주여 우리가 어느 때에 주의 주리신 것이나
　　　　　b''') 목마르신 것이나
　　　　　　c''') 나그네 되신 것이나
　　　　　　　d''') 벗으신 것이나
　　　　　　　　e''') 병드신 것이나
　　　　　　　　　f''') 옥에 갇히신 것을 보고 공양치 아니하더이까 (44)

　　　c'. 이에 임금이 대답하여 가라사대
　　　　"내가 진실로 너희에게 이르노니 이 지극히 작은 자 하나에게 하지 아
　　　　니한 것이 곧 내게 하지 아니한 것이니라" 하시리니 (45)

　　A'. 저희는 영벌에, 의인들은 영생에 들어가리라 하시니라 (46)

　　위와 같이 최후 심판 비유는 분리를 중심으로 크게 두 개의 교차대조(A//A',
B//B')와 작은 세 개의 단계적 평행(a//a', b//b', c//c')으로 이루어져 있다. 따라서
각각의 교차 대조와 평행을 비교하며 본문을 분석할 수 있다.

　　구전과 편집을 중시하는 프리드리히(J. Friedrich)는 본 비유의 원래 형태가
마태의 편집과 구전에 의해 변형되었다고 주장한다. 또한 원래 비유는 왕 되
신 하나님이 가난한 자에 대한 태도에 근거하여 사람들을 최종적으로 심판
한다는 내용이었는데, 여기에 마태가 영광의 보좌에 좌정한 인자와 왕의 동
일시, 28:19의 "모든 족속으로 제자를 삼으라"는 대위임 명령과 연결하기 위
해 첨가한 32절의 "모든 민족", 예수님과 형제들의 동일시 등을 포함시켰다
고 본다.[30] 코프도 마태의 편집을 받아들여 본 비유의 주제와 긴밀하게 관련

30　Johannes Friedrich, *Gott im Bruder? Eine Methodenkritische Untersuchung von Redaktion, Überlieferung*

된 구절들로서 10:12-25, 40-42; 13:40-43; 18:1-14, 35; 25:31-46을 마태가 편집한 것으로 본다.[31] 그러나 도나후는 마태복음 28:19의 우주적 선교 명령과 그것의 종결로서 25:32는 초기 기독교 전승이라고 말한다.[32] 우리는 이러한 편집 주장에 가급적 적게 관심할 것이다. 이제 각각의 교차 대조가 서로 어떻게 관련되는지 살펴보자.

1) A 서론: 양과 염소 분리(31-33절)
A' 결론: 영벌과 영생 분리(46절)

A//A'는 B//B'(34-45절)를 위한 이야기 뼈대로 기능하여 기독론을 강조한다.[33] A는 양과 염소를 등장시킴으로 최후 심판 비유 전체가 "양"과 "염소"라는 두 모티프를 중심축으로 하여 진행될 것임을 보여준다. 이러한 서론의 복선은 최후 심판이 진행되는 동안 "양"과 "염소"라는 두 모티프가 비유가 끝날 때까지 계속 이어질 것임을 암시한다. A'는 A의 "양"과 "염소"의 상징적 모티프가 "영벌"과 "영생"으로 종결될 것임을 알려준다. 즉 악인은 영벌에 처하게 되고 의인은 영생에 들어가게 된다. 여기서 말하는 영생과 영벌은 취소될 수 없는 것으로 영원한 축복과 고통을 동반한다. 그리고 이러한 영벌과 영생, 양과 염소의 구별은 오른편과 왼편으로 나누어지는 완전한 분리이다.

(1) 심판관 보고

코프가 지적한 것처럼 "인자"(31절)는 "목자"(32절)와 "임금"(34절)으로 각

---

und Traditionen in MT 25:31-46 (Stuttgart: Calwer, 1977). Donahue, "The Parable of the Sheep and Goats: A Challenge of Christian Ethics", 6에서 재인용.

31 Cope, "Matthew 25:31-46: 'The Sheep and the Goat's' Reinterpreted', 42.

32 Donahue, "The Parable of the Sheep and Goats: A Challenge of Christian Ethics', 15.

33 Ibid., 17.

각 언급되었다.[34] 그리고 심판을 받는 자들에 의해 "주"(37, 44절)로 불린다. 먼저 예수님은 유일한 자기 호칭인 "인자"에 대한 언급으로 시작한다(31절).[35] 마태복음 16:27과 19:28과 병행을 이루며 사용된 "인자"는 다름 아닌 "오시는 이"로서 영광 가운데 왕좌에 좌정할 자로 유일하게 마태복음에서만 묘사된다.[36] 천상적 심판자로서 인자의 영광스러운 모습은 제자들에게 낮아짐과 고난 그리고 부활과 높임 받음을 통해 다시 오시는 이로 알려진다.[37]

마태가 예수님을 "목자"로 소개하는 것은 낯설지 않다. 마태는 유대인의 왕으로 태어난 예수님의 탄생을 "이스라엘의 목자"의 탄생으로 소개하고 (2:6), 예수님을 따르는 무리의 처량함을 "목자 없는 양"의 모습으로 묘사하고 (9:36), 감람산에서 예수님이 자신을 "목자"로 소개한 것으로 설명한다(26:31). 그리고 본 비유에서 인자인 예수님은 자신을 목자로, 그의 제자들과 그를 따르는 자들을 양으로 소개하여 목가적인 풍경을 활용한다(25:32).[38] 예수님은 32절에서 목자들의 용어인 "모으고"(συνάγω)와 "분별"(ἀφορίζω)을 종말론적으로 사용하여 하나님의 최후 심판 행위를 자신에게 돌린다.[39] 그리하여 21:5에서 왕으로 예루살렘에 입성한 예수님은 양과 염소를 분별하는 목자이다.[40]

---

34   Cope, "Matthew 25:31-46: 'The Sheep and the Goat's' Reinterpreted', 36.

35   Eugene W. Pond, "The Background and Timing of the Judgment of the Sheep and Goats', 203.

36   Stein, "The Final Judgment', *An Introduction to the Parables of Jesus*, 131.

37   Ulrich Luz, 『마태공동체의 예수 이야기』(*Die Jesusgeschichte des Matthaeus*, 박정수 역, 서울: 대한기독교서회, 2002), 149; 낮아진 인자의 고난과 관련된 언급은 8:20; 11:19; 12:40; 17:9, 12, 22; 20:18, 28; 26:2, 24, 45 등에 나타나고, 인자의 권세와 영광 받음, 그리고 오시는 이로써 인자에 대한 언급은 9:6; 10:23; 12:8, 32; 13:37, 41; 16:27; 19:28; 24:27, 30, 37, 44; 25:31 등에 나타난다. 이러한 분포는 적어도 마태복음 안에서 인자 표현이 예수님의 전체 역사적인 생애와 고양된 주로서 그의 고난과 영광 두 가지 모두 포괄하는 것을 말한다.

38   Kistemaker, "Last Judgment', *The Parable of Jesus*, 147.

39   Jeremias, *The Parables of Jesus*, 206.

40   Heil, "The Double Meaning of the Narrative of Universal Judgment in Matthew 25:31-46', 6.

마태복음에서 왕적인 기독론은 폭넓게 분포되어 있다.[41] 예수님의 족보는 아기 예수님의 탄생을 다윗의 자손으로 소개한다(1:1, 20). 동방의 박사들은 "유대인의 왕"으로 출생한 아기 예수님께 경배하려고 헤롯왕에게 문의한다(2:2). 예수님은 스스로 "솔로몬보다 더 큰 이"로 자신을 소개하였으며(12:42) 인자와 왕권 개념을 연결시켰다(16:28). 마태복음에서 병든 자들의 예수님께 대한 간청은 "다윗의 자손이여 나를 불쌍히 여기소서"라고 기록된다(9:27; 15:22; 20:30, 31; 참조. 12:23; 21:9; 22:42). 마태는 예수님이 나귀를 탄 예루살렘 입성을 왕의 행보로 소개하고(21:5) 재판과 죽음 이야기에서 예수님의 왕 되심을 확증한다(27:11, 29, 37, 42). 한편으로 마태복음은 예수님의 주권을 강조하여 고양된 인자와 목자, 그리고 임금과 주로 각각 묘사하여 기독론적인 그림을 제공한다. 다른 한편으로 예수님은 지극히 작은 자로 고난받는 인자이며 양을 위하여 자기 목숨을 버리는 목자이고 자기 백성에게 거절되는 임금이다. A(31-33절)에서 기독론적인 용어가 함께 결합된 것을 마태의 편집으로 돌리는 예레미야스와 코프의 주장은 적절하지 않다.[42] 오히려 예수님의 풍성한 자기 이해에서 비롯되었다고 보는 것이 설득력이 있다.[43]

"인자"의 도래와 영광의 보좌에 앉는 장면에서 "심판"이 시작된다. 여기에서 오시는 이로써 "인자"와 "심판"은 마태복음 3:11-12, 11:2-3에서와 마찬가지로 서로 연관되어 있다. 그리하여 폰드(E. W. Pond)가 주장하는 것처럼

---

41 Donahue, "The Parable of the Sheep and Goats: A Challenge of Christian Ethics', 21.

42 Cope, "Matthew 25:31-46: 'The Sheep and the Goat's' Reinterpreted', 41-43; Joachim Jeremias, *The Parables of Jesus*, 206.

43 Stein, "The Final Judgment', *An Introduction to the Parables of Jesus*, 132; 예수님의 자기 이해에 대하여 Geerhardus Vos, *The Self-Disclosure if Jesus* (Presbyterian and Reformed Publishing, 1978), 228-56을 보라.

"인자는 다윗적 언약을 성취한다."[44] 예레미야스가 "심판자로서 그리스도에 대한 묘사는 가장 오래된 전승 층에 속하지 않는다"라고 주장한 것은 사실이 아니다.[45] 심판자로서 인자에 대한 이해는 구약적인 배경을 가진 예수님의 전승에 해당된다.[46] 인자의 구약적 배경으로서 다니엘서 7:13-14는 "인자 같은 이가 하늘 구름을 타고 와서 옛적부터 항상 계신 자에게 나아와 그 앞에 인도되매 그에게 권세와 영광과 나라를 주고 모든 백성과 나라들과 각 방언하는 자로 그를 섬기게 하였으니 그 권세는 영원한 권세라"라고 묘사하여 나라를 소유한 왕으로서 인자에 대한 그림을 제공한다.[47] 여기서 권세와 영광과 나라를 받은 인자에게 심판의 권한을 돌리는 것은 자연스럽다.[48] 또한 에녹서는 인자를 재판관의 모습으로 묘사한다.[49] 더욱이 이스라엘 역사에서 역사적인 왕과 심판의 연관성은 전혀 어색하지 않다.[50] 그러므로 본 비유는 심판자로 "오시는 이"인 "인자"에게 예속된 기독론적인 비유이며 "인자"의 도래로 인하여 파생된 심판 비유이다(비교. 마 23:39). 이제 영광스러운 보좌에 좌정하

44　Pond, "The Background and Timing of the Judgment of the Sheep and Goats", 205.

45　Jeremias, *The Parables of Jesus*, 207.

46　James D.G. Dunn, *Unity and Diversity in the New Testament* (London: SCM Press, 2006), 36-42에 정리된 다양한 견해를 참조하라. 특히 42쪽을 보라; 보다 상세한 논의로는 Vos, *The Self-Disclosure if Jesus*, 228-56을 보라.

47　Pond, "The Background and Timing of the Judgment of the Sheep and Goats", 203. 폰드가 제시하는 구약의 4가지 의미의 사용 용례를 참조하라; Stein, "The Final Judgment", *An Introduction to the Parables of Jesus*, 132.

48　Pond, "The Background and Timing of the Judgment of the Sheep and Goats", 204. 다니엘서 7:13 의 "심판을 베푸는데 책들이 펴 놓였더라"라는 표현을 보라.

49　Enoch 45:4f; 62:6f. Stein, "The Final Judgment", *An Introduction to the Parables of Jesus*, 132에서 재인용. 자세한 사항은 김창락, 『인자(o` ui`o.j tou/ avnqrw.pou) 기독론 연구』(박사학위청구논문, 한신대학교, 2001), 68-92를 보라.

50　Donahue, "The Parable of the Sheep and Goats: A Challenge of Christian Ethics", 21-22.

는 "인자"와 양과 염소로 나누어지는 임박한 "심판"은 서로 분리할 수 없다 (마 13:41-43; 16:27; 참조. 요 5:27).[51]

예수님은 비유에서 자신이 심판관이라는 사실을 알고 있으며, "인자"로서 장차 "오시는 이"와 "임금"과 "주"로 이해하고 있다. 그리고 영광의 보좌에서 "양"과 "염소"를 분리하는 자로 이해한다. 이러한 예수님의 이미지는 그 자신이 아니고는 누구도 상상하거나 흉내 낼 수 없는 종말론적 심판 그림을 자아낸다. 이제 고양된 인자로서 예수님의 자기 이해에서 비롯된 양과 염소를 분리하는 심판의 대상과 결과에 대한 보고에 관심을 가지자.

(2) 심판의 대상 보고

예수님은 "모든 민족"(πάντα τὰ ἔθνη)이라는 언급을 통해 심판의 대상이 모든 인류가 될 것임을 밝힌다.[52] 물론 여기에서 32절의 "모든 민족"은 이방인을 가리키는가 아니면 이스라엘도 포함되는가 하는 문제가 제기된다.[53] 만일 문맥보다 용어를 중시하는 코프의 주장을 따라 "모든 민족"이 이방인만을 가리킨다면, 이 비유는 기독교 선교사들을 거절한 것에 대해 벌을 받는다는 이방인 심판을 위한 답변으로 제시되었다고 말할 수 있다.[54] 반면에 도나후의 주장을 받아들여 이방인과 함께 이스라엘도 포함하는 것으로 본다면, 이 교훈은 전 인류의 대심판을 위한 것이라고 말할 수 있다.[55] 비록 요엘서 3:11-

---

51 Donald A. Hagner, *Matthew 14-28: Word Biblical Commentary V. 33b* (Dallas, Texas: Word Books Publisher, 1995), 743.

52 Kathleen Weber, "The image of sheep and goats in Matthew 25:31-46', *The Catholic Biblical Quarterly* (Washington: Oct 1997), 657-78; Kistemaker, "Last Judgment', *The Parable of Jesus*, 148.

53 Weber, "The image of sheep and goats in Matthew 25:31-46', 657-78.

54 Cope, "Matthew 25:31-46: 'The Sheep and the Goat's' Reinterpreted', 36.

55 Donahue, "The Parable of the Sheep and Goats: A Challenge of Christian Ethics', 12-14; W. Trilling, *Das Wahre Israel* (Leipzing: St Benno-Verlag, 1959), 14. 트릴링은 마태복음에서 "모든 민족"이 나타나는 4곳을 조사한다(24:9; 24:14; 25:32; 28:19). 그리고 그 모든 곳에서 폭넓은 보편주

구조로 본 "최후 심판 비유" 103

21과 에녹서 62-63장에서 민족들의 심판과 이방인의 심판이 구분되었다 할지라도 코프보다는 도나후의 주장이 옳다.[56]

신약성경에서 드물지만 "민족"(ἔθνος)은 유대인과 대조된 이방인을 가리킨다.[57] 그러나 대부분은 모든 인류를 가리킨다. 일반적으로 "모든 민족"이란 언급이 선교의 보편적인 범위를 나타낼 때 모든 인류 전체를 가리키는 것으로 사용된다.[58] 특히 마태복음에서 예수님은 밀과 가라지 비유에서 밭을 인자가 좋은 씨를 뿌리는 세상으로 묘사하고(13:38) "이 천국 복음이 모든 민족에게 증거되기 위하여 온 세상에 전파되리니 그제야 끝이 오리라"라고 예고하여 모든 민족과 온 세상을 함께 사용한다(24:14). 더 나아가 예수님은 부활하신 이후에 마지막으로 지시한 "가서 모든 족속으로 제자를 삼으라"라는 대 위임(28:16-20)과 25:32의 장면에서 선교가 전 인류에게 완전하게 되었다는 활동 범위를 묘사한다.[59] 그러므로 마태복음에서 "모든 민족"이라는 용어는 종교와 인종을 구분하는 의미로 사용되는 경우가 드물다.[60] 예수님이 심판 날에 불러 모으는 모든 민족은 전 인류가 될 것이고 유대인과 이방인, 그리고 그리스도인이 모두 인자로서 심판관 되신 예수님의 분별을 피할 수 없다.[61]

의가 있다는 결론을 내린다; R.C.H. Lenski, *The Interpretation of St. Matthew's Gospel* (Minneapolis, Minnesota: Augsburg Publishing House, 1961), 988.

56 Stein, "The Final Judgment", *An Introduction to the Parables of Jesus*, 133-34.

57 *TDNT* II, "ἔθνος", 370; 이방인에 대하여 사용하는 경우는 마태복음 6:32, 20:19이다.

58 Donahue, "The Parable of the Sheep and Goats: A Challenge of Christian Ethics", 16; 마가복음 13:9-13; 16:9-20; 누가복음 24:44-49; 사도행전 1:4-8; 13:47; 로마서 1:5 등을 보라.

59 대 위임 명령에 관한 연구로는 김형주, 『마태의 선교명령전승(28:16-20)의 진정성에 관한 연구』(박사학위청구논문, 총신대학교, 2001)를 보라.

60 Donahue, "The Parable of the Sheep and Goats: A Challenge of Christian Ethics", 16.

61 Stein, "The Final Judgment", *An Introduction to the Parables of Jesus*, 133-34; Hagner, *Matthew 14-28*, 742.

실제로 예수님은 갈릴리의 고라신과 벳새다, 그리고 가버나움을 저주하고 (마 11:20-24) 서기관과 바리새인에 대하여 일곱 가지 저주를 하며(마 23:1-36) 예루살렘 성전의 멸망을 선언한다(마 23:37-24:2). 그리하여 유대인의 심판자로 권위 행세를 한다. 그러므로 예수님은 최종 심판에서 이방인과 유대인, 그리고 그리스도인을 모두 포함한다.[62]

(3) 심판의 성격과 결과

A//A′는 주제에 있어서 병행을 이룬다. A는 "양"과 "염소"를 언급하여 양은 "오른편"에 두고 염소는 "왼편"에 두라고 말한다. A′는 저희와 의인들을 언급하면서 저희는 "영벌"에 들어가고 의인은 "영생"에 들어가리라고 말한다. 여기에 표현상의 차이가 있을 뿐 의미상의 차이는 없다. 주제의 병행은 천국과 지옥이라는 "심판"에 대한 서술로서 통일성을 지닌다. 예수님은 A를 상징적으로 묘사하고 A′를 구체적으로 설명함으로 심판이 "분리"로 귀결될 것임을 보여준다. 여기에 중간지대란 존재하지 않는다. 하나님의 나라를 상속하든지 아니면 영원한 불에 들어가든지 둘 중 하나는 필연적이다.[63] 이렇게 예수님은 심판이 인자의 분별에 의한 단적인 "분리"임을 드러내어 심판의 주제가 절정에 이른다.

아울러 최후 심판 비유의 서론 격인 31, 32절은 심판의 주관자, 심판의 시공간적 배경, 심판의 대상 그리고 앞으로 전개될 분리의 복선을 깔고 있는 전략적 서술이다. 예수님은 31, 32절을 비유의 전개를 위한 강령적 진술 (programmatic statement)로 언급하여 마지막 심판의 장면을 여는 중요한 열쇠로 삼았다.[64] 그리하여 예수님은 자신을 "인자"로서 천상적 존재로 이해하고, 그

---

62 Heil, "The Double Meaning of the Narrative of Universal Judgment in Matthew 25:31-46", 5.

63 Stein, "The Final Judgment", *An Introduction to the Parables of Jesus*, 136.

64 Kistemaker, "Last Judgment", *The Parable of Jesus*, 154. 31, 32절은 마태가 창작했다고 말하기에는 너

인자는 모든 천사를 대동하고 오시는 이로 영광의 보좌에 좌정하여 양과 염소를 분별하는 자임을 종말론적 이미지로 드러낸다.[65] 그는 심판의 주체이며 심판이 그로부터 시작되어 흘러나와 그에 의해 종결된다.

2) B 오른편에 있는 자들(34-40절)
B' 왼편에 있는 자들(41-45절)

A//A′가 인자에 대한 언급으로 시작된다면, B//B′는 아무런 설명도 주어지지 않은 상태에서 임금의 등장으로 시작된다. 그래서 마태의 편집으로 결합되었다는 의혹을 낳았다. 그러나 비유로 말씀하시는 예수님의 관점에서 보면, A//A′와 B//B′의 연결은 전혀 어색하지 않다. 왜냐하면 예수님은 자신을 다니엘서 7:13-14에 등장하는 인자로 이해하였으며, 그 인자는 다름 아닌 옛적부터 계신 이로부터 권세와 영광과 나라를 물려받은 자로서 임금의 이미지를 갖고 있기 때문이다. 그 인자가 마지막 최종 심판에서 임금의 자리에 좌정하여 주권을 가지고 판별하는 것은 지극히 자연스럽다.[66]

B//B′는 39-40절과 41-45절이라는 두 개의 병행 대화로 이루어져 있다. 전반부는 임금과 오른편에 있는 자들 사이의 대화이고, 후반부는 임금과 왼편에 있는 자들 사이의 대화이다. 이 두 대화는 "분리"의 성격을 가진 "심판" 주제 아래 상호 보완관계를 이루며 대조된다. 두 대화 중 어느 하나가 없을 때 분리의 심판은 올바로 이루어질 수 없다. 그런 측면에서 두 대화는 동전의

무나 그 장면이 뚜렷하며, 예수님의 자기 이해에서 나오지 않고는 도무지 설명할 수 없는 이미지를 담고 있다. 그 증거로 예수님은 이미 23장 39절에서 자신을 다시 "오시는 이"로서 이해하고 있으며, 25:31에서 "천사와 함께 올 때"라고 언급하여 세밀하게 표현하고 있다. 이것은 예수님의 자기 이해가 아니고는 다른 곳에서 취하기 어려운 이미지이다.

65 Cope, "Matthew 25:31-46: 'The Sheep and the Goat's' Reinterpreted", 43.
66 Kistemaker, "Last Judgment", *The Parable of Jesus*, 149.

양면과 같이 서로 긴밀한 관계를 유지한다. 전자에서 "의인을 위한 하나님 나라의 상속"이라는 주제가 등장하고, 후자에서 "악인을 위한 영원한 지옥"이라는 주제가 등장하여 갈등 구조 속에 심판이 진행된다.

무엇보다도 간과할 수 없는 사항은 구조적으로 여섯 가지 궁핍에 대한 목록일 것이다. 즉 "주리고", "목마르고", "나그네 되고", "벗고", "병들고", "옥에 갇히는 것" 등의 가난한 자를 대변하는 사항들이 나열된다. 목록의 중요성은 개별적인 사항들이 모두 인간의 생명을 유지하기 위해 가장 기본적인 필요와 긴밀히 관련된다는 데 있다.[67] 이 목록은 B에서 두 번 언급되고 B′에서 두 번 등장하며 동일한 순서와 표현으로 네 번에 걸쳐 병행 반복됨으로 강조된다. 물론 B에서 예수님이 긍정적으로 사용하고 의인들이 부정적으로 사용한다. 또한 B′에서 예수님이 부정적으로 사용하고 악인들이 긍정적으로 사용한다. 그래서 긍정과 부정, 부정과 긍정이 서로 극명한 대조를 이루며 더욱 강조된다. 이제 좀 더 구체적으로 병행이 되는 세부 사항들을 살펴보자.

(1) 임금의 판결과 평가(a//a′)

a//a′는 "양"과 "염소" 모티프와 매우 깊이 관련되어 있다.[68] 특히 a는 "양" 모티프를 통해 오른편에 있는 자들이 한 중심축으로 복 받은 자들임을 보여준다. 그들은 예수님의 형제로서 제자들이며 기독교 전도자들이며 믿음으로 선교에 응답한 자들이다.[69] 그와 대조되는 것으로서 a′는 "염소" 모티프를 통해 왼편에 있는 자들이 저주받은 자들임을 보여준다. 그들은 선교에 믿음으

67 Hagner, *Matthew 14-28*, 744.

68 Weber, "The image of sheep and goats in Matthew 25:31-46", 657-78. 웨버는 양과 염소의 팔레스타인의 문화적 배경과 그것의 상징성이 마태복음에서 어떻게 사용되는지를 자세히 설명한다.

69 Michaels, "Apostolic Hardships and Righteous Gentiles, a Study of Matthew 25:31-46", 28; Stein, "The Final Judgment", *An Introduction to the Parables of Jesus*, 138.

로 응답하지 못한 자들이다. 이어서 예수님은 여섯 가지 대접의 행위를 동일한 내용과 동일한 순서로 병행이 되도록 나열함으로 "양"과 "염소" 두 모티프의 상관관계를 확증한다. a는 여섯 개의 대접의 대상, 즉 굶주리고/ 목마르고/ 나그네 되고/ 헐벗고/ 병들고/ 옥에 갇히는 등의 연약한 자들에 대해 긍정적으로 행동한 반면, a′는 부정적으로 행동한다. 그 결과 a는 "창세로부터 너희를 위하여 예비된 나라를 상속하라"라고 명령함으로 오른편에 있는 자들이 가야 할 곳이 하나님 나라임을 확정 짓는다. 반면에 a′는 "나를 떠나 마귀와 그 사자들을 위하여 예비된 영원한 불에 들어가라"라고 명령함으로 왼편에 있는 자들이 가야 할 곳이 지옥임을 확고히 한다. 결국 a와 a′는 서로 대조를 이루며 "양"과 "염소"라는 두 모티프를 통해 분리되어 임금의 판결이 진행된다.[70]

여기서 놓칠 수 없는 사실은 열거된 여섯 개의 대접이 모두 "임금"과 관련되어 있다는 점이다.[71] 즉 각각 "내가 주릴 때에"(35, 42)와 "주의 주리신 것"(37, 44)으로 시작되는 a//a′는 여섯 가지 대접 모두에 일인칭 대명사 "나"(ἐγώ)가 강조적 용법으로 사용되어 "임금"을 지향한다.[72] 이것은 "지극히 작은 자"에 대한 태도가 "임금"에 대한 태도임을 명확히 보여주는 역할을

---

70   Weber, "The image of sheep and goats in Matthew 25:31-46', 657-78에서 웨버는 달만의 주장을 소개하며 20세기에도 팔레스타인에서 밤에 양과 염소를 분리한다는 사실을 설명하고 있다. 아울러 1세기에 시리아와 팔레스타인에서 양과 염소가 어떻게 이해되었는지에 대한 상징성을 풍부하게 설명하고 있다.

71   Lenski, *The Interpretation of St. Matthew's Gospel*, 992.

72   Kistemaker, "Last Judgment", *The Parable of Jesus*, 150. 키스트메이커는 예수님이 의인들의 말씀 가운데서 그들("너희")과 대조하여 여섯 번이나 일인칭 대명사 "나"를 사용하고 있음을 지적한다.
      "*내가* 주렸을 때에 너희가 먹을 것을 주었고,   *내가* 목마를 때에 너희가 마시게 하였고,
      내가 나그네 되었을 때에 너희가 영접하였고,   *내가* 벗었을 때에 너희가 옷을 입혔고,
      내가 병들었을 때에 너희가 돌아보았고,   *내가* 옥에 갇혔을 때에 너희가 와서 보았느니라"

한다. 여기서 임금 되신 예수님은 "지극히 작은 자"와 자신을 동일시하고 있다.[73]

물론 예레미야스의 주장은 받아들이기 어렵다. 즉 여섯 개의 대접은 사랑의 선한 행실에 대한 윤리적인 교훈으로 기능한다고 말하기 어렵다.[74] 왜냐하면 키스트메이커(S. J. Kistemaker)의 견해처럼 의인들의 선한 행위는 구원의 근거가 아니라 은총의 열매이기 때문이다.[75] 더욱이 본문의 구조는 a//a′와 b//b′에서 갈등을 보여준다. 이러한 갈등 구조에 나타나는 선행 행실의 목록을 중심으로 주제가 윤리적 교훈이라고 말하는 것보다 해결을 보여주는 c//c′에서 찾는 것이 적절하다. 그러므로 예레미야스의 견해보다는 오히려 코프의 주장처럼, 인자로서 "임금" 되신 예수님과 그의 대행자로서 "지극히 작은 자"에 대한 대접으로 해석하는 것이 적절하다.[76] 코프는 "영접하였고"(to take in)라는 헬라어 동사 쉬나고(συνάγω)에 주목하여 인자와 동일시되는 "지극히 작은 자"에 대한 태도가 그들의 운명을 결정하는 것으로 주장한다. 슈타인은 예레미야스와 코프의 주장을 조화시키는 듯하다. 그리하여 슈타인은 모든 민족(유대인과 이방인)에 대한 최후 심판은 그들이 예수님의 사자인 형제들이 전하는 복음에 응답했느냐에 근거하고 있다고 주장하면서 동시에 복음 증거자들에게 사랑의 행위를 베풀어 주는 삶을 살았느냐에 대해 강조한다.[77] 그러나 슈타인의 견해도 최근의 윤리와 설교에서 부각되는 관심을 모두 충족시키

---

73 Ibid.

74 Jeremias, *The Parables of Jesus*, 207.

75 Kistemaker, "Last Judgment", *The Parable of Jesus*, 149.

76 Cope, "Matthew 25:31-46: 'The Sheep and the Goat's' Reinterpreted', 38, 43.

77 Stein, "The Final Judgment', *An Introduction to the Parables of Jesus*, 137; 같은 주장으로는 Michaels, "Apostolic Hardships and Righteous Gentiles, a Study of Matthew 25:31-46', 29를 보라. 미캘스는 "믿음"과 "자비"의 행동이 심판의 기준이라고 주장한다.

지 못하는 듯하다. 그러므로 보다 나은 견해는 도나후가 제시하는 "기독교 윤리" 혹은 "제자의 윤리"에서 찾을 수 있다. 그는 사회 윤리가 종말론의 배경을 무시하여 "편협한 윤리"가 되었다고 주장하면서, 제자의 윤리란 그리스도가 보여준 십자가의 대속적인 희생과 섬김을 통해 하나님의 나라 복음을 선언한 것과 같이 제자들도 "증인의 윤리"를 가져야 한다고 주장한다.[78] 즉 도나후에게 있어서 제자의 윤리란 증인의 윤리이다. 이것은 비유에 강조되는 선한 행실로서의 윤리를 구원의 근거로 보려는 입장을 거부하고[79] 오히려 마태공동체의 선교적인 상황에서 생각하는 것이다.

실제로 마태 공동체는 선교적인 공동체이다. 마태 공동체는 추수하는 일꾼들을 필요로 하였으며(마 9:35-38) 세상을 향하여 복음을 선포하는 사명을 지니고 있다. 그들은 복음을 선포하러 갈 때 전대에 금과 은과 동을 가질 수 없었고 주머니나 두 벌 옷이나 신이나 지팡이를 지닐 수 없었다(10:9-10). 그들은 누군가의 영접을 받지 못하면 머물 곳이 없고 심지어 인자가 받았던 박해와 고난을 감내할 수밖에 없다(10:16-21). 바로 여기에 때로는 영접을 받고 때로는 거절을 당하는 제자의 윤리, 즉 증인의 윤리가 요구된다. 그러므로 선교적인 공동체로서 마태교회의 상황을 배제한 채 본문을 지나치게 사회 윤리적인 관점에서 읽으려고 하는 시도는 경계하여야 한다. 만일 지나치게 사회 윤리적인 관점을 강조하려고 한다면 행위가 아닌 믿음을 통한 구원을 중시하는 바울 가르침과 충돌을 피할 수 없다(롬 3:28; 갈 2:16).

본 비유의 배경을 마태 공동체의 상황에서 이해한다고 하여 각각의 자료가 마태나 초대교회의 창작으로 볼 필요는 없다. 왜냐하면 선교적인 마태 공동

---

78   Donahue, "The Parable of the Sheep and Goats: A Challenge of Christian Ethics", 30-31.

79   Kistemaker, "Last Judgment", *The Parable of Jesus*, 149.

체와 마찬가지로 예수님은 스스로 전도에 힘쓰셨을 뿐만 아니라(마 11:1) 열두 제자를 세운 이유도 천국 복음을 전파하기 위한 것이기 때문이다(마 10:5; 막 3:14). 또한 전도자를 영접한 것이 그들을 보낸 자를 영접하는 것이라는 원리는 예수님 당대나 마태 공동체에 모두 동일하게 적용되기 때문이다.[80]

(2) 오른편과 왼편에 있는 자들의 반응(b//b′)

b//b′는 a//a′에 등장하는 임금의 판결과 여섯 가지 대접에 대한 평가에 대해 반문하는 것으로 등장한다. b에서 의인들은 자신들이 여섯 가지 대접을 하지 않았다고 부정적으로 반문한다. 반면에 b′에서 악인들로 보이는 "저희들"이 자신들은 여섯 가지 대접을 하지 않았느냐고 긍정적으로 반문한다. 각각의 질문은 임금 판결의 공정성을 위협한다. 또한 그것은 "양"과 "염소"로 분리되는 모티프의 위기이며 동시에 심판의 위기이다. 오른편에 있는 "의인"과 왼편에 있는 "저희들"은 여섯 가지 대접을 동일한 내용과 순서와 질문 형식으로 나열함으로써 통일성을 보여준다: "주리고/ 목마르고/ 나그네 되고/ 벗고/ 병들고/ 옥에 갇히고." 그러나 b와 b′가 서로 부정과 긍정이라는 대조를 이루므로 양과 염소 모티프는 여전히 존재하면서 분리에 대한 강한 성향을 유지한다.

b//b′의 반문에서 비롯된 위기는 무엇을 말하는가? 결국 마지막 심판이 이루어지기 이전에 양과 염소를 분간할 수 없음을 보여준다. 그리하여 b에서 의인들이 자신들은 주린 자와 목마른 자와 나그네와 벗은 자와 병든 자와 간힌 자에게 선을 베풀지 않았다고 문제를 제기함으로써 임금의 판결에 대한 갈등이 일어난다. 이것은 b′에서 다른 형태로 지속된다.

b′의 특징은 왼편에 있는 자들이 여전히 예수님을 "주"라고 부른다는 점이

---

80 Stein, "The Final Judgment", *An Introduction to the Parables of Jesus*, 139.

다(25:43). 그러나 예수님의 호칭을 "주"라고 부르는 것은 제자도를 반영한 것이라기보다 심판관으로 오신 인자를 대면한 데서 비롯된 반사적인 것으로 보는 것이 적절하다.[81] 이러한 b′의 특징은 이미 산상수훈의 종결 부분에 나타난다(마 7:21-23).[82] 거기에서 "주여 주여"라고 간구한 많은 사람이 예수님의 이름으로 예언하고 귀신을 축출하고 기적을 행한다. 그러나 마태는 그들이야말로 불법을 행하는 자들이라고 규정한다. 다섯 번째 담화(23-25장)에서 마태는 "내가 그리스도이다"라고 주장하며 표적과 기사를 행하여 주의 이름으로 올 거짓 선지자의 존재를 언급한다(마 24:11, 23-24, 비교. 막 13:6). 더 나아가 열 처녀 비유에서 미련한 다섯 명의 처녀들이 닫힌 천국 문을 열기 위해 "주여 주여 우리에게 열어주소서"라고 간청한다(25:1-13). 그러나 마태는 "내가 너희를 알지 못하노라"라고 신랑의 단호한 태도를 보여준다.

마지막으로 b′에서 악인들이 주린 자와 목마른 자와 나그네와 벗은 자와 병든 자와 갇힌 자에게 선을 베풀었다고 문제를 제기하므로 임금의 판결에 대한 갈등이 계속된다. 그러나 예수님은 그들이 자신에게 자비를 베풀지 않았다고 책망한다.[83]

자비의 실례는 바울이 다메섹 도상에서 부활하신 그리스도로부터 들은 음성에서 발견할 수 있다. 고양된 그리스도는 바울에게 "사울아 사울아 네가 어찌하여 나를 핍박하느냐?"라는 음성을 통해 자신과 제자들을 동일시하고 제자들을 핍박하는 바울의 행동을 자신을 핍박한 것으로 간주한다(행 9:4, 22:7, 26:14). 더욱이 바울은 자신의 지극히 작은 자로서 받은 고난을 고린도후서 6:4-5와 11:23-27에 언급하고 있는데, 거기에 등장하는 목록들과 마태복음

---

81   Hagner, *Matthew 14-28*, 746.

82   Ibid.

83   Ibid., 745.

25:31-46에 네 번 반복하여 등장하는 지극히 작은 자의 여섯 가지 형편은 매우 유사하다.[84] 그러므로 비록 마태복음이 왼편에 있는 자들의 정체를 분명히 밝히지 않으나 그들은 초대교회와 마태 공동체 안에 존재하는 자들이다.[85]

(3) 임금의 해명(c//c´)

a//a´에서 임금의 판결은 b//b´에서 좌우편에 있는 자들의 반문을 통해 위기를 맞이하나 c//c´에서 임금의 해명으로 해소된다. c//c´는 주로 임금의 판결에 대한 공정성과 완전성을 보여주고 해명하는 역할을 한다. 임금은 c에서 의인들에게 "여기 내 형제 중에 지극히 작은 자 하나에게 한 것이 곧 내게 한 것이니라"라고 해명한다. 또한 c´에서 악인들에게 "이 지극히 작은 자 하나에게 하지 아니한 것이 곧 내게 하지 아니한 것이니라"라고 해명한다. 병행 구절로 등장하는 각각의 해명은 심판의 완전성과 공정성을 보여준다.

예수님은 극적인 최고조의 40, 45절에서 "지극히 작은 자"를 강조한다. 두 번에 걸쳐 반복되어 등장하는 이 표현은 신약성경에 흔치 않다.[86] 그래서 "내 형제 중에 지극히 작은 자 하나"라는 최상급의 언급은 논란을 불러일으킨다. 그것은 세상의 가난하고 궁핍한 자를 가리키는가? 아니면 제자들을 가리키는가? 예레미야스는 전자를 선택하여 "형제"(ἀδελφός)는 "제자들이 아니라 모든 괴롭힘을 당하는 자와 가난한 자"라고 말한다.[87] 그러나 코프와 슈타인

---

84   Michaels, "Apostolic Hardships and Righteous Gentiles, a Study of Matthew 25:31-46", 32-36. 바울이 감옥에 간힌 때에 그를 대접한 간수에 관한 설명은 29쪽을 보라.

85   Weber, "The image of sheep and goats in Matthew 25:31-46", 657-78; Donahue, "The Parable of the Sheep and Goats: A Challenge of Christian Ethics", 20.

86   소자를 최상급으로 표현한 것으로 고린도전서 15:9와 에베소서 3:8을 들 수 있다. 여기서 사도 바울은 자신을 지극히 작은 자로 표현하여 사도 중의 사도라고 말한다.

87   Jeremias, *The Parables of Jesus*, 207.

은 제자들을 가리킨다고 말한다. 후자가 타당성이 있다.[88] 왜냐하면 예수님은 28:10의 "형제"와 동일한 의미로 25:40의 "형제"를 제자들에게 사용하였기 때문이다(비교. 막 3:33-35).[89] 예수님은 c//c′에서 각각 자신과 "지극히 작은 자"를 동일시한다.[90] 그리고 c//c′에서 자신의 신적 권위를 보여주는 "내가 진실로 너희에게 이르노니"('Αμὴν λέγω ὑμῖν)라는 강조적인 어법으로 시작하여 그의 가르침에 무게를 두고[91] "너희가 여기 내 형제 중에 지극히 작은 자 하나에게 한 것이 곧 내게 한 것이니라"라고 하여 제자들과 자신을 동일시한다.[92]

여기에서 마태는 고난받는 공동체 가운데 숨겨진 인자와 왕 되심을 연결하여 종의 기독론을 드러낸다.[93] 이러한 종의 기독론은 요단강 세례에서 들려진 하늘 음성(3:17)에서 시작되어 팔복(5:3-12)과 수난 예고(16:21)와 이사야의 첫 번째 종의 노래(사 42:1-4)를 인용한 성취 인용(마 12:17-21)에서 구체화된다.[94] 이렇게 예수님이 자신을 "지극히 작은 자"와 동일시하여 고난받는 종으로 묘사한 것이 마태의 창작이라고 보는 코프의 견해는 받아들이기 어렵다.[95] 오히려 마태 이전의 개념으로 다니엘서 7장의 전망에서 전혀 낯설거나 이상하지 않다.

---

88 Cope, "Matthew 25:31-46: 'The Sheep and the Goat's' Reinterpreted", 39; Robert H. Stein, "The Final Judgment', *An Introduction to the Parables of Jesus*, 137; Simon J. Kistemaker, "Last Judgment', *The Parable of Jesus*, 155-56.

89 *TDNT* 1, "avdelfo,j', 145-46.

90 Donahue, "The Parable of the Sheep and Goats: A Challenge of Christian Ethics', 25; Hagner, *Matthew 14-28*, 744.

91 Hagner, *Matthew 14-28*, 744.

92 Cope, "Matthew 25:31-46: 'The Sheep and the Goat's' Reinterpreted', 39.

93 Donahue, "The Parable of the Sheep and Goats: A Challenge of Christian Ethics', 17.

94 Ibid., 18.

95 Cope, "Matthew 25:31-46: 'The Sheep and the Goat's' Reinterpreted', 42.

다니엘서 7:18과 7:28을 보면, "인자 같은 이"가 "지극히 높으신 자의 성도들"과 동일시된다.[96] 즉 다니엘서 7:17-18과 21-22, 26-27에서 세 차례에 걸쳐 등장하는 "인자"의 승리가 사실상 "지극히 높으신 자의 성도들"의 승리로 묘사된다.[97] 물론 랍비적 샬리아(saliah) 개념에 의하면, 보낸 자는 보냄을 받은 자 안에 있다.[98] 그래서 마태가 유대인의 대표 개념을 따랐을 가능성이 없지 않다. 그러나 31절의 "인자"와 40, 45절의 "지극히 작은 자"가 동일시되는 것은 예수님이 다니엘서의 개념을 취한 것으로 역사적 예수님으로부터 기인한다.[99] 결코 예수님은 지극히 작은 자에 대한 대접을 단순한 인도주의나 불쌍히 여김의 행동으로 말한 것이 아니다. 그것은 "나를 따르라"라는 부름을 듣고 예수님을 받아들인 처음 제자들처럼 지극히 작은 자를 통하여 찾아가는 주님의 부름에 응답하는 것이다.

그렇다면 예수님이 성경의 다른 곳에서 "지극히 작은 자"와 "제자" 혹은 "형제"와 "제자"를 동일시하는가? 마태복음은 "너희를 영접하는 자는 나를 영접하는 것"이라고 언급하고(10:40) 제자의 이름으로 "소자 중 하나"에게 냉수 한 그릇을 대접하는 자에게 주어질 상급에 대하여 말한다(10:42).[100] 예수님

---

96 물론 마태복음 25장 40절의 "지극히 작은 자"와 다니엘서 7장 118절의 "지극히 높으신 자"의 대비가 있으나 이것은 낮아지신 인자의 모습과 승귀 된 인자의 모습을 보여주는 것일 뿐이다.

97 T.W. Manson, "The Son of Man in Daniel, Enoch and the Gospel", *BJRL* 32 (1949-50): 171-93; M. Casey, "The Corporate Interpretation of 'one like a Son of Man (Dan 7:13) at the Time of Jesus', *Nov T* 18 (1976), 167-80.

98 Donahue, "The Parable of the Sheep and Goats: A Challenge of Christian Ethics', 25; Cope, "Matthew 25:31-46: 'The Sheep and the Goat's' Reinterpreted', 39-40; Hagner, *Matthew 14-28*, 745.

99 Donahue, "The Parable of the Sheep and Goats: A Challenge of Christian Ethics', 21.

100 Stein, "The Final Judgment', *An Introduction to the Parables of Jesus*, 137-38. 슈타인은 마태복음 10:40과 25:40의 "너희가 여기 내 형제 중에 지극히 작은 자 하나에게 한 것이 내게 한 것이니라"의 대조와 마 10:42의 "소자"와 마 25:40의 "지극히 작은 자"의 대조에 주목한다.

은 "누구든지 하늘에 계신 내 아버지의 뜻대로 하는 자가 내 형제요 자매요 모친"이라고 말하고(12:50) 부활한 후에 "무서워 말라 가서 내 형제들에게 갈릴리로 가라 하라 거기서 나를 보리라"라고 마리아에게 지시한다(28:10).

마태복음 이외에도 신약성경은 종종 그리스도와 제자의 하나 됨과 연합을 강조하여 동일시한다. 키스트메이커는 그러한 언급들을 다음과 같이 제시한다[101]: 마가복음 13:13, 요한복음 15:4-5, 18; 17:23, 26, 사도행전 9:4; 22:7; 26:14; 고린도전서 12:27; 갈라디아서 2:20; 6:17; 히브리서 2:17 등. 요한복음에서 예수님은 제자들을 "작은 자"로 부른다. 또한 "소자"라고 부르고(13:33) "형제"라고 부른다(15:15). 부활하신 이후에는 "형제"로 부른다(요 20:17; 13:1; 참조. 마 28:10). 그 이외에 여러 곳에서 예수님은 제자들과 자신을 종종 동일시한다.[102] 이러한 칭호들은 제자들과 더불어 예수님의 편에서 사용되었고 이제 마지막 심판 날에 다시 사용될 것이다.[103]

더 나아가 지극히 작은 자에 대한 태도가 예수님에 대한 태도이며 그의 운명을 좌우한다는 이러한 심판의 원리는 어디에서 기원하였을까? 코프는 심판의 원리를 마태복음 10:40-42에서 찾는다[104]: "너희를 영접하는 자는 나를 영접하는 것이요 나를 영접하는 자는 나 보내신 이를 영접하는 것이니라. … 또 누구든지 제자의 이름으로 이 소자 중 하나에게 냉수 한 그릇이라도 주는 자는 내가 진실로 너희에게 이르노니 그 사람이 결단코 상을 잃지 아니하리

---

101 Kistemaker, "Last Judgment", *The Parable of Jesus*, 151.

102 마태복음 10:40, 42; 마가복음 13:13; 요 15:5, 18, 20; 17:10, 23, 26; 사도행전 9:4; 22:7, 26:14 등. 참조. 고린도전서 12:27; 갈라디아서 2:20; 6:17; 히브리서 2:17.

103 Bengel, 『벵겔 신약주석: 마태복음(하)』, 208-209.

104 Cope, "Matthew 25:31-46: 'The Sheep and the Goat's' Reinterpreted", 40; 바울은 "소자"가 제자들을 상징하는 암묵적 표현임을 알고, 자신을 사도들보다 더 작은 사도로 묘사한다(고전 15:9; 엡 3:8).

라 하시니라"(마 18:5; 막 9:37; 눅 9:48). 미캘스(J. R. Michaels)는 어린아이들을 받아들이는 내용을 담은 마태복음 18:5와 마가복음 9:37, 그리고 누가복음 9:48이 제자 됨의 실례로서 소개되었다고 주장한다.[105] 그리고 구약적인 배경으로 열왕기상 13:11-32와 사렙다 과부의 이야기를 전통으로 여긴다.[106] 도나후는 10:40의 빛 아래서 해석해야 한다고 주장한다.[107] 더욱이 키스트메이커와 미캘스(J. R. Michaels)는 마태복음에서 "소자"에 대한 표현이 등장할 때마다 예수님이 제자들과 자신을 동일시한다고 주장한다.[108] 만일 코프와 키스트메이커의 주장이 옳다면, 예수님은 구약적인 전통과 연속선상에서 인자와 임금의 대행자인 제자에 대한 태도에 근거한 심판 그림을 제시한 것이다. 그리하여 마태의 숨겨진 인자 기독론과 제자도는 서로 연결되어 있다.[109]

III. 결론

뚜렷한 문학적 구조를 보여주는 최후 심판 비유는 A//A′에서 심판의 서론과 결론을 보여주고 B//B′에서 심판의 기준과 내용과 결과와 해명이 주어진다. 결국 A//A′와 B//B′는 분리의 주체인 임금이 내리는 판결과 의인과 악인들의 자기변호와 임금의 해명을 모두 담고 있으므로 심판의 완전성과 충족성

---

105 Michaels, "Apostolic Hardships and Righteous Gentiles, a Study of Matthew 25:31-46", 37.

106 Ibid.

107 Donahue, "The Parable of the Sheep and Goats: A Challenge of Christian Ethics", 25.

108 Michaels, "Apostolic Hardships and Righteous Gentiles, a Study of Matthew 25:31-46", 37; Kistemaker, "Last Judgment", *The Parable of Jesus*, 151.

109 Donahue, "The Parable of the Sheep and Goats: A Challenge of Christian Ethics", 19. 마태복음 1:23은 "하나님이 우리와 함께하시는" 자에 대하여 말하고 28:16-20은 "함께 있으리라"라고 약속한다.

을 모두 갖추고 있다.

더욱이 A//A′는 "양"과 "염소"의 대칭구조를 통해 심판이 "분리"임을 보여주었고, B//B′는 "오른편에 있는 자"와 "왼편에 있는 자"의 대칭구조를 통해 또다시 인자의 심판이 "분리"임을 재확인시켜 준다. 또한 "분리"는 의인들의 행위와 악인들의 행위, 그리고 그들의 자기변호로 계속된다. 이야기의 전개는 처음부터 끝까지 분리의 형식을 깨뜨리지 않으며 양과 염소, 오른편과 왼편, 의인과 악인, 영생과 영벌이라는 다양한 형태와 모습으로 강화된다. 이와 같이 대조와 병행이라는 두드러진 문학적 특징과 구성상의 강조점들을 볼 때 본 비유의 중심주제가 "심판에 의한 분리"임을 분명히 알 수 있다.

그렇다면 심판의 기준과 원리는 무엇인가? 형제 중의 지극히 작은 자에 대한 태도이다. 여기서 형제 중에 지극히 작은 자란 누구인가? 일반적으로 가난하고 곤궁한 모든 사람을 가리키는 것이 아니라 그리스도의 제자들로서 복음을 위하여 헌신하는 자들을 가리킨다. 인자는 선교적인 상황에서 그들과 자신을 동일시하여 지극히 작은 자 대접한 것을 자신을 영접한 것으로 여긴다. 그리하여 지극히 작은 자 안에 숨겨진 인자에 대한 태도가 영생과 영벌을 결정한다. 바로 여기에 윤리의 자리가 있다.

본 비유는 일반적인 사회 윤리보다 제자의 윤리, 즉 증인의 윤리를 선호한다. 그리스도인은 복음을 대적하는 자들이 존재하는 가운데 지극히 작은 자가 되어 복음을 선포해야 하는 상황에 놓여있고 때로는 거절을 당하기도 하고 때로는 영접을 받기도 하며 증인의 종말론적 삶을 살아야만 한다. 반면에 청중들은 지극히 작은 자 속에 숨겨진 채로 다가오는 그리스도에게 자비와 사랑으로 그와 그가 가진 복음을 영접함으로 그리스도의 제자가 되어야 한다.

마지막으로 다양한 기독론의 복합 속에 "인자"는 심판을 하는 임금으로 나타난다. "임금"은 양과 염소를 분별하는 "목자"임과 동시에 모든 인류를 대상으로 우주적인 최종 심판을 거행하는 "주"이다. 그러므로 판단을 받는 "모든 민족"은 이방인으로 국한된 것이 아니라 이방인과 유대인, 그리고 그리스도 인을 모두 포괄한다. 이와 같이 웅장한 마지막 최후 심판의 종말론적인 그림은 결코 초대교회나 마태의 창작이라고 보기 어려우며 인자와 목자와 임금과 주로서 재판을 실행하여 의로운 양은 영생으로 염소는 영벌에 처하는 자로서 예수님의 자기 이해에서 기인한 독특한 장면으로 볼 수 있다.

● 참고문헌

김창락, 『인자(o` ui`o.j tou/ avnqrw.pou) 기독론 연구』, 박사학위청구논문, 한신대학교,
    2001.

김형주, 『마태의 선교명령전승(28:16-20)의 진정성에 관한 연구』, 박사학위청구논문, 총
    신대학교, 2001.

Bacon, B. W., "The Five Books of Matthew against the Jew', *The Expostor* 15 (1918):
    56-66.

Bengel, John Albert, 『벵겔 신약주석: 마태복음(하)』, *Bengel's New Testament Commentary*,
    고영민 역, 서울: 도서출판 로고스, 1990.

Brooks, S. H., *Matthew's Community: The Evidence of This Special Sayings Material*.
    Sheffield: Sheffield Academic Press, 1987.

Casey, M., "The Corporate Interpretation of 'one like a Son of Man (Dan 7:13) at the
    Time of Jesus', *Nov T* 18 (1976): 167-180.

Combrink, H. J. B., "The Structure of the Gospel of Matthew as Narrative', *Tyndale
    Bulletin* 34 (1983): 61-90.

Cope, Lamar, "Matthew 25:31-46: 'The Sheep and the Goat's' Reinterpreted', *Novum
    Testamentum* 11 (1969): 32-44.

Dodd, C. H., *The Parables of The Kingdom*. New York: harles Scribner's Sons, 1961.

Donahue, John. R., "The Parable of the Sheep and Goats: A Challenge of Christian
    Ethics', *Theological Studies* 47 (1986): 3-31.

Dunn, James D. G., *Unity and Diversity in the New Testament*. London: SCM Press,

2006.

France, R. T. *Matthew: Evangelist and Teacher.* London: The Paternoster Press, 1989.

France, R. T., 『마태신학』, *Matthew: Evangelist and Teacher*, 이한수 역, 서울: 도서출판 엠 마오, 1995.

Friedrich, Johannes, *Gott im Bruder? Eine Methodenkritische Untersuchung von Redaktion, Überlieferung und Traditionen in MT 25:31-46.* Stuttgart: Calwer, 1977.

Hagner, Donald A., *Matthew 14-28: Word Biblical Commentary V. 33b.* Dallas, Texas: Word Books Publisher, 1995.

Heil, John Paul, "The Double Meaning of the Narrative of Universal Judgment in Matthew 25:31-46', *Journal for the Study of the New Testament* 69 (1998): 3-14.

Jeremias, Joachim, *The Parables of Jesus.* New Jersey: A Simon & Schuster Company, 1972.

Kingsbury, Jack Dean, *Matthew as Story.* Philadelphia: Fortress Press, 1988.

Kistemaker, Simon J., "Last Judgment', *The Parable of Jesus.* Grand Rapids, Mich: Baker Book House, 1980: 146-157.

Kingsbury, Jack Dean, 『이야기 마태복음』, *Matthew as Story*, 권종선 역, 서울: 요단출판 사, 2000.

Lenski, R. C. H. *The Interpretation of St. Matthew's Gospel.* Minneapolis, Minnesota: Augsburg Publishing House, 1961.

Luz, Ulrich, 『마태공동체의 예수 이야기』, *Die Jesusgeschichte des Matthaeus*, 박정수 역, 서 울: 대한기독교서회, 2002.

Manson, T. W., "The Son of Man in Daniel, Enoch and the Gospel', *BJRL* 32 (1949-50): 171-193.

Michaels, J. Ramsey. "Apostolic Hardships and Righteous Gentiles, a Study of Matthew 25:31-46', *Journal of Biblical Literature* 84 (1965): 27-37.

Pond, Eugene W. "The Background and Timing of the Judgment of the Sheep and Goats', *Bibliotheca Sacra* 159 (2002): 201-220.

Stein, Robert H., "The Final Judgment', *An Introduction to the Parables of Jesus.*

Philadelphia: The Westminster Press, 1981: 130-140.

Theological Dictionary of the New Testament I, "avdelfoj", 144-146.

Theological Dictionary of the New Testament II, "e;qnoj", 369-372.

Trilling, W., *Das Wahre Israel.* Leipzing: St Benno-Verlag, 1959.

Vos, Geerhardus, *The Self-Disclosure if Jesus*, Presbyterian and Reformed Publishing, 1978.

Weber, Kathleen, "The image of sheep and goats in Matthew 25:31-46", *The Catholic Biblical Quarterly* 59 (Washington: Oct 1997): 657-678.

"마지막 대심판 비유"의
종말론적 배경,
기독론, 윤리
(마 5:31-46)[‡]

‡ 본 논문은 서울한영대학교에서 발행하는 『한영논총』, 제11호 (2007): 65-90에 게재되어 있다.

I. 서론

마태복음 25:31-46은 학자들에 의해 "양과 염소 비유"[1] 혹은 "최종 심판 비유"[2]라고 불린다. 그러나 "마지막 대심판 비유"로 부르는 것이 적절해 보인다. 그 이유는 크게 두 가지를 들 수 있다. 하나는 인류의 마지막에 인자의 오심을 통해 이루어질 대심판을 말하고 있기 때문이다.[3] 다른 하나는 문학적 위치와 역할에서 찾을 수 있다. 코페(L. Cope)는 본 비유가 25장 안에서 인자의 오심이란 주제로 "열 처녀 비유"와 "달란트 비유"에 연결되어 있다고 주장한다.[4] 그러한 경우 두 비유와 함께 마지막 우주적 대심판에 관한 종말론적 이

1   Lamar Cope, "Matthew 25:31-46: 'The Sheep and the Goat's' Reinterpreted', *Novum Testamentum* 11(1969): 32-44; J. R. Donahue, "The Parable of the Sheep and Goats: A Challenge of Christian Ethics', *Theological Studies* 47(1986): 3-31; C. H. Dodd, *The Parables of The Kingdom* (New York: harles Scribner's Sons, 1961), 63.

2   Robert H. Stein, *An Introduction to the Parables of Jesus* (Philadelphia: The Westminster Press, 1981), 130-157; Simon J. Kistemaker, *The Parable of Jesus* (Grand Rapids, Mich: Baker Book House, 1980), 146-57.

3   Eugene W. Pond, "The Background and Timing of the Judgement of the Sheep and Goats," *Bibliotheca Sacra* 159 (2002), 202.

4   Lamar Cope, "Matthew 25:31-46: 'The Sheep and the Goat's' Reinterpreted', 33.

야기로 읽을 수 있다. 또한 도나휴(J. R. Donahue)는 본 비유가 마태복음에서 다섯 설교의 마지막에 편집된 결론적인 설교로 기능하여 "복음서의 요약" 혹은 "복음서 안의 복음"으로 자리한다고 주장한다.[5] 이러한 주장들은 본 비유가 마태복음에서 예수님의 모든 가르침의 결론으로 마지막 설교이며, 심판의 대상이 이방인에게만 국한된 것이 아니라 모든 인류가 될 것임을 말하는 것이다.[6] 이렇게 심판의 성격과 대상, 그리고 문학적인 위치를 고려하면 자연스럽게 본 비유의 이름을 "마지막 대심판 비유"라고 명명하는 것이 적절하다.

"마지막 대심판 비유"는 마가복음과 누가복음에 나타나지 않고 오직 마태복음에만 보존된 마태의 특수 자료(M)로서[7] 그의 신학과 강조점 그리고 마태 공동체의 종말론적 상황을 보여준다. 그러므로 우리는 자연스럽게 본 비유의 신학과 그 배경에 관심할 수 있다. 특히 비유의 종말론적 배경과 예수님의 호칭에 담긴 기독론, 그리고 자비와 사랑의 실천을 요구하는 윤리에 관한 논의가 필요하다. 이러한 연구는 오늘날 이 비유를 사회 윤리와 설교에서 폭넓게 도덕적 교훈으로 사용하는 흐름에 도전을 줄 것이다.

---

5 J. R. Donahue, "The Parable of the Sheep and Goats: A Challenge of Christian Ethics," 3.

6 마태복음에는 예수님의 설교가 다섯 곳에 집중적으로 등장하고 있으며, 본 비유는 다섯 번째 설교의 마지막에 위치하여 결론적인 역할을 한다(4:18-7:29; 9:36-11:1; 13:1-53; 16:21-20:34; 23:1-25:46).

7 Robert H. Stein, *An Introduction to the Parables of Jesus*, 131. 마태의 특수 자료에 대한 논의로는 S. H. Brooks, *Matthew's Community: The Evidence of this special sayings Material* (Sheffield: Sheffield Academic Press, 1987)을 참조하라.

II. 종말론적 배경과 심판

1. 묵시적 성격

불트만(R. Bultmann)은 본 비유의 성격을 "묵시적인 예언"으로 본다.[8] 반면에 도나후(J. R. Donahue)는 "묵시적인 비유"로 보기를 좋아한다.[9] 실제로 마태복음 25:31-46을 살펴보면 예언과 비유가 함께 결합되어 있다. 예언으로 보든지 혹은 비유로 보든지 변하지 않는 것은 묵시적 성격을 지니고 있다는 점이다.[10] 그러므로 종말론적 영역에서 해석되어야 한다. 그렇다면 비유에 나타난 종말론적 특징에는 어떤 것들이 있는가? 영광의 보좌에 앉은 인자(31), 모든 민족을 모으는 일(32a), 양과 염소를 분별하는 심판(32b-33), 영생과 영벌의 선언(46) 등을 들 수 있다. 이러한 다양한 그림 이미지들은 각각 분리된 이야기로 보이지만 서로 조화를 이룬다.

각각의 그림 이미지들은 마태복음에 널리 분포하고 있는 다른 종말론적 언급들과 문자적으로 직접적인 유사성을 보이기도 한다. 인자와 함께 오는 천사에 관한 언급(13:41a, 49; 16:27a; 24:31a), 영광의 보좌에 좌정한 장면(19:28), 모든 민족의 등장과 인자 앞에 그들을 모으는 장면(24:30b, 31b), 각 사람이 행한 대로 심판받는 장면(13:41b; 16:27b) 등. 그 이외에도 큰 단락으로 종말론적 유사성을 보여주는 비유들로 종말 담화(23-25)에 나오는 세 개를 비롯하

---

8   Rudolf Bultmann, *The History of the Synoptic Tradition* (Peabody, Mass.: Hendrickson Publishers, 1963), 123.

9   J. R. Donahue, "The Parable of the Sheep and Goats: A Challenge of Christian Ethics', 10; Lamar Cope, "Matthew 25:31-46: 'The Sheep and the Goat's' Reinterpreted," 33.

10 묵시의 특징에 대하여 J. Collins, *The Apocalyptic Imagination: An Introduction to the Jewish Matrix of Christianity* (New York: Crossroad, 1984), 1-32를 보라.

여 여러 개가 있다 "선한 청지기와 악한 청지기 비유"(24:42-51), "열 처녀 비유"(25:1-13); "달란트 비유"(25:14-30), "가라지 비유"(13:24-30, 36-43), "그물 비유"(13:45-50) 등.

본 비유와 유사성을 보이는 묵시적 언급과 비유들은 대부분 단순한 하나의 종말 심판 그림을 제공한다. 그와 달리 마지막 대심판 비유는 다양한 기독론적 호칭을 사용하고 있으며, 여러 이미지가 복합적으로 결합되어 종말 그림의 종합세트와 같다.[11] 그래서 본 비유를 읽노라면 마태복음 안에 흩어져 있는 다양한 묵시적 이미지들을 만날 수 있다. 그만큼 어느 교훈보다 종말론이 강하게 나타나므로 사회 윤리적 배경보다는 종말론적 배경 아래 연구되어야 한다.

2. 심판의 시기와 징조, 그리고 원리

마지막 대심판 비유를 이해하기 위한 해석의 출발점은 무엇인가? 예수님께서 왜 이 비유를 교훈하였는가? 그 해답은 성전 멸망에 관한 예언 이후에 등장하는 제자들의 질문에서 찾을 수 있다. "예수님께서 감람산 위에 앉으셨을 때에 제자들이 조용히 와서 가로되 우리에게 이르소서 *어느 때에 이런 일이 있겠사오며 또 주의 임하심과 세상 끝에는 무슨 징조가 있사오리이까*"(마 24:3).[12] 종말의 때에 관한 제자들의 질문에 대해 예수님은 모든 민족에게 천국 복음이 증거되어야 끝이 오리라고 대답한다. "이 천국 복음이 모든 민족에

---

11   J. R. Donahue, "The Parable of the Sheep and Goats: A Challenge of Christian Ethics', 11.

12   Eugene W. Pond, "The Background and Timing of the Judgement of the Sheep and Goats', 202; cf. 마가복음 13:4, "우리에게 이르소서 어느 때에 이런 일이 있겠사오며 또 이 모든 일이 이루려 할 때에 무슨 징조가 있사오리이까."

게 증거되기 위하여 온 세상에 전파되리니 그제야 끝이 오리라"(마 24:14). 결
국 종말의 때는 전 세계에 복음이 완전히 선포된 이후에 등장한다(28:19-20).[13]
그때까지 인자의 제자들은 복음 증거하는 자로서의 사명을 감당하며 거절과
고난을 경험하게 된다. 즉 지극히 작은 자 안에 숨겨진 인자의 선포와 그로
인한 고난의 시기가 지나간 후에 마지막 심판이 이루어진다. 그러므로 제자
들의 때에 관한 질문(24:3)과 예수님의 대답(24:14)은 마지막 대심판 비유에 앞
서 "모든 민족을 그 앞에 모으는"(25:32) 시기를 알려주는 역할을 한다.

　마지막 대심판 비유에서 인자의 심판 때에 일어난 현상은 무엇인가? 먼저
인자는 천사들을 통해 모든 민족을 모은다. "그 때에 인자의 징조가 하늘에
서 보이겠고 그 때에 땅의 모든 족속들이 통곡하며 그들이 인자가 구름을 타
고 능력과 큰 영광으로 오는 것을 보리라. 저가 큰 나팔 소리와 함께 천사들
을 보내리니 *저희가 그 택하신 자들을 하늘 이 끝에서 저 끝까지 사방에서 모
으리라*"(마 24:30-31). 그리고 예수님의 제자들이 열두 보좌에 앉아 이스라엘
열두 지파를 심판한다. "예수님께서 가라사대 내가 진실로 너희에게 이르노
니 세상이 새롭게 되어 인자가 자기 영광의 보좌에 앉을 때에 나를 좇는 *너희
도 열두 보좌에 앉아 이스라엘 열두 지파를 심판하리라*"(마 19:28). 이러한 두
심판 그림은 그리스도를 따르는 제자들에게 주어진다. 그러나 단지 종말 심
판의 부분적인 장면으로서 그의 제자들을 영광스럽게 할 것이라는 위로의 목
적으로 주어진다. 이러한 언급에 기초하여 인자의 심판이 두 차례에 걸쳐 진
행될 것이라고 해석하는 것은 적절하지 않다. 그들은 먼저 이스라엘에 대한
심판이 이루어지고 그 후에 이방인이 심판을 받는다고 생각한다.[14] 그러나 마

13　J. R. Donahue, "The Parable of the Sheep and Goats: A Challenge of Christian Ethics", 12, 14.

14　Lamar Cope, "Matthew 25:31-46: 'The Sheep and the Goat's' Reinterpreted", 36.

태복음 24:30-31과 19:28은 마지막 대심판 비유의 한 측면을 강조할 뿐이다. 그것들의 종합적 그림 세트는 마지막 대심판 비유에서 찾아야 한다.

심판의 장면은 양과 염소의 분리에서 절정에 도달한다. 인자로서 왕은 양과 염소를 분별하여 양은 오른편에 두고 염소는 왼편에 두어 각각 영생과 영벌을 선언한다. 그렇게 심판의 원리가 분명히 드러난다.[15] 마태복음은 이미 이러한 종말의 분리 현상에 대하여 여러 차례 언급한다. 예를 들면 잡초 비유는 가라지를 먼저 거두어 불사르고 곡식은 곳간에 넣을 것을 말한다(13:24-30). 알곡과 가라지 비유는 직접적으로 언급한다. "인자가 그 천사들을 보내리니 저희가 그 나라에서 *모든 넘어지게 하는 것과 또 불법을 행하는 자들을 거두어 내어* 풀무 불에 던져 넣으리니 거기서 울며 이를 갊이 있으리라. 그 때에 *의인들은 자기 아버지 나라에서 해와 같이* 빛나리라"(마 13:41-43). 잡초 비유와 알곡과 가라지 비유는 심판이 분리로 귀결될 것이라는 점을 강하게 묘사한다.[16] 알곡은 모아 곳간에 두지만, 쭉정이는 꺼지지 않는 불에 태움을 당하는 우주적 심판이 강조된다. 그때 인자는 각 사람의 행한 대로 심판한다(16:27). 그리스도인들은 예수님의 "이름을 위하여" 희생한 모든 것에 대해 "영생을 상속" 받아 보상을 받고(19:29), 예수님의 나라를 대적하여 "불법을 행하는 자들"은 "풀무 불에 던져" 영원한 슬픔 가운데 처하게 된다(13:41-42).

이와 같이 마태복음에는 여기저기 흩어져 있는 종말론적 현상에 대한 부분적인 그림들이 존재하고, 그것들은 마지막 대심판 비유에 와서 하나로 연결된 드라마로 빛을 드러낸다.[17] 그리하여 마태복음에 흩어져 있는 종말에 관한

---

15 Simon J. Kistemaker, *The Parable of Jesus*, 149.

16 Ibid., 148-49.

17 Lamar Cope, "Matthew 25:31-46: 'The Sheep and the Goat's' Reinterpreted', 33, 43. 코프는 마태복음 25:31-46이 인자의 오심이라는 주제 아래 24-25장의 주요 교훈을 포함하고 있다고 주장한다.

단편 그림들과 24:3절 이후 본격화된 올리브 담화는 그것들의 결론으로 주어진 마지막 대심판 비유와 긴밀히 연결되어 종말론적 심판 장면을 자아낸다.

3. 심판의 대상

코프(L. Cope)와 예레미야스(J. Jeremias)는 예수님의 제자들이 마지막 심판의 대상에서 제외될 것이라고 본다.[18] 이들은 서로 다른 두 심판이 있다고 주장한다. 하나는 제자들에 대한 심판이고, 다른 하나는 예수님을 만나지 못한 사람들에 대한 심판이다. 여기서 예레미야스(J. Jeremias)는 첫 번째 제자들에 대한 심판을 또다시 구분하여 현재적 의로움과 종말론적 의로움을 받는 것으로 나눈다.[19] 현재적 의로움은 "예수님이 하나님의 용서를 중재하는 자와 집으로 돌아온 죄인들, 잃어버린 자, 절망적인 자, 하나님으로 인하여 가난한 자들(5:3)에게 큰 빚을 탕감하여 의로움을 베푸는 것"으로 본다. 그리고 종말론적 의로움은 마지막 심판에서 주어지며, 그때 예수님은 "그를 시인한 대범함(10:32f), 복종(마 7:21,22f), 용서의 선언(6:14f), 자비로운 사랑(5:7), 그리고 끝까지 인내한(6:14) 제자들에게 하나님의 의로움을 선사하는 것"이라고 본다.[20] 그 후에 본 비유에서 말하는 예수님을 만나지 못한 이방인에 대한 심판이 있다고 주장한다. 그에 의하면 이방인은 일반적인 가난한 자에게 사랑을 행한 것을 예수님께 행한 것으로 간주되어 의롭다 칭함을 얻는다. 예레미야스는 이러한 주장을 하기 위해 "형제"(ἀδελφός)를 제자들이 아닌 일반적으로 곤궁

18　Lamar Cope, "Matthew 25:31-46: 'The Sheep and the Goat's' Reinterpreted', 37.

19　Joachim Jeremias, *The Parables of Jesus* (New Jersey: A Simon & Schuster Company, 1972), 209.

20　Ibid.

한 자들과 가난한 자들로 해석한다(40절).[21] 그리하여 예수님이 "이방인들은 어떤 기준에 의해 심판을 받는가?"라는 질문에 대한 대답으로 본 비유를 교훈한 것으로 말한다.[22]

반면에 코프(L. Cope)는 25:40의 "형제"가 누구를 가리키는지에 대한 문제에서 예레미야스와 입장을 달리하여 제자들을 가리키는 것으로 본다.[23] 그의 주장이 적절한 이유는 예수님께서 제자들을 "형제"라고 부르기 때문이다 (마 28:10, cf. 막 3:33-35).[24] 그러나 코프는 "모든 민족"("pa,nta ta, e;qnh")이 제자들을 제외한 불신자들을 가리킨다고 하여 예레미야스와 의견을 같이한다(마 25:32).[25] 즉 본 비유가 제자들이 제외된 이방인에 대한 심판을 말하고 있다는 것이다. 이러한 주장에 동조하는 학자들이 적지 않다.[26] 그레이(G. Gray)도 본 비유가 "이방인에 관한 재판이며 모든 사람에 관한 재판일 수 없다"라고 주장한다.[27] 이러한 주장은 적어도 에드노스(e;qnoj)가 이방인에 대해 사용된 마태복음 6:32와 20:19에서는 설득력이 있다.[28]

그와 달리 키스터메이커(S. J. Kistemaker)는 비유가 전체적으로 마지막 심판에 관련되며, 이 심판은 모든 사람을 대상으로 하는 최종적인 것으로 주장한

21 Ibid., 207.

22 Ibid., 209.

23 Lamar Cope, "Matthew 25:31-46: 'The Sheep and the Goat's' Reinterpreted', 39.

24 *TDNT* I, "avdelfo,j', 145.

25 Lamar Cope, "Matthew 25:31-46: 'The Sheep and the Goat's' Reinterpreted', 37.

26 J. Ramsey Michaels, "Apostolic Hardships and Righteous Gentiles: A Study of Matthew 25:31-46', *Journal of Biblical Literature* 84 (1965): 27-37; R. C. Oudersluys, "The Parable of the Sheepand Goats (Matthew 25:31-46): Eschatology and Mission, Then and Now', *RefR* 26 (1973): 151-61.

27 G. Gray, "The Judgement of the Gentiles in Matthew's Theology', *Scripture, Tradition and Interpretation* (Grand Rapids: Eerdmanns, 1988), 213.

28 *TDNT* II, "e;qnoj', 370;

다.[29] 유사하게 비슬리-머레이(G. R. Beasley-Murray)는 "모든 민족"이라는 표현이 모든 인류를 가리키는 것으로 본다.[30] 슈타인(R. H. Stein)은 마태복음에 다섯 차례 등장하는 "모든 민족"이란 표현 가운데 적어도 두 번(24:14; 28:19)은 유대와 이방 민족을 포함한다고 말한다.[31] 도나후(J. R. Donahue)는 "문학적인 문맥은 제자들이 최종 심판의 드라마에 그들 자신이 포함되었다는 것을 알고 있다는 강한 증거"라고 주장한다. 그는 "모든 민족"이 온 인류를 지칭하는 것임을 확증하기 위해 누가복음 24:44-49, 마가복음 16:9-20, 사도행전 1:4-8; 13:47; 16:15, 로마서 1:5, 마태복음 24:14; 28:19 등을 선교적 관점에서 관찰한다.[32] 그리하여 마태에게 있어서 "모든 민족"은 선교의 보편적 범위를 묘사하기 위해 선교적 용어로 사용되고 있기에 종교와 인종을 구분하는 용어가 아니라고 주장한다.[33]

이렇게 학자들의 주장은 상반된 두 입장을 나타낸다. 그중에서 후자의 견해가 설득력 있어 보인다. 왜냐하면 예수님이 본 비유에서 이방인만을 위한 심판을 말하기보다 구약성경의 "주의 날"의 개념을 따라 "전 인류의 심판주"로 자신을 계시하기 때문이다.[34] 예수님은 26장부터 제시되는 십자가의 고난을 눈앞에 두고 당대의 유대인 청중들과 제자들이 갖고 있던 "주의 날"의 개념을 활용하며, 메시아의 도래를 통해 다가오는 주의 날에 "인자"인 자신이

29　Simon J. Kistemaker, *The Parable of Jesus*, 156-57.

30　G. R. Beasley-Murray, *Jesus and the Kingdom of God* (Grand Rapids, MI: Eerdmans Publishing Co., 1986), 박문재 역, 『예수와 하나님 나라』(서울: 크리스챤 다이제스트, 1993), 549.

31　Robert H. Stein, *An Introduction to the Parables of Jesus*, 133.

32　J. R. Donahue, "The Parable of the Sheep and Goats: A Challenge of Christian Ethics," 14-15.

33　Ibid., 16.

34　Robert H. Stein, *An Introduction to the Parables of Jesus*, 133. 이사야 13:6-13, 아모스 5:18-20, 요엘 3:11-21 등을 보라.

하나님 "아버지"로부터 천하만국을 물려받고 영광스러운 보좌에 좌정한 "임금"이 되어 모든 민족을 심판한다는 사실을 밝히고 있다. 그리고 심판의 대상은 이방인만이 아닌 유대인을 포함한 모든 민족임을 염두에 두고 있다. 이렇게 예수님의 자기 인식과 삶의 정황에서 발생한 "모든 민족"이란 용어는 마태에 의해 채용되어 선교적 배경 아래 종말론적 측면에서 사용된다.

판타 타 에드네("pa,nta ta, e;qnh")는 사도행전 17:26의 판 에뜨노스 안뜨로폰("pa]n e;qnoj a,nqrw,pwn")에서처럼 보편성을 지닌다. 이 표현은 마태복음 24:14와 28:19의 "모든 민족에게 증거되기 위하여"("ei,j martu,rion pa,nti toi]j e;qnhsin")와 짝을 이룬다.[35] 그리하여 "모든 민족"이란 표현은 이방인만 가리키는 것이 아니라 유대인과 이방인을 모두 포함하고 있는 대심판을 가리킨다. 이것은 예수님이 십자가의 죽음을 눈앞에 두고 자신을 유대인과 이방인 그리고 그리스도인의 심판 주로 계시해야 할 필요성을 고려할 때 서로 잘 어울린다.

III. 비유의 기독론적 호칭

본 비유에는 세 개의 두드러진 기독론적 호칭이 돋보인다. 하나는 영광 받은 "인자"이고, 다른 하나는 판별하는 "임금"이다. 그리고 심판받는 사람들에 의해 언급된 "주"라는 칭호가 등장한다. 세 용어 모두 마태복음 안에서 폭넓게 중요한 의미로 제시된다. 그러나 본 비유를 사회 윤리적인 교훈으로 해석하면 세 호칭의 기독론적인 성격은 다소 약화된다.[36] 도나후(J. R. Donahue)

---

35 R. C. H. Lenski, *The Interpretation of St. Matthew's Gospel* (Minneapolis, Minnesota: Augsburg Publishing House, 1961), 988.

36 J. R. Donahue, "The Parable of the Sheep and Goats: A Challenge of Christian Ethics," 16, 29.

는 "신약성경의 종말론은 항상 사회 윤리학에 의해 방해받았다"라고 주장한다. 그의 주장대로 사회 윤리학의 강조는 종말론을 약하게 한다. 다른 한편 종말론의 약화는 기독론의 약화를 가져온다. 본 비유가 종말론적 배경 아래 선교 공동체의 필요로 주어진 점을 강조할 때, 세 기독론적 호칭은 더욱 빛을 발한다.

비록 세 기독론적 호칭에 비해 그 비중이 작지만, 양과 염소를 분별하는 "목자"("ποιμήν")의 심판 이미지가 등장한다. 그러나 마태복음 안에서 예수님께 폭넓게 사용되는 기독론적 성격을 함축하고 있는 목자의 이미지는 자연스럽다. 예를 들어 예수님의 출생을 "이스라엘의 목자"의 탄생으로 의미를 부여한다(2:6). 또한 예수님이 자신을 따르는 무리를 보시고 "목자 없는 양같이" 방황하는 자들로 보았다고 묘사함으로써 목자로서의 예수 이해를 드러낸다 (9:36). 감람산 이야기는 예수님이 십자가의 죽음을 눈앞에 두고 스가랴 선지자의 예언을 인용하여 "내가 목자를 치리니 양의 떼가 흩어지리라"라고 예고한 것으로 보도한다. 그리고 본 비유에서 오시는 이로 고양된 모습의 목자는 자신의 양을 모으고 심판하는 자로 등장한다. 그리하여 예수님은 목자들의 용어인 "모으고"(συνάγω)와 "분별"(ἀφορίζω)이라는 종말론적 단어를 사용하여 하나님의 마지막 심판을 자신에게 돌린다.[37] 이렇게 마태복음 안에서 예수님의 목자 되심은 낯설지 않다. 그러나 구약성경에서 하나님에게 사용되던 호칭을 자신에게 사용함으로써 하나님과 동일시하는 "목자" 호칭은 '인자', "왕', "주" 호칭에 비하면 비중이 작다. 그러므로 세 호칭을 중심으로 그것들이 마태복음에서 어떻게 사용되는지를 관찰하고, 본 비유에서 결합된 것이 적절한지를 살펴보자.

---

37   Joachim Jeremias, *The Parables of Jesus*, 206.

1. 고양된 인자("ὁ υἱὸς τοῦ ἀνθρώπου")

비유는 고양된 인자에 대한 언급으로 시작된다. 이것은 비유와 기독론의 긴밀한 관계를 보여준다. 비유에 나타난 "인자의 오심"과 "심판"이라는 두 개념은 마태복음 3:11-12와 11:2-3에서처럼 서로 분리할 수 없는 종말론적 관계이다. 즉 모든 천사를 대동하고 오시는 이로써 인자는 영광스러운 보좌에 좌정한 심판자이며 그 인자의 보좌에서 심판이 시작된다.

마태복음에서 인자는 두 가지 모습으로 나타난다. 하나는 신적 주권을 가지고 행사하는 권위 있는 인자이고, 다른 하나는 고난받는 낮아진 인자이다. 예수님은 인자의 두 모습으로 자신이 고난의 자리로 낮아질 뿐만 아니라 부활과 영광의 자리로 높아져 세상의 심판자로 다시 올 것을 드러낸다.[38] 그러므로 인자 표현은 암호와 같은 코드 역할을 하며 낮아짐에서 높아짐까지를 모두 포괄한다.[39]

마태복음에서 인자 용어는 26차례나 등장한다.[40] 그중에 낮아진 인자의 고난과 관련된 언급은 8:20, 11:19, 12:40, 17:9, 12, 22, 20:18, 28, 26:2, 24, 45 등에 기록되어 있다.[41] 그리고 인자의 권세와 영광 받음이나 오시는 이로써 인자에 대한 언급은 9:6, 10:23, 12:8, 32, 13:37, 41, 16:27, 19:28, 24:27, 30, 37, 44, 25:31 등에 나타난다. 이러한 분포는 결코 우연히 발생한 것이 아니

---

38   Ulrich Luz, *Die Jesusgeschichte des Matthaeus*, 『마태공동체의 예수 이야기』(서울: 대한기독교서회, 2002), 149.

39   Ibid., 152.

40   마태복음 8:20, 9:6, 10:23, 11:19, 12:8, 32, 40, 13:37, 41, 16:27, 17:9, 12, 22, 19:28, 20:18, 28, 24:27, 30², 37, 44, 25:31, 26:2, 24², 45 등.

41   마가복음에 세 차례 등장하는 예수님의 수난 예고에서 모두 인자로 언급된다. 마가복음 8:31, 9:12, 10:33 등.

라 적어도 마태복음 안에서 인자 용어가 고난과 영광이란 두 주제를 모두 포괄하고 있음을 말한다. 이 언급들의 진정성에 대하여 보스(G. Vos)는 마태복음 8:20, 9:6, 10:23, 11:19, 12:8, 32, 40, 13:37, 41 등이 예수님의 초기 생애에 나타난다고 주장하며 저자에 의해 삽입된 것이 아니라고 말한다.[42] 그렇다면 고난받는 인자와 영광 받는 인자에 대한 예수님의 자기 이해는 어디에서 비롯되었을까? 우리는 자연스럽게 구약성경으로 눈을 돌릴 수 있다.

인자의 고난에 대한 구약적 배경은 이사야 42:1-4, 49:1-7, 50:4-11, 52:13-53:12 등에서 찾을 수 있다.[43] 그중에서 예수님께 직접 적용되는 두드러진 언급은 42:1-4와 52:13-53:12일 것이다.[44] 이사야는 "내가 붙드는 나의 종, 내 마음에 기뻐하는 나의 택한 사람"인 인자에 대해 예언하고, 그가 하나님으로부터 성령을 받아 이방에 공의를 베푸는 통치를 행사할 것에 대해 노래한다(사 42:1-4). 또한 "종"(52:13; 53:11)은 고난과 질고와 형벌을 당하고 (52:13-53:10) 그로 인하여 "많은 사람을 의롭게 하며 또 그들의 죄악을 친히 담당"한다(53:11). 마태는 이사야 42:1-4의 첫 번째 종의 노래를 성취 인용하여 12:17-21에서 다루며 "심판하여 이길 때까지" 한다고 언급한다(12:20). 이렇게 마태복음에서 고난받는 "종"과 "심판"은 긴밀히 연관되어 있다. 그리하여 인자는 그의 백성에게 거절된 고난받는 자이며 동시에 영생을 주는 심판자로서의 두 모습을 보여준다.

낮아진 인성을 가진 예수님에게 심판하는 권세가 있다는 사실은 낯설지 않다. 왜냐하면 그것과 관련된 두 구절이 신약성경에 등장하기 때문이다: "인자됨을 인하여 심판하는 권세를 주셨느니라"(요 5:27); "이는 정하신 사람으로

---

42   Geerhardus Vos, *The Self-Disclosure if Jesus* (Presbyterian and Reformed Publishing, 1978), 231-32.

43   Oscar Cullmann, *The Christology of the New Testament* (Philadelphia: The Westminster, 1963), 52.

44   J. R. Donahue, "The Parable of the Sheep and Goats: A Challenge of Christian Ethics', 18.

하여금 천하를 공의로 심판할 날을 작정하시고"(행 17:31). 여기에 사용된 인
자가 정관사 없이 사용되어 일반적인 사람을 가리킨다. 그리하여 낮아진 인
간으로서 예수님께 심판의 권세가 있음을 보여준다.[45] 이것은 마지막 대심판
비유에서 지극히 작은 자의 자리로 낮아졌으나 그에 대한 태도에 의해 영생
과 영벌로 나누어지는 심판의 권세가 있다는 교훈과 연결된다.

마태복음은 영광스러운 인자의 모습을 구약적 배경 아래 묘사한다.[46] 구약
에서 영광 받는 인자 기독론의 중요한 배경은 다니엘서 7:13-14일 것이다.[47]
다니엘의 비전에 의하면 인자 같은 이가 구름을 타고 와서 옛적부터 계신 이
에게 인도된다. 그에게 "권세와 영광과 나라를 주고 모든 백성과 나라들과
각 방언하는 자로 그를 섬기게" 한다. 여기서 나라를 소유한 임금으로서 "인
자 같은 이"를 소개한 다니엘의 비전은 25:31에 묘사된 영광의 보좌에 좌정
한 "인자"의 그림과 병행을 이룬다.[48] 더욱이 하늘 구름을 타고 오시는 이로
써 인자에 관한 언급은 동일하다. 그뿐만 아니라 종말론적 개념으로서 통치
와 심판의 이미지도 일치한다.[49] 이렇게 인자 칭호가 다니엘서의 묵시적 장면
에서 기인한 예수님의 자기 이해의 호칭이라면 그 의미는 자연스럽게 종말론
적일 수밖에 없다.[50] 오시는 이로써 인자는 더는 세상적 존재가 아닌 천상적

---

45 Geerhardus Vos, *The Self-Disclosure if Jesus*, 236.

46 Eugene W. Pond, "The Background and Timing of the Judgement of the Sheep and Goats', 203. 폰
    드는 구약에서 4가지 의미로 사용되는데 본문은 다니엘서와 관련된다고 주장한다.

47 James D. G. Dunn, *Unity and Diversity in the New Testament* (London: SCM Press, 2006), 36-42.

48 Robert H. Stein, *An Introduction to the Parables of Jesus*, 132.

49 Eugene W. Pond, "The Background and Timing of the Judgement of the Sheep and Goats', 203;
    Geerhardus Vos, *The Self-Disclosure if Jesus*, 233.

50 Eugene W. Pond, "The Background and Timing of the Judgement of the Sheep and Goats', 203;
    Geerhardus Vos, *The Self-Disclosure if Jesus*, 232.

존재로서 하나님의 아들일 수밖에 없고,[51] 그의 임함은 흔히 재림이라고 부르는 사건을 가리킨다.[52]

이와 같이 구약적 배경을 가진 고난받는 종으로서 인자와 영광 받는 고양된 인자의 두 이미지는 본 비유에서 결합된다. 그리하여 "자기 영광의 보좌"에 좌정한 고양된 인자의 모습과 최상급으로 묘사된 "지극히 작은 자 하나"와 동일시되는 낮아진 인자의 모습이 함께 나타난다(cf. 마 25:31, 40).[53] 인자의 두 모습은 고난과 박해를 받으며 모든 민족에게 종말 심판을 알려야 하는 선교 공동체가 가져야 할 그리스도의 두 그림이다.

이러한 인자 용어 사용에 대한 이해를 초대교회나 마태 공동체의 산물로 볼 필요는 없다.[54] 그것은 분명히 이사야의 예언과 다니엘의 비전의 심상을 통한 예수님의 자기 이해에서 비롯된 것이다.

2. 왕("βασιλεύς")

마지막 대심판 비유에서 "인자"(25:32)는 "임금"(25:34)으로 번역된 왕이다.[55] 왕은 34절 이하에서 진행되는 심판의 주관자이다. 마지막 대심판 비유 안에서 인자 기독론과 왕 주제가 한 비유 안에 서로 연결되어 등장한다. 그러나 두 호칭의 결합이 마태의 인위적 편집으로 인하여 어색하게 결합되었다는 주장은 설득력이 약하다.[56] 왜냐하면 다니엘의 비전에서 인자는 영원한 나라

---

51 Eugene W. Pond, "The Background and Timing of the Judgement of the Sheep and Goats", 203.

52 Geerhardus Vos, *The Self-Disclosure if Jesus*, 234.

53 Simon J. Kistemaker, *The Parable of Jesus*, 150.

54 Geerhardus Vos, *The Self-Disclosure if Jesus*, 254.

55 Simon J. Kistemaker, *The Parable of Jesus*, 150.

56 Lamar Cope, "Matthew 25:31-46: 'The Sheep and the Goat's' Reinterpreted", 42; Johannes

와 권세를 물려받는 왕의 모습을 보여주기 때문이다.[57]

더욱이 쿨만(O. Cullmann)의 주장에 따르면, 신약성경은 종말과 관련된 호칭들을 "메시아"(Μεσσίας) 칭호에 연결하고 있으며, "기름 부음을 받은 자"라는 의미의 히브리어 "메시아"(xv;m) 칭호는 헬라어 "그리스도"(Χριστός)로 번역되어 주로 "왕"을 지칭할 때 사용된다(요 1:41, 4:25).[58] 그러므로 종말론적 인자 칭호와 왕의 결합은 지극히 자연스럽다. 물론 구약성경에서 마솨흐(xv;m´)는 다윗적 왕만을 가리키는 것이 아니라 아론과 같은 제사장들에게 적용되고(출 28:41), 엘리사와 같은 선지자들에게도 적용되고(왕상 19:16), 심지어 이방의 왕인 고레스에게도 사용된다(사 45:1). 이것은 마솨흐가 하나님으로부터 그의 백성을 위한 사명을 부여받은 자들에게 폭넓게 적용되는 것을 의미한다. 무엇보다도 마솨흐는 주로 다윗적 왕과 가장 긴밀하게 관계한다.

다윗적 왕은 특별한 의미에서 하나님을 대표하는 자로서 신적 특성을 지니고 있다.[59] 대표적인 경우가 사무엘하 7:12-16에 나오는 나단의 신탁인데, 하나님은 다윗의 아들을 자기 아들로 삼아 그에게 영원한 나라와 통치권을 준다.[60] 다윗에게 약속된 왕적 자손은 하나님의 아들로서 신적 권세를 가지고 영원한 나라를 다스린다.

다니엘서 7:13-14의 "인자"와 사무엘하 7:12-16의 다윗과 같은 "왕"(하나님의 아들) 개념은 영원한 나라의 권세를 가진 자라는 의미에서 공통점이 있으

Friedrich, *Gott im Bruder? Eine Methodenkritische Untersuchung von Redaktion, Überlieferung und Traditionen in MT 25:31-46* (Stuttgart: Calwer, 1977).

57 Simon J. Kistemaker, *The Parable of Jesus*, 149.

58 Oscar Cullmann, The Christology of the New Testament, 111-17.

59 Ibid., 113-14.

60 cf. 시편 89:3-4, "주께서 이르시되 내가 나의 택한 자와 언약을 맺으며 내 종 다윗에게 맹세하기를 내가 네 자손을 영원히 견고히 하며 네 위를 대대에 세우리라 하였다 하셨나이다."

며 본 비유에서 종말론적으로 서로 연결된다.[61] "인자"(25:32)와 "임금"(25:34)
이라는 두 종말론적 호칭이 마지막 대심판 비유 안에서 함께 결합된 것을 마
태의 편집에 의한 어색한 표현으로 볼 필요는 없다.

사실 구약성경에서 특징적인 다윗적 왕 주제는 마태복음 안에 폭넓게 분포
하고 있다.[62] 마태복음은 예수님의 족보에서 아기 예수를 다윗의 자손으로 소
개하여 왕적 후손임을 알린다(1:1, 20). 또한 세 동방 박사는 "유대인의 왕"으
로 출생한 아기 예수님께 경배하는 것으로 기록한다(2:2). 예수님은 "솔로몬
보다 더 큰 이"로 자신을 소개하므로 왕적 권세를 드러내고(12:42) 심지어 왕
권 개념을 인자와 연결시킨다. "인자가 아버지의 영광으로 그 천사들과 함께
오리니 그 때에 각 사람의 행한 대로 갚으리라. 진실로 너희에게 이르노니 여
기 섰는 사람 중에 죽기 전에 *인자가 그 왕권을 가지고 오는 것*을 볼 자들도
있느니라"(16:27-28).

물론 쿨만(O. Cullmann)이 대제사장의 심문(막 14:60ff)과 빌라도의 심문(막
15:2ff)에 나타난 대화를 고찰한 후에 내린 결론처럼, 예수님은 유대교에서 주
장하는 정치적이고 군사적인 왕적 개념을 거부한다.[63] 그러나 예수님은 "네가
하나님의 아들 그리스도인지 우리에게 말하라"라는 대제사장의 질문에 대
해 다니엘서 7:13-14에 묘사된 인자로서 대답한다. "예수님께서 가라사대 네
가 말하였느니라 그러나 내가 너희에게 이르노니 이후에 인자가 권능의 우편
에 앉은 것과 하늘 구름을 타고 오는 것을 너희가 보리라"(마 26:64). 이 언급
은 예수님이 천상적 왕으로서 세상의 군사적이고 정치적인 나라를 세우는 자
가 아님을 보여준다. 이렇게 마태복음 안에 등장하는 비정치적이고 비군사적

---

61   Eugene W. Pond, "The Background and Timing of the Judgement of the Sheep and Goats", 203.

62   J. R. Donahue, "The Parable of the Sheep and Goats: A Challenge of Christian Ethics", 21.

63   Oscar Cullmann, *The Christology of the New Testament*, 113-26.

인 천상적 왕적 묘사와 그 성격은 마지막 대심판 비유의 초월적 존재인 인자의 모습과 일치한다(25:31).

더 나아가 마태복음에서 병든 자들은 예수님께 "다윗의 자손이여 나를 불쌍히 여기소서"라고 간청하여 치료를 받는다(9:27; 15:22; 20:30, 31). 다윗의 자손과 관련된 보다 중요한 언급은 예수님이 시편 110편을 인용한 마태복음 22:44이다. "주께서 내 주께 이르시되 내가 네 원수를 네 발아래 둘 때까지 내 우편에 앉았으라 하셨도다 하였느냐"(마 22:44). 여기서 예수님은 자신이 정치적인 왕은 아니지만 다윗의 자손이라는 사실을 시인하며 하나님의 우편에 좌정한 왕적 권세를 가지고 있다고 주장한다. 마태복음 22:44가 묘사하는 그림은 25:34, 40에서 보좌에 좌정하여 심판을 진행하는 임금의 모습과 같다. 그러므로 다윗적 천상적 왕의 통치는 예수님께서 하나님의 우편에 승귀한 이후에 성취되어 마지막 대심판 때까지 지속된다.[64] 초대교회가 예수님을 다윗적이고 천상적인 왕으로 이해하여 종말에 모든 인류를 심판하는 왕으로 인식한 것은 예수님으로부터 물려받은 것이다.[65]

결정적으로 마태복음은 나귀를 탄 예수님의 예루살렘 입성을 왕의 모습으로 소개한다(21:5). 예수님은 왕으로 재판을 받을 뿐만 아니라 왕으로 십자가에서 죽음을 맞이한다(27:11, 29, 37, 42). 그리하여 그의 나라가 세상적이지 않고 천상적임을 드러낸다. 이렇게 마태복음은 유대인들에게 잘 알려진 정치적인 왕이 아니라 다니엘서가 제공하는 천상적 왕의 주제와 인자의 심판 주제를 긴밀하게 연관시킨다. 그리하여 마지막 대심판 비유의 웅장한 그림으로 설명한다. 이제 본 비유에 두드러진 예수님의 비정치적 왕 되심과 심판 주제

---

64 Eugene W. Pond, "The Background and Timing of the Judgement of the Sheep and Goats", 205; Oscar Cullmann, *The Christology of the New Testament*, 134.

65 Ibid., 135.

의 연결은 초대교회 안에서 자연스럽게 받아들여졌을 것이다. 왜냐하면 유대인들은 이스라엘에 역사적 왕이 더는 존재하지 않을 때부터 많은 왕적 개념을 메시아 종말론적 구원자에게 전승시켰기 때문이다.[66] 이렇게 마태복음 전체에 소개된 왕의 이미지와 관련하여 본 비유를 살펴보면, 예수님은 하나님의 우편에 좌정하여 모든 인류를 심판하는 왕이다.

3. 주("κύριος")

본 비유에서 "주"라는 호칭은 심판받는 자들에 의해 사용된다. 오른편에 있는 자들이 여섯 가지 대접을 통해 지극히 작은 자와 동일시되는 예수님을 영접하였다는 판결을 받은 이후에 호격으로 예수님을 "주여"("Κύριε")라고 부른다(37절). 마찬가지로 왼편에 있는 자들이 여섯 가지 대접을 통해 지극히 작은 자와 동일시되는 예수님을 영접하지 않았다는 판결을 받은 이후에 호격으로 "주여"라고 부른다(44절). 여기서 예비된 영영한 불에 들어갈 자들이 모두 인자인 임금을 "주"라고 부른 것은 이상하지 않다. 왜냐하면 왼편에 있는 자들이 인자의 영광스러운 보좌 앞에 섰을 때 즉각적으로 인자가 주라는 사실을 알 수 있기 때문이다.

마태복음 안에서 "주"라는 호칭은 결코 믿음의 사람들만의 것으로 이야기하지 않는다. 산상수훈의 마지막 부분에서 "주여 주여"라고 간구한 자들은 예수님의 이름으로 예언하고 귀신을 몰아내고 기적을 행한다(7:21-22). 그들은 다름 아닌 거짓 선지자들이다. 심지어 마태복음은 거짓 그리스도가 와서 "나는 그리스도라"라고 주장하고(24:5), "거짓 그리스도"와 "거짓 선지자"들

---

66 J. R. Donahue, "The Parable of the Sheep and Goats: A Challenge of Christian Ethics', 22.

이 큰 표적과 기사를 행할 것을 예언한다(24:23-24). 그리고 열 처녀 비유에서 남은 다섯 처녀는 "주여 주여"라고 부르며 혼인 잔치 집의 문을 열어달라고 강하게 요청한다(마 25:11). 그러나 굳게 닫힌 문은 그들에게 열리지 않는다. 이렇게 마태복음 안에서 "주"라는 호칭은 왼편에 있는 자들에 의해서도 사용된다. 그들은 "주"를 대접하지 않았다. 지극히 작은 자 하나의 모습으로 찾아오는 고난받는 인자를 거절하기 때문이다.

반면에 마태복음에서 믿음의 사람들은 주저 없이 예수님을 "주"라고 부른다. 특별히 이적 이야기에서 병자들의 믿음은 예수님을 주라고 고백하는 데서 나타난다. 한 문둥병자는 "주여 원하시면 저를 깨끗게 하실 수 있나이다"라고 고백하여 고침을 받고(8:2), 가버나움의 백부장은 하인의 병을 고치기 위해 예수님을 찾아와서 두 차례나 "주여"라고 불러 이스라엘 중에서 가장 큰 믿음의 사람으로 인정을 받는다(8:6, 8). 두 소경은 "다윗의 자손이여 우리를 불쌍히 여기소서"라고 소리침으로 예수님의 발걸음을 세운다. 이어서 예수님이 "내가 능히 이 일 할 줄을 믿느냐?"라고 물을 때에 "주여 그러하오이다"라고 대답한다(9:28). 자연의 이적을 행사하는 장면에서도 예수님은 주로 불린다(8:25; 14:28, 30). 이와 같이 질병 치료와 자연 이적 사건에 등장하는 참된 제자와 믿음의 사람들에 의해 호격으로 사용된 "주" 호칭을 일반적 의미의 랍비로 부른 것이라고 보기에는 예수님의 신적 권세가 지나치게 부각되어 있다.[67] 더욱이 보스(G. Vos)의 주장에 따르면, 호격의 "주" 사용은 제자들과 초자연적 도움을 요청하는 사람들에 의해 주로 사용된다.[68]

더 나아가, 베드로가 "주는 그리스도시요 살아계신 하나님의 아들이시니

<hr>

67 Geerhardus Vos, *The Self-Disclosure if Jesus*, 127.

68 Ibid., 129; 가룟 유다가 최후 만찬과 예수님을 배반할 때 "랍비여"라고 불렀고(마 26:22, 25, 49), 한 서기관은 "선생님이여"라고 부른다(마 8:19).

이다"라는 신앙고백에서 "주"는 고양된 신성을 반영한다. 그렇다면 초대교회 안에서 예수님을 고양된 "주"로 인식한 것은 어디에서 기인하였을까? 마가복음 12:36과 병행을 이루는 마태복음 22:44의 언급에서 찾을 수 있다. "주께서 내 주께 이르시되 내가 네 원수를 네 발아래 둘 때까지 내 우편에 앉았으라 하셨도다"(마 22:44). 여기서 예수님은 자신을 다윗보다 높은 자로서 신적 존재임을 드러낸다.[69] 그러므로 예수님의 자기 이해에서 비롯된 "주" 인식이 제자들에게 전달되었다고 볼 수 있다.

마태복음 이외에 다른 곳에서 "주" 호칭에 대한 사용은 누가행전과 바울 서신에서 두드러진다.[70] 바울 케리그마의 중심에 있는 "예수님은 주이다"라는 신앙고백은 바울과 그의 교회에서 거의 230번 등장하여 가장 자주 사용된다.[71] 그중에 고린도전서 16:22에 보존된 아람어 "Μαρανα θα"("주께서 임하시느니라")가 가장 중요하다. 던(J. D. G. Dunn)은 마라("Μαρα")를 번역한 "주"(κύριος) 호칭이 부활한 이후 헬라적 초대교회 안에서 발생한 것으로 생각한다.[72] 그러나 그리스도교가 헬라화되기 이전에 이미 복음서의 여러 곳에 예수님이 이 명칭으로 불린 기록이 나타난다(막 5:19, 눅 1:43; 2:11).[73] 그와 마찬가지로 마지막 대심판 비유 안에서 이미 예수님은 구약의 하나님에 대한 호칭을 자신에게 적용하여 "주"로 자신을 드러낸다. 그리고 돌아올 심판의 그림 속에 자신의 주 되심에 대한 위엄과 권위를 드러낸다. 그러므로 "주" 호칭이 굳이 부활과 고양된 결과로서 헬라적 초대교회에 의해 후대에 발생하여 마태가 결합한

---

69 cf. James D. G. Dunn, *Unity and Diversity in the New Testament*, 54; Geerhardus Vos, *The Self-Disclosure if Jesus*, 123, 135.

70 대표적으로 사도행전 2:36과 빌립보서 2:9를 들 수 있다.

71 James D. G. Dunn, *Unity and Diversity in the New Testament*, 53.

72 Ibid., 53-60에서 55쪽을 보라.

73 Geerhardus Vos, *The Self-Disclosure if Jesus*, 117.

것으로 생각할 필요는 없다. 그것은 예수님에게서 기인하거나 혹은 예수님이 묵인한 자기 이해로서 그리스도의 신성을 인정하는 사인이다.[74]

마지막 대심판 비유에 등장하는 기독론적 호칭들로서 "인자", "임금", "주"는 심판자 되시는 그리스도의 다양한 종말론적 역할과 권세를 복합적으로 설명해 준다. 비록 인자와 주 칭호가 기독론적 호칭이 아닌 일반적인 언급이라는 일부 주장에도 불구하고 그것들의 의미는 결코 약화될 수 없다. 예레미야스(J. Jeremias)와 코프(L. Cope)는 이러한 호칭들이 마태의 편집이라고 말한다.[75] 그러나 그들의 주장이 옳지 않음을 확인하였다. 오히려 예수님의 자기 인식과 자기 이해에서 비롯되었다.[76] 예수님은 자신이 영광 받은 인자로서 장차 천사들을 대동하고 오는 이라는 사실을 알고 있으며, 그때 모든 인류를 불러 모아 심판하여 양과 염소를 분리하는 자로 자신을 인식한다. 복합적인 예수님에 관한 이미지는 자신이 아니고는 누구도 말할 수 없는 독특한 종말론적 심판 그림을 만들어 낸다.

Ⅳ. 윤리적 교훈의 성격

1. 사회 윤리인가?

19세기 말에 가톨릭과 해방신학자들은 본 비유를 보편적인 윤리적 교훈으

---

74   Ibid., 130, 138.

75   Lamar Cope, "Matthew 25:31-46: 'The Sheep and the Goat's' Reinterpreted', 41-43; Joachim Jeremias, *The Parables of Jesus*, 206.

76   Robert H. Stein, *An Introduction to the Parables of Jesus*, 132.

로 이해한다.[77] 그들은 모든 가난하고 굶주린 사람들과 사회적으로 박해를 받는 사람들에게 보편적으로 적용한다. 사회 윤리적 관점이 득세하게 된 원인 중 하나는 율리허(A. Jülicher)의 영향일 것이다. 그의 비유 연구는 두 가지 측면에서 두드러진다. 하나는 예수님이 알레고리로 말씀하지 않았다는 것이고, 다른 하나는 비유에서 윤리적 의미만을 찾아야 한다는 것이다.[78] 율리허의 주장은 큰 지지를 얻으며 영향을 미쳐 예레미야스(J. Jeremias)의 비유 해석에서도 찾아볼 수 있다. 그는 마태복음 25:40의 "형제"를 "제자들이 아닌 모든 괴롭힘을 당하는 자와 가난한 자"로 해석하여 일반적인 가난하고 궁핍한 자들로 이해한다.[79] 또한 구전과 편집을 분석한 프리드리히(J. Friedrich)는 구약의 배경 연구로부터 비유의 원래 형태를 제시한다. 원래는 왕 되신 하나님께서 사람들을 가난한 자에 대한 태도에 근거하여 최종적으로 심판한다는 내용인데 마태가 편집하여 추가했다고 본다. 즉 프리드리히는 마태가 영광의 보좌에 좌정한 인자와 왕의 동일시, 28:19의 "모든 족속으로 제자를 삼으라"라는 대위임 명령과 연결하기 위해 첨가한 32절의 "모든 민족", 예수님과 형제들의 동일시 등을 포함하였다고 주장한다.[80]

구전 전승과 편집 사이의 차이를 조사한 프리드리히의 가정을 변화시킨 브란덴부르거(E. Brandenburger)는 마태가 초기 유대 기독교의 선교 신학에서 생

---

77   J. R. Donahue, "The Parable of the Sheep and Goats: A Challenge of Christian Ethics", 4-5에서 도 나후는 바티칸 회의 내용을 다루면서 Pope Paul VI의 언급을 인용하고, 해방신학자 G. Gutiérrez의 주장을 요약하여 소개한다.

78   Adolf Jülicher, *Die Gleichnisreden Jesu* (Freiburg: Mohr, 1899); Craig L. Blomberg, *Interpreting the Parables* (Gowners Grove, Ill: InterVarsity Press, 1990), 김기찬 역, 『비유해석학』(서울: 생명의말씀사, 1996), 41.

79   Joachim Jeremias, *The Parables of Jesus*, 207.

80   J. R. Donahue, "The Parable of the Sheep and Goats: A Challenge of Christian Ethics", 6에서 재인용.

긴 것으로서 다시 오시는 인자가 행할 심판에 관한 원래 교훈에 목자가 양과 염소를 나누는 짧은 비유를 추가한 것이라고 주장한다.[81]

프리드리히와 브란덴부르거의 입장은 본 비유를 종말론적 배경 아래 해석하기보다 사회 윤리의 시각에서 해석하는 흐름을 반영하고 있으며,[82] 자신들의 주장을 관철하기 위하여 구전 전승과 저자의 편집에 호소한다. 이러한 연구의 위험성은 결국 자비를 베푸는 일반적인 행동에 근거하여 "칭의"를 규명하려고 할 뿐만 아니라 사회적 행동에 이르기까지 "기독론적 근거"를 두려는 데 있다.[83] 그리고 자신들의 주장을 설득력 있게 보이도록 하려고 마태의 편집을 강하게 주장한다.

물론 본 비유를 여섯 가지 자비의 행동에 근거하여 표면적으로 읽노라면, 임금이 오른편과 왼편으로 나누는 판단의 기준(criterion)은 지극히 작은 자인 세상의 소외된 자들로서 가난하고 고통당하는 자에게 보인 자비와 자선으로 읽힌다.[84] 그러나 최근의 연구는 이러한 우주적 해석의 합의를 인정하지 않고 중심구절로서 40, 45절에 언급된 임금의 판단을 받는 "지극히 작은 자"가 누구인지에 관심한다.[85] 이에 대한 논쟁은 인자의 형제 중에 "지극히 작은 자"(ἐλάχιστος")가 일반적 궁핍한 사람들이 아니라 그리스도의 대사로 보냄을 받은 제자들이나 그리스도인 선교사들을 가리킨다는 점을 강조하는 쪽으로

---

81   J. R. Donahue, "The Parable of the Sheep and Goats: A Challenge of Christian Ethics', 7에서 재인용.
      Egon Brandenburger, *Das Recht des Welternrichters: Untersuchung zu Matthäus 25: 31-46* (Stuttgart:
      Katholisches Bibelwerk, 1980), in *TRev* 79 (1983).

82   J. R. Donahue, "The Parable of the Sheep and Goats: A Challenge of Christian Ethics', 7.

83   Ibid., 5.

84   Ibid., 3.

85   Ibid., 5.

기울고 있다.[86]

예를 들어, 코프(L. Cope)는 이 비유를 윤리학과 설교에 사용하는 것을 반대한다.[87] 그는 여섯 가지 행위를 어떤 가난한 사람에 대한 자비로 취급하지 않는다. 양과 염소에게 주어지는 영생은 기독교 선교사들을 받아들인 자들에게 주어지고, 영벌은 거절하는 이방인들에게 주어지는 것으로 본다.[88] 코프의 주장은 구약성경과 마태 공동체, 그리고 다른 관련 구절들과 관련하여 본 비유의 상호관계를 다루지 않으므로 큰 설득력을 제공하지는 못하지만, 그의 주장은 사회 윤리적으로 해석하는 것이 부적절하다는 것을 충분히 보여준다.

사실 본 비유를 사회 윤리적 관점에서 읽는 것은 논쟁 구절에 대한 해석과 신학에서 모두 문제를 일으킨다. 그렇다면 지극히 작은 자와 그에 대한 여섯 가지 행함은 어떻게 해석되어야 하는가? 바로 제자 윤리와 선교 윤리의 관점에서 읽는 것이 적절하다. 마태 공동체를 연구한 톰슨(W. G. Thompson)은 선교적 해석이 타당하다고 주장한다.[89] 도나후(J. R. Donahue)는 숨겨진 인자 담화의 강조는 "제자도를 내포하고 있다"라고 주장한다.[90] 이들의 주장은 함께 고려되어야 한다. 그래서 예수님과 마태 공동체의 선교적인 상황과 제자도는 서로 긴밀하게 관련되어 있으며 바로 거기에서 제자의 윤리, 즉 증인의 윤리가 나타난다.

---

86 Simon J. Kistemaker, *The Parable of Jesus*, 151, 155; J. R. Donahue, "The Parable of the Sheep and Goats: A Challenge of Christian Ethics', 5; 신약에서 그리스도와 제자들의 동일시는 마태복음 10:40-42, 마가복음 13:13, 요한복음 15:4-5, 18, 17:23, 26, 사도행전 9:4, 22:7, 26:14, 고린도전서 12:27, 갈라디아서 2:20, 6:17, 히브리서 2:17 등을 보라.

87 Lamar Cope, "Matthew 25:31-46: 'The Sheep and the Goat's' Reinterpreted', 32.

88 Lamar Cope, "Matthew 25:31-46: 'The Sheep and the Goat's' Reinterpreted', 38, 43.

89 W. G. Thompson, "A Historical Perspective in the Gospel of Matthew', *JBL* 93(1974): 243-62.

90 J. R. Donahue, "The Parable of the Sheep and Goats: A Challenge of Christian Ethics', 19.

2. 제자와 증인의 윤리

초대교회는 그리스도를 생생하게 전해야 할 사명을 지니고 있다. 그들은 임금의 대변자이며 인자를 대신하여 세움을 받은 권세 있는 선포자들이다.[91] 이러한 사실은 마태복음의 마지막에 있는 대위임 명령에서 확인할 수 있다 (28:19-20). 예수님은 지극히 작은 자인 그들에게 권세를 부여하고 파송할 뿐만 아니라 그들과 "함께 있을 것"을 약속한다. 그는 하나님의 나라를 선언하는 형식에서 민족들에게 심판을 알리는 종으로 제자들과 함께 있을 것이다.[92] 그리고 지극히 작은 자와 더불어 치료와 자비의 일을 행할 뿐만 아니라 고난과 거절을 당할 것이다.[93]

이러한 이유로 지극히 작은 자는 마태 공동체뿐 아니라 일반적인 전체 기독교 역사에서 그리스도인 혹은 어떤 교회 공동체 구성원들의 고난과 동일시된다.[94] 어느 시대를 막론하고 예수님의 복음을 모든 민족에게 선포하는 자들은 그리스도와 함께 고난을 경험하게 될 것이다. 이렇게 예수님은 장차 교회가 책임질 선교와 그에 따르는 고난과 거절을 당할 것을 예감하고 참 제자가 되는 길을 강조하기 위하여 현실적인 종말을 설명하고 있다.

---

91 Simon J. Kistemaker, *The Parable of Jesus*, 152.

92 J. R. Donahue, "The Parable of the Sheep and Goats: A Challenge of Christian Ethics", 18.

93 Ibid., 19.

94 Ibid., 3.

V. 결론

마태복음의 신학과 강조점을 잘 보여주는 마지막 대심판 비유를 올바로 해석하기 위해서는 기본적으로 다섯 가지를 고려할 때 그 의미가 올바로 드러난다.

첫째는 본 비유의 종말론적 성격을 이해하는 것이 중요하다. 마태복음에는 다양한 묵시적 이미지들이 등장하고 있으며(마 13:24-30, 13:41, 45-50, 49; 16:27; 19:28; 24:30-31; 25:1-13; 25:14-30), 그러한 이미지들은 마지막 대심판 비유 안에서 복합적으로 결합이 되어 있다(25:31-46). 이것은 본 비유가 마태복음에 흩어져 있는 종말론적 그림 이미지들과 깊이 관련되어 있다는 것을 의미한다. 즉 심판의 주제가 "마지막 인류의 최종 심판에서 일어날 현상으로서 양과 염소의 극명한 분리"임을 보여주고, 심판의 기준은 "지극히 작은 자 안에 숨겨진 인자에 대한 태도"임을 알려준다.

둘째는 본 비유의 문학적 위치와 역할을 고려해야 한다. 마지막 대심판 비유는 마태복음의 다섯 개의 설교 군(4:18-7:29; 9:36-11:1; 13:1-53; 16:21-20:34; 23:1-25:46)에서 마지막에 위치하여 복음서의 요약으로 기능한다. 무엇보다도 마지막 대심판 비유는 올리브 담화(마 24-25장) 안에 위치하여 성전의 멸망에 관한 예수님의 예언 이후에 제자들이 질문하는 종말의 때와 징조에 대한 해답으로 주어진다(24:3). 그리하여 예수님의 답변은 마지막 대심판이 이방인뿐만 아니라 모든 민족에게 복음이 선포된 이후에 이루어질 것이며, 그 과정에서 증인들이 고난과 거절을 당하는 일이 있을 것이라는 사실을 가르친다.

셋째는 마태복음에 폭넓게 분포하고 있는 예수님과 초대교회의 종말론적 선교 상황을 고려해야 한다. 예수님은 그의 제자들을 파송하며 그들의 정체성을 "형제"와 "지극히 작은 자"로 규정한다. "형제"라는 표현이 제자들과 예수님의 친밀성을 보여준다면, "지극히 작은 자"는 고난을 감수해야 하는 선교적 상황을 반영하고 있다. 실제로 당대 예수님의 제자들은 서기관과 바리새인들로부터 극심한 핍박을 받는다. 마찬가지로 마태 공동체의 전도자들도 고난의 상황을 맞이한다. 그들의 선포 행위에 대한 반응과 태도에 따라 양과 염소로 나누어지는 심판이 이루어진다. 즉 선교는 곧 마지막 대심판을 위한 준비다.

넷째는 본 비유에 나타나는 기독론적 호칭들이 마태복음 안에서 어떻게 사용되지를 고찰하며 그 의미를 이해해야 한다. 비유에서 예수님은 자신을 "인자', "목자', "임금', "주"로 드러낸다. 이러한 기독론적 호칭들은 결코 마태의 창작이나 편집의 결과로 결합된 것으로 볼 수 없다. 그 호칭들은 예수님의 자기 이해에서 비롯되어 종말론적 기능을 한다. 즉 예수님은 고난받는 종의 사상에서 낮아진 인자의 모습(이사야 42:1-4, 52:13-53:12)과 동시에 고양된 인자의 모습(다니엘서 7:13-14)을 통해 자기 이해를 하며, 이는 비유에서 지극히 작은 자와 더불어 고난받는 종과 동시에 영광스러운 모습으로 천사들을 대동한 고양된 인자의 두 모습으로 나타난다. 또한 예수님은 자신을 양과 염소를 구별하는 "목자"로, 하나님의 우편에 좌정하여 판별을 주관하는 비정치적 성격의 "왕"으로, 믿음의 사람들에 의해 신적인 "주"로 불리며, 천국의 문을 열거나 닫는 주인 행사하는 자로 드러낸다. 그리하여 마지막 대심판의 주관자가 예수님 자신임을 알리고 있다.

다섯째는 본 비유를 사회 윤리의 측면에서 해석하기보다 제자도와 증인의 윤리를 중심으로 이해해야 한다. 사회 윤리적 측면에서 해석하는 것은 본문의 의미를 왜곡하게 만든다. 즉 "형제"를 제자들이 아닌 모든 괴로움과 고난을 받는 일반적 가난한 자로 해석하게 만들고, 심판의 대상으로서 "모든 민족"을 이방인으로 국한하게 한다. 이러한 그릇된 해석을 하지 않기 위해 우리는 선교하는 가운데 고난받는 공동체로서 예수님과 마태의 선교적 상황을 고려하고, 아울러 종말론적 성격을 중시하여 비유가 제자의 윤리 곧 증인의 윤리를 말하고 있다고 제안한다. 그렇게 볼 때 지극히 작은 자로서 "형제"는 제자들을 가리키고, 심판의 대상으로서 "모든 민족"은 이방인과 유대인과 그리스도인을 포괄하는 모든 인류임을 알 수 있다. 또한 마지막 대심판 비유는 심판의 시기와 심판의 주관자, 심판의 대상, 심판의 기준, 심판의 결과를 한눈에 보여주는 종말론적 그림 이미지임을 알 수 있다. 이렇게 비유 전체의 그림은 마태나 초대교회의 창작이나 편집의 산물이라기보다 예수님의 자기 이해에서 비롯된 것이다.

● 참고문헌

Beasley-Murray, G. R., *Jesus and the Kingdom of God*. Grand Rapids, MI: Eerdmans Publishing Co., 1986.

Beasley-Murray, G. R., 『예수와 하나님 나라』, 박문재 역, 서울: 크리스챤 다이제스트, 1993.

Blomberg, Craig L., *Interpreting the Parables*. Gowners Grove, Ill: InterVarsity Press, 1990.

Blomberg, Craig L., 『비유해석학』, 김기찬 역, 서울: 생명의말씀사, 1996.

Brandenburger, Egon, *Das Recht des Welternrichters: Untersuchung zu Matthäus 25: 31-46*, Stuttgart: Katholisches Bibelwerk, 1980, in TRev 79 (1983).

Brooks, S. H., *Matthew's Community: The Evidence of this special sayings Material*. Sheffield: Sheffield Academic Press, 1987.

Bultmann, Rudolf, *The History of the Synoptic Tradition*, Peabody, Mass.: Hendrickson Publishers, 1963.

Collins, J., *The Apocalyptic Imagination: An Introduction to the Jewish Matrix of Christianity*, New York: Crossroad, 1984.

Cope, Lamar, "Matthew 25:31-46: 'The Sheep and the Goat's' Reinterpreted', *Novum Testamentum* 11 (1969): 32-44.

Cullmann, Oscar, *The Christology of the New Testament*, London: SCM Press, 1963.

Dodd, C. H., *The Parables of The Kingdom*. New York: harles Scribner's Sons, 1961.

Donahue, J. R., "The Parable of the Sheep and Goats: A Challenge of Christian Ethics',

Theological Studies 47 (1986): 3-31.

Dunn, James D. G., *Unity and Diversity in the New Testament*, London: SCM Press, 2006.

Friedrich, Johannes, *Gott im Bruder? Eine Methodenkritische Untersuchung von Redaktion, Überlieferung und Traditionen in MT 25:31-46*. Stuttgart: Calwer, 1977.

Gray, G., "The Judgement of the Gentiles in Matthew's Theology', *Scripture, Tradition and Interpretation*. Grand Rapids: Eerdmanns, 1988.

Jeremias, Joachim, *The Parables of Jesus*. New Jersey: A Simon & Schuster Company, 1972.

Jülicher, Adolf, *Die Gleichnisreden Jesu*. Freiburg: Mohr, 1899.

Kistemaker, Simon J., *The Parable of Jesus*, Grand Rapids, Mich: Baker Book House, 1980.

Lenski, R. C. H., *The Interpretation of St. Matthew's Gospel*, Minneapolis, Minnesota: Augsburg Publishing House, 1961.

Luz, Ulrich, 『마태공동체의 예수 이야기』, 박정수 역, 서울: 대한기독교서회, 2002.

Michaels, J. Ramsey, "Apostolic Hardships and Righteous Gentiles: A Study of Matthew 25:31-46', *Journal of Biblical Literature* 84 (1965): 27-37.

Oudersluys, R. C., "The Parable of the Sheepand Goats (Matthew 25:31-46): Eschatology and Mission, Then and Now', *RefR* 26 (1973): 151-61.

Pond, Eugene W., "The Background and Timing of the Judgement of the Sheep and Goats', *Bibliotheca Sacra* 159 (2002): 201-220.

Stein, Robert H., *An Introduction to the Parables of Jesus*. Philadelphia: The Westminster Press, 1981.

Theological Dictionary of the New Testament I, "avdelfoj', 144-146.

Theological Dictionary of the New Testament II, "eiqnoj', 369-372.

Thompson, W. G., "A Historical Perspective in the Gospel of Matthew', *JBL* 93 (1974): 243-62.

Vos, Geerhardus, *The Self-Disclosure if Jesus*. Presbyterian and Reformed Publishing, 1978.

논쟁 담화의 두 안식일 논쟁 이야기 연구
(막 2:23-3:6)[‡]

‡ 본 논문은 서울한영대학교에서 발행하는 『한영논총』, 제18호 (2014): 35-55에 게재되어 있다.

I. 들어가는 말

마가복음은 예수님과 바리새인 사이에 있던 다섯 개의 논쟁 이야기를 연속
적으로 소개하고 있다(2:1-3:6). 그중에서 안식일 준수와 관련된 두 논쟁 이야
기는 논쟁 담화의 마지막에 위치하여 안식일에 허용할 수 있는 행위가 무엇
이고 허용할 수 없는 행위가 무엇인지에 대해 다룬다(2:23-3:6).[1] 이것은 유대
교와 그리스도교 사이의 안식일 준수에 관한 논쟁이 초대교회 안에서 완전히
해결되지 않은 것을 의미한다.[2]

---

1 논쟁 담화의 구조에 대해 Joanna Dewey, "The Literary Structure of the Controversy Stories in Mark
   2:1-3:6', *Journal of Biblical Literature* 92 (1973), 394를 보라.

A. 2:1-12 중풍 병자 치유	치유
B. 2:13-17 세리와 죄인들과의 식사	식사
C. 2:18-22 금식에 대한 질문	금식
B'. 2:23-28 안식일에 곡식 자르는 일	식사
A'. 3:1-6 손 마른 자 치유	치유

2 Francis Wright Beare, "The Sabbath Was Made for Man?', *Journal of Biblical Literature* 79 (1960),
   130. Arland J. Hultgren, "The Formation of the Sabbath Pericope in Mark 2:23-28', *Journal of
   Biblical Literature* 91 (1972), 41. 안식일 준수 문제는 팔레스타인에서 중요하였다. 그러나 이방인 교
   회에서 안식일 규례 문제는 심각하게 부각되지 않았다. 바울도 율법의 정신을 올바로 구현해야 한다
   는 측면에서 그것을 진지하게 논의하였으나 아주 중요하게 생각하지 않았다(롬 14:5-6; 갈 4:10; 골

두 안식일 이야기에서 예수님과 바리새인의 첫 번째 논쟁은 세 부분으로 이루어져 있다(2:23-28).[3] 초반부는 안식일에 예수님의 제자들이 밀밭 사이로 지나가며 이삭을 자른 것과 바리새인들의 비난을 소개한다(2:23-24). 중반부는 다윗이 아비아달 때 하나님의 전에 들어가서 제사장 이외에 먹을 수 없는 진설병을 먹고 그의 사람들에게 준 실례를 예수님께서 언급한 것으로 기록한다(2:25-26). 후반부는 인자가 안식일의 주인이라는 예수님의 자기 이해와 안식일의 목적을 언급한다(2:27-28). 세 부분의 연결이 자연스럽지 않다는 이유로 역사성 없는 서로 다른 이야기의 결합으로 보는 것은 적절하지 않다.[4]

두 번째 안식일 논쟁 이야기는 복음서에 등장하는 일곱 개의 안식일 치료 이야기 중 하나이다(3:1-6).[5] 이 이야기는 공관복음에 모두 기록되어 있다(마 12:9-21; 눅 6-11).[6] 세 복음서에 기록된 본문을 비교하는 것은 이 논문의 목적

2:16).

3 Arland J. Hultgren, "The Formation of the Sabbath Pericope in Mark 2:23-28', 38. 헐트그렌 (Hultgren)은 2:23-26과 2:27-28의 두 자료로 구성된 것으로 본다.

4 Rod Parrott, "Conflict and Rhetoric in Mark 2:23-28', *Semeia* 64 (1993): 117-37; 비교. Francis Wright Beare, "The Sabbath Was Made for Man?', 130; Joachim Gnilka, *Das Evangelium nach Markus*, 『마르코복음』, 국제성서주석 28, 번역실 역(서울: 한국신학연구소, 1985), 151. 베어레(Beare)와 그닐카(Gnilka)는 27-28절이 독립된 다른 자료로 마가에 의해 보충되었다고 본다. 학자들의 입장에 대한 간략한 구분을 위해 Robert A. Guelich, *Mark 1-8:26*, WBC, vol. 34(Dallas, Texas: Word Books Publisher, 1990), 119를 보라.

5 Daryl D. Schmidt, "The Sabbath Day: To Heal or Not to Heal," *Dialogue* 27 (1994), 125. 슈미트 (Schmidt)는 한쪽 손 마른 자(막 3:1-6), 귀신 들려 고통당하는 여자(눅 13:10-17), 수종병 걸린 사람(눅 14:1-6), 불구가 된 사람(요 5:1-18), 태어날 때부터 소경 된 자(요 9:1-41) 등을 소개한다. 그러나 사복음서를 관찰하면 오른손 마른 자(마 12:9-15a; 막 3:1-6; 눅 6:6-11), 더러운 귀신 들린 자(막 1:21-28; 눅 4:31-37), 시몬의 장모(막 1:29-31; 눅 4:38-41; cf. 마 8:14-17), 귀신 들린 여자(눅 13:10-14), 수종병 걸린 자(눅 14:1-6), 불구가 된 자(요 5:1-18), 태어날 때부터 소경 된 자(요 9:1-41) 등 일곱 안식일 치료 이야기를 만날 수 있다.

6 Daryl D. Schmidt, "The Sabbath Day: To Heal or Not to Heal," 125. 슈미트(Schmidt)는 마가복음에 등장한 안식일 치료 이야기를 가장 초기 자료로 보고 마태복음과 누가복음의 초기형태로 본다; 누가

이 아니다. 본문은 예수님께서 안식일에 한쪽 손 마른 사람을 치유하며 안식일 정신을 천명한 것과 바리새인들이 예수님을 죽이려고 도모한 것을 기록하고 있다(3:1-6). 이 치료 이야기가 1세기 팔레스타인의 역사적 배경과 잘 어울리는 것을 볼 때 진정성 있는 사건일 개연성이 높다.[7] 예수님께서 바리새인들의 안식일 준수에 관한 규례를 위반한 것으로 기록하고 있기 때문이다.

본 논문은 마가복음 전체와 논쟁 담화 안에서 안식일 논쟁이 차지하는 위치와 역할을 살펴보고, 안식일 노동에 대한 바리새인들의 규례와 그들의 질문에 대한 예수님의 반응을 관찰하는 데 목적이 있다. 이러한 연구는 팔레스타인에서 유대교와 그리스도교 사이에 계속된 안식일 준수에 관한 논쟁의 시작과 그 의미와 교훈이 무엇인지를 알게 해줄 것이다. 그리고 예수님의 죽음의 원인을 이해하는 데 도움을 줄 것이다.

II. 본문의 위치와 역할

본문의 의미를 올바로 이해하기 위해 그 위치와 역할을 살펴볼 필요가 있다. 이를 위해 두 가지 측면에서 접근하고자 한다. 먼저 마가복음 전체 이야기 안에서 본문이 어떤 기능과 역할을 하는지 살펴보고, 이어서 논쟁 담화 안에서 본문의 기능과 역할을 살펴볼 것이다.

복음에 나타난 안식일 논쟁에 관한 논문으로는 박흥순, "바람직한 기독 지식인: 누가복음의 안식일 논쟁단락을 중심으로," 『신앙과 학문』, 제13권 1호 (2008): 81-111.

7　Daryl D. Schmidt, "The Sabbath Day: To Heal or Not to Heal', 124; 비교. 불트만(Bultmann), 슈바이쩌(Schweizer), 그닐카(Gnilka) 등은 3:6을 마가의 편집으로 분류한다. Robert A. Guelich, *Mark 1-8:26*, 132.

1. 마가복음에서 본문의 위치와 역할

크게 보면 기적 이야기(1:14-8:26)와 수난 이야기(8:27-16:8)로 이루어진 마가복음은 1장에서 세 기적 이야기를 소개한다.[8] 세 기적 이야기는 1:15에서 예수님께서 하나님의 나라를 선포한 직후에 바로 등장한다(1:21-28; 29-31; 40-45). 기적을 행하여 빠르게 전파된 예수님의 선교활동은 안식일에 가버나움의 회당에서 바리새인들의 비난에 직면하게 된다(2:1-3:6). 예수님과 바리새인들의 충돌은 논쟁 담화에서 더욱 심화되고 안식일 논쟁에서 마침내 예수님을 죽이려는 대적자들의 계획이 처음으로 세워진다(3:6).[9]

첫 번째 안식일 논쟁은 곡식을 자른 제자들에 대한 바리새인들의 질문으로 시작된다. "저들이 어찌하여 안식일에 하지 못할 일을 하나이까?" 예수님께서는 다윗의 진설병 이야기를 인용하여 첫 번째 반응으로 대답한다(삼상 21:1-6).

두 번째 안식일 논쟁은 가버나움의 회당에서 한쪽 손 마른 사람을 치료함으로 일어났다. 마가복음의 초반부에서 가버나움은 특별한 의미를 지닌다. 가버나움은 더러운 귀신을 축출한 첫 번째 기적의 장소로서 그곳에서 예수에 관한 소문이 온 갈릴리에 퍼졌다.[10] 논쟁 담화가 시작되는 2:1에서, 예수님은 가버나움의 회당에 "다시" 들어가 중풍 병자를 치료한다. 그리고 3:1에

---

8   Jack D. Kingsbury, *The Christology of Mark's Gospel* (Philadelphia: Fortress Press, 1983), 50-51; 예수님의 공생애 사역을 소개하는 마가복음은 시작 이야기(1:1-13)와 마침 이야기(16:9-20)로 둘러싸인 큰 기적 이야기(1:14-8:26)와 수난 이야기(8:27-16:8)의 이중구조로 되어 있다.

9   예수님과 유대지도자들과의 갈등에 대해 David Rhoads, Joanna Dewey, Donald Michie, *Mark as story : An Introduction to the Narrative of a Gospel*, 『이야기 마가: 복음서 내러티브 개론』(서울: 이레서원, 2003), 225-39를 보라.

10   William L. Lane, *The Gospel according to Mark*, NICNT (Grand Rapids, Michigan: William B. Eerdmans Publishing, 1974), 71. 마가복음에서 가버나움은 예수님의 설교와 치료 행위의 중심지로 기술된다(1:21; 2:1; 9:33).

서 다시 가버나움의 회당에 들어감으로 예수님과 대적자들 사이에 새로운 충돌이 일어날 것을 예상하게 한다(3:1).[11] 바리새인들은 예수님을 고발하기 위해 안식일에 사람을 고치는지 주시한다. 그러한 상황에서 예수님께서는 질문을 던짐으로 그들을 침묵하게 한다. "안식일에 선을 행하는 것과 악을 행하는 것, 생명을 구하는 것과 죽이는 것, 어느 것이 옳으냐?"(3:4). 이 질문은 마가복음에서 안식일 논쟁에 대한 예수님의 두 번째 반응이다. 예수님께서 단지 말로만 병자를 치료하기 때문에 노동을 한 것이 아님에도 대적자들은 안식일에 치료 행위를 한다고 죽이려고 한다.

일반적으로 고대 저술은 주된 주제를 여러 차례 다른 형식으로 반복한다.[12] 그와 같이, 마가복음도 예수님과 대적자들 사이의 갈등을 서로 다른 상황에서 여러 번 반복하여 제시한다. 갈등이 증폭되어 대적자들이 안식일에 예수님을 죽이려는 계획을 세운다(3:6). 그리고 예수님께서 자기 죽음을 예고하고 (8:31, 9:31, 10:33-34), 마침내 안식일에 예루살렘에서 고난받고 죽임을 당한다 (16:1, 2, 9).

예수님과 종교지도자들 사이의 긴장과 갈등은 예수님께서 예루살렘에 도착했을 때 최고조에 도달한다(11장).[13] 그리고 마침내 예수님께서 "안식일 전날" 예루살렘에서 십자가에 못 박힘으로써 해소된다(15:42).[14] 부활은 "안식

---

11 Mary Ann Tolbert, "Is It Lawful on the Sabbath To Do Good or To Do Harm: Mark's Ethics of Religious Practice", *Perspectives in Religious Studies* 23 (1996), 201.

12 Mary Ann Tolbert, "Is It Lawful on the Sabbath To Do Good or To Do Harm: Mark's Ethics of Religious Practice", 203.

13 양용의, 『마가복음 어떻게 읽을 것인가』(서울: 성서유니온선교회, 2010), 253-55.

14 예수님께서 예루살렘 성에 왕으로 입성하는 장면(11:1-10), 무화과나무 저주(11:12-14), 성전청결 (11:15-18), 포도원 농부 비유(12:1-12), 세금에 관한 논쟁(12:13-17), 예루살렘 성전의 멸망예고 (13:1-37) 등은 대적자들로부터 심한 반감을 불러일으키며 예수 죽음의 또 다른 원인으로 등장한다.

후 첫날"에 이루어진다(16:2, 9). 결국, 마가복음의 서두에 등장한 두 안식일 논쟁 이야기는 말미에서 안식일 언급과 함께 등장한 예수님의 고난과 죽음의 원인을 처음으로 설명하는 역할을 한다.[15]

2. 논쟁 담화에서 본문의 위치와 역할

논쟁 담화는 다섯 개의 작은 충돌 이야기로 구성되어 있다(2:1-3:6). 이야기의 주제는 죄 용서(2:1-12), 음식(2:13-17, 18-22), 안식일(2:23-28, 3:1-6)로 옮겨지지만 모두 예수님과 대적자들의 갈등을 구조적으로 강조한다.[16] 그리고 마지막 논쟁 이야기에서 대적자들이 예수님을 죽이려고 의논하는 것으로 마친다(3:6).

첫 번째 충돌은 예수님께서 가버나움에서 "작은 자야 네 죄 사함을 받았느니라"라고 중풍 병자에게 죄 용서를 선언함으로써 시작된다(2:5). 서기관들은 하나님 한 분 외에 누구도 죄를 용서할 권한이 없으므로 예수님께서 신성모독 죄를 범한다고 심중에 생각한다(2:5-8).[17] 예수님과 서기관들의 첫 번째 갈등은 죄를 사하는 예수님의 권세를 둘러싼 논쟁을 중심으로 이루어진다.[18]

두 번째 충돌은 정결 예식의 준수 문제로 인해 발생한다(2:13-17). 예수님과 제자들이 세리 레위의 집에서 죄인들과 함께 식사하는 장면을 바리새인의 서기관들이 보고 "어찌 세리 및 죄인들과 함께 먹는가"라고 하여 문제를 제기

---

15 Joanna Dewey, "The Literary Structure of the Controversy Stories in Mark 2:1-3:6", 400.

16 William L. Lane, *The Gospel according to Mark,* 121.

17 Mary Ann Tolbert, "Is It Lawful on the Sabbath To Do Good or To Do Harm: Mark's Ethics of Religious Practice", 204.

18 Robert A. Guelich, *Mark 1-8:26,* 98.

한다(2:16).[19] 그들이 볼 때, 세리들은 로마의 권력자들과 공모하고 부정한 방식으로 정해진 금액 이상의 세금을 걷는 죄인들이다.[20] 그러한 죄인들과 예수님께서 식탁 교제하는 것을 대적자들은 이해하지 못한다. 그때 예수님께서 병든 자를 치료하는 의사로 자기주장을 하고 의인이 아닌 죄인을 부르러 왔노라고 선언한다(2:17). 스스로 의롭다고 생각한 바리새인들은 자신들이 아닌 죄인으로 간주된 세리와 같은 자들이 하나님 나라에 합당하다는 이야기를 듣고 분한 마음을 품는다.

세 번째 충돌은 예수님의 제자들이 금식하지 않아 발생한다(2:18-22). 예수님께서 자신을 신랑으로 소개하며 신부인 제자들과 결혼 잔치가 시작되었으므로 지금은 금식할 필요가 없다고 말한다(2:19). 그리고 새 시대가 도래하였으므로 생베 조각은 새 옷에 붙이고 새 포도주는 새 부대에 넣어야 한다고 말한다(2:21-22). 신랑, 새 옷, 새 포도주와 새 부대 등은 청중에게 예수님의 주장을 명료하게 설명하는 수사학적인 기능을 할 뿐 아니라 대적자를 거슬리게 하는 의미를 담고 있다. 신랑을 빼앗긴다는 기독론적 알레고리는 논쟁 담화의 중심에 위치하여 예수님께서 죽임당할 것을 암시한다(2:20).[21]

네 번째 충돌은 안식일에 제자들이 밀 이삭을 잘라 추수에 해당하는 것으로 여겨질 수 있는 노동을 함으로써 발생한다(2:23). 예수님께서 논쟁적인 대화 형식을 사용하여 안식일이 사람을 위해 존재하는 것이지 그 반대가 아니라고 안식일 법을 재해석하고 인자의 권세를 선언하는 기독론적인 언급을 함

---

19 당대에 죄인으로 간주된 직업으로는 세리, 돼지 키우는 사람, 나병환자, 무덤을 파는 사람, 매춘부, 이방인 등이 있다. 그들은 공동체의 문화적인 삶에 참여할 수 없었다.

20 Mary Ann Tolbert, "Is It Lawful on the Sabbath To Do Good or To Do Harm: Mark's Ethics of Religious Practice", 203.

21 이준호, "구조로 본 '중풍 병자 치유와 인자의 죄 용서'(막 2:1-12)", 『성경과 신학』 제45권(2008), 40.

으로써 긴장이 고조된다.[22]

　다섯 번째 충돌은 대적자들이 안식일에 한쪽 손 마른 사람을 치료한 예수님의 행위를 의술 활동으로 간주함으로 발생한다(3:5). 마가는 안식일 치료 이야기를 다섯 논쟁 이야기의 결론에 위치시켰다. 그렇게 함으로써 안식일에 발생한 두 충돌 이야기가 예수님을 죽이려는 계획의 직접적인 원인을 제공하는 것으로 기록한다.

　네 번째와 다섯 번째의 두 안식일 충돌 이야기는 앞의 세 논쟁 이야기에서 시작된 갈등을 반영하고 있다(2:23; 3:2).[23] 세 논쟁 이야기에서 예수님은 죄를 용서할 수 있는 권위를 행사하고(2:1-12), 세리와 죄인의 친구로서 청결 규례 위에서 행동하고(2:13-17), 혼인집의 신랑으로 자처하며 금식 규례를 깨뜨린다(2:18-22). 이러한 행동은 대적자의 신경을 거슬리게 한다. 결정적인 충돌은 이어지는 두 안식일 논쟁 이야기에서 나타난다. 예수님께서는 안식일의 주인으로 자처하고(2:23-28), 안식일에 병든 자를 치료함으로써 자신의 행동을 정당화시킨다(3:1-6). 그로 인해 갈등이 최고조에 도달하여 대적자들이 예수님을 죽일 계획을 도모하게 된다. 이렇게 가버나움에서 발생한 다섯 충돌 이야기 중에서 마지막 두 안식일 충돌 이야기는 예수님께서 죽음의 길로 걸어가는 첫걸음을 내딛는 것으로 보고한다.[24]

22　Robert A. Guelich, *Mark 1-8:26*, 242.

23　Daryl D. Schmidt, "The Sabbath Day: To Heal or Not to Heal', 144; Robert A. Guelich, *Mark 1-8:26*, 120.

24　William L. Lane, *The Gospel according to Mark*, 121-22.

Ⅲ. 바리새인의 안식일 규례

1. 안식일 노동

십계명에 등장하는 안식일에 관한 규정은 창조 이야기에 근거하고 있다
(창 2:2-3).[25] 유대인들은 창조 이야기와 십계명이라는 두 사상에 기초하여 안
식일에 "아무 일도 하지 말라"는 명령을 중시한다(창 2:2-3; 출 20:8-11; 신 5:12-
15).[26] 그리고 안식일에 일하는 자는 반드시 죽임을 당할 것이라는 계명을 실
행하려고 한다(출 31:14-15). 돌질을 당함으로 죄에 대한 책임을 감당해야 하
는 안식일의 노동으로는 추수하는 것, 밭 가는 것, 곡식 단을 묶는 것, 타작을
하는 것, 절구에 찧는 것, 키질을 하는 것, 가루를 빻는 것, 양털을 깎는 것, 털
에 물들이는 것 등이 있다.[27] 느헤미야는 안식일에 이러한 일을 하거나 장사
하는 것을 철저히 금지한다(13:15-22). 예레미야는 안식일에 "어떤 일이라도"
하지 말라고 당부한다(17:19-27). 심지어 마카비 시대의 유대인들은 안식일에
적군을 방어하지 않고 죽음을 맞이한다.[28] 요세푸스는 안식일에 아무 일도 하
지 않은 유대인에 관한 이야기가 로마에까지 알려진 것으로 기록한다. "일곱
째 날이 돌아왔을 때 유대인이 어떤 종류의 일도 하지 않는다는 것이 로마에
까지 알려진다."[29] 여호와의 날인 안식일에 아무 일도 하지 않고 거룩히 지키

---

25 Daryl D. Schmidt, "The Sabbath Day: To Heal or Not to Heal', 127.

26 출애굽기와 신명기에 나타난 안식일 규정의 차이에 대하여 장재, "신명기 안식일 계명에 대한 소고',
    『성경과 신학』, 제41권, (2007): 169-98을 보라.

27 R. C. H. Lenski, *The Interpretation of St. Mark's Gospel* Ⅰ, 『마가복음(상)』, 배영철 역(서울: 백합출판
    사, 1979), 114.

28 이준호, 『성경과 함께 읽는 신약배경사』(서울: 한국학술정보, 2012), 74.

29 Daryl D. Schmidt, "The Sabbath Day: To Heal or Not to Heal', 127.

려는 유대인의 노력은 오랫동안 지속된다.

모세의 율법은 비록 안식일에 일하지 말도록 금지하고 있지만 일의 종류를 자세히 소개하는 목록을 제공하고 있지 않다.[30] 안식일에 굶주림을 해결하기 위해 이삭을 자르는 것을 금지한 구체적인 기록도 없다. 오히려 신명기는 이웃의 곡식밭에 들어갈 때 손으로 이삭을 조금 자르는 것을 허용한다(신 23:25). 예수님의 제자들에 대한 바리새인들의 비난은 모세의 율법에 근거한 것이 아니라 유대교에서 발전된 기원전 2세기의 안식일 규례에 대한 구전 토라에 기초하고 있다.[31] 필로의 기록에 의하면, 유대교는 이삭을 자르는 것을 추수 행위로 간주하여 금지한다. "왜냐하면 잔가지 하나, 나무줄기 하나, 잎새 하나라도 자르거나 어떠한 과일 하나라도 따는 일도 허락되지 않기 때문이다."[32]

안식일 규례에 대한 유대교의 기록은 크게 두 가지 흐름을 보여준다.[33] 하나는 규례를 엄격히 준수한 보수적인 사해 종파의 기록이다. 다른 하나는 보다 자유로운 랍비들의 기록이다. 세부적인 측면에서 둘을 엄격하게 구분하는 것은 어렵다. 그 이유는 마가복음에서 바리새인들이 랍비들의 완곡한 안식일 규례를 따르기보다 사해 종파의 엄격한 규례를 잣대로 예수님과 제자들의 행동을 판단하고 있기 때문이다.

바리새인들은 예수님의 제자들이 안식일에 밀 이삭을 자르는 추수를 한다고 비난한다. 만일 제자들이 굶어 죽을 만큼 위급한 상황에 놓여 있었다면 그들의 행동은 정당화되었을 것이다. 왜냐하면 "생명이 위험 가운데 있는지

---

30 Donald A. Hagner, "Jesus and the Synoptic Sabbath Controversies", *Bulletin for Biblical Research* 19 (2009), 216.

31 Daryl D. Schmidt, "The Sabbath Day: To Heal or Not to Heal", 127.

32 Philo, *vit Mos* 2, 22; Joachim Gnilka, *Das Evangelium nach Markus*, 『마르코복음』, 154.

33 John Mark Hicks, "The Sabbath Controversy in Matthew: An Exegesis of Matthew 12:1-14", *Restoration Quarterly* 27 (1984), 82.

의심스러울 때는 언제나 이것이 안식일을 무효로 만들기 때문이다"(m. Yoma 8:6).[34] 하지만 제자들은 생명에 전혀 지장이 없는 상황에서 추수에 해당하는 노동을 한다. 그들은 안식일 규례를 깨뜨릴 만큼 극도로 굶주린 상태에 있지 않았다. 그래서 바리새인들은 안식일에 금지된 노동을 한다고 제자들을 비난한다. 여기에서 우리는 인간의 필요가 안식일 노동을 정당화할 수 없다고 생각한 바리새인들의 입장을 읽을 수 있다.

유대교는 안식일에 제사장들의 활동과 관련된 노동을 제외하고 어떤 일도 할 수 없도록 한다. 희년서 50:10에는 안식일에 "향을 피우고 예물을 가져오고 하나님께 드리는 제사"를 제외하고 어떤 일도 하지 말라고 기록하고 있다. 제사장들은 안식일 때마다 직무를 감당하기 위해 희생 제사를 할 수 있다(민 28:9-10). 노동의 측면에서 볼 때, 그들의 직무는 안식일을 더럽히는 것에 해당이 될 수 있다. 그들은 안식일에 할례를 행하거나 희생 제사를 하는 일로 "안식일을 더럽히고" 여덟째 날에 안식에 들어갔다(m. Shabbath, 18:3).[35] 바리새인 편에서 볼 때 예수님의 제자들이 밀 이삭을 자른 행위는 제사장들의 직무와 같이 거룩한 일로 볼 수 없다. 그래서 안식일 규례를 어기고 노동을 한 것으로 간주하여 밀 이삭을 자른 제자들을 비난한다. 그렇게 함으로써 안식일의 정신을 무너뜨리고 예수님의 제자들을 정죄한다.

2. 안식일 치료

바리새인들은 안식일에 한쪽 손 마른 사람과 함께 회당에 있다. 예수님께서 회당에 들어올 때, 그들은 자신들의 할라카적인 생각을 기준으로 "안식일

34　John Mark Hicks, "The Sabbath Controversy in Matthew: An Exegesis of Matthew 12:1-14', 84.

35　John Mark Hicks, "The Sabbath Controversy in Matthew: An Exegesis of Matthew 12:1-14', 85.

에 그 사람을 고치시는가" 주목한다(3:2). 그들의 생각은 안식일에 병자의 생명이 위험하지 않거나 비참한 상황에 놓여 있지 않을 때는 기다렸다가 다음 날 치료하는 것이다. 병든 자를 치료하는 것은 의술을 행하는 것이고 의술을 행하는 것은 금지된 일을 하는 것으로 간주되기 때문이다. 무엇보다 신명기 사상에서 손 마른 자는 언약에 불충실하여 하나님의 저주를 받은 것으로 이해된다(비교. 신 28:20).[36] 그런 부정한 사람을 위해 안식일에 노동하지 못하도록 금한 명령을 어기는 것은 이해할 수 없는 일이었다. 그들은 안식일에 저주받은 자를 치료하는 것보다 다음 날 치료하는 것이 적절하다고 생각한다.

안식일 치료 행위와 관련된 유대교의 입장은 크게 두 가지로 나누어진다. 보수적인 에세네파에 의해 기록된 다마스커스 문서(The Damascus Document)는 안식일에 치료 활동을 하지 못하도록 엄격하게 금지한다.[37] "누구든지 안식일에 출생하는 동물을 도울 수 없다. 그리고 만일 짐승이 저수지나 구덩이에 빠진다면 안식일에는 끌어올릴 수 없다"(CD 11:13-14; 비교. 마 12:11; 눅 13:15; 14:5).[38] 보다 온건한 바리새파는 안식일에 생명을 구하는 행동을 허락한다. 그들은 어떤 사람 위에 집이 무너질 경우 생명이 위험하므로 구해주어야 한다고 생각한다. 그러나 그 사람이 이미 죽었다면 안식일이 끝날 때까지 그대로 두어야 한다고 생각하였다.[39] 2세기 말에 바리새인에 의해 기록된 미쉬나(Mishnah)의 초기 랍비 전승도 유사한 내용을 기록하고 있다. "만일 한 사람이 목에 고통이 있다면 그들은 안식일에 그의 입에 약을 떨어뜨릴 수 있다. 왜냐

---

36 Kurt Queller, "'Stretch Out Your Hand!' Echo and Metalepsis in Mark's Sabbath Healing Controversy', JBL 129 (2010): 745.

37 Robert A. Guelich, Mark 1-8:26, 121.

38 R. T. France, The Gospel of Matthew, NICNT (Grand Rapids, Michigan: William B. Eerdmans Publishing, 2007), 464.

39 Joma 8,7. Joachim Gnilka, Das Evangelium nach Markus, 『마르코복음』, 162.

하면 생명이 위험에 놓여 있는지 의심스럽기 때문이다. 그리고 생명이 위험한 것이 안식일보다 우월하기 때문이다."[40] 그러나 미쉬나는 생명이 위험하지 않을 경우 치료 행위를 중단하도록 요구한다. "만일 안식일에 어떤 사람에게 치통이 있다면 그는 식초를 먹지 않는 것이 좋다."[41] 이러한 전승은 하나님께서 안식일을 제정한 목적을 훼손시키고 인간에 대한 신의 자비와 은혜를 고려하지 않은 것이다.

바리새인들은 안식일 규례를 엄격히 준수하기 위해 구체적인 실례를 들어 전승시킨다. 하지만 그것을 어겼다고 하여 모세의 율법처럼 사형을 시키지는 않는다. 미쉬나는 "안식일을 사소하게 범한 것에 대해 사형을 시키는 것을 거의 하지 않았다"라고 기록하고 있다.[42] 그러나 바리새파는 헤롯당과 함께 안식일에 예수님을 죽이려는 계획을 도모하였다.

IV. 예수님의 반응

제자들을 비난한 바리새인들이 어디로부터 왔는지 확증하기 어렵다. 아마도 그들은 마가복음의 첫 번째 이적인 귀신축출 사건을 통해 예수님의 소문이 빠르게 온 갈릴리 사방에 퍼진 것을 듣고 찾아왔을 것이다(1:28). 그리고 제자들의 행동을 추수 행위로 간주하여 비난하였다. 예수님께서는 수사학적

---

40   Tractate Yoma 8.6b, *The Mishnah*, trans. H. Danby (London: Oxford University Press, 1933), 172.

41   Tractate Sabbath 14:3, 4, *The Mishnah*, trans. H. Danby, 172.

42   E. P. Sanders, *Jewish Law from Jesus to the Mishnah: Five Studies* (Philadelphia: Trinity Press International, 1990), 13.

인 설명으로 제자들의 정당성을 옹호하고(2:26-28),[43] 병자를 치료한 자신의 행동을 변호한다(3:4). 그 과정에서 율법의 해석자로서 안식일의 목적과 정신을 설명하고 자신이 누구인지를 드러낸다.

1. 첫 번째 반응: 안식일의 목적(2:25-28)

추수로 간주될 수 있는 제자들의 행위를 둘러싸고 일어난 논쟁의 요점은 안식일에 인간의 필요를 위해 약간의 노동을 하는 것이 올바른지에 대한 것이다. 유대인들은 6일 동안 하는 일 중에서 의미 있고 유익한 일도 안식일에는 하지 말아야 한다고 생각한다.[44] 실제로 그들은 안식일을 거룩하게 지키기 위해 종과 노예와 나그네에게까지 일상적인 일도 하지 못하도록 하며 완전한 휴식과 자유를 누리게 한다.[45] 이러한 안식일 준수는 창조 질서에 근거한 노동으로부터의 휴식, 출애굽을 통한 노예 신분으로부터의 자유, 재정적인 빚을 완전히 탕감한 안식년의 정신을 반영한 것이다.[46] 그들의 시각에서 볼 때, 곡식밭을 지나가며 손으로 이삭을 잘라 밀을 수확한 제자들의 행동은 유대교의 안식일 규례를 어긴 것이다.[47]

---

43   Mary Ann Tolbert, "Is It Lawful on the Sabbath To Do Good or To Do Harm: Mark's Ethics of Religious Practice', 206; Rod Parrott, "Conflict and Rhetoric in Mark 2:23-28', 117. 패롯(Parrott)은 그리스-로마 수사학의 문맥에서 본문을 고찰한다.

44   Mary Ann Tolbert, "Is It Lawful on the Sabbath To Do Good or To Do Harm: Mark's Ethics of Religious Practice', 207.

45   Mary Ann Tolbert, "Is It Lawful on the Sabbath To Do Good or To Do Harm: Mark's Ethics of Religious Practice', 207.

46   Kurt Queller, "'Stretch Out Your Hand!' Echo and Metalepsis in Mark's Sabbath Healing Controversy', 748-49.

47   Robert A. Guelich, *Mark 1-8:26*, 121.

반면에 예수님께서는 인간의 필요가 의식법을 대체한다고 생각하였다. 그는 인간의 필요를 위한 작은 노동 행위를 안식일 규례의 위반으로 보지 않았으며 이를 입증하기 위해 구약성경을 인용하였다. 즉, 다윗이 아비아달 대제사장 때 사울을 피하여 도망가는 길에 성전에 들어가서 거룩한 떡을 먹은 이야기를 인용한다(삼상 21:1-6). 놉의 아히멜렉 제사장이 다윗에게 준 거룩한 떡은 율법에 제사장만 먹을 수 있도록 허락된 것이었다(21:6). 다윗은 자신의 사람들이 3일 동안 여자를 가까이하지 아니하였다는 맹세를 하고 거룩한 떡을 받아 그의 사람들에게 주었다(삼상 21:5-6). 그 당시 다윗과 그의 사람들은 배고픔으로 인해 죽을 정도로 극한 상황에 놓여 있지 않았을 것이다. 그럼에도 대제사장 이외에 누구도 먹을 수 없는 거룩한 떡을 먹고 그의 사람들에게 나누어 주었다. 예수님께서는 다윗의 이 이야기를 인용함으로써 다윗과 그의 사람들의 행위를 제자들의 행동과 일치시켰다.

탈버트(Tolbert)는 예수님께서 인용한 내용이 제자들의 행동과 유사하지 않다고 주장한다.[48] 실제로 다윗과 그의 사람들의 일을 제자들의 행동과 연결하는 것은 쉽지 않다. 두 이야기 사이에 차이가 있기 때문이다. 다윗의 행동은 진설병을 먹은 것과 관련되어 있지만, 제자들의 행동은 안식일 법을 어긴 것과 관련되어 있다. 특히, 거룩한 떡은 안식일 준수와 같이 십계명에 규정한 것도 아니고 창조 질서에 근거한 것도 아니다. 제자들은 자유롭게 곡식밭을 거닐고 있으나 다윗은 사울에게 쫓기는 절박한 상황에 처해 있었다. 다윗은 조심스럽게 떡 다섯 덩이나 다른 먹을 만한 음식이 있느냐고 물으며(삼상 21:3), 제사장이 먼저 다윗에게 그의 사람들이 여자를 가까이하지 않았으면 진설병

---

48   Mary Ann Tolbert, "Is It Lawful on the Sabbath To Do Good or To Do Harm: Mark's Ethics of Religious Practice", 207.

을 주겠다고 제안한다(삼상 21:4). 그리고 다윗이 성전에 들어가서 떡을 가져 간 것이 아니라 제사장이 진설병을 가져다준다(삼상 21:6). 다윗과 그의 사람들에 관한 이야기와 예수님과 제자들에 관한 이야기 사이에 존재하는 이러한 차이들로 인해 두 이야기를 병행시키는 것은 적절해 보이지 않는다. 제자들은 다윗과 그의 사람들과 달리 직접 추수를 하기 때문이다.

그럼에도 다윗의 진설병 이야기와 제자들의 이삭을 자른 이야기는 중요한 공통점이 있다. 두 이야기는 진설병이나 이삭을 위해 사람이 존재하는 것이 아니라 그것들이 사람을 위해 존재한다고 말한다. 즉, 거룩한 떡과 거룩한 날을 위해 사람이 존재하는 것이 아니라 사람을 위해 그것들이 존재한다는 것이다. 또 다른 유사점은 안식일이란 주제에서 찾을 수 있다. 일반적으로 진설병은 지성소 앞의 제단에 금으로 입힌 떡 놓는 상위에 12개를 두 줄로 진열하여 일주일 동안 올려놓은 후 안식일에 교체한다.[49] 교환한 거룩한 떡은 아론과 그의 자손이 거룩한 곳에서 먹는다(레 24:5-9). 이런 이유로 랍비들은 다윗의 이야기가 안식일에 일어난 것으로 이해한다.[50] 그러므로 예수님께서 안식일에 일어난 다윗의 진설병 이야기를 안식일 논쟁의 실례로 언급한 것은 적절하다.

예수님께서 다윗의 진설병 이야기를 인용한 것은 도전을 받지 않았다. 두 이야기의 병행은 두 행동의 유사한 성격과 안식일이란 공통점으로 인해 성립되었기 때문이다. 만일 제자들이 안식일에 굶주림을 채우기 위해 추수하여 먹은 것이 불법이라면, 다윗과 그의 사람들이 안식일에 굶주림을 채우기 위해 진설병을 먹은 것도 불법이 된다. 반면에 다윗과 그의 사람들의 행동이 정

---

49   R. C. H. Lenski, *The Interpretation of St. Mark's Gospel* I, 『마가복음(상)』, 115.

50   Robert A. Guelich, *Mark 1-8:26*, 122; Joachim Gnilka, *Das Evangelium nach Markus*, 『마르코복음』, 151.

당하다면 예수님 제자들의 행동도 정당한 것이 된다. 예민한 바리새인들은 예수님의 실례가 적절하다고 판단하였기에 침묵으로 반응한다. 그러나 제자들의 이야기와 다윗의 이야기 사이의 유사성은 안식일에 행한 것뿐 아니라 인간에게 금지된 것을 행하는 것에도 있다.[51] 따라서 예수님께서 제자들의 행동을 정당화하기 위해 다윗과 그의 사람들의 행동을 실례로 든 것은 초점을 벗어나지 않는다.

예수님께서는 "안식일이 사람을 위하여 있는 것이요 사람이 안식일을 위하여 있는 것이 아니니"라고 안식일의 의도와 목적을 천명한다(2:27). 그리고 안식일보다 더 큰 자신의 권세를 드러내어 "인자는 안식일의 주인"이라는 충격적인 선언을 한다(2:28).[52] 27절의 말씀이 이차적이라면 급진적인 28절의 말씀은 일차적이다. 예수님께서 안식일 법의 목적을 넘어 안식일의 주인 된 자신의 권세를 피력함으로써 중요한 것에서 더 중요한 것으로 나아갔기 때문이다. 바리새인들의 공격적인 질문에 대한 예수님의 반응은 덜 중요한 것에 해당하는 것이 더욱 중요한 것에 더욱 해당하는 칼 봐코메르(qal wahomer)의 방식으로 진행된다. 즉, 예수님께서는 먼저 다윗과 그의 사람들이 한 일을 실례로 들어 대답한 후에 더 중요한 안식일의 의도와 목적을 천명한다. 그리고 보다 더 중요한 것으로서 자신이 안식일의 주인이라는 것을 드러내었다. 그렇게 함으로써 안식일의 주인 된 자기 권위에 의존하여 안식일 목적을 천명하고 대적자들을 설득하려고 한다. 아니 안식일의 참된 목적을 회복하기 위해 안식일 법을 재해석한다. 분명히 예수님은 인간의 긴급한 우선권을 인정하고 자신의 최종적인 권위를 주장한다.[53] 예수님에게 있어서 거룩한 떡, 안

---

51 John Mark Hicks, "The Sabbath Controversy in Matthew: An Exegesis of Matthew 12:1-14", 84.

52 양용의, 『마가복음 어떻게 읽을 것인가』, 75.

53 Mary Ann Tolbert, "Is It Lawful on the Sabbath To Do Good or To Do Harm: Mark's Ethics of

식일, 십계명, 율법 등은 모두 인간을 유익하게 하고 인간을 섬기는 역할을 하도록 하나님에 의해 주어진 것이었다.

사실 율법은 안식일에 곡식을 자르지 말라고 구체적으로 명시하고 있지 않다. 곡식 자르는 것을 노동으로 간주하여 금지한 것은 유대교의 전승에 기초한 것이다. 유대교 종파 중에 구전전승을 가장 중시한 바리새인들은 안식일법을 사소하게 그리고 세부적으로 적용하는 것을 좋아한다.[54] 그러한 바리새인들의 적용이 올바르지 않다는 것을 설득하기 위해 예수님께서 덜 중요한 것에 해당하는 것에서 더욱 중요한 것에 해당하는 것을 추론하는 방식으로 대답한다. 어떤 측면에서 구전전승에 기초한 대적자들의 논리를 깨뜨리는 예수님의 방식은 급진적이고 충격적인 것이다. 그 이유는 "인자는 안식일의 주인"이라는 말이 바리새인 입장에서 상상도 할 수 없을 만큼 놀라운 새 교훈이기 때문이다.[55]

일반적으로 랍비들은 안식일이 어느 특정한 한 사람을 위해 존재하는 것이 아니라 이스라엘을 위해 있다고 생각한다. 심지어 그들은 안식일이 인류를 위해 있는 것이 아니라 이스라엘을 위해 있다고 생각한다.[56] 안식일을 누릴 수 있는 특권이 이방인의 나라가 아닌 이스라엘에게만 주어졌기 때문이다. 희년서(The Book of Jubilees)는 안식일을 이스라엘이 선택받은 근거로 제시하고 있다. "그가 우리에게 말씀하셨다: 내가 모든 민족 가운데 한 민족을 구별해 낼 것이다. 그들은 안식일을 지킬 것이며 나는 그들을 내 민족으로 거룩하게 하고 그들을 축복할 것이다. 내가 안식일을 거룩하게 했고 또 나를 위해 거룩

Religious Practice', 209.

54 이준호, 『성경과 함께 읽는 신약배경사』, 99.

55 Francis Wright Beare, "The Sabbath Was Made for Man?', 132.

56 Francis Wright Beare, "The Sabbath Was Made for Man?', 131.

하게 하듯이 그들을 축복하리라. 그들은 내 백성이 되고 나는 그들의 하나님이 되리라"(2, 19).[57] 이러한 사고를 하는 대적자들에게 예수님께서 안식일 위에 자신이 존재한다고 언급할 때, 그들은 큰 충격을 받았을 것이다. 왜냐하면 예수님께서 자신을 안식일의 주인으로 언급한 교훈이 그의 제자들을 안식일 법으로부터 자유하게 하고 그들의 행동을 정당한 것으로 만들었기 때문이다. 그리고 안식일 법이 예수님의 권위에 종속되어 있으며 그가 제자들의 행동에 무죄를 선언하고 있기 때문이다.

예수님의 답변으로 주어진 2:27과 2:28의 의미를 이해하는 것은 쉽지 않다. 2:27의 "사람"(ἄνθρωπος)과 2:28의 "인자"(ὁ υἱὸς τοῦ ἀνθρώπου)에 대한 차이를 해결하는 문제가 학자들 사이에 여전히 논쟁거리로 남아있기 때문이다. 베어레(Beare)는 두 용어가 아람어 바르 나사(afn rb)를 번역한 동의어라고 주장한다.[58] 그의 주장이 올바르다면, 두 용어는 같은 의미로 해석될 수 있다. 만일 28절의 "인자"를 27절을 따라 "사람"으로 해석하면 사람이 안식일의 주인이라는 내용이 되어 올바르지 못하다.[59] 그것은 사람에게 너무 높은 지위를 부여하는 것이다. 그러나 27절의 "사람"을 28절의 "인자"를 따라 해석하면 인자가 인칭대명사 "나"의 대용어가 되어 안식일이 인자를 위해 만들어졌고 예수 자신이 안식일의 주인이 된다.[60] 후자의 견해가 더 설득력이 있어 보

---

57   Joachim Gnilka, *Das Evangelium nach Markus*, 『마르코복음』, 153.

58   Francis Wright Beare, "The Sabbath Was Made for Man?', 130.

59   Robert A. Guelich, *Mark 1-8:26*, 125; Joachim Gnilka, *Das Evangelium nach Markus*, 『마르코복음』, 152; 비교. C. C. Torrey, *The Four Gospels: A New Translation* (New York: Harper, 1933), 73. 토레이 (Torrey)는 "안식일은 사람을 위한 것이고 안식일을 위하여 사람이 있는 것이 아니다. 그러므로 사람은 안식일의 주인이다"라고 번역한다.

60   Francis Wright Beare, "The Sabbath Was Made for Man?', 131-32; 비교. T. W. Manson, "Mark II 27f', *ConNT* 11 (1947), 145. 맨슨(Manson)은 "안식일은 인자를 위한 것이지 안식일을 위해 인자가 있는 것이 아니다. 그러므로 인자는 안식일의 주인이다"라고 번역한다.

인다. 학자들의 견해로부터 좀 더 자유로운 시각은 28절을 27절과 연결하지 않고 논쟁 담화 전체와 연결하는 것이다.[61] 그러한 경우 "인자"는 종말론적인 메시아로 이해될 수 있다(8:31, 9:9, 9:31, 10:45, 13:26, 14:21, 14:62). 이 경우 예수님께서 신적인 권세를 가지고 제자들의 안식일 행동을 합법화시킨 것으로 이해할 수 있다.

예수님께서 제자들의 행동을 합법화하기 위해 다윗의 이야기를 실례로 들었을 때 대적자들은 놀랐을 것이다. 예수님의 구약 인용이 다윗과 자신을 동일시하고 다윗의 사람들과 제자들을 동일시하도록 요구하고 있기 때문이다. 이러한 가르침에 근거하여 초대교회는 다윗과 예수 예표론에서 간접적이지만 기독론적으로 메시아적인 의미를 알게 되었을 것이다.[62] 예수님은 위대한 다윗보다 더 크고 위대한 아들이다.[63] 실제로 인자는 기름 부음을 받은 메시아적인 다윗의 후손이다.[64] 다윗의 사람들이 다윗 왕을 도와 새로운 왕국을 세운 것과 같이, 예수님의 제자들도 예수님을 도와 하나님의 나라를 세우는 자리로 부름을 받는다. 다윗의 사람들처럼, 제자들도 하나님 나라를 전파하기 위해 다른 곳으로 이동하고 있었다.[65] 그들은 안식일에 한가롭게 산책하고 있지 않다. 이렇게 제자들의 행동을 다윗과 그의 사람들의 행동에 호소하여 변호한 것은 그 자체가 이미 예수님과 제자들의 행동을 권위 있는 것으로 보도록 만든다. 적어도 예수님의 시각에는 제자들이 다윗의 사람들처럼 새 나라를 세우는 일꾼들로 보인다. 바로 여기에 제자들의 행동에 대한 예수님의

---

61   Joachim Gnilka, *Das Evangelium nach Markus*, 『마르코복음』, 157.

62   Robert A. Guelich, *Mark 1-8:26*, 128.

63   Francis Wright Beare, "The Sabbath Was Made for Man?', 135.

64   Francis Wright Beare, "The Sabbath Was Made for Man?', 134.

65   T. W. Manson, *The Saying of Jesus* (London: SCM, 1957), 190.

반응에 종말론적이고 메시아적인 이해가 담겨 있다. 제자들은 하나님 나라의 제사장적 봉사자들로 일하고 있다.

2. 두 번째 반응: 안식일의 정신(3:4)

안식일 치료 이야기의 논점은 안식일에 치료 행위가 가능한가에 대한 것이다(3:1-6). 예수님께서는 안식일에 선을 행하고 생명을 구하는 치료가 가능하다는 생각을 가지고 다음과 같이 질문한다(3:4). "손 마른 병자를 치료함으로써 안식일에 선을 행하는 것과 악을 행하는 것, 생명을 구하는 것과 죽이는 것 중에 어느 것이 옳으냐?" 양자택일을 요구하는 예수님의 공격적인 서로 연결된 두 질문은 대적자들을 침묵하도록 만들었다. 그리고 그들에게 선을 행하고 생명을 구해야 한다는 답변을 하도록 압박한다. 그들은 침묵함으로써 마음의 완악함을 표현한다.[66] 예수님께서는 바리새인들과 충돌할 것을 알면서도 한쪽 손 마른 사람을 치료하여 온전하게 한다. 그렇게 함으로써 하나님과의 관계를 회복시키고 하나님의 형상을 회복하게 하여 진정한 안식을 누릴 수 있도록 해주었다.[67] 이것은 질병으로 고통받는 자에게 선을 행하고 생명을 구한 것이다.[68] 그리고 예수님께서 세상에 온 이유이고 그의 사역의 본질적인 목적이다.

첫 번째 질문으로서 "안식일에 선을 행하는 것과 악을 행하는 것" 중에 어느 것이 옳은지에 대해 답변하는 것은 쉽지 않다. 왜냐하면 안식일에 선을 행하는 것과 악을 행하는 것에 대한 율법적인 설명이 명시적으로 등장하지 않

66　Robert A. Guelich, *Mark 1-8:26*, 137.

67　이준호, "구조로 본 '중풍 병자 치유와 인자의 죄 용서'(막 2:1-12)", 42.

68　Robert A. Guelich, *Mark 1-8:26*, 136.

기 때문이다. 그러나 두 번째 질문으로서 "생명을 구하는 것과 죽이는 것" 중에 어느 것이 옳은지에 대해서는 쉽게 대답할 수 있다. 왜냐하면 안식일에는 짐승뿐 아니라 사람의 생명을 구하라는 계명이 명시적으로 나타나기 때문이다(비교. 마 12:11; 눅 14:5).[69] 안식일에 선을 행하는 것과 악을 행하는 것, 두 경우 중에 본문은 표면적으로 전자에 해당된다. 한쪽 손 마른 사람을 치료하는 것은 생명을 살리는 일이라기보다 선을 행하는 것으로 이해될 수 있다. 환자가 죽음의 위기에 놓여 있는 절박함이 없기 때문이다. 그는 다음 날까지 기다렸다가 치료를 받아도 되었다. 지금까지 치료를 기다렸기 때문에 하루 더 기다린다고 해도 생명에 위협을 받을 만큼 심각한 상황에 놓여 있지 않았기 때문이다. 분명히 그의 질병은 안식일 법을 깨뜨리거나 십계명을 어길 만큼 심각한 상태가 아니었다. 여기에서 예수님의 질문의 요점이 무엇인지 알 수 있다. 예수님께서는 안식일에 인간을 이롭게 하거나 선을 행하는 것을 허용해야 한다고 말하고 있다. 그리고 유대교의 안식일 규례에 문제점이 있다는 것을 드러내기 위해 손 마른 사람을 치료함으로써 안식일에 선을 행한다(3:5).

반면에 바리새인들은 "곧" 나가서 대적자들과 협력한다. 그들은 헤롯당과 함께 예수님을 죽일 방도를 찾았다(3:6).[70] 그들의 행동은 예수님께서 "안식일에 선을 행하는 것과 악을 행하는 것, 생명을 구하는 것과 생명을 살리는 것, 어느 것이 옳으냐?"라는 질문에 대한 부정적인 반응이었다. 그들은 안식일에 악을 행하고 생명을 죽이는 쪽을 선택한다. 안식일의 수호자로 자처하던 바리새인들이 안식일에 예수님을 죽일 계획을 도모함으로써 안식일 정신을 깨

---

69 Mary Ann Tolbert, "Is It Lawful on the Sabbath To Do Good or To Do Harm: Mark's Ethics of Religious Practice', 210.

70 Robert A. Guelich, *Mark 1-8:26*, 138.

뜨렸다.[71] 조금도 주저하지 않고 "곧" 예수님을 죽일 방도를 도모하는 그들의 계획은 안식일에 회당에서 한쪽 손 마른 환자를 치료함으로 선을 행하는 예수님의 행동과 대조를 이룬다. 예수님께서 그들의 "마음이 완악함을 탄식하사 노하심으로" 둘러본 것은 결코 지나친 반응이 아니다(3:5).

예수님의 시각에서 볼 때, 안식일이라는 이유로 병든 사람을 치료하지 않는 것은 악을 행하는 것이고 생명을 죽이는 것이었다. 그리고 안식일에 병든 사람을 치료하는 것은 선을 행하는 것이고 생명을 살리는 것이었다. 그래서 병든 자를 안식일에 치료한 예수님의 행위는 안식일 노동에 관한 유대교의 세부적인 규례를 넘어 안식일의 정신과 목적을 성취하는 것이다. 예수님의 안식일 치료 행위와 대적자들에게 던진 질문을 기록한 마가의 내용은 독자로 하여금 그렇게 말하고 행동하는 예수님이 누구인지 생각하도록 만든다. 그리고 예수님을 안식일의 주인으로서 안식일의 목적과 정신을 확립하고 그것을 실현함으로써 새로운 패러다임을 열어 놓는 자로 소개하고 있다. 그는 진정한 안식일 법의 해석자요, 안식일 법의 정신을 구현하는 자요, 안식일 법을 성취하는 자다.

V. 나가는 말

예수에 대한 바리새인들의 비난은 전승에 기초한 사소한 안식일 규례에서 비롯되었다. 그들은 율법의 정신을 세우는 것과 같이 중요하고 무거운 문제에 관심하지 않았다. 오히려 안식일에 이삭을 자르는 것이 옳은지 옳지 않

---

71 양용의, 『마가복음 어떻게 읽을 것인가』, 80.

은지 혹은 안식일에 심각하지 않은 질병을 치료하는 것이 옳은지 옳지 않은지와 같은 가벼운 문제에 몰두한다. 그들은 죄 용서(2:1-12), 음식(2:13-17, 18-22), 안식일(2:23-28; 3:1-6)과 같은 문제와 그것들과 관련된 사소한 문제에 대한 규례를 세우고, 그것을 율법과 대등한 위치에 올려놓았으며, 때로는 율법보다 더 높은 상위의 법으로 간주한다. 그로 인해 바리새인과 예수 사이에 논쟁이 시작되었고 안식일 규례에 관한 해석을 둘러싸고 심각한 충돌이 발생한다. 그리고 마침내 논쟁 담화의 안식일 치료 논쟁에서 예수님에게 죽음의 그림자가 다가오기 시작한다.

예수님은 사소한 규례를 넘어 더 큰 안식일 법의 정신을 회복하는 데 관심을 가진다. 그는 창조 정신에 기초하여 안식일을 제정한 하나님의 의도와 사람을 창조한 목적을 선언한다. 예수님께서 재해석한 안식일 법의 목적은 안식일 법보다 인간을 더욱 중시하는 것이다. 비록 생명이 위협받을 만큼 긴박하거나 중대한 문제는 아니나 인간의 필요를 채우거나 질병을 치료함으로써 하나님의 형상을 회복하도록 하는 일은 안식일에 허락되었다. 예수님의 안식일 교훈의 중심에는 사람이 위치한다. 그 위에는 안식일의 주인으로서 예수님이 위치한다. 다윗의 이야기를 인용하여 제자들의 정당성을 옹호한 예수님은 뛰어난 율법의 해석자이며, 랍비 전승보다 성경의 권위를 더 세우는 자다. 그는 질병으로 고통당한 한쪽 손 마른 자를 치료함으로써 진정한 안식을 제공하였으며 생명을 구원함으로써 진정한 선을 행한다. 그는 대적자들을 설득하기 위해 적합한 구약성경을 인용하고, 안식일 법에 대한 깊은 이해 아래 그 의미와 목적을 드러내고, 다윗보다 높은 메시아적인 자신의 권위를 드러낸다. 그는 전승에 의존하여 그릇된 율법 준수를 하지 말고 안식일 법의 정신을 중요하게 생각하여 사람에게 유익하게 하라고 가르친다.

● 참고문헌

박흥순, "바람직한 기독 지식인: 누가복음의 안식일 논쟁단락을 중심으로", 『신앙과 학문』, 제13권 1호 (2008): 81-111.

양용의, 『마가복음 어떻게 읽을 것인가』, 서울: 성서유니온선교회, 2010.

이준호, "구조로 본 '중풍 병자 치유와 인자의 죄 용서'(막 2:1-12)', 『성경과 신학』, 제45권 (2008): 35-71.

_____, 『성경과 함께 읽는 신약배경사』, 서울: 한국학술정보, 2012.

장재, "신명기 안식일 계명에 대한 소고", 『성경과 신학』, 제41권 (2007): 169-198.

Beare, Francis Wright, "The Sabbath Was Made for Man?", *Journal of Biblical Literature* 79 (1960): 130-136.

Dewey, Joanna, "The Literary Structure of the Controversy Stories in Mark 2:1-3:6", *JBL* 92 (1973): 394-401.

France, R. T., *The Gospel of Matthew*, NICNT. Grand Rapids, Michigan: William B. Eerdmans Publishing, 2007.

Gnilka, Joachim, *Das Evangelium nach Markus*, Zürich, Einsiedeln, Köln: Benziger, 1978., 『마르코복음』, 국제성서주석 28, 번역실 역, 서울: 한국신학연구소, 1985.

Guelich, Robert A., Mark 1-8:26, *WBC*. vol. 34, Dallas, Texas: Word Books Publisher, 1990.

Hagner, Donald A., "Jesus and the Synoptic Sabbath Controversies", *Bulletin for Biblical Research* 19 (2009): 215-248.

Hicks, John Mark, "The Sabbath Controversy in Matthew: An Exegesis of Matthew

12:1-14', *Restoration Quarterly* 27 (1984): 79-91.

Hultgren, Arland J., "The Formation of the Sabbath Pericope in Mark 2:23-28', *Journal of Biblical Literature* 91 (1972): 38-43.

Kingsbury, Jack D., *The Christology of Mark's Gospel,* Philadelphia: Fortress Press, 1983.

Lane, William L., *The Gospel according to Mark,* NICNT, Grand Rapids, Michigan: William B. Eerdmans Publishing, 1974.

Lenski, R. C. H., *The Interpretation of St. Mark's Gospel* Ⅰ, 『마가복음(상)』, 배영철 역, 서울: 백합출판사, 1979.

Manson, T. W., "Mark Ⅱ 27f', *ConNT* 11 (1947): 138-46.

, *The Saying of Jesus,* London: SCM, 1957.

Parrott, Rod, "Conflict and Rhetoric in Mark 2:23-28', *Semeia* 64 (1993): 117-37.

Queller, Kurt, "'Stretch Out Your Hand!' Echo and Metalepsis in Mark's Sabbath Healing Controversy', *JBL* 129 (2010): 737-58.

Rhoads, David, Dewey, Joanna, Michie, Donald, *Mark as story : An Introduction to the Narrative of a Gospel,* 『이야기 마가: 복음서 내러티브 개론』, 서울: 이레서원, 2003.

Sanders, E. P., *Jewish Law from Jesus to the Mishnah: Five Studies,* Philadelphia: Trinity Press International, 1990.

Schmidt, Daryl D., "The Sabbath Day: To Heal or Not to Heal', *Dialogue* 27 (1994): 124-147.

Tolbert, Mary Ann, "Is It Lawful on the Sabbath To Do Good or To Do Harm: Mark's Ethics of Religious Practice', *Perspectives in Religious Studies* 23 (1996): 199-214.

Torrey, C. C., *The Four Gospels: A New Translation,* New York: Harper, 1933.

비유의 윤리적 의미와 신학적 해석의 가능성: 누가복음 10:29-37에 대한 해석학적 연구[†]

[†] 본 논문은 21세기기독교사회문화아카데미에서 발행하는 『신학과사회』, 제36권, 제25호 (2022): 57-87에 게재되어 있다.

I. 시작하는 글

예수님의 비유는 대부분 한 가지 문자적 의미를 분명하게 보여준다.[1] 그 의미는 대체로 선한 삶에 관한 윤리적 교훈으로서 비유의 중심주제이다. 하지만 어떤 비유는 한 가지 이상의 또 다른 암시적 의미를 함축하고 있다.[2] 암시된 의미는 비유 자체가 지닌 은닉성에서 기인한다. 예수님은 하나님 나라와 같이 초월적 개념을 가르치거나 자기 신분과 구원 사역을 알릴 때 외인들에게 숨기기 위한 목적으로 비유로 가르친다(막 4:10-12; 눅 9:43a-45). 그러한 이유로 문자적 의미와 암시적 의미를 동시에 지닌 비유는 해석자에게 혼란을 가중시킨다. 여기에서 비유의 의미가 한 가지인지 아니면 여러 가지인지에 대한 논의와 함께 암시적 의미를 지닌 비유의 해석 방법에 대한 문제가 부각된다.

중세시대 교부들은 비유 안에 언급된 세부 사항에서 사중적 의미를 찾으려고 한다. 다양한 영적 의미를 찾기 위한 그들의 노력은 지나친 알레고리 해석

---

1   Robert H. Stein, *An Introduction to the Parables of Jesus* (Philadelphia: Westminster, 1981), 42-71.

2   Craig L. Blomberg, *Interpreting the Parables* (Downers Grove, Illinois: IVP, 1990), 232-33.

을 시도하는 길로 갔다.[3] 그러한 해석의 부작용을 바로잡기 위해 학자들은 알레고리 해석을 거부하고 비유에는 문자적 의미만 있다고 주장한다.[4] 심지어 예수님이 알레고리를 사용하지 않았는데 초대교회가 알레고리로 기록한 것으로 말한다.[5] 그로 인해 비유의 숨겨진 신학적 의미는 땅속 깊은 곳에 묻히게 되었다. 이제 일부 비유에서 문자적인 하나의 윤리적 교훈을 넘어 암시된 신학적 의미를 찾는 방법과 근거에 대해 고민할 때가 되었다.

많은 학자의 비판에도 불구하고 비유에서 암시된 의미를 찾는 일은 부분적으로 지속되고 있다. 그 이유는 성경에 상징적 의미를 담고 있는 비유들이 실제 존재하고 그 신학적 의미가 매우 중요하기 때문이다.[6] 본 논문은 누가복음에만 등장하는 가장 많이 알려진 선한 사마리아인 비유를 통해 비유에 하나의 윤리적 의미 이외에 또 다른 신학적 의미가 있는지 확인하고 그 의미를 찾는 방법을 모색한다.[7] 이를 위한 연구 방법으로는 선한 사마리아인 비유의 세부 사항에 대한 알레고리 해석의 범위를 한정하기 위해 비유 본문의 인접 문맥 읽기와 주요 용어를 중심으로 언어학적 접근을 시도한다. 또한 부분적으로 누가복음의 구조와 배경을 고려하여 그 빛 아래 비유의 의미를 한정한다.

---

3 대표적인 인물로는 Clement Alexandria(150-215), Origen(184-254), Augustine(354-430) 등을 들 수 있다. 이러한 경향은 중세 스콜라 신학자 Venerable Bede(637-735), Bernard of Clairvaux(1090-1153), Bonaventura(1217-1274), Thomas Aquinas(1226-1274) 등으로 이어진다.

4 Robert H. Stein, An *Introduction to the Parables of Jesus,* 42-71; C. H. Dodd, *The Parable of the Kingdom* (New York: Charles Scribner's Sons, 1961), vii, 1-12; A. T. Cadoux, *The Parables of Jesus: Their Art and Use* (London: J. Clark, 1930), 50.

5 Joachim Jeremias, *The Parables of Jesus* (Upper Saddle River, N.J.: Prentice Hall, 1972), 88, 89.

6 John Drury, *The Parables in the Gospels: History and Allegory* (New York: Crossroad, 1985), 112. 드러리는 알레고리로 해석해야 할 비유로 '밤중에 찾아온 친구 비유'(눅 11:5-8), '잃어버린 양 비유'(눅 15:4-7), '잃어버린 동전 비유'(눅 15:8-10), '잃어버린 아들 비유'(눅 15:11-32), '주인과 종 비유'(눅 16:1-13), '불의한 재판관 비유'(눅 18:2-8) 등을 언급한다.

7 David Wenham, *The Parables of Jesus* (Downers Grove, Illinois: IVP, 1989), 154.

이러한 방법은 비유 본문 자체의 문자적 의미로서 윤리적 교훈을 보존할 뿐 아니라 세부 사항에 무리한 영적 의미를 부여하는 지나친 알레고리 해석을 피하고 비유로 말하는 자와 그 사역의 의미를 알도록 암시된 신학적 의미를 찾는 일에 유용할 것이다.[8]

II. 인접 문맥 읽기

1. 율법사와 예수님의 대화 I : 하나님 사랑과 이웃 사랑

선한 사마리아인 비유(10:29-37)는 예수님과 율법사의 대화(10:25-28)와 마르다와 예수님의 대화(10:38-42) 사이에 놓여있다. 세 단락은 서로 단절된 것처럼 보이지만 샌드위치 구조를 형성하며 주제와 구조에서 긴밀하게 연결되어 있다.

단락 I (10:25-28)과 단락 II (10:29-37)는 학자들로부터 서로 조화될 수 없는 불협화음으로서 인위적 연결이라는 공격을 받는다.[9] 그러나 랍비들의 해석 기법에 익숙한 사람이라면 두 단락이 이론과 실제의 관계로 연결된 것을 알 수 있다.[10] 단락 I 은 영생에 관한 주제 아래 하나님 사랑과 이웃 사랑이란 이

---

8   Saint Augustine, *Quest.ev.*, 2, 19 (Washington, D. C.: Catholic University of America Press, 1982). 어 거스틴의 지나친 알레고리 해석의 요약으로는 Robert H. Stein, *An Introduction to the Parables of Jesus*, 46을 보라.

9   J. Duncan M. Derrett, "Law in the New Testament: Fresh Light on the Parable of the Good Samaritan," *NTS* 10 (1964), 22; Colin M. Ambrose, "Desiring to Be Justified: An Examination of the Parable of the Good Samaritan in Luke 10:25-37," *Sewanee Theological Review* 54 (2010), 20-21.

10 J. Duncan M. Derrett, "Law in the New Testament: Fresh Light on the Parable of the Good Samaritan," 22; I. Howard Marshall, *The Gospel of Luke: A Commentary on the Greek Text,* The New

중 계명을 이론적으로 제시한다(10:25-28). 단락 II 는 이론에 대한 실제로서 이웃 사랑의 모범적인 실례를 제공한다(10:29-37).

단락 III (10:38-42)는 앞선 두 단락(10:25-28; 29-37)과 내용에서 단절된 것으로 보인다. 하지만 구조와 중심주제에서 두 단락과 각각 연결되어 있다. 단락 I 에 제시된 하나님 사랑과 이웃 사랑의 이중 계명은 단락 II 와 단락 III 에서 각각 역순으로 등장한다.[11] 즉 이웃 사랑이란 주제는 선한 사마리아인 비유에서 먼저 언급되고, 하나님 사랑이란 주제는 마르다 자매와 예수님의 대화에서 등장한다.[12] 저자는 이웃 사랑과 하나님 사랑의 이중 계명 아래 남자들에 관한 비유 이야기와 여자들에 관한 마르다 자매 이야기를 균형 있게 배치하여 하나의 쌍을 이루도록 연결한다.[13] 이러한 구조를 표로 제시하면 다음과 같다.

	본문	주제	주요 인물
단락 I	10:25-28 (대화)	하나님 사랑 · 이웃 사랑	율법 교사와 예수님
단락 II	10:29-37 (비유)	*이웃 사랑*	제사장 · 레위인과 *사마리아인*
단락 III	10:38-42 (대화)	하나님 사랑	마리아 · 마르다와 예수님

International Greek Testament Commentary (Grand Rapids, Michigan: William B. Eerdmans Publishing Company, 1978), 440.

11 John Nolland, *Luke 9:21-18:34*, 579-580; Craig A. Evans, *Luke*, New International Biblical Commentary (Peabody Massachusetts: Hendrickson Publishers, 2008), 175.

12 I. Howard Marshall, *The Gospel of Luke: A Commentary on the Greek Text*, 450.

13 John Nolland, *Luke 9:21-18:34*, 600-601. 놀랜드가 선한 사마리아인 비유와 마르다 자매와 예수님의 대화 사이의 병행에 관해 설명한 것을 보라. "어떤 사람"과 "한 여자', 여행 주제, "주" 호칭 사용, 이웃 사랑과 하나님 사랑의 연결된 주제 등이 병행을 이룬다.

2. 율법사와 예수님의 대화 II : 이웃 사랑

율법사는 예수님을 시험하기 위한 목적으로 "내가 무엇을 하여야 영생을 얻으리이까"라는 첫 번째 질문을 한다(10:25). 그의 부정적인 의도와 태도를 간파한 예수님은 "율법에 무엇이라 기록되었으며 네가 어떻게 읽느냐"라고 두 가지 질문으로 반문한다(10:26). 율법사는 자신 있게 신명기 6:5와 레위기 19:18을 각각 인용하여 하나님 사랑과 이웃 사랑이라고 첫 번째 질문에 대답하고 두 번째 질문에는 침묵한다(10:27).[14] 예수님은 그의 율법적인 대답에 대해 옳다고 인정하며 "이를 행하라. 그러면 살리라"라고 명령한다(10:28). 즉 영생을 얻기 위해서는 율법을 아는 것만으로 충분하지 않으며 그것을 실천해야 한다는 것이다.

율법사는 자신의 의를 드러내기 위한 목적으로 "내 이웃이 누구니이까?"라고 두 번째 부정적인 질문을 한다(10:29).[15] 이웃의 자격과 대상에 대한 율법사의 질문은 레위기 19장에 등장하는 이웃의 범위에 이스라엘 백성(19:18 '동포')과 이방인(19:33-34, 즉 '거류민')을 모두 포함해야 하는지에 대한 해석적 토론으로 인도한다.[16] 그의 잘못된 질문에 예수님은 비유로 제사장과 레위인이

---

14 레위기 19:18과 선한 사마리아인 비유의 관련성에 관한 연구로는 Norman H. Young, "The Commandment to Love Your Neighbor as Yourself and the Parable of the Good Samaritan (Luke 10:25-37)," *Andrews University Seminary Studies* 21 (1983): 265-272를 보라.

15 Colin M. Ambrose, "Desiring to Be Justified: An Examination of the Parable of the Good Samaritan in Luke 10:25-37," *Sewanee Theological Review* 54 (2010), 23-24. 암브로스가 누가복음과 사도행전에서 δικαιόω가 사회학적 의를 가리키는지 혹은 구원론적 칭의의 의미로 사용되었는지에 관해 토론한 것을 보라.

16 Joshua Marshall Strahan, "Jesus Teaches Theological of the Law: Reading Samaritan in Its," *Journal of Theological Interpretation* 10 (2016), 74: John Nolland, *Luke 9:21-18:34*, Word Biblical Commentary 35B (Dallas, Texas: Word Books Publisher, 1993), 584.

아닌 사마리아인처럼 자비를 베풀어 다른 사람의 이웃이 되어야 한다는 충격적인 답변을 한다(10:37). 그리고 자기중심적 이웃관을 버리고 타인 중심적 이웃관을 갖도록 하려고 강도 만난 자의 이웃이 되어준 자가 누구인지 묻는다(10:36). 율법사가 "자비를 베푼 자"가 강도 만난 자의 이웃이 되었다고 대답하자 예수님께서 "가서 너도 이와 같이 하라"고 명령한다(10:37). 이렇게 영생의 주제 아래 진행된 예수님과 율법사의 긴장감 넘치는 토론은 구조적으로 병행을 이룬다.

A. "내가 무엇을 하여야 영생을 얻으리이까?"	질문	(25절)
B. "율법에 무엇이라 기록되었으며 네가 어떻게 읽느냐?"	반문	(26절)
C. "하나님을 사랑하고 네 이웃을 사랑하라"	대답	(27절)
D. "이를 행하라. 그러면 살리라"	명령	(28절)
A´. "내 이웃이 누구니이까?"	질문	(29절)
B´. "누가 강도 만난 자의 이웃이 되겠느냐?"	반문	(36절)
C´. "자비를 베푼 자니이다"	대답	(37절)
D´. "가서 너도 이와 같이 하라"	명령	(37절)

병행 구조는 이웃을 자신처럼 사랑해야 한다는 윤리적 교훈을 제공한다. 동시에 윤리적 교훈이 영생이란 구원론적 주제와 긴밀히 연결되어 있다는 것을 보여준다.[17] 즉 이웃 사랑을 온전히 실천하는 것이 영생 얻는 길로 제시된다.

독자는 대화의 주제가 영생이라는 것과 예수님께서 율법사의 율법적 사고방식을 따라 반응하고 있다는 점에 주목할 필요가 있다. 그 이유는 선한 사마리아인 비유가 율법사의 율법적 질문에 대한 율법적 대답으로 제시되고 있기

17　Colin M. Ambrose, "Desiring to Be Justified: An Examination of the Parable of the Good Samaritan in Luke 10:25-37," 18.

때문이다. 이것은 예수님께서 율법의 정신을 구현하는 삶으로서 이웃 사랑에 대한 모범적인 실례를 비유로 제시하고 있다는 것을 의미한다.[18] 따라서 일차적으로 이 비유에서 윤리적 의미를 찾는 것은 지극히 자연스럽다.[19] 그러나 선한 사마리아인처럼 강도 만난 이웃을 불쌍히 여김으로 자비를 베풀어 완전한 사랑을 실천하여 영생 얻을 수 있는 사람이 있는지에 대한 구원론적 질문은 여전히 남아 있다.

3. 마르다 자매와 예수님의 대화: 하나님 사랑

마르다 자매와 예수님의 대화(10:38-42)는 예루살렘 근처에 있는 마을 베다니에서 이루어진다(요 11:1).[20] 마르다는 자신의 마을에 방문한 예수님을 집으로 초대한다(10:38). 그녀는 예수님을 영접하기 위해 분주히 행동하며 음식 준비에 몰두한 나머지 하나님 나라에 관한 가르침을 듣는 일에 실패한다(10:40; 비교 8:14).[21] 반면에 동생 마리아는 예수님의 발 앞에 앉아 신적 가르침을 듣는 일에 집중한다(10:39). 마르다는 자신이 하는 여러 가지 일의 중요성을 강조하며 예수님께 자신을 도와주도록 마리아에게 명령할 것을 요청한다(10:40). 그녀에게 있어서 최고의 관심은 여러 가지를 준비하는 일에 있다. 예수님은 마르다의 이름을 두 차례 부르며 많은 일로 근심하지 말고 마리아처럼 신적 가르침을 듣는 좋은 편을 선택하라고 비교급으로 훈계한다(10:41-42). 예수님은 일하는 분주한 행위보다 말씀 듣는 것을 우선시하고 하나님 나

---

18   I. Howard Marshall, *The Gospel of Luke: A Commentary on the Greek Text*, 445.

19   Colin M. Ambrose, "Desiring to Be Justified: An Examination of the Parable of the Good Samaritan in Luke 10:25-37," 18.

20   I. Howard Marshall, *The Gospel of Luke: A Commentary on the Greek Text*, 451.

21   Craig A. Evans, *Luke*, 177.

라의 가르침에 집중한 마리아의 좋은 선택을 칭찬한다. 이러한 이야기는 마리아를 하나님을 사랑한 모범적인 실례로 제시하기 위해 기록된다. 여기에서 하나님 사랑은 예수님의 말씀을 듣고 순종하는 것으로 표현된다.

마르다 자매와 예수님의 대화 이야기는 앞선 두 단락과 연관이 없는 것처럼 보인다. 하지만 이중 계명 아래 하나로 연결되어 있다. 즉 첫 번째 단락에 언급된 하나님 사랑과 이웃 사랑의 주제는 두 번째 단락에 언급된 이웃 사랑을 실천한 사마리아인의 모범적인 행동을 거쳐 세 번째 단락에서 하나님 사랑을 보여준 마리아의 이야기에 도달한다.[22] 이러한 흐름은 사마리아인의 친구로 비난받으며 죄인의 이웃이 되어준 예수님의 가르침을 듣고 받아들이도록 독자를 안내한다. 즉 영생 얻는 길은 선한 사마리아인처럼 이웃 사랑을 실천하고 마리아처럼 하나님을 사랑하는 것에 있다.

이러한 문맥 읽기는 선한 사마리아인 비유에서 윤리적 의미와 신학적 의미를 모두 고려하도록 요구한다. 즉 이 비유에서 이웃 사랑이라는 윤리적 의미와 영생에 관한 구원론적 의미를 찾도록 안내하고, 마르다 자매와 예수님의 대화 이야기에서는 하나님 나라에 관해 가르치는 자가 누구인지 기독론적 의미를 생각하도록 이끈다. 이렇게 영생이란 주제 아래 이중 계명으로 긴밀하게 연결된 세 단락은 비유에서 윤리적 교훈뿐 아니라 신학적 의미를 찾도록 허락한다. 즉 비유의 전후 문맥은 구조적으로 하나 이상의 의미를 찾도록 안내하고 해석의 틀로 기능한다.

22　John Nolland, *Luke 9:21-18:34*, 578; Craig A. Evans, *Luke*, 177.

Ⅲ. 윤리적 의미

1. 이웃 사랑

선한 사마리아인 비유에서 윤리적 의미로 이웃 사랑이란 주제를 도출하는 것은 앞선 문맥의 도움으로 어렵지 않다(10:27). 율법사는 예수님을 시험하고 이웃 사랑의 계명을 준수한 자신의 의를 드러내려는 이중적 목적으로 예수님으로부터 선한 사마리아인 비유를 말하도록 유도하는 역할을 하고 있기 때문이다. 예수님은 앞선 문맥의 중심 부분에 등장하는 하나님 사랑과 이웃 사랑이란 이중 계명 중에서 이웃 사랑을 확장하여 극적인 비유로 설명한다(10:27). 그로 인해 다수의 학자는 비유의 중심주제를 이웃 사랑으로 보아야 한다는 결론에 도달한다.[23] 실제로 비유 본문은 윤리적 교훈으로 읽도록 주장할 수 있는 분명한 근거를 몇 가지 제공한다.

첫째, 사마리아인 비유는 율법사의 율법적인 질문에 대한 예수님의 율법적인 답변으로 제시된다. 긴장감이 흐르는 대화에서 연속적으로 등장하는 포이에오(ποιέω) 동사의 빈번한 사용은 율법을 행하는 것의 중요성을 부각한다. 이 단어는 "내가 무엇을 하여야(ποιέω) 영생을 얻으리이까?"라는 율법사의 질문에서 처음부터 등장한다. 율법사는 계명을 염두에 두고 무엇을 하여야(ποιέω) 영생을 얻을 수 있는지를 묻는다(10:25).[24] 예수님은 유대인의 토론 방식을 사용하여 "율법에 무엇이라 기록되었으며 네가 어떻게 읽느냐"라고 두 가지 질

---

23 Colin M. Ambrose, "Desiring to Be Justified: An Examination of the Parable of the Good Samaritan in Luke 10:25-37," 17-18.

24 John Nolland, *Luke 9:21-18:34*, 585. 율법사에게 있어서 영생은 죽음 이후의 영원한 삶이 아니라 종말에 있을 하나님 나라에서의 삶을 가리킨다(단 12:1-4).

문으로 반문한다. 첫 번째 질문에 대해 율법사는 토라를 인용하여 하나님 사
랑과 이웃 사랑이라고 대답한다(신 6:5; 레 19:18; 비교. 마 12:30, 31).[25] 그에 대한
반응으로 예수님은 "이를 행하라(ποιέω) 그러면 살리라"라고 명령하여 윤리적
실천의 중요성을 강조한다. 여기에서 하나님 사랑과 이웃 사랑에 관한 토라
의 가르침을 행하는(ποιέω) 자가 영생을 얻는다는 가르침이 부각된다.

"네가 어떻게 읽느냐?"라는 예수님의 두 번째 질문은 율법사에게 "내 이웃
이 누구니이까?"라는 질문을 하도록 자극한다.[26] 자신을 의롭게 보이려는 율
법사의 두 번째 질문에 대한 예수님의 답변은 사마리아인 비유를 통해 유도
된 "자비를 베푼(ποιέω) 자"라는 율법사의 대답으로 제시된다. 예수님은 비유
라는 도구를 사용하여 선한 사마리아인처럼 강도 만난 자의 이웃이 되기 위
해 자비를 베풀어야 한다고 가르친다(10:29, 36-37).[27] 윤리적 실천을 강조하는
이 용어의 네 번째 사용은 "가서 너도 이와 같이 하라(ποιέω)"는 예수님의 마
지막 명령에서 등장한다(10:37). 이렇게 율법사와 예수님의 대화에서 처음부
터 끝까지 지속해서 등장한 이 용어의 사용을 통해 강조된 윤리적 실천은 이
웃 사랑의 모범적인 실례로 제시된 사마리아인의 행위를 통해 최고조에 도달
한다.

---

25 I. Howard Marshall, *The Gospel of Luke: A Commentary on the Greek Text,* 443.

26 J. Duncah M. Derrett, *Law in the New Testament* (London: Longman and Todd, 1970), 223-24. 그
의 논문 "Law in the New Testament: Fresh Light on the Parable of the Good Samaritan," *NTS* 10
(1964-65), 22-37을 참조하라. "네가 어떻게 읽느냐?"라는 예수님의 두 번째 질문은 "이 점에 대해
그대는 어떻게 율법을 해석하시오?"라는 의미로 이해할 수 있다.

27 Leon Morris, *Luke: An Introduction and Commentary.* Tyndale New Testament Commentaries 3
(England: Inter-Varsity Press, 1984), 208.

	율법사의 질문과 자기 답변	예수님의 두 명령
논쟁	"내가 무엇을 *하여야*(ποιέω) 영생을 얻으리이까?"	"이를 *행하라*(ποιέω) 그러면 살리라"
비유	"자비를 *베푼*(ποιέω) 자"	"가서 너도 이와 같이 *하라*(ποιέω)"

율법사의 문제는 청결에 대한 지나친 중시와 동정심 있는 행함의 결핍이다.[28] 이것은 누가복음에 반복해서 나타나는 주제이다. 예수님은 또 다른 율법사와 대화할 때 행함 없는 것에 대해 이렇게 저주한다. "화 있을진저 또 너희 율법교사여 지기 어려운 짐을 사람에게 지우고 너희는 한 손가락도 이 짐에 대지 않는도다"(11:46). 실제로 그들은 율법을 잘못 제정할 뿐 아니라 다른 사람이 율법 준수하는 것을 돕는 데 실패한다. 그러한 잘못은 안식일 논쟁을 통해 더욱 극명하게 드러난다. 예수님께서는 안식일에 자신의 치유 행위를 반대한 율법사와 바리새인들과 직면했을 때 "안식일에 선을 행하는 것과 악을 행하는 것, 생명을 구하는 것과 죽이는 것, 어느 것이 옳으냐"라고 도전한다(6:9). 또 다른 곳에서 율법사와 바리새인에게 "안식일에 병 고쳐 주는 것이 합당하냐 아니하냐"라고 묻는다(14:3). 안식일 법에 대한 예수님의 해석의 틀은 선을 행하라는 결과를 가져오지만, 율법사의 해석의 틀은 선을 행하지 말아야 한다는 결과를 가져온다. 그로 인해 율법주의자들은 계속해서 예수님의 도전적인 질문에 직면한다. "그러면 열여덟 해 동안 사탄에게 매인 바 된 이 아브라함의 딸을 안식일에 이 매임에서 푸는 것이 합당하지 아니하냐"(13:16). 이렇게 누가복음 전체에서 예수님은 안식일 법과 의식적 청결 규례를 강조하는 율법주의자들의 주장을 무력화하고 어려움 당한 이웃을 돕는 적절한 윤리적 행동을 요구한다(8:4-21; 11:28; 14:5).

둘째, 강도와 제사장과 레위인의 행동에 대한 세 장면은 사마리아인의 행

---

28   Joshua Marshall Strahan, "Jesus Teaches Theological of the Law: Reading Samaritan in Its," 77.

동과 극명한 대조를 이룬다. 첫 번째 장면에서 열성당파(zealots)로 추정되는 노상강도들이 그의 옷을 벗기고 때려 거의 죽은 것을 버리고 갔다는 기록은 사마리아인이 주막 주인에게 두 데나리온을 주며 강도 만난 자를 돌보아 주고 비용이 더 들면 돌아올 때 갚으리라는 언급과 대조를 이룬다(30, 35절).[29] 두 번째 장면에서 제사장이 강도 만난 자를 보고 피하여 지나간 것은 사마리아인이 강도 만난 자를 자기 짐승에 태워 주막으로 데리고 가서 돌보아 주는 장면과 거꾸로 병행을 이룬다(31, 34b절).[30] 세 번째 장면에서 레위인이 강도 만난 자를 보고 피하여 지나간 것은 사마리아인이 가까이 가서 기름과 포도주를 그의 상처에 붓고 싸매어준 것과 거꾸로 병행을 이룬다(34절). 두 번째와 세 번째 장면에서 제사장과 레위인의 행동에 관한 언급은 각각 '보다'(ὁράω), '피하여 지나가다'(ἀντιπαρέρχομαι)라는 동사로 특징 지워진다(10:31-32). 이러한 형식은 강도 만난 자에게 가까이 다가가 불쌍히 여겨 돌보아 주는 사마리아인의 태도와 행동에 의해 깨어지며 서로 대조를 이룬다. 이렇게 사마리아인의 행동은 앞서 등장한 두 사람의 실패를 보충하여 이웃 사랑의 모범적인 실례로 제시된다. 제사장 및 레위인과 대조를 이루는 사마리아인의 태도와 행동은 이웃을 자기 몸처럼 사랑해야 한다는 윤리적 교훈을 받도록 독자를 안내한다.

셋째, '이웃'(πλησίον)이라는 용어의 빈번한 등장은 윤리적 성격을 강화한다. 비유는 자신의 이웃이 누구인지 능동태로 묻는 자기중심적인 율법사의

---

29 J. Duncan M. Derrett, "Law in the New Testament: Fresh Light on the Parable of the Good Samaritan," 22.

30 J. Duncan M. Derrett, "Law in the New Testament: Fresh Light on the Parable of the Good Samaritan," 26-27. 강도 만난 자가 살아 있는지 확인하기 위해 제사장이 4규빗(2m) 이내로 다가가 막대기로 찔러보아도 그가 죽어 있으면 부정하게 된다. 그런 경우에는 생계비로 사용된 십일조를 받을 권리를 잃어버린다; Craig A. Evans, *Luke*, 176.

질문에 대한 답변으로 시작된다(10:29). 그리고 세 사람 중에 누가 강도 만난 자의 이웃이냐는 예수님의 타인 중심적인 수동태 질문으로 마친다(10:36). 율법사와 예수님의 서로 다른 두 질문은 수미상관을 이루어 비유를 이웃의 렌즈로 들여다보도록 요구한다. 예수님은 비유의 등장인물과 그들의 행동을 통해 이웃과 함께하는 모범적인 삶을 드라마로 교훈한다.[31] 즉 이웃은 사랑의 대상에서 한정될 수 없으며 누구든지 곤경에 처했을 때 조건 없이 도움을 받을 수 있어야 한다.[32]

이웃에 대한 유대인의 정의는 단지 공간적으로 가까운 이웃에 사는 사람 이상의 의미를 지닌다.[33] 그들은 이웃을 동족이나 동일한 종교를 가진 유대인으로 제한한다(cf. 마 5:43-48절). 바리새인은 사마리아인을 비롯해 다른 이방인을 이웃의 범주에서 제외한다. 쿰란 공동체는 "어둠의 자식들"을 이웃의 대상에서 제외한다.[34] 하지만 율법은 이방인 거주자들을 사랑의 대상으로 명시하고 있다.[35] "거류민이 너희의 땅에 거류하여 함께 있거든 너희는 그를 학대하지 말고 너희와 함께 있는 거류민을 너희 중에서 낳은 자같이 여기며 자기같이 사랑하라"(레 19:33-34a). 예수님은 레위기의 정신을 살려 인종을 초월한 이웃 사랑을 실천해야 한다고 가르친다. 이렇게 세 가지 사항은 비유에서 이웃 사랑이란 주제의 윤리적 교훈을 찾도록 요구한다.

31   I. Howard Marshall, *The Gospel of Luke: A Commentary on the Greek Text*, 445.

32   Robert H. Stein, *An Introduction to the Parables of Jesus*, 79-80.

33   L. Morris, *Luke: An Introduction and Commentary*, 205.

34   1QS 1:10; 9:21-22.

35   I. Howard Marshall, *The Gospel of Luke: A Commentary on the Greek Text*, 444.

2. 이웃 사랑과 물질의 사용

사마리아인 비유에서 이웃 사랑과 물질의 사용은 긴밀히 연결되어 있다. 이러한 연결은 사마리아인 비유와 병행을 이루는 어떤 관원에 관한 이야기에서도 나타난다(18:18-30).[36] 예수님은 어떤 관원이 찾아와서 영생 얻음에 대해 질문할 때 가진 모든 재물을 팔아 가난한 자들에게 나눠주라고 말한다(18:22). 큰 부자인 관원이 그 말씀을 듣고 심히 근심하고 있을 때 베드로가 우리의 것을 다 버리고 주를 따랐다고 말하여 예수님의 칭찬을 받는다(18:28). 이렇게 누가는 사마리아인 비유의 물질 사용과 어떤 관원의 이야기에 등장하는 재물 사용을 병행시켜 이웃 사랑의 주제를 강화한다.

누가의 종말론적인 물질관은 삭개오 이야기에서 절정에 이른다(19:1-9). 누가는 삭개오가 소유의 절반을 가난한 자들에게 주고 토색한 것의 네 배를 갚겠다고 말할 때 예수님께서 그의 집에 구원이 이르렀다고 선포한 것으로 기록한다(19:9). 이러한 누가의 성향을 볼 때 사마리아인이 강도 만난 자를 위해 물질을 사용한 것은 이웃 사랑을 온전히 실천한 인물로서 모범적인 하나님 나라의 백성임을 보여준다. 사실 강도 만난 이웃에게 베푼 사마리아인의 사랑은 여러 가지 측면에서 물질의 사용을 넘어 신적 자비를 베푼 것이다.

첫째, 사마리아인은 자신의 안전한 여행을 담보하기 위해 소유한 기름과 포도주를 강도 만난 자를 위해 사용한다(10:34).[37] 기름과 포도주는 응급조치를 위한 약으로 사용될 뿐 아니라 여행 중에 하나님께 드리는 제사의 예물로

---

36 K. E. Bailey, *Poet and Peasant: A Literary-Cultural Approach to the Parables in Luke* (Grand Rapids: Eerdmans, 1967), 79-82. 누가복음의 중심 부분에 위치한 예루살렘으로 올라가는 큰 여행 이야기의 교차구조에서 두 내용은 병행을 이룬다.

37 Joachim Jeremias, *The Parables of Jesus*, 204.

사용된다(레 23:13).[38] 그와 같이 소중한 것을 죽어가는 자를 위해 사용한 것은 어떻게 소유물로 이웃 사랑을 실천해야 하는지를 보여준다.

둘째, 사마리아인은 강도 만난 자를 자신의 나귀에 태워 주막으로 데려가 돌보아 준다(10:34). 그는 피곤한 여행 중에 자신의 나귀를 내어주고 스스로 거친 광야를 걸어가는 수고를 아끼지 않는다. 그의 행동은 자신을 종으로 여기고 강도 만난 자를 상전으로 존대하는 것이다. 나귀를 내어준 그의 희생과 아낌없는 사랑이 한 사람의 목숨을 구원한다.

셋째, 사마리아인은 강도 만난 자를 위한 음식과 치료비로 여행 경비를 내어준다(10:35). 주막 주인에게 지급한 두 데나리온은 당대에 24일 동안의 식사비용에 해당하는 금액이다.[39] 그는 이웃 사랑을 실천하기 위해 물질적인 손해를 감수하며 강도 만난 자가 충분한 치료를 받을 수 있도록 배려해 준다.[40]

넷째, 사마리아인은 주막 주인에게 강도 만난 자를 완전히 치유될 때까지 돌봐 달라고 부탁한다. 비용이 더 들면 돌아오는 길에 갚겠다고 하여 완전한 돌봄을 베푼다. 사마리아인은 강도 만난 자의 안전을 위해 모든 조치를 하고 아무런 보상이나 대가를 요구하지 않는다.[41] 자신의 소유와 재물을 사용한 사마리아인의 행동은 이웃에 대한 무한한 사랑과 구원의 손길로서 인종과 사회적 신분과 율법을 초월한 무한대한 우주적 사랑으로 극대화된다.[42]

---

38 Cf. 호 6:6; 미 6:7-8.

39 Joachim Jeremias, *The Parables of Jesus*, 198. 예수님 당대에 하루 빵값은 약 1/12 데나리온이다. 두 데나리온은 약 24일 분량의 빵 가격으로 큰 액수이다.

40 참조. 눅 6:30, 40, 35; 7:36-50; 12:13-21, 31-34; 41-48; 16:1-9, 10, 12, 13, 19-31; 18:18-30; 19:1-10, 11-27; 21:1-4 등을 보라.

41 John R. Donahue, *The Gospel in Parable: Metaphor, Narrative and Theology in the Synoptic Gospels* (Philadelphia: Fortress Press, 1988), 133.

42 Robert H. Stein, *An Introduction to the Parables of Jesus*, 77. 슈타인은 이웃 사랑에는 어떤 제약도 있을 수 없는 새로운 계시임을 강조한다.

물질적으로 가난한 자에게 완전한 사랑을 실천할 것에 대한 강조는 누가복음 전체에서 나타난다. 예수님의 첫 설교는 이사야 61:1-2를 인용하여 "이는 '가난한 자'에게 복음을 전하게 하시려고 내게 기름을 부으시고 나를 보내사 포로 된 자에게 자유를 눈먼 자에게 다시 보게 함을 전파하며 눌린 자를 자유롭게 하고 주의 은혜의 해를 전파하게 하려 하심이라"라고 희년의 정신을 선포한 것으로 기록된다(4:18-19). 이것은 누가가 예수님을 가난한 자의 구원자로 묘사하는 것이다. 또한 씨 뿌리는 비유는 예수님께서 재물을 사용하여 이웃 사랑을 실천하지 못한 자를 가시떨기에 떨어진 씨앗으로 묘사한 것으로 기록하고 있다. "이생의 염려와 재물과 향락에 기운이 막혀 온전히 결실하지 못하는 자"(8:14). 누가는 세례자 요한이 이웃에게 소유물을 나누어주어 완전한 사랑을 하라고 외친 것으로 기록한다. 즉 "회개에 합당한 열매를 맺으라(π οιέω)"(3:8). 무리가 물어 이르되 "우리가 무엇을 하리이까(ποιέω)?"(3:10). 세례자는 대답하기를 "옷 두 벌 있는 자는 옷 없는 자에게 나눠 줄 것이요 먹을 것이 있는 자도 그렇게 할 것이니라"(3:11). 이렇게 누가는 물질의 사용과 이웃 사랑을 결합하여 완전한 사랑의 실천을 강조한다.

Ⅳ. 신학적 의미

예수님은 사마리아인 비유를 통해 단지 윤리적 교훈만 제시하려고 하였을까? 사마리아인 비유가 예수님을 시험하려는 목적으로 영생에 관해 질문한 율법사의 부정적 의도 아래 시작된 논쟁적인 토론의 결과로 제시된 것을 고려하면, 비유는 도덕적 교훈 이외에 신학적 의미를 담고 있을 개연성이 크다 (10:25). 실제로 예수님은 사마리아인 비유를 통해 구원 얻는 길과 강도 만난 자에게 진정한 이웃이 되어준 자가 누구인지를 간접적으로 암시한다. 이 비유를 듣는 청중은 강도 만나 거반 죽게 된 자의 이웃이 되어준 사마리아인이 누구인지 예수님과 관련지어 생각할 개연성이 있다.[43] 여기에 구원론과 암시적 기독론의 자리가 있으나 지금까지 그것을 올바로 설명하는 일은 성공하지 못하고 있다.

1. 구원론

문학적 예술가로서 누가는 사마리아인 비유를 예수님께서 예루살렘으로 올라가는 여행 이야기의 큰 문맥 속에 위치시킨다(눅 9:51-19:27).[44] 그는 예수님의 마지막 종말론적 여행 이야기를 문학적 의도 아래 수사적 대칭구조로 묘사한다.[45] 이러한 묘사는 사마리아인 비유를 누가복음 전체의 구조 아래 신학적 경향을 고려하여 해석하도록 요구한다.[46]

누가복음의 "중심 부분"(the central section, 9:51-19:48)에서 예수님과 율법사의 대화(10:25-41)와 예수님과 부자 관원의 대화(18:18-30)는 구조와 주제에서 병행을 이룬다.[47] 특히 "내가 무엇을 하여야 영생을 얻으리이까?"라는 동일한

---

43 John Nolland, *Luke 9:21-18:34*, 590. 교회사의 상당히 긴 기간 동안 선한 사마리아인은 그리스도를 상징하는 것으로 이해되었다.

44 Mark Allan Powell, 『누가복음 신학』, 배용덕 역(서울: 기독교문서선교회, 1995), 21ff; N. Perrin, *The New Testament, An Introduction* (New York: Harcourt Brace Jovanovich, 1974), 209.

45 Werner Georg Kümmel, 『신약정경개론』, 박익수 역(서울: 대한기독교출판사, 1993), 131-32; 문학적 관점에서 누가복음 전체를 연구한 책으로는 Robert Tannehill, *The Narrative Unity of Luke-Acts. A Literary Interpretation: The Gospel According to Luke* (Philadelphia: Fortress Press, 1986)을 보라.

46 John R. Donahue, *The Gospel in Parable. Metaphor Narrative and Theology in the Synoptic Gospels* (Philadelphia: Fortress Press, 1988). 도나휴는 누가복음의 독특한 비유들이 전체 복음서의 신학적 경향과 조화를 이루고 있다고 주장한다.

47 Kenneth E. Bailey, *Poet and Peasant: A Literary-Cultural Aproach to the Parables in Luke*, 79-82. 베일

질문으로 각각 시작되어 사랑의 계명을 실천하기 위한 재물 사용과 하나님 나라에 들어가는 것에 대한 설명은 아주 유사하다(10:25; 18:18). 율법사와 관원이 각각 제기한 '영생'에 관한 두 질문은 누가복음에서 두 차례 반복될 만큼 중요한 구원론적 문제이다(10:25; 18:18). 율법과 계명에 관한 두 언급은 '영생'에 대한 대답으로 제시된 이론적인 답변이다(10:27; 18:20). 그리고 사마리아인 비유는 충격적인 그림 언어로 구체화된 실천적인 실례이다. 이렇게 누가복음의 종말론적 여행 이야기 안에서 사마리아인 비유를 구조적으로 읽으면 예수님께서 구원이 임박한 종말에 '영생'의 길로 청중을 초대하고 결단을 촉구한 것으로 이해할 수 있다.

리의 구조분석은 교차구조를 이룬다.

A. 예루살렘 : 종말 사건들 (9:51-56)

  B. 나를 따르라 (9:57-10:12)

    C. 내가 무엇을 하여야 영생을 얻겠습니까? (10:25-41)

      D. 기도 (11:1-13)

        E. 표적들과 현재적 천국 (11:14-32)

          F. 바리새인과의 논쟁 : 소유 문제 (11:37-12:34)

            G. 천국의 "이미"와 "아직" (12:35-39)

              H. 이스라엘을 하나님 나라로 부름 (13:1-9)

                I. 하나님 나라의 성격 (13:10-20)

                  J. 예루살렘 종말 사건들 (13:22-35)

                I'. 하나님 나라의 성격 (14:1-11)

              H'. 이스라엘과 소외자들을 하나님 나라로 부름 (14:12-15:32)

            G'. 천국의 "이미"와 "아직" (16:1-8, 16)

          F'. 바리새인과의 논쟁: 소유 문제 (16:9-31)

        E'. 표적들과 다가오는 천국 (17:11-37)

      D'. 기도 (18:1-14)

    C'. 내가 무엇을 하여야 영생을 얻겠습니까? (18:18-30)

  B'. 나를 따르라 (18:35-19:9)

A'. 예루살렘: 종말 사건들 (19:10, 28-48)

선한 사마리아인 비유는 앞 문맥과 관련하여 읽을 때도 구원에 대한 교훈으로 이해할 수 있다(10:25-28). 첫째, 비유는 앞 문맥과 구원론적으로 긴밀히 연결되어 있다. 앞 문맥에서 율법사의 질문은 무엇을 하여야 "영생"을 얻을 수 있는지에 관한 질문으로 시작되어 이웃 사랑을 실천하면 "살리라"는 예수님의 이론적 교훈으로 마친다. 예수님과 율법사의 대화의 빛 아래 사마리아인을 이웃 사랑을 행하여 영생을 얻을 수 있는 모범적인 인물로 제시한다. 또한 이론과 실제의 관계로 앞 문맥과 연결된 이 비유는 구원을 주제로 토론한 예수님과 율법사의 첫 번째 대화에 종속된다. 이 점을 고려하면 사마리아인 비유는 신학적 의미로서 구원론을 강하게 반영하고 있다.

둘째, 율법사의 첫 번째 질문에 등장하는 '영생'이란 용어는 그 자체로 구원론적 의미를 지닌다. 율법과 선지자의 대강령에 따르면, 영생은 하나님 사랑과 이웃 사랑을 온전히 행할 때만 얻을 수 있다(마 22:34-40). 그런데 그와 같이 온전한 사랑을 행할 수 있는 사람은 아무도 없다. 죄의 본성을 타고난 인간은 사랑으로 요약되는 율법의 요구에 완전한 순종으로 화답할 수 없다(롬 7:1-25). 즉 인간의 의지와 행위로 영생 얻을 사람은 아무도 없다. 여기에 예수 그리스도의 구속적 은혜가 반드시 필요하다(롬 6:23).

"이를 행하라 그러면 살리라"는 예수님의 명령은 두 가지 차원을 지닌다. 하나는 율법을 온전히 준수하면 영생을 얻는다는 실제적인 권면이다. 예수님의 입장에서 율법은 생명을 빼앗는 것이 아니라 생명을 주는 것이다.[48] 정확히 말하면 율법을 완전히 준수하면 실제로 영생을 얻는다. 다른 하나는 형식적인 권면의 성격을 지닌다. 즉 네가 만일 행함으로 구원 얻을 수 있다면 그

---

48 Joshua Marshall Strahan, "Jesus Teaches Theological of the Law: Reading Samaritan in Its," 73.

렇게 해보라는 의미가 담겨 있다.[49] 예수님은 행위로 하나님 사랑과 이웃 사랑을 완성할 수 없다는 것을 율법사에게 깨닫게 하고 사마리아인과 같은 모습으로 다가온 자신을 통해 영생이 주어지는 것을 알 수 있도록 유도하고 있다.

율법사는 사랑의 법 앞에서 자신의 죄와 무능력을 깨달아야만 한다. 하지만 그는 자신을 의롭게 보이기 위해 사랑을 실천해야 할 의무의 대상으로서 이웃의 범위를 한정하기 위한 목적으로 예수님께 자신의 이웃이 누구냐는 질문을 던진다. 그의 질문에는 율법을 지킴으로 영생을 얻을 수 있다는 의도가 반영되어 있다.[50] 이렇게 율법사와 예수님의 영생 얻음에 관한 논쟁 속에 사마리아인 비유가 등장한다. 그런 측면에서 이 비유는 단순히 윤리적 교훈으로만 제시된 것으로 보기 어렵다.[51] 예수님은 그릇된 구원관을 가진 율법사에게 비유를 통해 그가 율법을 올바로 지키지 못하고 있다는 것을 지적하고 동시에 그들이 배척하고 있는 사마리아인 같은 인물을 구원자로 제시한다.

마지막으로 강도 만난 자의 상처를 치유한 것은 하나님의 일로서 구원의 은혜를 베푼 것이다. 상처 치유에 사용된 기름과 포도주는 전통적인 응급처치 이상의 것으로 사용된다. 성전에서 그것들은 특별한 장소에 보관되어 제물을 드릴 때 사용하도록 제사장들만 취급할 수 있다. 요세푸스(Josephus)는 그것들을 빼돌리는 것은 예루살렘을 멸망시킬 만한 가치가 있을 정도라고 한다.[52] 이사야는 하나님의 사역을 사마리아인이 강도 만난 자의 상처를 치유해

---

49 Norval Geldenhuys, The Gospel of Luke, *NICNT* (Grand Rapids: William B. Eerdmans Publishing Company, 1956), 311.

50 Colin M. Ambrose, "Desiring to Be Justified: An Examination of the Parable of the Good Samaritan in Luke 10:25-37," 21.

51 cf. Leon Morris, *Luke: An Introduction and Commentary*, 206.

52 J. Duncan M. Derrett, "Law in the New Testament: Fresh Light on the Parable of the Good Samaritan," 31.

준 것처럼 이스라엘의 상처에 기름을 바르는 것으로 묘사한다(사 1:6). 이러한 이유로 비유에 등장하는 기름은 하나님께서 이스라엘의 상처를 치유하는 구원의 도구로 암시될 수 있다.[53]

2. 암시적 기독론

선한 사마리아인에 대한 묘사에서 주된 요점은 무엇일까? 그것은 사마리아인이 보여준 특징적인 동정심과 신적인 자비에 있다. 동정심은 구조에서 명확히 드러나고 자비는 율법사의 대답에서 강조된다. 사마리아인의 동정심은 구조적으로 문학적 패턴을 방해하고 깨뜨린다.[54]

인물	동작	관찰	반응
제사장	내려가다가	보고	피하여 지나가고(31절)
레위인	이르러	보고	피하여 지나가고(2절)
사마리아인	이르러	보고	불쌍히 여겨(33절)

극적인 순서로 등장한 '불쌍히 여겨'(σπλαγχνίζομαι)라는 특징적인 용어는 강도 만나 거반 죽게 된 자를 돌봐준 사마리아인의 마음을 보여준다(10:33). 혼혈아로서 이방인 취급을 받던 사마리아인이 유대인으로 추정되는 강도 만나 거반 죽게 된 "어떤 사람"(ἄνθρωπός τις)을 불쌍히 여긴 것은 오래 지속된 사마리아인과 유대인의 반목과 질시의 관계를 고려하면 결코 일반적이지 않다.[55] 예수님은 사마리아인의 불쌍히 여기는 마음과 행동을 통해 율법사와 청

---

53 J. Duncan M. Derrett, "Law in the New Testament: Fresh Light on the Parable of the Good Samaritan," 32.

54 Joshua Marshall Strahan, "Jesus Teaches Theological of the Law: Reading Samaritan in Its," 81.

55 John Nolland, *Luke 9:21-18:34*, 594. "사마리아인의 떡을 먹는 사람은 돼지고기를 먹는 사람과 같다"(Seb 8:10).

중에게 이웃을 자기 동족으로 제한하는 것이 적절하지 않다고 가르친다.

예수님께서 강도 만난 자를 "어떤 사람"으로 표현할 때 율법사와 유대인 청중은 그를 자신들과 연관 지었을 것이다.[56] 제사장과 레위가 각각 "그를 보고 피하여 지나갔다"고 예수님께서 말할 때 그들은 적잖이 놀랐을 것이다 (10:31-32).[57] 만일 제사장이 여리고에서 예루살렘으로 제사하기 위해 올라가는 중이라면 시체를 만지는 경우 7일 동안 불결하게 되기에 청결 규례를 준수하기 위해 피하여 지나간 것으로 이해할 수 있다.[58] "사람의 시체를 만진 자는 이레 동안 부정하리니"(민 19:11; 비교. 레 21:1, 11). 하지만 예수님께서 제사장이 예루살렘에서 제사를 마치고 여리고로 "내려가다가"라고 말하기에 그들은 충격을 받았을 것이다.[59] 무엇보다 예수님께서 강도 만난 자를 불쌍히 여긴 자가 바로 유대인이 증오하던 어떤 사마리아인이라고 말할 때 율법사는 큰 혼란에 휩싸였을 것이다. 그는 제사장과 레위인이 등장한 이후 자연스럽게 평신도 유대인이 등장할 것이라고 예상하였을 것이다. 하지만 예수님은 그의 예상을 벗어난 사마리아인을 등장시켜 극적인 효과를 준다.

불쌍히 여기는 마음은 강도 만난 자에게 가까이 다가가 고통을 덜어주는 올리브기름과 알코올이 함유되어 소독제로 사용된 포도주를 그 상처에 붓고 싸매고 자기 짐승에 태워 주막으로 데려가 돌보아 주는 행동을 유발한

---

56 I. Howard Marshall, *The Gospel of Luke: A Commentary on the Greek Text*, 447.

57 Cf. 레 19:34는 이스라엘 사람들이 타국인에게 자비를 베풀라 하고, 출 23:4, 5과 왕하 6:8-23에서는 원수에게 자비를 베풀라고 말한다.

58 Joshua Marshall Strahan, "Jesus Teaches Theological of the Law: Reading Samaritan in Its," 76.

59 I. Howard Marshall, *The Gospel of Luke: A Commentary on the Greek Text*, 447-448; Leon Morris, *Luke: An Introduction and Commentary*, 206. 예루살렘에서 제사장들이 많이 살고 있던 여리고까지 거리는 약 27Km이고 해발 약 9Km를 내려가야 한다.

다.[60] 그는 자신이 타고 온 나귀에 강도 만난 자를 태우고 자신은 걸어서 주막까지 간다. 다음 날 두 데나리온을 지불하고 비용이 더 들면 돌아올 때 주겠다고 한다.[61] 이렇게 불쌍히 여기는 마음에서 비롯된 행동을 일반인들은 할 수 없기에 사마리아인을 예수님의 표상으로 보는 것은 무리가 아니다. 예수님은 선한 사마리아인이 다시 돌아올 것을 예고한다. 이미 청중이 사마리아인의 선행을 충분히 인식하기에 그렇게까지 언급할 필요가 없다. 물론 예수님은 사마리아인이 다시 돌아온 것으로 언급하지 않는다. 이러한 점들로 인해 초대교회는 사마리아인에게서 예수님의 모습을 보고 그의 돌아옴을 '재림'(return)의 상징으로 이해한다.[62] 이러한 해석은 지나친 알레고리로서 이야기의 중심 주제가 아니며 예수님께서 의도한 의미도 아니다.

예수님은 강도 만나 죽을 지경에 이른 자가 최악의 상황에서 애타게 구원을 갈망할 때 사마리아인과 같은 어떤 사람을 통해 구원이 다가온다고 말한다. 또한 유대인으로부터 존경받던 제사장과 레위는 강도 만난 자의 이웃이 아니며 이방인으로 취급받던 사마리아인이 그를 불쌍히 여김으로 진정한 이웃이 되어준다고 가르친다. 이러한 가르침에서 어떤 사마리아인의 동정심을 표현하기 위해 사용된 "불쌍히 여겨"(σπλαγχνίζομαι)라는 용어는 일반적으로 예수님의 성품을 보여줄 때 자주 등장한다.

---

60 I. Howard Marshall, *The Gospel of Luke: A Commentary on the Greek Text*, 449. 기름과 포도주는 유대인과 헬라인들에 의해 비상약으로 널리 사용되었다.

61 Joachim Jeremias, *The Parables of Jesus*, 205; Cf. Joachim Jeremias, *Jerusalem in the Time of Jesus* (Philadelphia: Fortress Press, 1969), 122.

62 I. Howard Marshall, *The Gospel of Luke: A Commentary on the Greek Text*, 450. 마샬은 '재림' 사상의 가능성을 인정하며 의도적으로 알레고리를 거부한다; Origen은 *Commentary on Luke 10:30-35 in Homily XXXIV*의 설교에서 다시 오겠다는 약속을 재림으로 해석한다. 그러나 Augustine은 그리스도의 부활을 가리킨다고 주장한다(Augustine, *Quaesitones Evangeliorum* 2. 19).

신약성경에 모두 12회 사용된 이 용어는 예수님 자신의 신적 성품을 표현할 때 등장한다. 예수님은 이 용어를 먼 곳에서 아들이 오는 것을 보고 달려가 인사하고 입맞춤을 한 뒤 그를 가족으로 회복시킨 탕자 아버지의 반응을 묘사할 때 사용한다(15:20). 여기에서 탕자의 아버지는 하늘 아버지를 반영하고 있는 것으로 설명된다.[63] 또한 이 용어는 예수님의 마음에서 기인한 신적 성품을 반영한 기독론적 용어로 사용된다.[64] 예수님은 죽은 아들로 인해 눈물을 흘리는 과부를 불쌍히 여겨 "청년아 내가 네게 말하노니 일어나라"고 명령하여 살려준다(7:13-14). 그때 예수님은 관에 손을 대는 잠재적인 부정한 행위가 자신의 동정심을 압도하는 것을 용납하지 않는다. 복음서 저자들도 예수님께서 죽은 자를 살리고 병든 자들을 치료할 때 그들을 불쌍히 여긴 것으로 기록하고 있다(마 9:36; 20:34; 막 1:41). 즉 복음서에서 이 용어는 인간에 대한 예수님의 깊은 사랑을 나타내는 신적 용어이며,[65] 질병과 굶주림에서 자기 백성을 구할 때 사용된 구원론적인 용어로 등장한다. 그래서 학자들은 이 용어를 하나님의 사랑을 보여주는 예수님의 메시아적 용어라고 말한다.[66] 누가는 예수님께서 이 용어를 사용하여 사마리아인의 신적 구원 행위를 드러내고 강도 만난 자를 불쌍히 여기는 자로서 자기 이해를 계시하고 있다고 생각하였을 가능성이 있다. 결국 누가는 사마리아인의 행동을 통해 인종과 신분을 넘

---

63 Joshua Marshall Strahan, "Jesus Teaches Theological of the Law: Reading Samaritan in Its," 81.

64 마 9:36; 14:14; 18:17; 20:34; 막 1:41; 6:34; 8:2; 9:22; 눅 7:13; 10:33; 15:20 등을 보라.

65 Craig R. Koester, "σπλαγχνίζομαι" TDNT VII, Trans. Gerhard Friedrich (Grand Rapids: Eerdmans, 1964-76), 553-54. 눅 7:13; 15:20; 막 1:41; 6:34; 8:2; 9:22에서 인간에 대한 예수님의 깊은 사랑과 관련하여 사용된다.

66 Craig R. Koester, TDNT VII, 553-554에 보면 메시아적 용어라고 구체적으로 언급하는 것을 주목하라. 여기서 예수님께서 자신이 사마리아인처럼 배척받고 고난받는 자로서 암시적으로 이해했을 가능성이 있다고도 볼 수 있지 않을까!

어선 예수님의 무한한 사랑을 암시적으로 설명하고 있다.

둘째, 선한 사마리아인의 행동은 율법사에 의해 "자비"(ελεος)라는 용어로 요약된다. "불쌍히 여김"과 의미론적 영역을 공유하는 이 용어는 주로 하나님의 성품을 드러내는 문맥에서 자주 등장한다.[67] 누가복음에서 이 용어는 메시아 사상을 보여주는 마리아 찬가에서 가난하고 억눌린 자에 대한 하나님의 자비를 소개할 때 두 차례 언급된다. "긍휼하심이(ελεος) 두려워하는 자에게 대대로 이르는도다… 그 종 이스라엘을 도우사 긍휼히(ελεος) 여기시고"(1:50, 54). 또한 사가랴 선지자가 구원자로 임하는 메시야를 찬양하는 내용에서 다시 두 차례 언급된다. "우리 조상을 긍휼히(ελεος) 여기시며… 이는 우리 하나님의 긍휼로(ελεος) 인함이라"(1:72, 78). 이렇게 메시아적 용어로서 "자비"의 독특한 사용은 사마리아인을 자비를 베푸는 메시야로 이해하도록 요구한다.

누가는 사마리아인 비유에서 "네 생각에는 이 세 사람 중에 누가 강도 만난 자의 이웃이 되겠느냐"라는 예수님의 질문에 대한 율법사의 대답으로 사마리아인이라고 쉽게 기록할 수 있다. 그런데도 "자비를 베푼 자니이다"라고 기록하여 사마리아인과 자비를 베푼 자 사이의 관계를 동일시한다. 이렇게 이 용어의 기독론적 사용은 예수님께서 사마리아인의 행동을 통해 자신의 구원자 됨과 메시아로서 자기 이해를 암시한 것을 누가가 반영하여 기록했을 개연성을 높여 준다.

마지막으로 1세기 삶의 자리에서 사마리아인에 대한 이해는 기독론적 해석을 가능하게 해준다. 예수님은 유대인과 종교지도자들로부터 "사마리아 사람이라 또는 귀신이 들렸다"라는 비난을 받는다(요 8:48).[68] 이것은 예수님께

---

67 Joshua Marshall Strahan, "Jesus Teaches Theological of the Law: Reading Samaritan in Its," 81; 참조. 눅 1:50, 54, 58, 72, 78, 마 9:13; 12:7; 23:23 등을 보라.

68 J. Dwight Pentecost, *The Parables of Jesus* (Grand Rapids, Mich.: Zondervan, 1982), 75.

서 유대인에게 배척을 받을 때 자신을 사마리아인으로 이해하였을 가능성을 높여 준다. 그런 측면에서 이 비유에는 사마리아인으로서 예수님의 자기 이해가 담겨 있을 가능성이 있다. 누가는 예수님과 종교지도자들의 대립된 상황을 잘 알고 있다.[69] 그것은 율법사가 "자기를 옳게 보이려고"(δικαιῶσαι ἑαυτὸν) 예수님께 이웃에 관한 질문을 던진 것으로 기록한 것에도 반영되어 있다. 누가는 그러한 논쟁적 상황에 기초하여 배척받는 예수님의 자기 이해가 사마리아인의 충격적인 등장과 구원 행동에 대한 설명에서 간접적으로 암시되는 것으로 생각했을 개연성이 있다. 그는 예수님께서 비유를 통해 자신을 배척한 제사장과 레위와 같은 종교지도자들을 율법을 준수하지 못한 자들로 규정하고, 오히려 평판이 나쁜 사마리아인이 율법의 대강령을 준수한 하나님의 백성이라고 간접적으로 설명하는 것으로 생각하였을 것이다.[70] 예수님은 수사학적 전략을 갖고 비유라는 방식으로 종교지도자들이 받을 충격을 완화하고 사마리아인의 동정심과 자비로운 행동을 통해 자신의 메시지를 충분히 전달하는 효과를 거둔다.

누가가 선한 사마리아인을 예수님을 암시하는 것으로 이해할 가능성은 그의 복음서에서 사마리아와 사마리아인에 대한 긍정적인 묘사를 통해 지지를 받을 수 있다. 누가는 열 명의 문둥병자 치유 이야기에서 제사장을 찾아가는 중에 치유 받고 유일하게 돌아와 예수님의 발아래 엎드리어 감사하는 모범적인 인물로 사마리아인을 기록하고 있다(17:11-19). 사도행전에서는 "예루살

---

69 M. A. Powell, 「누가복음 신학」, 22-25. 눅 5:21; 6:11; 10:25; 11:18, 45, 53, 54; 13:14, 17, 27, 28; 19:45, 47; 20:19; 22:2, 52, 67; 23:25 등을 보라.

70 논쟁적인 상황에서 예수님 자신의 신분과 사역을 변호한 비유들로는 '두 아들 비유'(마 21:28-32), '두 사람의 빚진 자 비유'(마 18:23-35), '악한 농부 비유'(마 21:33-41; 막 12:1-12; 눅 20:9-18), '탕자 비유'(눅 15:11-32), '잃은 양 비유'(눅 15:3-7), '포도원의 일꾼들 비유'(마 20:1-16), '바리새인과 세리'(눅 18:9-14) 등을 보라.

렘과 온 유대와 사마리아"라고 하여 사마리아 지명을 유대와 나란히 기록하여 동등한 위치에 올려놓는다(1:8; 8:1). 그는 빌립이 사마리아에 복음을 전하는 장면을 묘사하고 예루살렘교회가 베드로와 요한을 사마리아로 파송하는 내용을 기록한다(8:5, 14). 또한 교회가 성장하는 모습을 설명할 때 "온 유대와 갈릴리와 사마리아 교회가 평안하여 든든히 서 가고"라고 기록한다(9:31). 이렇게 친사마리아적 성향을 보여주는 누가의 언급들은 당대 이방인으로 취급받던 그들의 지위를 상당히 높이는 것이다. 그 이유는 복음의 우주적 성격도 있으나 예수님께서 사마리아인으로 취급받는 배경에서 기인하였을 가능성이 있다.

V. 마치는 글

사마리아인 비유는 이웃 사랑이란 하나의 윤리적 의미를 분명하게 보여준다. 종교지도자들과 달리 사마리아인은 자기중심의 이웃관을 극복하고 강도 만난 자를 이웃으로 받아들여 자신의 소유물과 재물을 아낌없이 사용하여 완전한 사랑을 실천한다. 예수님은 자기 의를 주장하며 자신의 이웃을 한정하기 위해 질문하는 율법사에게 비유를 통해 네가 다른 사람의 이웃이 되어 자비로운 사랑을 베풀어야 한다고 가르친다. 이것이 이 비유를 가르친 예수님의 첫 번째 목적으로서 문자적이고 윤리적인 하나의 의미이다.

비유의 인접 문맥과 주요 용어를 관찰하면 한 가지 윤리적 교훈 이상의 또 다른 암시적 의미가 나타난다. 암시적 의미는 항상 복음서의 큰 문맥과 인접 문맥 읽기, 그리고 주요 용어의 사용용례를 통해 제한적으로 해석되어야 한다. 그럴 때 비유의 세부 사항에 불필요한 의미를 부여하는 교부들의 지나친 알레고리 해석의 위험을 벗어날 수 있다. 확실히 비유에 등장하는 모든 세부 사항을 지나치게 알레고리로 해석하여 영적 의미를 부여하는 것은 본문의 의도를 벗어난 것이다. 어거스틴의 해석처럼 강도 만난 자를 아담으로, 짐승을 예수님의 육체로, 주막을 교회로, 주막 주인을 사도 바울로 해석하는 것과 같은 이해는 여기에 설 자리가 없다.[71] 인접 문맥과 비유 본문 자체도 이렇게 세부 사항마다 지나친 신학적 의미를 부여하도록 요구하지 않는다. 대부분의 세부 사항은 단지 이야기의 배경을 설명하기 위한 목적으로만 기능한다.

누가복음 전체의 큰 문맥과 앞 문맥의 빛 아래 사마리아인 비유를 읽으면 영생에 관한 주제 아래 구원론적 의미를 찾을 수 있다. 즉 선한 사마리아인처럼 강도 만난 자에게 무한한 자비를 베풀어 율법의 대강령을 준수하면 구원 얻는다는 교훈을 받을 수 있다(마 22:37-39; 막 12:29-31). 하지만 그와 같이 온전한 자비를 베풀어 사랑을 실천할 수 있는 사람은 아무도 없기에 대강령을 완전히 준수하여 구원을 얻을 수 있는 사람은 없다. 그래서 예수님은 율법의 대강령을 준수했다 생각하며 자기 의를 주장하는 율법사에게 배타적인 율법 중심의 이웃관과 구원관을 시정하기 위한 목적으로 비유를 제시한다. 비유에 나타난 예수님의 구원관에 의하면 구원은 강도 만난 자를 불쌍히 여겨 완전한 이웃 사랑을 실현한 사마리아인의 자비로운 행위를 통해 다가온다. 또한 예수님은 종교지도자들로부터 배척받으며 사마리아인의 친구로 여김을 받는 자신이 바로 선한 사마리아인처럼 자비를 베푼 진정한 이웃임을 암시한다.

사마리아인 비유를 읽는 독자는 인종과 신분을 초월한 이웃 사랑을 실천해야 한다는 것과 어떤 사람을 불쌍히 여겨 무한한 신적 자비를 베푸는 구원자를 만날 수 있다. 또한 누가의 주요 용어의 사용용례를 통해 강도 만난 자의

---

71   Robert H. Stein, *An Introduction to the Parables of Jesus*, 46.

이웃으로 온전한 사랑을 실천한 선한 사마리아인이 바로 예수님을 암시할 가능성을 인식할 수 있다. 재물과 소유물을 희생한 이웃 사랑의 문자적이고 윤리적인 의미와 진정한 사랑으로 구원을 베푼 예수님의 자기 암시로서 간접기독론적 의미는 서로 조화를 이룬다. 이러한 이중적 의미는 몇몇 비유 해석에서 암시된 신학적 의미를 찾도록 해석의 범위를 넓혀준다.

● 참고문헌

Ambrose, Colin M., "Desiring to Be Justified: An Examination of the Parable of the Good Samaritan in Luke 10:25-37', *Sewanee Theological Review* 54 (2010): 17-28.

Augustine, Saint, *Quest.ev.*, 2, 19. Washington, D. C.: Catholic University of America Press, 1982.

Bailey, Kenneth E., *Poet and Peasant: A Literary-Cultural Aproach to the Parables in Luke*, Grand Rapids: Eerdmans, 1967.

Blomberg, Craig L., *Interpreting the Parables,* Downers Grove, Illinois: IVP, 1990.

Cadoux, A. T., *The Parables of Jesus: Their Art and Use,* London: J. Clark, 1930.

Derrett, J. Duncah M., *Law in the New Testament,* London: Longman and Todd, 1970.

Derrett, J. Duncan M., "Law in the New Testament: Fresh Light on the Parable of the Good Samaritan', *New Testament Studies* 11 (1964): 22-37.

Dodd, C. H., *The Parable of the Kingdom,* New York: Charles Scribner's Sons, 1961.

Donahue, John R., *The Gospel in Parable: Metaphor, Narrative and Theology in the Synoptic Gospels,* Philadelphia: Fortress Press, 1988.

Drury, John, *The Parables in the Gospels: History and Allegory*, New York: Crossroad, 1985.

Evans, Craig A., *Luke*, New International Biblical Commentary, Peabody Massachusetts: Hendrickson Publishers, 2008.

Geldenhuys, Norval, The Gospel of Luke, *NICNT*, Grand Rapids: William B., Eerdmans

Publishing Company, 1956.

Jeremias, Joachim, *Jerusalem in the Time of Jesus,* Philadelphia: Fortress Press, 1969.

Jeremias, Joachim, *The Parables of Jesus*, Upper Saddle River, N. J. : Prentice Hall, 1972.

Koester, Craig R, "σπλαγχνίζομαι", *TDNT* Ⅶ, Trans, Gerhard Friedrich (Grand Rapids: Eerdmans, 1964-76): 553-54.

Kümmel, Werner Georg, 『신약정경개론』, 박익수 역, 서울: 대한기독교출판사, 1993.

Marshall, I. Howard, *The Gospel of Luke: A Commentary on the Greek Text*, Grand Rapids: William B., Eerdmanns Publishing Company, 1978.

Morris, Leon, *Luke: An Introduction and Commentary*, Tyndale New Testament Commentaries 3, England: Inter-Varsity Press, 1984.

Nolland, John, *Luke 9:21-18:34,* Word Biblical Commentary 35B, Dallas, Texas: Word Books Publisher, 1993.

Pentecost, J. Dwight, *The Parables of Jesus*, Grand Rapids, Mich.: Zondervan, 198.

Perrin, N., *The New Testament, An Introduction,* New York: Harcourt Brace Jovanovich, 1974.

Powell, Mark Allan, 『누가복음 신학』, 배용덕 역, 서울: 기독교문서선교회, 1995.

Stein, Robert H., *An Introduction to the Parables of Jesus*, Philadelphia: Westminster, 1981.

Strahan, Joshua Marshall, "Jesus Teaches Theological of the Law: Reading Samaritan in Its', *Journal of Theological Interpretation 10*. (2016): 71-86.

Tannehill, Robert, *The Narrative Unity of Luke-Acts. A Literary Interpretation: The Gospel According to Luke*, Philadelphia: Fortress Press, 1986.

Wenham, David, *The Parables of Jesus*, Downers Grove, Illinois: IVP, 1989.

Young, Norman H., "The Commandment to Love Your Neighbor as Yourself and the Parable of the Good Samaritan (Luke 10:25-37)', *Andrews University Seminary Studies* 21 (1983): 265-272.

갈등 구조로 본
누가복음 15장의 세 비유의
상징적 의미[†]

[†] 본 논문은 서울한영대학교에서 발행하는 『한영논총』, 제27호 (2023): 35-55에 게재되어 있다.

I. 들어가는 말

누가복음 15장의 세 비유는 개별적으로 다루거나 부분적으로 연구되고 있다(15:4-7, 8-10, 11-32). 그것을 함께 다룬 어떤 시도도 해석의 키로 작용하는 서두의 전략적 중요성을 깊이 고려하지 않고 있다(15:1-3). 서두와 분리되어 연구된 세 비유는 대부분 잃어버린 것을 강조하는 것으로 해석된다.[1] 그로 인해 15장 전체를 통일된 주제 아래 하나의 단위로 고안한 누가의 문학적 의도는 축소되고 있다.[2]

서두는 세 비유와 분리된 것처럼 보이지만 하나로 연결되어 배경으로 기능한다. 서두에서 제기된 예수님께서 죄인들을 영접하여 식사한 것에 대해 종교지도자들이 불평한 문제는 세 비유에서 삼중적으로 설명된다. 세 비유는 공통된 주제와 구조와 전개 방식을 공유하며 다양한 문학적 특징을 보여준다.[3] 앞선 두 비유는 형식과 내용에서 서로 긴밀하게 연결되어 있다(15:4-7, 8-10).[4] 여기에 간결함, 길이, 리듬, 형식 등에서 매우 유사한 문학적 특징이 나타난다. 무엇보다 각각 유사하게 시작되는 두 질문(15:4, 8)과 두 결론(15:7, 10)

---

1 Erich H. Kiehl, "'The Lost' Parables in Luke's Gospel Account', *Concordia Journal* 18 (1992): 244–258; John J. Kilgallen, "The Parable(s) of the Lost Sheep and Lost Coin, and of the Resurrected Son in Luke 15', *PIBA* 32 (2009): 60-73; J. Duncan M. Derrett, "Fresh Light on the Lost Sheep and the Lost Coin', *New Testament Studies* 26 (1979): 36-60; Joseph A. Fitzmyer, *The Gospel According to Luke X-XXIV*, The Anchor Bible (Garden City, New York: Doubleday & Company, Inc., 1985), 1071.

2 I. Howard Marashall, *The Gospel of Luke: A Commentary on the Greek Text*, The New International Biblical Commentary (Grand Rapids, Michigan: The Paternosters Press, 1978), 597.

3 Joel B. Green, *The Gospel of Luke*, The New International Commentary on the New Testament (Grand Rapids, Michigan: William B. Eerdmans Publishing Company, 1997), 568.

4 Kilgallen, "The Parable(s) of the Lost Sheep and Lost Coin, and of the Resurrected Son in Luke 15', 60-61.

의 형식과 내용은 두 비유의 연결을 강화한다.

세 번째 비유는 앞선 두 비유와 형식과 분량과 말하는 방식에서 차이를 보여주어 독립된 것처럼 보인다(15:11-32). 처음 두 비유의 간결함, 리듬, 유사한 형식은 사라지고 긴 이야기로 이루어져 있으며 불필요할 정도로 확장된 설명이 등장한다. 그러나 앞선 두 비유와 주제에서 단절되지 않고 연속성을 보여주며 절정에 도달한다.[5] 세 비유는 잃음, 찾음, 즐김, 죄인, 회개, 기쁨 등의 모티프로 긴밀하게 연결되어 있다. 또한 세 번째 비유에서 두 차례 반복되는 두 결론 문구(15:24, 32)는 앞선 두 비유의 각 결론(15:7, 10)과 내용 및 주제에서 일치한다. 이렇게 15장 전체의 내용과 형식은 복잡한 문학적 특징을 보여주기에 통일된 하나의 구조를 찾기가 쉽지 않다. 그러나 서두의 배경과 세 비유의 각 주인공을 중요하게 고려하면 교차구조와 이중적 평행구조를 보여준다.

구조적 측면에서 해석의 어려움은 세 번째 비유 후반부의 내용에 있다 (15:25-32). 맏아들과 아버지의 대화로 이루어진 예상치 못한 난해한 이 본문의 등장과 역할은 독자를 당황하게 한다. 그러나 그 내용은 서두의 종교적 갈등 배경과 주제로 연결되어 수미쌍관을 이루며 종교지도자들의 수군거리는 문제에 대한 예수님의 수사적 답변으로 제시된다.

구조적으로 서로 연결된 요소들의 상호관계는 독자에게 흥미롭고 유익한 통찰력을 갖도록 안내한다.[6] 또한 비유에 등장하는 잃어버린 사물(양, 동전)과 등장인물(동생, 맏아들)이 상징하는 의미와 문학적 장치들을 통해 전달되는 예수님의 메시지가 무엇인지 알게 해준다. 본 연구는 15장 전체를 하나의 문학적 단위로 간주하여 서두의 배경 아래 세 비유의 통일된 내용을 종교적 갈등

---

5   Kiehl, "'The Lost' Parables in Luke's Gospel Account", 245.

6   Charles Homer Giblin, "Structural and theological considerations on Luke 15," *The Catholic Biblical Quarterly* 24 (1962): 15.

구조로 상징어들의 의미를 새롭게 해석하는 것에 목적이 있다.

II. 본문 분석

세 비유는 흔히 잃은 양의 비유(15:4-7), 잃은 동전의 비유(15:8-10), 잃은 아들의 비유(15:11-32)로 불린다.[7] 지금까지 세 비유에 대한 접근은 주로 잃은 양이나 잃은 동전, 그리고 잃은 아들을 중심주제로 설명하기 위한 목적에서 서로 연결된 것으로 해석한다.[8] 이러한 기존의 시각은 두 가지 이유로 만족스럽지 못하며 새롭게 수정되어야 한다. 하나는 서두의 종교적 갈등 배경과 역할을 중요하게 고려하지 않고 있다(15:1-2). 도입부로서 서두는 세 비유를 해석하는 문학적 실마리로 중요한 기능을 담당한다.[9] 그리고 세 비유에는 예수님께서 등장인물인 세리와 죄인들, 바리새인과 서기관들에게 각각 호소하는 요소가 있다.[10] 즉 세 비유는 예수님께 다가온 죄인들의 목적을 만족시키고 바리새인과 서기관들의 부정적인 생각에 대한 예수님의 반응이자 놀라운 답변이다.[11] 이 주장의 적절성은 서두와 세 비유를 이어주는 "그들에게"(αὐτοὺς)가 "세리와 죄인들"뿐 아니라 "바리새인과 서기관들"을 모두 의미하고, "이 비유"(τὴν παραβολὴν ταύτην)라는 언급이 이어지는 세 비유를 가리키는 것으로 알

---

7 Kiehl, "'The Lost' Parables in Luke's Gospel Account", 245.

8 Kilgallen, "The Parable(s) of the Lost Sheep and Lost Coin, and of the Resurrected Son in Luke 15", 62; Marashall, *The Gospel of Luke: A Commentary on the Greek Text*, 597.

9 Giblin, "Structural and Theological Considerations on Luke 15", 15.

10 John J., Kilgallen, "Luke 15 and 16: a Connection", Biblica, 78 (1997): 371.

11 Giblin, "Structural and Theological Considerations on Luke 15", 46.

수 있다(15:3).[12]

다른 하나는 세 비유의 주인공이 잃음이란 공통 주제 아래 각각 언급된 양과 동전과 아들이 아니라 "어떤 사람"(목자)과 "어떤 여자(여성)', "어떤 사람"(아버지)이다.[13] 주인공인 목자와 여자와 아버지는 각각 잃어버린 양, 동전, 아들을 다시 찾은 후에 사람들을 불러 축하하기 위해 즐거운 잔치를 주도적으로 배설한다. 따라서 세 비유의 명칭은 각각 "목자 비유', "여자 비유', "아버지 비유"로 불러야 한다.[14] 더욱이 세 비유에는 잃음이란 주제 외에 찾음, 즐김, 죄인, 회개, 기쁨 등의 모티프도 반복된다. 여기에서 잃음이란 주제 하나만 강조하거나 양과 동전과 아들만 강조하여 비유의 명칭을 부여하는 것은 치우친 것이다.

목자와 여자와 아버지를 각각 주인공으로 보는 시각은 예수님께서 세 비유를 통해 종교지도자들의 수군거림을 비판하고 죄인을 찾아 구원하러 온 자신의 목적을 상징적 사물(양, 동전)과 인물(아들)을 통해 밝히는 것을 강조하는 장점이 있다.[15] 이러한 시각은 저자가 의도적으로 배열한 세 비유를 서두에 언급된 예수님과 종교지도자들의 갈등 주제 아래 큰 교차 대조(A/A´, B/B´, C)와 작은 이중적 평행구조(Da/Da´, Db/Db´)로 해석하도록 요구한다.[16] 등장인물과 비유의 주인공을 중심으로 이루어진 두 구조는 본문의 의미를 찾고 비유의 상징적 의미를 한정하는 데 도움을 준다.

---

12 Fitzmyer, *The Gospel According to Luke X-XXIV*, 1076.

13 Marashall, *The Gospel of Luke: A Commentary on the Greek Text*, 604.

14 Fred B. Craddock, *Luke*, 박선규 역, 『누가복음』, 현대성서주석(서울: 한국장로교출판사, 2010), 241.

15 Charles Brown, "The Great Parable of Grace', *Review & Expositor* 16 (1919): 127.

16 Kilgallen, "Luke 15 and 16: a Connection', 369.

A. 서두(배경) 예수, 죄인, 종교지도자들 (1–3절)

  B. 목자 비유 "어떤 사람"(목자) (4–6절)

    Da. 예수님의 교훈 "내가 너희에게 이르노니" (7절)

   C. 여자 비유 "어떤 여자"(여성) (8–10절)

    Da´. 예수님의 교훈 "내가 너희에게 이르노니" (10절)

  B´. 아버지 비유a "어떤 사람"(아버지) (11–21절)

    Db 아버지의 교훈 "아버지가 이르되" (22–24절)

A´. 아버지 비유b 아버지, 동생, 맏아들 (25–30절)

    Db´. 아버지의 교훈 "아버지가 이르되" (31–32절)

1. 두 등장인물 사이의 평행(A/A´)

A와 A´는 분량과 등장인물에서 현저한 차이를 보여준다. A는 세 구절이지만 A´는 여덟 구절의 많은 분량으로 구성되어 있다(15:1-3, 25-32). A에는 예수, 세리와 죄인, 바리새인과 서기관들이 언급되고, A´에는 아버지, 동생, 맏아들이 주요 인물로 등장한다. 이러한 표면적인 차이에도 A´는 내용과 주제에서 A와 일치하여 수미쌍관을 이루며 세 비유의 뼈대로 기능한다. 구조적으로 A´의 등장인물은 A의 등장인물과 평행을 이룬다. 즉, 아버지는 예수님을 상징하고, 동생은 죄인을 상징하고, 맏아들은 종교지도자들을 상징한다.

A는 도입부로서 세 비유의 배경으로 기능한다(15:1-3).[17] 즉 예수님께서 세리와 죄인들과 함께 식사한 것에 대해 대적자인 바리새인과 서기관들이 비난한 것을 기록한다. 이 문제에 대한 예수님의 답변이 필요하여 통일된 주제 아래 세 비유가 연속으로 등장한다. A´는 아버지 비유의 후반부 내용으로 하나의 단위로 구성되어 있다(15:25-32).[18] 그것은 앞선 두 비유와 구조 및 주제에

---

17   Green, *The Gospel of Luke*, 572.

18   Giblin, "Structural and Theological Considerations on Luke 15´, 20.

서 일치하지 않는다. 또한 B′에 등장하는 아버지 비유의 전반부 내용과 단절이 있다.[19] B′는 둘째 아들에 관한 이야기이고(15:12-24), A′는 맏아들에 관한 이야기로 크게 두 부분으로 구분된다(15:25-32).[20] 그래서 A′는 표면적으로 15장 전체 구조를 깨뜨리는 것처럼 보인다. 그로 인해 원래 비유의 일부가 아니며 나중에 추가된 것으로 주장된다.[21]

독자는 A′가 왜 등장하는지 충분히 이해하기 어렵다. 불필요해 보이는 A′는 A와 짝을 이루며 대응되어 15장의 전체 구조에서 중요한 위치를 차지한다.[22] 즉 A′에서 잔치에 참여하지 않은 맏아들의 태도는 A에서 식탁 교제에 참여하지 않고 비난한 바리새인과 서기관들의 태도와 관련하여 이해될 수 있다.[23] 즉 A′에서 맏아들이 집 안으로 들어오지 않고 밖에서 맴돈 것은 아버지와 둘째 아들과 한 가족 되기를 거부한 것이다. 그와 같이 A에서 바리새인과 서기관들이 식사 자리에 참여하지 않고 밖에서 맴돈 것은 세리와 죄인들과 가족이 되기를 거부한 것이다. 이것은 그들이 머물러 있는 장소가 단지 공간적 개념이 아닌 공동체 구성원으로서 정체성의 토대이기 때문이다.[24] 예수님

---

19   Greg Forbes, "Repentance and Conflict in the Parable of the Lost Son (Luke 15:11-32)", *Journal of the Evangelical Theological Society* 42 (1999): 211; Giblin, "Structural and Theological Considerations on Luke 15", 20.

20   양재훈, "문맥적 읽기와 성서 번역: '탕자들의 비유'(눅 15:11-32) 번역 제안", 『성경원문연구』 제39호(2016): 189.

21   Mikeal C. Parsons, "The Prodigal's Elder Brother: The History and Ethics of Reading Luke 15:25-32", *Perspectives in Religious Studies* 23 (1996): 164; Robert H. Stein, *An Introduction to the Parables of Jesus* (Philadelphia, Pennyslvania: The Westminster Press, 1981), 116-118.

22   John Nolland, *Luke 9:21-18:34*, Word Biblical Commentary 35b (Dallas, Texas: Word Books Publisher, 1993), 769.

23   Fitzmyer, *The Gospel According to Luke X-XXIV*, 1085.

24   정복희, "누가복음에 나타난 식사의 '공간적 전환': 누가복음 15장을 중심으로", 『신약논단』 제29권 제2호(2022): 27.

께서는 바리새인과 서기관들을 상징하는 맏아들을 잔치 자리로 초대하는 메시지로 마친다.

A의 등장인물은 두 그룹의 사람들이 대조를 이룬다. 한쪽은 예수님의 말씀을 들으러 조심스럽게 다가온 세리와 죄인들이다. 세리는 장사하며 세금을 내는 이방인과 접촉하여 의식적으로 부정하기에 동족에게 멸시와 미움을 받았다.[25] 예수님께서는 청결 규례를 어기고 그들을 영접하여 함께 식사한다(1절).[26] 식사 자리에서 죄인들에 의해 예수님께서 부정해지는 것이 아닌 예수님으로 인해 죄인들이 정결해진다. 1절의 동사 "가까이 나아오니"(Ἦσαν ἐγγίζοντες)는 죄인들이 예수님과 육체적으로 가까운 것 이상임을 암시한다. "말씀을 들으러"(ἀκούειν αὐτοῦ)로 표현된 이 모임의 목적에서 *아쿠에인*(ἀκούειν)의 사용은 죄인들이 예수님의 말씀을 듣고 호의적으로 생각하는 것을 의미하고, *아위투*(αὐτοῦ)의 사용은 그들이 예수님께서 하는 말씀을 듣기 위해 온 것을 암시한다.[27] 그들은 예수님의 가르침을 비판적 자세로 듣지 않고 열린 마음으로 받아들인다. 이것은 새 이스라엘 백성의 올바른 자세이다.

다른 한쪽은 예수님의 가르침과 행동에 적대적 모습을 보인 바리새인과 서기관들이다(2절). 그들은 자신들의 거룩함을 유지하기 위해 폐쇄적 식탁 교제를 중요하게 여겨 엄격히 준수한다(갈 2:12-13). 그들에게 식탁은 사회적이고 종교적인 경계를 유지하기 위한 표시이다.[28] 그것은 기원후 70년 이전에 341개의 구전 율법 중에 3분의 2가 식탁 교제에 관한 내용을 다룬 것으로 알 수

---

25   Kiehl, "'The Lost' Parables in Luke's Gospel Account", 246.

26   Nolland, *Luke 9:21-18:34*, 773.

27   Kilgallen, "Luke 15 and 16: a Connection", 370.

28   Green, *The Gospel of Luke*, 571.

있다.[29] 죄인과 교제하지 말라는 구전 율법에 기초하여 예수님의 열린 식사를 비난하며 중얼거리는 그들의 모습은 새 이스라엘 백성을 불러 모으는 예수님의 구원 활동을 경계하고 비판하는 자세를 취하는 것이다. 그들은 율법에 부정한 자로 규정한 세리와 죄인들을 영접하고 식사하는 예수님의 포용적 태도에 불만을 토로하며 비난한다.

가정과 일반적 식탁에서 경계 세우기 좋아하는 그들은 예수님과 죄인들의 식탁 교제에 참여할 마음이 전혀 없다.[30] 예수님께서는 죄인들이 회개한 것으로 인한 기쁨을 공유하기 위해 종교지도자들의 비난에 답변하고 그들을 설득하여 식탁에 초대할 필요를 느낀다. 초대의 필요가 A′에 등장하는 아버지와 만아들의 대화 내용을 필요하게 한다. A에서 두 청중이 예수님의 행동과 가르침에 상반된 반응을 보인 것은 A′에서 만아들과 동생의 대조된 반응으로 묘사된다. 예수님께서는 그렇게 두 청중에게 교훈한다.

A와 A′의 각 등장인물인 예수님과 아버지는 평행을 이룬다. A′에서 아버지는 두 아들보다 핵심적인 역할을 하는 인물이다.[31] 예수님께서는 죄인에 대한 자신의 태도를 아버지의 행동을 통해 종교지도자들에게 알려준다. 그런 측면에서 구약에서 하나님을 상징하기 위해 사용된 적이 없는 아버지 모티프는 예수님 자신을 상징하는 인물로 볼 수 있다.[32] 이렇게 A와 A′는 하나님 나라의 잔치를 상징하는 식탁 교제의 자리로 종교지도자들을 부른 초대란 역동적 주제 아래 구조적으로 연결되어 있다.[33] 전체 구조에서 그 위치와 역할을

---

29 Kiehl, "'The lost' parables in Luke's gospel account', 247.

30 Benjamin J. Williams, "Brotherhood motifs in the parable of the prodigal son', *Restoration Quarterly* 56 (2014): 107.

31 Fitzmyer, *The Gospel According to Luke X-XXIV*, 1084.

32 Joachim Jeremias, *New Testament Theological* (London: SCM Press, 1996), 63.

33 Giblin, "Structural and theological considerations on Luke 15', 22.

이해하기 어려운 아버지와 맏아들의 대화 본문이 도입부의 배경 이야기와 짝을 이루는 종교적 갈등 구조로 이해하는 것은 저자의 의도를 알게 해주어 해석의 완성도를 높여준다.[34]

A′에만 등장하는 종의 역할은 무엇일까? 그는 풍악과 춤추는 소리가 들리는 이유를 맏아들에게 설명하는 문학적 장치 역할을 한다.[35] 그는 둘째 아들이 아버지에게 돌아왔을 때 벌어진 잔치의 모습과 이유를 맏아들에게 설명한다. 그것은 마치 A에서 예수님께서 맏아들처럼 불평하는 바리새인과 서기관들에게 식탁 교제로 대변되는 천국 잔치를 설명하는 것과 유사하다. 물론 A에서 예수님의 역할과 A′에서 종의 역할은 서로 유사할 뿐 완전히 일치한다고 보기 어렵다.

A에서 종교지도자들이 죄인에 대한 예수님의 호의적 태도를 비판한 이유는 무엇일까? 그들의 불만은 종교적 문제에 근거하고 있다. 즉 모세의 율법을 중시하는 유대교의 엄격한 청결 규례 때문에 예수님을 비난한다(신 7:1-4). 그들은 음식 및 제의와 관련된 청결 규례를 따라 부정한 것을 먹는 자와 식사하지 않음으로써 경건한 상태를 유지하려고 한다(레 11장). 그런데 예수님께서 부정한 음식을 먹는 부정한 죄인들을 받아주어 유대교의 정체성을 무너뜨린다고 생각한다. 예수님께서 죄인들을 "영접하고', "같이 먹는다"라고 기록할 때 사용된 두 동사 *프로스데코마이*(προσδέχομαι)와 *쉬네스띠오*(συνεσθίω)의 현재 시제 사용은 바리새인과 서기관들이 예수님에게 결함이 있다고 생각한 것이 단지 한 번이 아닌 습관적이란 것을 암시한다(5:20, 7:34, 15:2).[36] 그들은 예

---

34   Nolland, *Luke 9:21-18:34*, 791.

35   Kilgallen, "The Parable(s) of the Lost Sheep and Lost Coin, and of the Resurrected Son in Luke 15', 67.

36   Kilgallen, "Luke 15 and 16: a Connection', 370.

수님께서 율법을 무시하거나 무지한 결함을 가지고 있다고 생각한다.

종교지도자들이 죄인을 영접하지 않고 함께 식사하지 않는 이유는 고넬료 이야기에서 분명하게 드러난다(행 10:1-48). 베드로는 "유대인으로서 이방인과 교제하며 가까이하는 것이 위법"이란 것을 인정한다(행 10:28a). 할례받은 사람들은 베드로에게 "네가 무할례자의 집에 들어가 함께 먹었다"라고 비난하며 호소한다(11:3). 예수님께서 이러한 죄인에 대한 당대의 부정적 인식을 전환하고 자기 행동을 변호하기 위해 세 비유를 언급한다.[37] 그리고 마지막 부분에서 맏아들로 상징되는 종교지도자들을 식탁 교제에 참여하도록 초대한 것으로 청중에게 결말을 열어 놓는다.

A′에서 맏아들의 반응은 어떠한가? 그는 '밖에 서 있는 이스라엘'로서 유대인을 상징하는 것으로 해석된다.[38] 그러나 맏아들은 유대인 중에서 구체적으로 바리새인과 서기관들의 태도와 사상을 대변하는 역할을 한다.[39] 그것은 구조가 말해줄 뿐 아니라 실제로 맏아들이 종교지도자들처럼 아버지의 명령을 모두 준수한 것으로 알 수 있다. 맏아들은 아버지와 멀리 떨어진 곳에 있는 밭에서 일하고 집으로 돌아온다.[40] 그가 아버지의 가족을 상징하는 장소인 집을 떠나 있는 것은 둘째 아들과 별반 다르지 않다.[41] 그는 아버지 집에 살고 있으나 아버지에 대한 신뢰와 존경심으로 순종하지 않는다. 그것을 보면 실질적으로 아버지 집에 속하지 않은 자이다. 그가 일하던 밭은 아직 아버지 소유지만 재산 분할을 통해 아들의 몫으로 정해져 있기에 아버지 사후에 맏아

---

37 Stein, *An Introduction to the Parables of Jesus*, 62.

38 Parsons, "The Prodigal's Elder Brother: The History and Ethics of Reading Luke 15:25-32," 151.

39 Marashall, *The Gospel of Luke: A Commentary on the Greek Text*, 612.

40 Nolland, *Luke 9:21-18:34*, 780.

41 정복희, "누가복음에 나타난 식사의 '공간적 전환': 누가복음 15장을 중심으로", 35.

들에게 돌아갈 것이다.[42]

만아들이 집에 가까이 왔을 때 귀를 거슬리게 하는 풍악과 춤추는 소리를 듣는다. 그는 종을 통해 아버지가 방탕한 아들을 위해 잔치를 배설한 것을 알게 된다. 아버지가 둘째 아들을 위해 배설한 잔치가 그에게 금전적 손해를 끼치거나 명예를 훼손하지 않음에도 그는 노하여 잔치에 참석하지 않는다. 그러자 친히 아버지가 밖으로 나와 만아들에게 화해의 잔치에 참여하기를 권한다. "하지 아니하거늘"(θέλω)과 "권한대"(παρακαλέω)란 두 용어가 미완료로 사용된 것은 만아들이 화해의 축제에 참여하기를 끝까지 거부하자 아버지가 여러 차례 설득한 것을 보여준다(15:28).[43] 만아들이 의도적으로 아버지가 둘째 아들에게 베푼 식사를 비난하고 아버지의 권면을 거부한 것은 아버지의 권위에 도전한 것이다.[44] 그가 가족 공동체의 결속력을 의미하는 잔치에 참여하지 않는 것은 아버지의 집 안에 머무는 자의 기쁨과 즐거움을 상실한 것을 의미한다. 지금까지 그는 아버지 집에 살고 있으나 그에게 아버지 집은 유대감을 돈독하게 하는 정체성 형성의 장소가 아니라 단지 물리적 거주지일 뿐이다.[45] 그는 아버지와 둘째 아들과 함께하는 가족 공동체의 정체성을 이해하지 못하고 깨뜨린다.

만아들의 분노는 재산 재분할에 대한 두려움보다 공의와 형평성에서 비롯된다.[46] 그는 "여러 해 아버지를 섬겨 명을 어김이 없거늘"이란 자기변호

---

42 Fitzmyer, *The Gospel According to Luke X-XXIV*, 1090.

43 Forbes, "Repentance and Conflict in the Parable of the Lost Son (Luke 15:11-32)', 222; Darrell L. Bock, *Luke 9:51-24:53*, Baker Exegetical Commentary on the New Testament (Grand Rapids, Michigan: Baker Academic, 2007), 1317.

44 정복희, "누가복음에 나타난 식사의 '공간적 전환': 누가복음 15장을 중심으로', 33.

45 정복희, "누가복음에 나타난 식사의 '공간적 전환': 누가복음 15장을 중심으로', 34.

46 Stein, *An Introduction to the Parables of Jesus*, 121.

를 통해 바리새인들처럼 자신의 성실함과 순종에서 비롯된 의로움을 주장한다(15:29).[47] 그리고 둘째 아들을 "아버지의 살림을 창녀들과 삼켜버린" 타락한 도덕적 죄인으로 간주하여 공의에 호소한다(15:30). 또한 "내게는 염소 새끼라도 주어 나와 벗으로 즐기게 하신 일이 없더니"라고 하여 상대적 박탈감을 호소한다(15:29). 그리고 아버지가 둘째 아들을 위해 "살진 송아지를 잡으셨나이다"라고 불만을 토로하며 형평성 문제를 제기한다(15:30). 이렇게 비난 목록을 제시하며 아버지에게 "당신의 이 아들"(ὁ υἱός σου οὗτος)이라고 둘째 아들을 평가 절하한 맏아들의 경멸적 비난은 아버지의 사랑을 비방하고 동생의 형제와 가족 됨을 부정하는 것이다(15:30).[48]

2. 예수님의 자기 이해로서 "어떤 사람"
(목자와 아버지, B/B′)

B와 B′는 각각 "이르시되"(Εἶπεν δὲ)와 "또 이르시되"(Εἶπεν δὲ)라는 언급으로 시작되어 연결된 하나의 단위로 평행을 이룬다(15:3, 11).[49] 그것들은 개별적으로 존재하지 않고 같은 메시지를 전달하기 위해 상호보완적으로 기능한다. B′의 "또 이르시되"라는 형식의 간결함은 B의 비유에서 가르친 것을 다시 강조하는 것이다.[50] 이것은 B와 B′가 서로 구조와 표현 방식에 차이가 있으나 주제에서 긴밀히 연결되어 있다는 것을 의미한다.

B와 B′ 사이의 형식과 내용의 차이점은 무엇일까? 첫째, B의 처음 도입부

---

47 Bock, *Luke 9:51-24:53*, 1317-1318.

48 Williams, "Brotherhood Motifs in the Parable of the Prodigal Son", 107.

49 Brown, "The Great Parable of Grace", 127.

50 Kilgallen, "The Parable(s) of the Lost Sheep and Lost Coin, and of the Resurrected Son in Luke 15", 62.

에는 질문공식이 등장한다(4절). 그러나 B′는 도입부에 수사적 질문공식이 없다. 둘째, B에는 간결함과 리듬감이 있다. 그러나 B′는 간결함과 리듬감 없이 긴 이야기로 이루어져 있다. 셋째, 등장인물의 행동에 차이가 있다. B의 목자는 잃어버린 것을 성실하게 찾고 있으나 B′의 아버지는 잃어버린 아들을 찾기 위해 먼 나라로 가지 않는다. 이것은 목자의 행동을 능동태로 아버지의 행동을 수동태로 표현한 것에서 알 수 있다.[51]

B에 묘사된 장면은 어떤 상황을 말하고 있는가? 목자가 양을 먹이는 장소는 주로 베들레헴 동쪽에 있는 광야이다.[52] 목자는 오후 늦은 시간이나 저녁에 양을 세다 한 마리가 없어진 것을 발견한다. 대체로 목자는 밤이 되기 전에 양들의 숫자를 파악하기 때문이다.[53] 그는 99마리의 양을 돕는 사람에게 맡기고 잃은 한 마리의 양을 찾으러 떠난다.[54] 당대에 일반적 가정은 5마리에서 15마리의 양을 가지고 있다.[55] 100마리란 언급은 한 사람이 돌보기에 너무 많은 숫자이기에 마을의 양을 공동으로 돌보았을 가능성을 높여준다. 목자는 자신의 양들과 함께 마을 여러 가족의 양들을 돌보는 목자로서 역할을 담당하였을 것이다. 그러므로 이야기를 듣는 청중은 목자가 99마리의 양을 방치한 것으로 이해하지 않을 것이다.

목자는 열심히 잃은 양을 찾은 후에 즐거운 마음으로 어깨에 메고 집으로 돌아온다. 양을 어깨에 멜 때는 앞다리와 뒷다리를 함께 잡아 흘러내리지 않게 한다. 충분히 성장한 양의 무게는 약 30kg이 넘어 무거우나 목자의 즐거움

51　5절과 9절의 "찾아낸즉"(εὑρίσκω)은 능동태 부정과거, 24절의 "얻었노라"(εὑρίσκω)는 수동태 부정과거이다.

52　신현우, 『누가복음 어떻게 읽을 것인가?』(서울: 성서유니온, 2016), 261.

53　Bock, *Luke 9:51-24:53*, 1300.

54　Marashall, *The Gospel of Luke: A Commentary on the Greek Text*, 601.

55　Kiehl, "'The Lost' Parables in Luke's Gospel Account', 248.

을 감소시키지 못한다.[56] 그는 벗과 이웃을 불러 잃은 양을 찾은 것을 알리고 함께 즐거워한다.

B에서 비유의 주인공 목자를 의미하는 '어떤 사람'은 누구를 가리킬까? 길 잃은 양을 찾는 목자 개념은 에스겔서와 시편을 통해 유대인에게 잘 알려져 있다. 에스겔서는 여호와께서 친히 잃어버린 양을 찾는 목자가 될 것이라 기록한다(34:11-12, 15-16). 그리고 여호와께서 "한 목자를 그들 위에 세워" 양을 먹일 것이라 예언한다(34:23). 이 예언은 메시아를 통해 성취되어야 한다. 예수님께서는 이 예언을 성취하는 자로 자신을 이해하고 있다.[57] 시편의 기자는 "잃은 양같이 내가 방황하오니"라고 기도하여 양이 이스라엘 백성을 상징하는 것으로 기록한다(시 119:176). 토라는 모세가 목자로서 80년 동안 훈련받고 40년 동안 언약 백성을 돌보도록 부름을 받은 것으로 기록한다.[58] 이렇게 다양한 구약시대의 목자 이미지에 기초하여 예수님께서는 이스라엘의 "잃어버린 자를 찾아 구원"하도록 자신을 보냄을 받은 자로 생각하였을 것이다(눅 19:10, 마 15:25). 그래서 천국 복음을 전파하도록 제자들을 파송할 때도 "이스라엘의 잃어버린 양"에게로 가라고 명령한다(마 10:6).[59] 잃은 양을 찾는 목자로서 예수님의 자의식이 선한 목자 비유를 말하도록 한다. 목자의 찾는 행동은 예수님의 역할로 이해할 수 있다.[60] 예수님께서는 '어떤 목자'와 같은 심정으로 잃어버린 자를 찾아 구원하는 일을 한다(19:10).

독자는 B′를 읽기 시작할 때 B의 내용에 의해 어떤 기대를 하게 된다. 그

---

56   Kiehl, "'The Lost' Parables in Luke's Gospel Account', 249.

57   Derrett, 'Fresh Light on the Lost Sheep and the Lost Coin', 37.

58   Kiehl, "'The lost' Parables in Luke's Gospel Account', 247.

59   장석조, "누가복음 3:1-4:15의 구조와 주제에 관하여', 『개혁논총』, 38 (2016): 73-111. "복음 전하다'라는 동사의 사용에 대해 보라.

60   윤철원, 『누가복음서 다시 읽기: 내러티브의 구조와 세계』(서울: 이레서원, 2001), 325.

기대는 저자에 의해 만들어진 것으로 길 잃은 양을 찾는 사람에 관한 것이다.[61] 독자는 한 마리의 양을 찾는 남자와 한 아들을 기다리는 남자를 연결하여 비유의 의미를 이해하게 된다. 그리하여 목자가 상징하는 인물과 아버지가 상징하는 인물이 모두 예수님의 자기 이해에서 비롯된 것을 알게 된다. 예수님께서는 죄인에 대한 자기 마음과 태도를 목자와 아버지라는 상징적 인물을 통해 드러내고 있다.

당대 청중은 잃은 한 마리의 양을 어떤 의미로 이해하였을까? 잃어버린 양이 이방인이 아닌 세리와 죄인들을 상징한다고 생각하였을까? 이러한 의구심을 가진 사람들에게 그렇다는 확신을 주는 대답이 아버지 비유이다. 아버지 비유에서 양은 인간으로 대체되고, 잃음과 찾음은 죽음과 생명으로 대체되고, 둘째 아들은 죄로 인해 죽은 상태에서 회개하여 생명을 얻은 자로 설명된다.[62]

B′에서 둘째 아들의 모습은 어떠한가? 당대 유대인은 보통 18살부터 20살에 혼인을 하는데 그가 결혼했다는 언급이 없는 것을 보면 아직 17살 전후의 미혼일 것이다.[63] 그는 아버지의 재산 중에 상속분으로 모세의 율법에 따라 3분의 1을 요구한다(신 21:17).[64] 그때 맏아들도 둘째 아들과 함께 3분의 2나 되는 재산을 상속받는다(15:12). 그러나 아버지가 죽기 전에는 아들이 아닌 아버

---

61 George W. Ramsey, "Plots, Gaps, Repetitions, and Ambiguity in Luke 15", *Perspectives in Religious Studies* 17 (1990): 34.

62 Kilgallen, "The Parable(s) of the Lost Sheep and Lost Coin, and of the Resurrected Son in Luke 15", 63, 72.

63 Marashall, *The Gospel of Luke: A Commentary on the Greek Text*, 607.

64 Forbes, "Repentance and Conflict in the Parable of the Lost Son (Luke 15:11-32)", 214; Stein, *An Introduction to the Parables of Jesus*, 118. 일반적인 유대인은 아버지가 사망하면 맏아들은 유산의 3분의 2를 상속받게 된다.

지에게 재산의 사용 권한이 있다.[65]

유대에는 아버지의 생전에 재산을 공유하기 위해 나누어주는 법이나 관습이 없다.[66] 3세기 초의 미쉬나에 기록된 것처럼, 미리 재산을 분배해줄 때는 "오늘부터 내가 죽은 후에는"이라고 규정해야 한다.[67] 그러나 관대한 아버지는 재산을 나눠주고 처분할 권한까지 준다. 아버지는 처분할 권한을 주지 않았으나 둘째 아들이 자기 마음대로 재산을 처분하였을 가능성도 있다. 두 아들은 재산 상속을 받았으므로 모든 청구 권한이 사라진다.[68] 둘째 아들은 아버지가 살아 있는 동안 재산에 대한 자신의 몫을 요구하기에 더는 아버지 집에 살 수 없게 되었다.[69]

일반적으로 유대인은 유산을 땅으로 물려받는다. 둘째 아들은 아버지의 품을 떠나 가족으로부터 자유롭게 살기를 갈망한다. 그는 마을 공동체와 관계를 끊어 이웃으로부터 받을 혐오와 증오에서 벗어나기를 원한다. 며칠 후에 유산을 모두 현금으로 바꾸어 먼 나라로 가서 타락한 삶을 살며 재산을 낭비한다. 대부분 땅으로 물려받은 유산을 팔고 그것을 찾으려면 희년까지 기다려야 한다(레 25:10). 만일 금지한 것을 어기고 영구히 팔면 다시 찾을 수 없다(레 25:23). 많은 유대인은 돈을 벌기 위해 고향을 떠나 타국의 큰 도시로 가지만 그는 방탕한 삶을 살며 돈을 낭비하러 간다.[70] 그는 얼마 되지 않아 가진 모든 것을 허비하고 절망적인 상황에 놓인다.

변덕스러운 지중해 기후는 심각한 흉년을 가져온다. 아마도 5월 초에 마지

---

65   Fitzmyer, *The Gospel According to Luke X-XXIV*, 1087.

66   Kiehl, "'The Lost' Parables in Luke's Gospel Account', 252.

67   Kiehl, "'The Lost' Parables in Luke's Gospel Account', 252.

68   Bock, *Luke 9:51-24:53*, 1310.

69   Forbes, "Repentance and Conflict in the Parable of the Lost Son (Luke 15:11-32)', 215.

70   Marashall, *The Gospel of Luke: A Commentary on the Greek Text*, 608.

막으로 내린 비가 가을이나 늦가을까지 내리지 않았을 것이다.[71] 기근은 타국에서 그를 들로 나가 부정한 짐승인 돼지를 치게 만든다(레 11:7; 신 14:8). 탈무드는 "돼지를 치는 자는 저주를 받을지어다"라고 기록하여 매우 부정적으로 묘사한다.[72] 굶주린 아들이 돼지의 음식인 거칠고 쓴맛이 나는 쥐엄 열매를 먹는 것은 부도덕과 어리석음이 어떤 결과를 가져오는지에 대한 구체적인 묘사이다. 유대 문헌은 "이스라엘 사람들은 쥐엄 열매를 먹는 지경에 이를 때 그제야 회개한다"라고 기록하고 있다.[73] 그는 스스로 돌이켜 눈물겨운 수사적 독백으로 회개하며 아버지의 집으로 돌아온다(15:18, 19). 그의 돌아옴이 회개가 아닌 배고픔 때문이라는 주장은 설득력이 약하다.[74] 굶주림은 아버지뿐 아니라 십계명의 다섯 번째 계명을 어긴 것에 대해 회개하도록 자극하는 요소로만 작용한다(신 5:16).

B′에서 아버지의 역할과 태도는 무엇인가? 아버지는 둘째 아들이 상속될 재산 중 자신의 분깃을 달라고 요청할 때 들어준다. 둘째 아들은 아버지가 죽은 후에 받을 수 있는 재산을 미리 달라고 함으로써 사회적 관습을 깨뜨리고 아버지의 명예를 실추시킨다. 그렇지만 아버지는 아들에게 상속할 재산을 나눠주고 관대하게 자유를 선사한다.[75] 둘째 아들이 재물을 처분하여 먼 나라로 떠날 때도 아버지의 진노가 나타나지 않는다.[76] 아버지는 둘째 아들의 소원을

---

71 Kiehl, "'The lost' parables in Luke's gospel account', 253.

72 Stein, *An Introduction to the Parables of Jesus*, 120.

73 신현우, 『누가복음 어떻게 읽을 것인가?』, 264.

74 Forbes, "Repentance and Conflict in the Parable of the Lost Son (Luke 15:11-32)', 218.

75 Darrin W Snyder Belousek, "O Sweet Exchange: The Cross of Christ in the Drama of Reconciliation', *The Conrad Grebel Review* 32 (2014): 287.

76 양재훈, "문맥적 읽기와 성서 번역: '탕자들의 비유'(눅 15:11-32) 번역 제안', 197. '처분하다'로 번역할 것을 제안한다.

들어주고 잘못된 길을 가고 있지만 돌아올 때까지 인내하며 기다린다.

방탕한 아들이 모든 재산을 탕진하고 마을에 도착할 때도 아버지의 애정은 계속된다. 아버지가 추한 모습으로 돌아온 아들을 먼 곳에서 본 것은 그를 기다리고 있다는 것을 암시한다. 아버지가 아들에게 달려간 것은 품위 없는 것으로서 일반적 관습에 어긋나나 애정의 표현이다.[77] 돌아온 아들의 목을 안고 입 맞춘 것은 마을 사람들에게서 예상되는 징벌적 행동으로부터 보호하는 것이다.[78] 신명기는 반역한 아들을 돌로 쳐서 죽여야 한다고 가르치기에 방탕한 아들은 죽음의 위기에 직면해 있다(21:18-21). 측은히 여기는 아버지의 자비로운 마음과 입을 맞추는 파격적인 연민의 행동은 그의 사랑이 둘째 아들의 의도나 자격을 전제로 하지 않는 것을 보여준다. 둘째 아들이 계획적으로 접근하고 있는지 진심으로 뉘우치는지는 아버지에게 중요하지 않다. 그의 성품은 아버지의 태도를 결정하는 요소가 아니다.[79] 둘째 아들과 동일시되는 세리와 죄인들은 비유에 등장하는 아버지의 사랑을 통해 그들이 회개할 때 신에게 긍정적인 영접을 받게 될 것을 희망할 수 있다.

3. 예수님의 자기 이해로서 "어떤 여자"(C)

C의 여자 비유('어떤 여자')는 B의 목자 비유('어떤 사람')와 B′의 아버지 비유('어떤 사람') 사이에 샌드위치 되어 교차구조의 중심을 이룬다. C의 주된 내용은 벽의 모퉁이에 숨겨져 있는 나무상자나 항아리에 열 드라크마를 보관한 여인이 하나를 잃어버려 등불을 켜고 집을 쓸며 부지런히 찾는 것이다

---

77 Williams, "Brotherhood Motifs in the Parable of the Prodigal Son", 105.

78 Williams, "Brotherhood Motifs in the Parable of the Prodigal Son", 105.

79 Ramsey, "Plots, Gaps, Repetitions, and Ambiguity in Luke 15", 41.

(15:8).[80] 잃어버린 하나의 동전을 찾으려는 여자의 노력은 켜고, 쓸고, 찾는 세 가지 행동으로 묘사된다.[81] 팔레스타인의 집들은 현무암 벽돌로 짖고 마루도 현무암 조각들로 만들어 울퉁불퉁했을 것이다.[82] 집에는 창문이 거의 없어 어둡기에 동전을 찾기 위해서는 등불을 켜고 빗자루로 쓸어야만 한다(15:8).[83] 당대의 등불은 흙으로 된 2인치의 작은 그릇에 1인치의 심지를 고정한 것이다.[84] 등불은 희미하기에 빗자루로 바닥을 쓸 때 동전 소리에 귀를 기울여야 한다. 마침내 동전을 찾아내고 벗과 이웃을 불러 모으고 기뻐하며 즐거워한다(15:9-10).

간결한 이 비유에 등장하는 헬라의 은화인 드라크마는 로마의 은화인 한 데나리온과 동등하며 노동자의 하루치 임금에 해당한다.[85] 드라크마가 1세기에 갈릴리에서 널리 사용된 화폐는 아니나 비유의 첫 문장에 두 차례 언급된 것은 이방인에게 적용하기 위한 예수님의 배려로 보인다. 당시 유대 사회에는 결혼할 때 남편이 아내에게 사랑의 증표로 10개의 드라크마를 줄에 꿰어 선물하는 경우가 있다. 아내는 그것으로 자신의 머리를 장식한다.[86] 그런 측면에서 비유에서 한 드라크마를 잃어버린 여인의 절망과 되찾았을 때의 기쁨이 얼마나 큰지 짐작할 수 있다. 열 드라크마가 결혼 지참금이든, 로마의 세

80 Lyn M. Kidson, "The Anxious Search for the Lost Coin(Luke 15:8-10): Lost Coins, Women's Dowryies and the Contribution of Numismatics and Phenomenology to Gospel Research," *Australian Biblical Review* 68 (2020): 78-79.

81 Fitzmyer, *The Gospel According to Luke X-XXIV*, 1081.

82 윤철원, 『누가복음서 다시 읽기: 내러티브의 구조와 세계』, 326.

83 Kidson, "The Anxious Search for the Lost Coin(Luke 15:8-10)", 84.

84 Kiehl, "'The Lost' Parables in Luke's Gospel Account", 250.

85 Nolland, *Luke 9:21-18:34*, 775-776; Kidson, "The Anxious Search for the Lost Coin(Luke 15:8-10)", 81.

86 Marashall, *The Gospel of Luke: A Commentary on the Greek Text*, 603.

금이나 성전 세금으로 낼 돈이든, 가족의 생필품을 매입해야 할 돈이든, 그 하나가 다른 아홉보다 소중하기에 찾아야만 한다. 잃어버린 곳이 구석이나 어두운 장소이기에 등불을 켜고 종려나무 가지로 만든 빗자루로 쓸어야 한다.[87] 예수님께서는 청중에게 여인의 감정과 행동에 동일화하여 애타게 찾는 상황에 참여하도록 한다. 당대 일반화된 사회적 관습을 활용한 이 독특한 비유는 죄인을 찾는 예수님의 자기 이해에 대해 가르치는 가장 지혜로운 방식 중 하나이다.[88]

구조적으로 C의 '어떤 여자'는 '어떤 목자'와 '어떤 아버지'처럼 예수님의 자기 이해를 반영하고 있다. 그러나 그녀를 신적 여성 지혜와 동일시하는 것은 적절하지 않다. 비록 교부들이 잃어버린 동전을 찾은 여인을 그리스도 안에서 성육신을 통해 잃은 양을 찾는 신적 지혜의 여성적 인물로 언급하며 다른 성경 구절과 관련시키고 있으나 여성이 창조주를 대표하는 것으로 보기 어렵다.[89] 그것은 어디까지나 여성의 역할을 통해 상징적 의미로서 비유로 제시될 뿐이다(눅 13:20-21). 구약성경에서 하나님이 어머니의 이미지로 언급된 본문이 없지는 않다. 이사야는 하나님을 마치 해산하는 여인과 아이를 잉태한 여인으로 묘사한다(사 42:14, 46:3). 그러한 본문들에 근거하여 신적 존재와 여성을 동일시하여 여자를 성육신한 신적 지혜의 기원을 말하는 것으로 해석하기 어렵다. 예수님께서는 여자 비유를 통해 자신이 잃어버린 죄인을 얼마나 애타게 찾고 있는지 잃은 동전을 찾는 여인의 부지런함으로 말하고 있을 뿐이다.

---

87   Kidson, "The Anxious Search for the Lost Coin(Luke 15:8-10)", 84.

88   Kidson, "The Anxious Search for the Lost Coin(Luke 15:8-10)", 87.

89   Shannon M. McAlister, "Christ as the Woman Seeking Her Lost Coin: Luke 15:8-10 and Divine Sophia in the Latin West", *Theological Studies* 79 (2018): 7, 9.

누가복음에서 유대 관습을 극복하고 선교와 섬김의 사역에 동참한 많은 여자를 강조하는 것은 특이하다. 마태나 마가가 여자(γυνή)란 단어를 각각 8번과 14번 사용하지만 누가는 24번이나 언급한다.[90] 누가는 다른 복음서에 없는 예수님을 따르는 13명이나 되는 여자들의 이름을 기록하고 있다(8:1-3).[91] 대표적으로 일곱 귀신이 떠나간 막달라 마리아, 헤롯의 재산을 관리하던 높은 신분을 가진 구스의 아내 요안나와 수산나는 소유한 물질로 선교사역에 필요한 여행경비와 식사비용을 지급한다.[92] 그녀들은 예수님과 함께 각 성과 마을을 두루 다니며 전도하는 선교여행에서 남자들과 동행한다. 막달라 마리아와 요안나와 야고보의 모친 마리아와 같은 여자들은 첫 번째 증인으로 사도들에게 부활의 기쁜 소식을 알린다(24:10). 처음부터 하나님 나라의 복음을 전하는 일에 동참한 여자들의 모습은 예수님께서 그녀들의 잃어버린 동전을 찾는 열정에 빗대어 자신의 전도 열심을 비유로 설명하도록 자극하였을 것이다.

C는 B와 유사점이 많기에 차이점보다 두드러진 공통점을 보여준다. 차이점은 어느 정도 부유한 어떤 사람과 가난한 어떤 여자의 대조에서 나타난다.[93] 어떤 여자가 등불을 켜고 동전을 찾는 것은 창문이 없는 가난한 집에 살고 있다는 증거이다.[94] 또한 비율에서 99%와 1% 또는 90%와 10%의 차이도 보여준다. 그러나 구조와 강조하는 주제의 평행은 두드러진 공통점을 보여준다.[95] 예를 들어, 잃음, 찾음, 즐김과 죄인, 회개, 기쁨 등의 모티프를 공유한다. 두 비유가 말하는 요점은 지극히 작은 자들 중 누구도 잃어버리지 않는 것이

---

90 김경진, 『잃어버린 자를 찾아오신 주님』(서울: 한국성서학연구소, 2000), 178.

91 김경진, 『잃어버린 자를 찾아오신 주님』, 179.

92 신현우, 『누가복음 어떻게 읽을 것인가?』, 17.

93 Nolland, *Luke 9:21-18:34*, 780; Fitzmyer, *The Gospel According to Luke X-XXIV*, 1080.

94 Green, *The Gospel of Luke*, 576.

95 비교. Giblin, "Structural and Theological Considerations on Luke 15', 19.

하늘 아버지의 뜻이며 잃어버린 자를 찾았을 때 모두 기뻐해야 한다는 것이다(15:6, 9).

C와 B′를 연결하는 공통점은 무엇일까? 첫째, 세 비유는 하나의 통일된 패턴으로 중요한 기둥 역할을 하는 모티프들로 긴밀하게 연결되어 있다. 즉 다양한 차이점들로 인해 잃음, 찾음, 즐김, 죄인, 회개, 기쁨 등의 주요 모티프가 훼손되지 않고 강화된다(24, 32절). 둘째, 탕자에 대한 긴 묘사는 양과 동전을 잃어버린 것의 의미를 타락으로, 그것들을 찾은 것의 의미를 구원으로, 기쁨의 즐거운 잔치를 하나님 나라 잔치로 해석하도록 도와준다. 셋째, 앞선 두 비유를 특징짓는 기쁨에 대한 묘사는 돌아온 아들을 맞이하는 아버지의 반응에서 더욱 강화된다. 목자와 여자는 벗과 이웃을 불러 즐기는 것으로 언급되지만 아버지는 살진 송아지를 잡고 풍악을 울리고 춤추는 것으로 묘사되어 더 큰 기쁨을 보여준다. 이러한 공통점은 두 비유 사이의 차이를 크게 확대하지 말아야 한다는 것을 의미한다. 표면적인 차이점은 세 번째 비유가 앞선 두 비유의 해석으로 기능하는 것에서 비롯된다.[96]

4. 하늘 잔치의 즐거움과 기쁨(Da/Da′, Db/Db′)

앞선 두 비유의 결론은 신적 존재로서 예수님의 자기 이해를 반영한 "내가 너희에게 이르노니"(λέγω ὑμῖν)라는 어구의 이중적 평행(Da/Da′)으로 되어 있다. 그 내용과 형식은 두 비유를 해석하는 것에 결정적인 역할을 한다.[97] 세 번째 비유에서 반복된 결론은 "아버지가 이르되"(εἶπεν ὁ πατὴρ)로 시작되는 이중적 언급(Db/Db′)으로 되어 있다. 그런데 이중적 평행(Da/Da′)과 이중적 언

---

96   Nolland, *Luke 9:21-18:34*, 791.

97   Green, *The Gospel of Luke*, 573.

급(Db/Db´)은 세 비유 안에서 서로 평행을 이루며 절정에 도달한다. 그것의 요지는 예수님께서 회개한 모든 죄인을 용서하고 기뻐하기에 경건한 사람들도 기쁨의 잔치에 동참해야 한다는 것이다.[98] 서두에서 경건한 바리새인과 서기관들은 죄인을 영접하여 기쁨의 잔치를 개최한 예수님을 비난하고 죄인들을 형제로 받아들이기를 거부한다. 종교지도자들을 향한 예수님의 권세 있는 화해의 명령은 이중적 평행을 통해 강조된다.[99] 회개한 죄인을 받아주는 일은 하늘의 기쁨을 극대화한 것에 의해 당연하게 여겨진다.

이중적 평행(Da/Da´)은 목자 비유와 여자 비유가 끝난 후에 각각 이중적 강조의 *레고 휘민*(λέγω ὑμῖν)의 사용을 통해 권세 있는 자의 최종 명령으로 되어 있다.[100] 당대 유례없는 이 표현은 예수님께서 자신을 하나님의 대리자로 정당화하기 위해 사용된다. 또한 그것은 죄인 한 사람의 회개가 천국에서 얼마나 큰 기쁨이 되는지를 공적으로 선언한다. 회개는 현재 세상뿐 아니라 천상에서도 기쁨의 근거가 된다. Da의 "하늘에서는"은 Da´의 "하나님의 사자들"과 평행을 이룬다. "하나님의 사자들"은 수사적으로 완곡한 표현이다.[101] 이 표현은 죄인이 회개할 때 천사들만 아니라 하나님도 기뻐한다는 것을 의미한다. 하늘에서 천사들의 기쁨은 바리새인과 서기관들의 전형적 특징인 불평과 대조를 이룬다(15:1-2). 종교지도자들의 불평은 예수님께서 소외된 죄인들에게 베풀지 말아야 할 환대에서 기인한다. 반면에 하늘에서 천사들의 기쁨은 죄인들을 영접한 예수님의 식탁 행위가 회개를 통해 잃어버린 자를 찾아 구

---

98 Derrett, "Fresh Light on the Lost Sheep and the Lost Coin', 59.

99 아버지 비유를 화해의 관점에서 분석한 것은 Forbes, "Repentance and Conflict in the Parable of the Lost Son (Luke 15:11-32)', 211-229; 최재덕, "역사적 예수와 사상," 『신약논단』 제8권 제2호 (2001): 66-70을 보라.

100 Jeremias, *New Testament Theological*, 250-253.

101 Bock, *Luke 9:51-24:53*, 1304.

원하는 것에 있다.

아버지의 이중적 언급(Db/Db′)은 죄인 한 사람이 회개하고 돌아온 것의 의미가 대조되는 죽음과 살아남, 잃음과 얻음의 평행을 통해 극대화하여 설명하고 즐거움의 사건으로 규정한다(5:24, 32). 즉 이중적 평행(Da/Da′)은 이중적 언급(Db/Db′)에서 구체적으로 적용되고 자세히 해석된다. 아버지가 종들에게 잔치를 어떻게 준비할지 구체적으로 지시하는 말로 시작된 Db의 전반부는 아버지가 맏아들을 달래는 말로 시작된 Db′의 후반부와 내용상 차이점을 보여주나 각 후반부는 같은 내용의 반복으로 강조된다(15:24, 32). 즉 회개한 둘째 아들의 돌아옴은 죽음에서 다시 살아난 것으로, 즉 잃은 것을 다시 얻은 것으로 해석되어 즐거움을 극대화한다. 앞선 두 비유는 찾은 것의 비율이 1%와 10%로 작지만 세 번째 비유는 50%로 높기에 찾은 것의 기쁨이 점점 커진다.

Db의 전반부에서 아버지가 종에게 한 지시는 아들을 보호하려는 의도가 담겨 있다. 아버지는 돌아온 아들이 가족과 사회에 다시 편입된 것을 선언하기 위해 종들에게 가장 좋은 옷을 입히고 손에 가락지를 끼우고 발에 신을 신기고 잔치를 배설하도록 지시한다(22절). 가장 좋은 옷은 벗겨진 아들의 이전 겉옷으로 지위를 상징하고(창 41:42),[102] 가락지는 신뢰와 권위를 상징하는 인장 반지이고(에 3:10, 8:8), 신을 신긴 것은 노예의 신분을 상징하는 맨발로 돌아온 아들에게 자유인과 가족의 표시를 하는 것이다.[103] 아버지의 사랑은 대속죄일과 같은 종교적 축제 때 먹는 살진 송아지를 잡는 것으로 나타난

---

102 양재훈, "문맥적 읽기와 성서 번역: '탕자들의 비유'(눅 15:11–32) 번역 제안", 196. 양재훈은 '제일 좋은 옷'보다는 '원래 입던 옷'으로 번역하는 것을 제안한다.

103 Nolland, *Luke 9:21-18:34*, 785; Forbes, "Repentance and Conflict in the Parable of the Lost Son (Luke 15:11–32)", 220; Kiehl, "'The lost' Parables in Luke's Gospel Account", 255.

다.[104] 이 특별한 잔치는 마을 사람들과 아들의 화해를 기뻐하며 계속된다. 모든 것이 끝나면 둘째 아들의 명예는 완전히 회복된다. 아버지는 잔치가 즐거운 이유를 둘째 아들이 죽었다 살아나고 잃었다 얻었기 때문이라고 설명한다 (15:24). "잃었다가 다시 얻었노라"란 표현은 앞선 두 비유에서 강조한 잃음과 찾음의 모티프와 연결되는 주제 구문이다.[105] 잃음과 찾음의 모티프는 잔치에 함축된 즐거움의 주제를 강화한다. 누가복음에서 잔치 이미지는 메시아 때 있을 잔치의 메아리이다(13:29-30, 14:15-24).[106]

　Db′의 전반부에서 아버지가 맏아들에게 한 말은 자신의 공정성과 형평성을 입증한다. 둘째 아들을 위해 잔치를 배설하고 크게 환영한 아버지에 대한 맏아들의 퉁명스러운 불평은 아버지와 논쟁을 일으킨다. 아버지의 답변은 두 가지 측면에서 깊이 설명된다. 한편으로는 "얘 너는 항상 나와 함께 있으니 내 것이 다 네 것이로되"라고 하여 물질적 측면에서 형평성에 어긋나지 않는다고 말한다(15:31). "얘"(τέκνον)란 애칭으로 시작된 이 대답은 맏아들에 대한 아버지의 애정과 아버지와 함께 사는 것의 소중함을 알게 해준다. 예수님께서는 첫 번째 비유에서 "죄인 한 사람이 회개하면 하늘에서는 회개할 것 없는 의인 아흔아홉으로 말미암아 기뻐하는 것보다 더하리라"라고 하여 바리새인과 서기관들에게 불합리해 보이는 것을 상쇄하고 또 그렇게 해야 한다고 가르친다(15:7). 종교지도자들의 입장에서 죄인 한 사람을 의로운 아흔아홉에 비교한 것은 만족스럽지 못한 것으로 율법에 순종한 자신들의 의로운 삶에 의문을 가질 수 있다. 그들은 맏아들에 대한 아버지의 교훈을 통해 자신들

104　Bock, *Luke 9:51-24:53*, 1315.

105　Marashall, *The Gospel of Luke: A Commentary on the Greek Text*, 611; Fitzmyer, *The Gospel According to Luke X-XXIV*, 1090.

106　Forbes, "Repentance and Conflict in the Parable of the Lost Son (Luke 15:11-32)", 221.

이 아버지와 함께 살고 있으며, 의인이 누리는 천상적 기쁨을 얼마나 많이 경험하는지 올바로 이해할 수 있다. 둘째 아들의 귀환에서 주어지는 잔치의 순간적 기쁨과 즐거움은 그것을 아버지와 항상 누리는 맏아들의 행복에 비하면 지극히 작은 것이다. 맏아들은 동생이 돌아온 기쁨을 함께 나누어야 한다. 하지만 맏아들은 바리새인과 서기관들처럼 죄인들이 회개하고 돌아온 것을 기뻐하지 않는다.[107] 그와 대조적으로 예수님께서는 죄인들과 식사하며 하나님과 함께 사는 삶의 기쁨을 공유한다.

다른 한편, 종들에게 언급하고 다시 맏아들에게 반복해서 말한 "이 네 동생은 죽었다가 살아났으며 내가 잃었다가 얻었기로 우리가 즐거워하고 기뻐하는 것이 마땅하다"란 아버지의 답변은 시적인 언급으로 되어 있다(15:24, 32). 단어 사용에 약간의 차이가 있으나 같은 의미를 지닌 용어들로 구성된 문장과 함께 같은 기쁨을 강조하는 종결 어구는 세 비유의 마지막에 각각 의미 있게 반복된다(15:7, 10, 32). 여기에서 잃음은 방탕으로, 찾음은 의로움으로, 죄는 죽음과 동등한 것으로 설명된다.[108] 예수님께서는 잃어버린 것을 찾는 것이 아닌 죄로 죽은 사람이 회개함으로 다시 살아났으니 함께 기뻐해야 한다는 것을 알린다. 즉 의로운 사람이 죄인의 회개에 어떻게 반응해야 하는지 알려 준다. 결국 맏아들과 아버지의 대화는 앞선 두 비유와 비교하면 통일성이 깨어진 것처럼 보이지만 서두의 종교적 갈등 배경 설명과 연결되어 수미쌍관으로 조화를 이룬다. 서두의 청중은 이야기꾼인 예수님의 비유에 이끌려 각 등장인물과 자신을 동일시할 수 있다.

---

107   Bock, *Luke 9:51-24:53*, 1306.

108   Kilgallen, "The Parable(s) of the Lost Sheep and Lost Coin, and of the Resurrected Son in Luke 15," 70.

Ⅲ. 나가는 말

세 비유는 서두에 제시된 예수님과 종교지도자들의 갈등을 배경으로 하고
있다(15:1-2). 종교적 갈등의 원인은 세리와 죄인들의 친구가 되어 식탁 교제
를 가진 예수님의 반복된 행동에 있다(5:30, 7:34, 15:1; 마 11:19). 그것은 유대교
의 정결 규례를 범하는 것으로 경건한 유대인에게 거리낌이 된다. 예수님의
식탁 교제는 자신을 통해 다가온 하나님 나라가 세리와 죄인들을 백성으로
받아들이는 천명이다. 의롭다 자처한 종교지도자들은 죄인들을 하나님의 백
성으로 받아들이기를 거부한다. 이에 예수님께서 자기 행동의 정당성을 설명
하고 죄인을 영접하여 함께 기뻐하도록 세 비유를 통해 권면한다. 이것은 세
비유가 도입부인 서두의 종교적 갈등 배경 설정의 빛 아래 해석되어야 한다
는 것을 의미한다.

도입부의 배경 설정과 세 비유를 하나의 연결된 단위로 보면, 15장 전체는
예수님과 종교지도자들의 갈등 주제 아래 큰 교차 대조와 작은 이중적 평행
구조로 되어 있다. 독창적인 이 구조는 세 비유에 주인공으로 등장한 목자와
여자와 아버지뿐 아니라 잃었다 찾은 양과 동전과 아들의 상징적 의미를 알
게 해준다. 이것은 삼중적으로 설명되는 세 비유의 다양한 문학적 특징들이
난해한 상징어들의 의미를 해석해 주는 장치임을 의미한다. 구조는 세 비유
를 잃어버린 양 비유, 잃어버린 드라크마 비유, 잃어버린 아들 비유가 아닌 주
인공을 중심으로 목자 비유, 여자 비유, 아버지 비유로 읽도록 요구한다.

예수님의 초대에 둘째 아들처럼 죄를 회개하고 돌아온 세리와 죄인들은 자
녀의 신분을 회복하고 기쁨의 잔치에 참여하여 즐거워한다. 그러나 의로운
바리새인과 서기관들은 남은 99마리의 양과 9개의 동전으로 설명되나 세리
와 죄인들을 용서하지 못하고 형제로 받아들이지 못하여 맏아들처럼 잔치에

참여하지 못한다. 그들에 대한 예수님의 태도는 마지막 비유에서 맏아들의
결단을 촉구하기 위해 열린 초대로 끝난다.

● 참고문헌

김경진, 『잃어버린 자를 찾아오신 주님』, 서울: 한국성서학연구소, 2000.

신현우, 『누가복음 어떻게 읽을 것인가?』, 서울: 성서유니온, 2016.

양재훈, "문맥적 읽기와 성서 번역: '탕자들의 비유'(눅 15:11-32) 번역 제안', 『성경원문
연구』, 제39호 (2016): 183-202.

윤철원, 『누가복음서 다시 읽기: 내러티브의 구조와 세계』, 서울: 이레서원, 2001.

장석조, "누가복음 3:1-4:15의 구조와 주제에 관하여', 『개혁논총』, 제38호 (2016): 73-
111.

정복희, "누가복음에 나타난 식사의 '공간적 전환': 누가복음 15장을 중심으로', 『신약논
단』, 제29권 제2호 (2022): 9-45.

최재덕, "역사적 예수와 사상', 『신약논단』, 제8권 제2호 (2001): 53-73.

Belousek, Darrin W. Snyder, "O Sweet Exchange: The Cross of Christ in the Drama of
Reconciliation', *The Conrad Grebel Review* 32 (2014): 276-294.

Bock, Darrell L., Luke 9:51-24:53, *Baker Exegetical Commentary on the New Testament*,
Grand Rapids, Michigan: Baker Academic, 2007.

Brown, Charles, "The Great Parable of Grace', *Review & Expositor* 16 (1919): 127-135.

Derrett, J. Duncan M., "Fresh Light on the Lost Sheep and the Lost Coin', *New
Testament Studies* 26 (1979): 36-60.

Fred B. Craddock, Luke, 박선규 역, 『누가복음』, 현대성서주석, 서울: 한국장로교출판사,
2010.

Fitzmyer, Joseph A., The Gospel According to Luke X-XXIV, *The Anchor Bible*, Garden

City, New York: Doubleday & Company, Inc., 1985.

Forbes, Greg, *Repentance and Conflict in the Parable of the Lost Son (Luke 15:11-32)*, Journal of the Evangelical Theological Society 42 (1999): 211-229.

Giblin, Charles Homer, "*Structural and theological considerations on Luke 15*', The Catholic Biblical Quarterly, 24 (1962): 15-31.

Green, Joel B., The Gospel of Luke, *The New International Commentary on the New Testament*, Grand Rapids, Michigan: William B. Eerdmans Publishing Company, 1997.

Jeremias, Joachim, *New Testament Theological*, London: SCM Press, 1996.

Kidson, Lyn M., "The Anxious Search for the Lost Coin(Luke 15:8-10): Lost Coins, Women's Dowryies and the Contribution of Numismatics and Phenomenology to Gospel Research', *Australian Biblical Review* 68 (2020): 76-88.

Kiehl, Erich H., "'The Lost' Parables in Luke's Gospel Account', *Concordia Journal* 18 (1992): 244-258.

Kilgallen, John J., "Luke 15 and 16: a Connection', *Biblica* 78 (1997): 369-376.

Kilgallen, John J., "The Parable(s) of the Lost Sheep and Lost Coin, and of the Resurrected Son in Luke 15', *PIBA* 32 (2009): 60-73.

Marashall, I. Howard, The Gospel of Luke: A Commentary on the Greek Text. *The New International Biblical Commentary*, Grand Rapids, Michigan: The Paternosters Press, 1978.

McAlister, Shannon M., "Christ as the Woman Seeking Her Lost Coin: Luke 15:8-10 and Divine Sophia in the Latin West', *Theological Studies* 79 (2018): 7-35.

Nolland, John, *Luke 9:21-18:34*, Word Biblical Commentary 35b, Dallas, Texas: Word Books Publisher, 1993.

Parsons, Mikeal C., "The Prodigal's Elder Brother: The History and Ethics of Reading Luke 15:25-32', *Perspectives in Religious Studies* 23 (1996): 147-174.

Ramsey, George W., "Plots, Gaps, Repetitions, and Ambiguity in Luke 15', *Perspectives in Religious Studies* 17 (1990), 33-42.

Stein, Robert H., *An Introduction to the Parables of Jesus*. Philadelphia, Pennyslvania: The
    Westminster Press, 1981.
Williams, Benjamin J., "Brotherhood Motifs in the Parable of the Prodigal Son',
    Restoration Quarterly 56 (2014): 99-109.

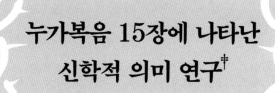

누가복음 15장에 나타난
신학적 의미 연구[†]

[†] 본 논문은 21세기기독교사회문화아카데미에서 발행하는 『신학과사회』, 제37권, 제3호 (2023): 31-65에 게재되어 있다.

I. 들어가는 말

누가복음 15장은 서두의 배경과 그 해설로서 세 비유가 내용에서 연결된 하나의 단위로 의도되어 있다. 서두는 예수님께서 부정한 자로 간주된 세리와 죄인들과 식사 교제하는 충격적인 장면을 설명한다(15:1-2). 그 배경 아래 식사 교제의 의미를 설명하기 위한 목적으로 같은 전개 방식과 구조로 이루어진 세 비유가 나란히 등장한다(15:3-32). 세 비유는 "세 번째 복음서의 심장"으로 불릴 정도로 중요한 위치를 차지한다.[1] 하지만 그 이유는 신학적으로 충분히 규명되지 못하고 있다. 누가복음 안에서 세 비유의 중요성은 마태와 누가의 복음서에 병행 본문이 등장하는지 확인하는 것으로 알 수 있다.

세 비유 중 첫 번째 잃은 양을 찾는 목자 비유만 마태복음에 병행 본문이 기록되어 있다(마 18:12-14; 눅 15:3-7). 두 번째 잃은 드라크마 찾는 여자 비유와 세 번째 집을 떠났다 돌아온 둘째 아들을 맞이한 아버지 비유는 누가복음에만 기록되어 있다(15:8-10, 11-32). 첫 번째 비유도 마태의 병행 본문과 비교

---

1   Joseph A. Fitzmyer, *The Gospel According to Luke X-XXIV*, The Anchor Bible (Garden City, New York: Doubleday & Company, Inc., 1985), 1071-1072.

하면 언급된 이미지들은 유사하지만 사용된 어휘가 거의 일치하지 않는다.[2] 잃은 양을 찾은 목자의 기쁨을 극대화한 잔치 모티프와 그것을 천상적 잔치로 승화시킨 결론 어구의 강조는 누가만의 특징이다(15:6-7). 이것은 세 비유가 누가만의 신학적 특징을 강하게 반영하는 것을 의미한다.

세 비유는 누가복음의 모든 신학적 개요를 제시할 목적으로 기록되지 않는다.[3] 그러나 저자는 자신의 복음서에서 다양한 신학적 주제에 부합하도록 서두의 배경 아래 세 비유를 활용한다. 이것은 다음과 같은 질문을 가능하게 한다. 예수님께서 죄인들을 영접하여 식사 교제한 것에서 문제 되는 것은 무엇인가? 식사 교제는 신학적으로 어떤 성격을 지니고 있는가? 식사 교제에 참석한 자와 참석하지 않은 자의 운명은 어떻게 되는가? 세 비유에 나타난 신학적 주제들과 메시지는 무엇인가? 의인이 아닌 죄인을 잔치에 참여하도록 초대장을 발부한 그는 누구인가? 그는 어떤 성품의 소유자인가?

이러한 질문에 답변하기 위해 본 연구는 세 비유에 반영된 식사 교제의 종말론적 성격, 의인이 아닌 회개한 죄인의 구원, 그리고 예수님의 자기 이해와 성품이란 세 가지 신학적 주제를 중심으로 고찰한다.[4] 즉 종말론과 구원론과 기독론에 대한 탐구는 15장의 세 비유가 누가복음의 심장이라는 주장의 신학적 근거를 알게 해줄 것이다.

---

2   Darrell L. Bock, *Luke 9:51-24:53*, Baker Exegetical Commentary on the New Testament (Grand Rapids, Michigan: Baker Academic, 2007), 1300.

3   Joseph A. Fitzmyer, *The Gospel According to Luke X-XXIV*, 1086.

4   Greg Forbes, "Repentance and Conflict in the Parable of the Lost Son (Luke 15:11-32)", *Journal of the Evangelical Theological Society* 42 (1999), 227. "비유는 분명히 암묵적 기독론의 진술이자 권위의 선언이기에 기독론의 문제를 제기한다."

II. 종말론적 잔치로서 식사 교제

누가는 식사와 잔치 주제에 상당히 많은 관심을 기울인다. 식사에 관한 언급이 19회나 등장하는데, 그중에 13회는 그의 복음서에만 기록되어 있다.[5] 특히 누가는 예수님께서 죄인과 함께 식사하며 교제한 사건을 매우 중요하게 다룬다(5:29-33, 15:1-2, 19:1-10).

예수님께서는 종종 세상의 잔치와 하늘의 잔치를 비교하여 가르친다. 세상에서 즐기는 부자의 잔치는 부정적인 것으로 설명한다(6:24-26).[6] 즉 부유한 배부른 자들에게는 죽음 이후에 주림이 기다리고 있다(6:25). 어리석은 부자 비유에서 자기 곳간을 가득 채우고 인생을 즐기려는 부자가 하나님께 마음 쓰기를 인색하게 할 때, 예수님께서는 부자의 영혼을 거두어가면 어떻게 하겠느냐고 질문한다(12:16-21). 부자와 거지 나사로 비유에서 부자는 죽은 후에 음부에 떨어진다(16:19-31). 그러나 가난한 자들은 예수님과 함께 종말론적 잔치에서 배부름을 누린다(6:20-23). 이렇게 예수님께서는 세상 잔치와 하늘 잔치를 비교하여 제시함으로써 장차 다가올 천국 잔치에서 부자와 가난한 자의 형편이 역전될 것을 알린다(16:19-25; 22:24-30).[7]

바리새인과 서기관들은 예수님을 "먹기를 탐하고 포도주를 즐기는 사람"으로 규정한다(7:34). 그들은 예수님에게 "세리와 죄인들의 친구"라는 별명을 붙인다(7:34). 누가복음은 타 복음서보다 예수님께서 부정한 세리와 죄인들과 식사한 것을 충격적인 사건으로 종종 기록한다.[8] 왜 누가는 식사 교제에 관한

---

5   Mark Allan Powell, *What are They Saying about Luke* (New York, Mahwah: Paulist Press, 1989), 112.

6   Powell, *What are They Saying about Luke*, 97.

7   Ibid., 99.

8   누가복음 5:30; 7:34; 15:1.

언급을 반복해서 중요하게 다룰까? 그 이유는 "음식은 곧 생명이고 음식을 나누는 것은 생명을 나누는 것"이기 때문이다.[9] 예수님께서는 식사 교제라는 그림 언어로 죄인들이 용서받고 구원 얻는 종말론적 시대가 도래했다고 알린다(19:9-10). 그리고 배척당한 소외된 자들을 자신과 언약 관계로 끌어들인다.[10] 여기에 식사 교제라는 예수님의 행위 선언에 담겨 있는 신학적 메시지가 있다.

대중적 식사 교제는 벳새다 들녘까지 따라온 무리에게 예수님께서 하나님 나라의 일을 이야기하며 오병이어로 오천 명을 먹인 사건이다(9:10-17). 예수님께서는 떡과 물고기를 가지사 하늘을 우러러 축사하고 떼어 무리에게 나누어 주어 배불리 먹게 한다(9:16-17). 예수님의 그리스도 됨을 대중에게 보여준 인상적인 이 잔치 사건은 최후의 만찬과 병행을 이루며 종말론적 의미를 지닌다.[11] 이 사건은 하나님 나라의 왕을 따르는 백성에게 주어진 최종적인 식탁의 풍성함을 암시한다. 그리고 천상에서 이루어질 최종 잔치를 배설할 자로서 예수님의 정체성을 사인한다(22:30). 이렇게 예수님과 죄인들의 식사 교제는 천상의 잔치를 상징하고 새 시대의 도래를 알리는 행위 메시지로서 계시의 성격을 지닌다.[12]

여러 차례 반복된 식사 교제의 진정한 의미는 예수님께서 제자들과 함께 마가 다락방에서 가진 유월절 의식을 대체하는 최후의 만찬에서 밝히 드러

---

9 Powell, *What are They Saying about Luke*, 112.

10 Ibid., 89.

11 John Nolland, *Luke 1-9:20*, Word Biblical Commentary 35a (Dallas, Texas: Word Books Publisher, 1989), 437.

12 Charles Homer Giblin, "Structural and Theological Considerations on Luke 15', *The Catholic Biblical Quarterly* 24 (1962), 22.

난다(22:14-23).[13] 예수님께서 죽기 전날 제자들과 함께 가진 유월절 식탁에는 주의 살과 피를 기념하는 떡과 포도주가 놓여 있다(22:19-20). 제자들은 주의 살과 피를 상징하는 떡과 포도주를 먹고 마시므로 새 언약에 참여한다(22:20; 렘 31:31-34).[14] 이 언약은 애굽에서 탈출하기 전날 밤 어린양의 고기를 무교병과 함께 먹고 피를 문설주에 바른 유월절 예식과 연관되어 있다(출 12:1-12; 눅 22:1, 7-8).[15] 예수 시대에 유월절 어린양은 성전 앞의 뜰에서 도살되나 저녁에 있는 식사는 가족 또는 소규모의 그룹 단위로 이루어진다.[16] 예수님께서는 옛 유월절을 완성하기 위해 죽기 전날 마가 다락방에서 유월절 어린양으로서 자기 죽음의 의미를 상징하는 마지막 만찬을 갖는다. 그리고 새 유월절 식사의 최종 완성이 그의 나라가 완성되는 시기에 이루어질 것을 예고한다(22:30).

지상의 식사 교제 사역은 예수님께서 부활한 후 엠마오로 가는 글로바와 또 다른 제자와 함께 식사한 것으로 마친다. 예수님께서는 눈이 어두워 부활한 자신을 알아보지 못하는 그들과 함께 음식을 먹으며 떡을 가지사 축사하고 떼어 줌으로써 눈을 뜨게 한다(24:13-32). 예수님께서 부활한 후에 마가 다락방에 나타나 제자들이 보는 앞에서 구운 생선 한 토막을 먹는 것은 종말론적 의미를 지닌 식사 교제로 보기 어렵다(24:42-43). 그것은 제자들이 예수님의 살아남을 믿지 못하기에 단지 부활을 확인시키는 역할만 한다(24:41). 어쨌든 예수님께서는 식사 교제에 종말론적 축복의 의미가 담겨 있는 것을 여러 차례 알려준다. 세리와 죄인들은 주님과 함께하는 식사 교제를 통해 최종 왕

13   John Nolland, *Luke 18:35-24:53*, Word Biblical Commentary 35c (Dallas, Texas: Word Books Publisher, 1989), 1044.

14   Ibid., 1042.

15   John Nolland, *Luke 9:21-18:34*, Word Biblical Commentary 35b (Dallas, Texas: Word Books Publisher, 1993), 1033.

16   Ibid., 1043.

국에서 이루어질 천상적 잔치를 미리 맛본다.

고대에 헬라인은 하루에 세 번 식사하고 로마인은 네 번 식사한다. 그와 달리 유대인은 하루에 두 끼를 먹는다. 예수님의 식사 교제는 아침 10시쯤 먹는 조반이 아닌 일을 마치고 늦은 시간에 먹는 저녁 식사일 것이다.[17] 저녁 식사 교제는 예수님과 죄인이 친구와 형제의 관계가 되었다는 문화적 의미를 함축하고 있다. 그것은 죄인이 용서받고 의인과 화목하게 되는 시대가 도래하였다는 것을 행동으로 선언하는 예수님의 독특한 선포 방식이다(왕하 25:29; 렘 52:33).[18] 그것은 죄인을 불러 모으는 예수님의 사역을 통해 하나님 나라의 도래를 알리는 역할을 한다(마 8:11-12, 9:13; 막 2:17).[19] 그리고 죄인을 용서하여 하나님의 백성으로 받아들이겠다는 약속의 성취이며 장차 다가올 최종적 천상의 만찬에 대한 선취이다(겔 34:16; 사 29:19, 65:19; 습 3:17-18).[20] 그런 측면에서 식사 교제는 장차 이루어질 메시아 잔치의 지상적 예표이며 향연이다.[21]

예수님의 식사 교제는 구약적 배경을 갖고 있다. 모세가 시내산에서 열두 기둥을 세우고 짐승의 피를 제단과 백성에게 각각 뿌리며 하나님과 백성 사이에 언약을 체결한다(출 24:5-8). 그 후에 모세와 아론과 나답과 아비후와 이스라엘 장로 칠십 인이 하나님 앞에서 음식을 먹고 마신다(출 24:9-11). 예수님께서는 죄인들과 식사 교제를 할 때 시내산 식사 교제를 염두에 두었을 개연성이 있다. 그 이유는 예수님께서 축제를 "하늘"과 "하나님의 사자들 앞"에서

---

17   Stein, *An Introduction to the Parables of Jesus*, 84.

18   Joachim Jeremias, *New Testament Theological* (London: SCM Press, 1996), 114-115; Powell, *What are They Saying about Luke*, 113.

19   Ibid., 116, 169-170.

20   Stein, *An Introduction to the Parables of Jesus*, 62.

21   L. Howard Marshall, *Luke: Historian and Theologian* (Grand Rapids, Michigan: Zondervan Publishing House, 1971), 139.

즐거움에 참여하는 것으로 하나님 앞에서 식사하는 것이라고 말하기 때문이다(15:7, 10).[22] 예수님의 식사 교제는 왕과 백성이 새로운 관계를 갖게 된 것을 기뻐하고 즐거워하는 잔치이다.

식사 교제는 세 비유 안에서 점진적으로 강화된 잔치의 종말론적 그림 언어들로 묘사된다.[23] 잃은 양을 찾은 목자와 잃은 동전을 찾은 여자가 각각 벗과 이웃을 불러 즐기는 장면은 하늘에서 하나님의 사자들과 함께 즐기는 잔치를 상징한다(15:4-7, 8-10). 양과 동전은 모두 하나님의 백성을 상징한다(10:3, 11:24, 12:32).[24] 아버지가 송아지를 잡고 종들과 함께 즐기는 장면은 하늘 아버지가 천사들과 함께 기뻐하며 배설한 천국 잔치를 상징한다(15:22-24, 32). 아버지가 배설한 즐거운 잔치에 참여한 둘째 아들은 세리와 죄인들을 상징한다.[25] 동생과 화해하는 자리로 계속 초대받는 맏아들은 바리새인과 서기관들을 상징한다. 예수님께서는 왕국의 백성을 아버지를 중심으로 하는 종말론적 가족에 비유한다(마 11:25, 23:9; 막 3:35, 10:29-30).[26]

---

22 정복희, "누가복음에 나타난 식사의 '공간적 전환': 누가복음 15장을 중심으로", 『신약논단』, 제29권 제2호 (2022), 31.

23 Frank Stagg, *Luke's Theological Use of Parables*, Review and Expositor 94 (1997), 226.

24 Jeremias, *New Testament Theological*, 168.

25 Mark Allan Powell, *What are They Saying about Luke*, 91. 포웰은 누가복음에서 사회적으로 낙오된 소외된 자들의 목록으로 가난한 자, 병든 자, 불구자, 노예, 문둥병자, 이방인, 외국인, 난민, 어린아이, 노인, 과부, 여자 등을 제시한다.

26 Jeremias, *New Testament Theological*, 168-169.

III. 구원의 대상과 과정

1. 세리와 죄인

누가복음은 죄인들의 복음서라 할 만큼 많은 죄인을 기록하고 있다. '죄인'(ἁμαρτωλός)이란 용어는 후기 유대교의 개념과 같이 두 종류의 사람에게 적용된다.[27] 하나는 유대인 중에 모세의 율법을 준수하지 못한 부도덕한 사람들을 가리킨다(15:1-32).[28] 누가복음은 구체적으로 토색, 불의, 간음과 같은 죄를 짓는 사람들을 언급한다(18:11). 불명예스러운 직업을 가진 유대인도 죄인으로 분류된다. 세리, 당나귀를 모는 자, 행상인, 목자, 제혁업자와 같은 직업을 가진 사람들은 죄인으로 취급된다.[29] 다른 하나는 이방인을 가리킬 때 죄인이란 용어를 사용한다. 유대인은 할례를 받지 않고 율법에 먹지 말라 금지한 부정한 음식을 먹는 이방인을 죄인으로 분류한다. 그 범위를 어떻게 한정할지에 대한 논의가 필요하나 누가복음에는 약 37명의 죄인이 등장한다.[30] 그들의 직업은 창녀부터 시작해서 레위와 제사장, 종, 왕, 세리, 재판관에 이르기까지 다양하다(7:37, 10:31, 13:31, 18:2, 19:7, 22). 유대교 관점에서 그들은 메시아의 영광스러운 잔치에 참여할 수 없는 멸망의 자식이다. 그러나 예수님께서는 그들을 하나님 나라의 백성으로 받아들여 잔치에 초대한다.

누가복음에 많은 죄인이 등장한 것은 예수님께서 의도적으로 죄인들과 긴

---

27 Gerhard Kittel ed., "ἁμαρτωλός", *TDNT* I, Trans. Geoffrey W. Bromiley (Grands Rapids, Michigan: Wm.B. Eerdmans Publishing company, 1976), 324-327. 유대교 후기 하마르톨로스의 개념과 발전에 관한 내용을 참조하라.

28 Erich H. Kiehl, "'The Lost' Parables in Luke's Gospel Account', *Concordia Journal* 18 (1992), 246.

29 Ibid., 246.

30 R.E.O. White, *Luke's Case for Christianity*, 『누가신학연구』(서울: 한국로고스연구원, 1995), 118-120.

밀한 관계를 유지하고 있다는 것을 의미한다. 특히 예수님께서는 동족으로부터 과도한 세금을 걷어 로마를 돕는 일을 하기에 죄인으로 간주된 세리들을 멀리하지 않는다(3:12-13, 5:27-32, 7:29, 34, 15:1-2, 18:10-14). 당시에 팔레스타인에서 세리들은 간접세로서 통행세, 관세, 수입세를 징수하도록 고용된다. 최고 입찰자는 통행세를 징수하는 계약을 맺고 입찰한 금액을 로마에 바치고 투자와 추가 비용을 회수할 세관을 설치하여 이윤을 추구한다.[31] 세관에서 일하던 세리들 가운데 어떤 이들은 처음부터 회개를 의미하는 요한의 세례를 받고(3:12, 7:29), 예수님을 따르는 제자가 되고(5:27), 기도할 때 의롭다 인정을 받고(18:13-14), 예수님의 친구가 되어 식탁에서 함께 교제한다(7:34, 15:1-2). 이는 예수님께서 유대교의 관습과 사고방식을 극복하고 회개한 죄인들과 완전히 새로운 관계를 맺는 것을 의미한다.

예수님께서 구원의 대상으로 삼은 자들은 누구일까? 율법을 준수하며 스스로 의롭다고 생각한 바리새인과 서기관들일까 아니면 부정한 자들로 인식된 세리와 죄인들일까? 서술적 맥락에서 등장하는 마태와 마가의 병행 본문은 이 질문에 대한 해답을 명료하게 알려준다(마 9:10-13; 막 2:15-17; 눅 5:29-32).[32] "나는 의인을 부르러 온 것이 아니요 죄인을 부르러 왔노라"(마 9:13; 막 2:17; 눅 5:32). 예수님에게 있어서 구원의 대상은 짐승의 제사에 근거하여 의롭다 주장하는 자들이 아닌 부정한 자들로 간주된 죄인들이다(눅 18:9-14). 의인이 아닌 죄인을 불러 의로운 하나님의 백성을 창조한다는 예수님의 충격적인 선언은 종교지도자들의 일상적 통념을 깨뜨리는 교훈이지만 죄인들에게

---

31   Joel B. Green, *The Gospel of Luke*, The New International Commentary on the New Testament (Grand Rapids, Michigan: William B. Eerdmans Publishing Company, 1997), 179.

32   Giblin, "Structural and theological considerations on Luke 15', 15.

희망의 빛을 비추는 복음이다(눅 4:18, 7:22).[33] 예수님께서는 율법을 준수함으로 의롭다 자처하는 자들이 아닌 죄인을 구원하기 위해 세상에 빛으로 왔다 (18:9-14; 요 1:9). 이것은 누가의 복음서 전체에 흐르는 주된 구원론적 사상으로 세 비유에서 더욱 강조되어 선언된 메시지이다.

세 비유에 각각 등장하는 '집'을 의미하는 오이코스(οἶκος)의 세 차례 사용은 세 비유가 구원의 메시지임을 알려준다(15:6, 8, 25). 양이 집이라는 공간에 있지 않으면 잃어버린 것이고 죽은 것이나 다름없기에 목자는 양을 찾아 어깨에 메고 집으로 데려온다. 동전이 보관함이란 공간을 떠나면 잃어버린 것이기에 여자는 본래의 장소로 되돌린다. 둘째 아들은 아버지의 집이 생명을 지켜주는 안전한 공간이고 그곳을 떠난 후에 생명의 위협이 다가오는 것을 인식하고 집으로 돌아온다.[34] 집은 단지 공간적 개념으로만 인식되지 않는다. 집은 식사공동체가 기뻐하고 즐기는 축제의 장소이다.

예수님께서는 종종 오이코스 개념을 구원과 연관시킨다(19:9).[35] 예수님께서 여리고의 세리장 삭개오의 집에 방문했을 때 이렇게 선언한다. "오늘 구원이 이 '집'에 이르렀으니"(19:9). 그리고 삭개오를 아브라함의 자손으로 선언한다(19:9). 그와 같이 세 비유는 집 모티프를 통해 모세의 자리에 앉아 자기를 높이는 바리새인과 서기관들에게 세리와 죄인들에 대한 구원 계획을 정당화한다(마 23:1-12).[36] 의인은 죄인에게 주어진 하나님의 사랑과 구원이 자신

33   Park, Rohun, "Revisiting the Parable of the Prodigal Son for Decolonization: Luke's Reconfiguration of Oikos in 15:11-32," *Biblical Interpretation* 17 (2009), 507.

34   정복희, "누가복음에 나타난 식사의 '공간적 전환': 누가복음 15장을 중심으로', 26-30.

35   Park, Rohun, "Revisiting the Parable of the Prodigal Son for Decolonization: Luke's Reconfiguration of Oikos in 15:11-32', 510.

36   Powell, *What are They Saying about Luke*, 90; Giblin, "Structural and theological considerations on Luke 15', 23.

들에게 불공평한 것이 아님을 알고 같은 공간에 머물 수 있어야 한다(18:9-14; 마 20:1-15).

예수님과 죄인들의 식사 교제에 대한 바리새인과 서기관들의 부정적 반응은 구원론적 성격을 지닌다. "이 사람이 죄인을 영접하고 음식을 같이 먹는다"(15:2). 여기에 사용된 프로스데코마이(προσδέχομαι)란 동사는 가까이 다가온 죄인들을 맞이한 예수님의 태도에 대한 적절한 구원론적 해석이다(눅 12:36; 딛 2:13). '영접하다'란 의미의 이 용어는 신약성경 전체에 나타나는데 죄인에 대한 예수님의 초대, 잔치, 기쁨, 그리고 잃어버린 것을 찾는 것으로 설명된다(마 10:40, 18:5; 막 9:30; 눅 9:10, 48; 19:6; 요 1:12, 13:20, 비교 15:4, 6, 8, 9, 32).

세 비유에서 계속 반복된 '잃음'과 '찾음'의 주제는 죄인에 대한 구원을 상징적으로 묘사하는 예수님의 독특한 표현 방식이다(15:4-5, 8-9, 24, 32; 마 10:6). 예수님께서 세리장 삭개오의 집이 구원을 받았다고 선언할 때 이 표현을 직접 사용한다(19:6). "인자가 온 것은 잃어버린 자를 찾아 구원하려 함이니라"(19:10). 잃어버린 자들로서 세리와 죄인들은 아버지의 집을 떠나 찾아오지 못하는 사람들이며 구덩이에 빠진 양과 같이 구원받아야 할 대상이다(마 12:11).[37]

2. 회개와 용서

누가복음은 죄 사함을 받는 회개에 관하여 여러 차례 기록한다(3:3, 5:32, 24:47). 세례자는 요단강 주변에서 죄 사함을 받게 하는 회개의 세례를 처음으로 전파한다(3:3). 임박한 심판과 회개의 불가피성을 강조한 종말론적인 그

---

37 I. Howard Marashall, *The Gospel of Luke: A Commentary on the Greek Text*, The New International Biblical Commentary (Grand Rapids, Michigan: The Paternosters Press, 1978), 602.

의 외침은 회개하지 않는 자는 하나님의 심판을 피할 수 없다는 것이다(3:8, 10:13, 13:3, 5).[38] 예수님께서는 자신이 의인이 아닌 죄인을 불러 회개시키러 세상에 왔다고 선언한다(5:32). 누가는 예수님을 따르는 많은 사람이 회개한 것으로 기록한다. 그중에 대표적인 사람으로 베드로, 레위와 그 친구들, 죄 많은 여인, 세리장 삭개오, 십자가에 달린 강도 등을 들 수 있다(5:8, 27-32, 7:36-50, 19:1-10, 23:40-43). 예수님께서는 장차 죄 사함을 받게 하는 회개가 예루살렘에서 시작되어 모든 족속에게 전파될 것을 예고한다(24:47).

세례자 요한과 예수님께서 각각 선포한 회개의 외침에 긍정적으로 화답한 사람들의 직업 중에 대표적인 것이 세리이다. 그들은 예수님을 통해 다가오는 하나님 나라의 복음을 듣고 가장 먼저 회개하고 계속되는 회개 운동에 동참한다(3:12, 5:27-28, 7:29, 15:1-2, 18:13-14, 19:1-10). 세리와 죄인들을 불러 회개시키는 것은 예수님의 공적 사역의 주된 관심사이다. 예수님께서는 회개를 유발하기 위해 도움이 되는 상황을 연출하고 창조적 발상으로 독특한 비유들을 설명한다.

왜 누가복음은 세리와 죄인들의 회개를 반복해서 기록하고 있을까? 그들이 회개하는 것을 통해 죄인이 하나님 나라의 백성으로 편입되는 구원의 시대가 도래하였다는 것을 선언하기 위해서이다. 누가는 선지자의 예언처럼 예수님께서 하나님을 상징하는 목자와 같이 양 떼를 먹이고 양들을 인도하고 있다고 생각한다(사 40:11; 겔 34:11-12).[39] 그리고 예수님께서 죄인들을 불러 모으는 것을 잃어버린 양을 찾는 목자와 잃어버린 동전을 찾는 여자의 열성적인 행위로 이해한다. 이러한 방식으로 누가는 회개를 통한 죄인의 구원이란

---

38 박찬웅, "누가복음의 세례자 요한의 선포에 관한 연구: 눅 3장을 중심으로", 『신학과 사회』 제36권 제1호 (2022): 45-75.

39 Nolland, *Luke 9:21-18:34*, 771.

그의 복음서의 주제에 맞도록 세 비유를 사용한다.[40]

세리와 죄인들은 예수님의 초대를 받고 기꺼이 다가온다(15:1). 그들이 예수님의 가르침을 들으러 온 것은 마음에 내적 변화가 일어난 것을 의미한다. 그것은 예수님께서 그들을 영접하고 한 식탁에 앉아 교제하는 것을 통해 알 수 있다. 식탁에 앉아 함께 교제하는 것은 예수님의 말씀을 듣고 회개하는 것을 의미한다. 죄인의 회개가 한번 시작되면 그들에 대한 종교지도자들의 경멸과 모든 종교적 차별은 즉시 사라져야 한다.[41] 오히려 죄인을 환영하고 한 가족이 된 것을 기뻐해야 한다. 그러나 종교지도자들은 여전히 그들을 받아주지 않고 정죄한다(15:2).

세리와 죄인들의 회개는 세 비유에서 구체적인 그림 언어로 묘사된다(15:7, 10, 17-18, 21). 양과 동전을 잃어버린 것은 타락으로 이해된다.[42] 그것들을 찾아낸 것은 두 비유의 결론 구절에서 죄인 한 사람이 회개한 것으로 설명된다(15:7, 10). 둘째 아들이 집을 떠나 방탕하게 살다 다시 돌아와 "하늘과 아버지께 죄를 지었사오니"라고 고백한 것은 회개의 표현이다(15:18-19, 21).[43] 스스로 돌이켜 집으로 돌아온 탕자의 행동과 수사적 내면의 독백은 회개의 개연성을 더욱 높인다(15:17).[44] 비록 '회개'(μετάνοια)란 용어를 직접 사용하지 않고 회개하는 모습만 보여주지만 앞선 두 비유의 마지막 결론 구절에 각각 선언된 회개에 대한 언급은 문맥의 연속성을 통해 탕자가 죄를 뉘우친 것을 보

---

40   Fitzmyer, *The Gospel According to Luke X-XXIV*, 1072.

41   John J. Kilgallen, "The Parable(s) of the Lost Sheep and Lost Coin, and of the Resurrected Son in Luke 15', *PIBA* 32 (2009), 64.

42   Ibid., 63.

43   Giblin, "Structural and theological considerations on Luke 15', 26.

44   Jeremias, *New Testament Theological*, 152-153.

여준다(7, 10절).[45] 이중으로 반복된 아버지의 발언은 둘째 아들의 회개를 받아들여 용서한 것을 알려준다(15:24, 32). 회개는 잃어버린 하나님의 백성을 다시 찾는 것이고 아버지의 품을 떠난 자녀가 돌아오는 것이다. 그 결과는 하나님 나라의 잔치에 참여하여 신적 기쁨에 동참하는 것으로서 구원이다.[46]

죄인이 예수님의 식사 자리에 참여한 것은 회개뿐만 아니라 용서를 전제로 한다. 용서는 주의 대속적 죽음을 기념하는 성찬에서 주어지는 신적 선물로서 죄를 없이 한다(마 26:28; 엡 1:7). 누가복음에서 죄 사함의 용서는 중심 개념이며 신적 은혜와 자비에 기초한다(눅 1:77-78).[47] 예수님께서 바리새인의 집에 앉아 있을 때 죄 많은 여인이 향유 옥합을 가지고 와서 예수님의 발에 향유를 붓는다(7:37-38). 예수님께서는 자신에 대한 그녀의 사랑이 많음을 언급하고 "네 죄 사함을 받았느니라"라고 선언한다(7:47). 또한 예수님께서는 십자가에 못 박힐 때 "아버지 저들을 사하여 주옵소서"라고 용서를 간구한다(23:34). 이렇게 죄인을 용서하는 일은 예수님의 지상 사역에서 처음부터 마지막까지 계속된다.

왜 누가는 죄 사함의 용서를 반복해서 기록할까? 그것은 죄에 대한 용서가 구원을 가져다주기 때문이다(1:77). 세례 요한에 대한 사가랴의 예언은 예수님 사역의 목적이 용서를 통한 죄인의 구원에 있다고 예고한다. "주의 백성에게 그 죄 사함으로 말미암는 구원을 알게 하리니 이는 우리 하나님의 긍휼로 인함이라"(눅 1:77-78a). 여기에서 긍휼은 용서를 통한 구원의 전제 조건이

45 George W. Ramsey, "Plots, Gaps, Repetitions, and Ambiguity in Luke 15", *Perspectives in Religious Studies* 17 (1990), 27.

46 Marshall, *Luke: Historian and Theologian*, 118.

47 Stein, *An Introduction to the Parables of Jesus*, 124; Beate Kowalski, "The Power of Forgiveness and Reconciliation: Theological Thoughts on the New Testament", *Proceedings of the Irish Biblical Association* 39 (2016): 65.

다. 구약성경의 전통을 따르는 것으로서 긍휼에 기초한 죄 용서는 회개, 고백, 속죄를 전제 조건으로 한다(느 9:17; 사 55:7; 단 9:9). 구원에 대한 누가의 강조는 용어의 사용 횟수를 통해 알 수 있다. 구원이란 용어는 마태복음과 마가복음에 전혀 등장하지 않고 누가복음에만 13회나 사용된다.[48] 이것은 누가복음의 신학적 핵심 주제를 구원으로 이해하도록 요구한다.[49]

회개와 용서를 통한 구원을 가장 잘 극적으로 묘사한 것은 15장의 세 비유이다. 앞선 두 비유에서 잃은 양을 찾는 것은 구원 사건을 암시한다. 특히 세 번째 비유는 죄지은 아들이 구원받는 대서사시이다. 둘째 아들을 바라보는 아버지의 마음은 그를 불쌍히 여기는 신의 자비를 반영한다(7:13, 10:33, 15:20). 아버지의 자비가 둘째 아들의 상한 마음을 치료하고 방탕한 죄를 용서하고 아들의 지위를 회복하는 힘으로 작용한다. 여기에 하나님의 자비의 대행자로서 예수님께서 회개한 죄인을 용서하여 구원에 이르게 한다는 메시지가 함축되어 있다.[50] 세 비유에 나타난 회개와 용서의 주제는 누가복음의 특징적인 신학적 주제를 반영한 구절과 직결된다.[51] "내가 의인을 부르러 온 것이 아니요 죄인을 불러 회개시키러 왔노라"(5:32; 막 2:17).

예수님께서는 세 비유의 마지막 부분에서 형이 회개한 동생의 죄를 용서하고 형제로 받아주어야 한다고 가르친다. 이것은 회개와 용서의 주제를 대인관계로 확대하는 것이다. 예수님께서는 제자들에게 원수와 이웃과 형제를 용서하라고 요구한다. "용서하라 그리하면 너희가 용서를 받을 것이요"(6:37). 이것은 주기도문에서 자비에 기초한 죄 용서를 대인관계로 확장하는 주의 가

48 White, 『누가신학연구』, 126.

49 Green, *The Gospel of Luke*, 22.

50 Marashall, *The Gospel of Luke: A Commentary on the Greek Text*, 604.

51 Ibid., 605.

르침과 일맥상통한다. "우리가 우리에게 죄지은 모든 사람을 용서하오니 우리 죄도 사하여 주시옵고"(11:4a).

누군가의 죄를 용서하여 화해를 도모하는 것은 신으로부터 용서받기 위한 전제 조건이다(6:37). 예수님과 스데반의 마지막 기도는 형제를 용서하는 것의 중요성을 보여준다(23:34; 행 7:60). 누구든지 형제를 용서하지 않으면 하나님의 용서를 받지 못한다(마 18:23-35). 용서의 횟수는 베드로의 질문에 대한 예수님의 답변처럼 무한해야 한다(마 18:21-22). 물론 누가는 형제를 용서하기 위한 전제 조건으로 회개를 언급한다(17:3). 그는 형제가 하루에 일곱 번 찾아와 회개한다고 말하면 모두 용서하라고 예수님께서 가르친 것으로 기록한다(17:4).

바리새인과 서기관은 예수님의 초대에 긍정적으로 화답할까? 그들은 잔치에 동참하라는 예수님의 초대에 응하지 않는다. 오히려 죄인과 식탁에 앉아 교제하는 예수님과 제자들을 비난한다(5:30, 15:2; 갈 2:12-13). 아버지 비유에서 맏아들로 상징되는 그들은 화를 내며 잔치를 배설한 아버지의 공정성을 비난한다(15:28-30). 이것은 바리새인과 서기관이 세리와 죄인들의 죄를 용서하지 않고 죄인을 형제로 받아준 예수님까지 거부하는 것을 의미한다. 그들은 형제의 죄를 용서하는 것이 하나님의 용서를 받기 위한 전제 조건이란 것을 알지 못한다(마 18:35).[52] 그것을 알고 있다 하더라도 형제의 범위를 이스라엘의 경건한 자들로 한정한다. 그들이 설정한 형제와 이웃의 범주에 죄인은 포함되지 않는다. 종교지도자들은 죄인 된 형제를 용서하지 못하기에 기쁨의 잔치에 참여할 수 없다. 맏아들에게 잔치에 참여하라고 요청하는 예수님의 계

---

52 Kowalski, "The Power of Forgiveness and Reconciliation: Theological Thoughts on the New Testament', 75.

속된 초대는 둘째 아들에 대한 맏아들의 용서를 전제로 한다(15:31-32).

IV. 암묵적 기독론

1. 예수님의 자기 이해

서두의 전략적 배경 설정의 중요성을 고려하면 세 비유의 신학적 중심주제를 알 수 있다(15:1-2). 세 비유는 서두에 제시된 식사 교제에서 종교지도자들의 부정적 반응에 대한 예수님의 변호이자 자기 이해를 담고 있다.[53] 이것은 "어떤 사람"(τίς ἄνθρωπος), "어떤 여자"(τίς γυνὴ), "어떤 사람"(ἄνθρωπός τις)이 각 비유의 주인공이며 그들의 주된 행동이 각 비유의 핵심 메시지라는 것을 의미한다(15:4, 8, 11).[54] 즉 세 비유는 성실한 목자, 부지런한 여자, 자비로운 아버지로서 예수님의 자기 이해를 보여주기 위한 목적으로 기록되어 있다. 이야기에서 잃었다 찾은 양과 드라크마와 둘째 아들이 기뻐하기보다 목자와 여자와 아버지가 가장 즐거워한다.[55] 예수님께서는 바리새인과 서기관의 배타성을 강력하게 규탄하고 죄인을 영접하여 식사 교제하는 행동을 통해 죄인의 친구로서 자기 신분을 밝힌다.

죄인에 대한 예수님의 포용적 정책은 여기에 처음 등장하는 것이 아니다. 이미 누가는 세리 레위가 주최하는 큰 잔치에서 예수님께서 세리 및 죄인들

---

53 John J. Kilgallen, "The Parable(s) of the Lost Sheep and Lost Coin, and of the Resurrected Son in Luke 15", *PIBA* 32 (2009), 372.

54 Marashall, *The Gospel of Luke: A Commentary on the Greek Text*, 604.

55 정복희, "누가복음에 나타난 식사의 '공간적 전환': 누가복음 15장을 중심으로", 30.

과 식탁에 앉아 교제한 것으로 기록한다(5:27-32). 그때 비방한 바리새인과 서기관에게 자신이 건강한 자가 아닌 병든 자를 치료하는 의사이며 의인이 아닌 죄인을 불러 회개시키기 위해 세상에 왔다는 것을 밝힌다. 죄인을 구원하러 온 자로서 예수님의 자기 이해는 세 비유의 주인공을 중심으로 한 교차 대조 구조에서 잘 드러난다.

> A. "어떤 사람" (목자) 4절
> B. "어떤 여자" (여성) 8절
> A'. "어떤 사람" (아버지) 11절

교차구조는 "어떤 사람"으로서 예수님의 자기 이해를 반영하고 있다. 즉 A는 잃어버린 양을 애타게 찾는 "어떤 사람"으로서 목자인 예수님의 자기 이해를 반영한다(요 10:11, 14). 예수님께서는 목자 이미지를 어디에서 가져왔을까? 시편은 목자가 신적 존재를 상징하는 것으로 기록한다(시 28:9, 80:1). 다윗은 명확하게 하나님을 목자에 비유한다. "여호와는 나의 목자시니 내게 부족함이 없으리로다"(시 23:1). 이사야는 목자인 하나님께서 길 잃은 양을 그의 팔로 품에 안을 것이라고 말한다(40:11).[56] 구약에서 잃어버린 양과 신적 존재를 상징하기 위해 사용된 목자 모티프는 목자 비유의 배경으로서 예수님의 자기 이해의 초석이 된다.[57]

당대 바리새인과 서기관들의 시각에서 목자 개념은 긍정적인 것보다 부정적인 측면이 더 많다. 유대인의 사고방식에 의하면 목자는 때때로 자신의 양

---

56   J. Duncan M. Derrett, "Fresh Light on the Lost Sheep and the Lost Coin', *New Testament Studies* 26 (1979). 43.

57   Marshall, *Luke: Historian and Theologian,* 139.

떼가 금지된 지역에서 풀을 뜯도록 허용하기에 부정한 것으로 간주된다.[58] 목자는 양을 돌보기 위해 일주일 내내 들판에서 일하기에 안식일을 지킬 수 없다. 목자는 양을 괴롭히는 곤충을 제거하기 위해 접촉하고 그것들을 죽이는 일로 시체와 접촉하여 7일 동안 부정하다(레 5:2, 22:5-6; 민 19:11). 이러한 일이 매일 반복되기에 목자는 영원히 부정한 자들로 분류된다.[59] 이러한 부정적 인식에도 예수님께서는 유대인에게 친숙한 목자 개념을 긍정적으로 활용하여 자신의 정체를 드러내는 일에 사용한다.

복음서 저자들은 긍정적인 목자 개념을 갖고 가르친 예수님의 교훈을 그대로 복음서에 기록하고 있다. 마태복음은 미가서 5:2를 인용하여 예수님의 출생을 하나님의 백성 이스라엘을 다스릴 목자의 탄생으로 소개한다(2:6). 또한 예수님을 따르는 무리의 처량함을 "목자 없는 양"의 모습으로 묘사한다 (9:36). 최종 심판을 알리는 양과 염소 비유에서는 예수님을 '목자'로 제시하고 제자들을 '양'으로 비유한다(25:32). 예수님께서는 감람산에서 자신을 목자로 소개한다(26:31). 이렇게 마태복음에서 목자와 양의 이미지는 예수님과 하나님의 백성을 각각 상징하는 것으로 자주 사용된다. 마가복음과 요한복음도 예수님께서 자신을 목자 이미지로 말한 것으로 기록한다(막 14:27; 요 10:11, 14).[60] 이것은 목자 모티프가 예수님의 자기 이해에 기초한 것이며 초대교회의 일반적 사고라는 것을 보여준다.[61] 예수님께서 이스라엘의 목가적 풍경을 활용하여 잃어버린 양을 찾는 목자로서 자신을 이해한 것은 청중에게 결코 낯선 것이 아니다.

---

58 Kiehl, "'The Lost' Parables in Luke's Gospel Account', 247.

59 Ibid., 248.

60 Fitzmyer, *The Gospel According to Luke X-XXIV*, 1074.

61 Jeremias, *New Testament Theological*, 251.

B는 잃어버린 동전을 찾는 "어떤 여자"가 예수님을 상징하는 것으로 읽도록 요구한다.[62] 구조적으로 B는 A와 A′의 중심에 위치하여 영향을 받는다. 즉 신적 존재를 각각 상징하는 목자와 아버지 모티프의 영향 아래 잃어버린 동전을 찾는 여자도 잃어버린 자를 열심히 찾는 신적 존재를 상징하는 것으로 해석하도록 요구한다. 그러나 목자와 아버지가 신이 아니듯이 여자도 신이 아니다. 여자 모티프는 잃은 죄인을 찾는 예수님의 열심을 상징할 뿐이다. 잃어버린 동전을 찾는 여자의 특별한 열정은 예수님의 죄인 찾기의 열심과 병행을 이룬다.[63] 잃어버린 동전을 찾은 여인의 기쁨은 잃어버린 죄인이 회개하고 돌아올 때 느낀 예수님의 기쁨과 병행을 이룬다. 여자가 가족의 재산을 안전하게 관리하는 것과 같이 예수님께서도 그의 나라의 잃어버린 백성을 안전하게 보호한다.

일반적으로 여자가 구조의 중심 부분에 놓인 것은 낯선 것이다. 고대 근동에서 남자들에게 "어떤 여자가"라고 말하는 방식은 모욕적이다.[64] 구약성경에서 여자는 제사장에 임명될 수 없고 성전의 지성소에 들어갈 수 없다(출 29:9; 대상 6:49). 유대 회당에서 경건한 유대인은 여자로 태어나지 않은 것을 하나님께 감사한다.[65] 그러나 누가에게 있어서 여자를 "아브라함의 딸"로 기록하여 우대한 것은 매우 자연스러운 일이다(13:16). 그는 바울의 동역자이기에 그리스도 안에서 여자에 대한 차별이 완전히 철폐된 것을 알고 있다(갈

62 Kilgallen, "The Parable(s) of the Lost Sheep and Lost Coin, and of the Resurrected Son in Luke 15′, 67.

63 Lyn M. Kidson, "The Anxious Search for the Lost Coin(Luke 15:8-10): Lost Coins, Women's Dowryies and the Contribution of Numismatics and Phenomenology to Gospel Research′, *Australian Biblical Review* 68 (2020), 77.

64 Kiehl, "'The Lost' Parables in Luke's Gospel Account′, 250.

65 White, 『누가신학연구』, 141.

3:28).

누가복음은 타 복음서보다 훨씬 친여성적 성향을 보여준다. 그것은 최소한 26명이나 되는 여자의 이름이 언급된 것을 통해 알 수 있다.[66] 그중에 다른 복음서에 등장하지 않는 여자의 이름이 13명이나 된다.[67] 예수님의 탄생 이야기에 등장하여 그리스도 찬송시를 노래한 사람 중에 엘리사벳과 마리아가 있다(1:41-45, 46-56). 예수님을 따르는 자들 가운데 많은 여인이 있다(마 27:55; 막 15:41). 특히 누가는 갈릴리 여인들을 자주 언급한다(8:1-3, 23:49, 55, 24:10). 그녀들은 예수 운동에 적극적으로 가담한다. 헤롯의 재산을 관리한 구스의 아내 요안나와 수산나와 다른 여러 여자는 자신들의 소유로 예수님과 제자들의 전도 여행에 필요한 경비와 식사비를 지원한다(8:2-3). 그녀들이 예수님과 제자들과 함께 전도 여행에 동행한 것은 유대인의 관습에 완전히 어긋난 것이다. 야고보와 요셉의 어머니 마리아와 세베대의 아들들의 어머니는 마지막 십자가의 자리까지 예수님을 따른다(27:55-56). 이것은 마가 다락방에 숨어 있던 남자 제자들의 행동과 대조를 이룬다. 주님의 부활을 가장 먼저 전한 것도 남자가 아닌 막달라 마리아와 다른 마리아와 같은 여자들이다(28:9-10). 이 여자들에 대한 예수님의 태도는 차별적인 유대교의 자세와 현저히 대립적이다.[68]

누가는 자신의 복음서에서 처음부터 끝까지 남자에 관한 이야기와 병행으로 여자들에 관한 이야기를 나란히 제시한다.[69] 이것은 예수님께서 가져온 새로운 시대에 여자를 차별하지 않고 공정과 존중으로 대하는 것이다. 누가는

---

66 Ibid., 142.

67 김경진, 『잃어버린 자를 찾아오신 주님』(서울: 한국성서학연구소, 2000), 179.

68 White, 『누가신학연구』, 144.

69 Powell, *What are They Saying about Luke*, 94; 김경진, 『잃어버린 자를 찾아오신 주님』, 179.

그녀들을 제자들로 제시하여 이상적 제자도의 모형으로 삼고 있다.[70] 이렇게 누가의 친여성적 성향을 볼 때 두 번째 비유에서 "어떤 여자"의 역할이 그리스도의 구원 행위를 상징하는 것으로 기록한 것은 누가에게 결코 놀라운 일이 아니다. 이것은 누가가 예수님의 가르침과 태도를 충실히 따르는 것이다 (8:48).

A′는 잃어버린 한 아들을 회복하고 다른 잃어버린 아들을 회복하기 위해 노력하는 '어떤 사람'으로서 아버지와 동일시되는 예수님의 자기 이해를 반영하고 있다.[71] 아버지가 하나님이 아닌 예수님을 상징하는 것은 '하늘'(οὐραν ός)이란 용어와 "하나님의 사자들 앞에 기쁨"이란 언급의 '하나님'(θεός)이 연결된 것을 통해 알 수 있다(15:7, 10).[72] 만일 아버지가 하나님을 상징한다면 둘째 아들이 '하늘'(οὐρανός)이란 용어를 '아버지'(πατήρ)란 호칭과 함께 두 차례 반복해서 말하기 어렵다(15:18, 21).[73] 예수님께서는 아버지의 말과 행동을 통해 둘째 아들과 맏아들로 각각 대변되는 죄인과 종교지도자들에 대한 자기 입장을 천명한다. 예수님의 자기 입장은 하늘 잔치를 배설하고 죄인과 의인을 기쁨의 자리로 초대하는 신적 존재로 자신을 이해한 것에서 기인한다.

누가가 세 비유를 통해 예수에 대해 말한 것은 요한복음 14:9-11과 유사성이 있다.[74] 요한복음에서 예수님께서는 빌립에게 "내가 이렇게 오래 너희와 함께 있으되 네가 나를 알지 못하느냐 나를 본 자는 아버지를 보았거늘 어찌하여 아버지를 보이라 하느냐"라고 언급한다(14:9). 이 언급은 상호 내주의 원

---

70 Ibid., 96.

71 양재훈, "문맥적 읽기와 성서 번역: '탕자들의 비유'(눅 15:11-32) 번역 제안," 『성경원문연구』 제39 호(2016), 190. 둘째 아들은 집을 뛰쳐나간 탕자이고, 큰아들은 집 안에 남아 있는 탕자이다.

72 Giblin, "Structural and Theological Considerations on Luke 15′, 24.

73 Craig L. Blomberg, *Interpreting the Parables* (Downers Grove: InterVarsity Press, 2012), 203.

74 Giblin, "Structural and Theological Considerations on Luke 15′, 25.

리를 제시하여 아버지와 자신을 하나라고 가르치는 것이다. 이러한 예수 자신과 하나님의 동일시는 누가복음에서 비유라는 방식으로 나타난다. 그는 비유 안에서 하나님의 자리에서 하나님을 대신하여 하나님의 행위를 하고 있다.[75]

신적 존재로서 예수님의 자기 이해는 두 차례 반복된 도입 어구 *에이펜 데* (Εἶπεν δὲ)와 신적 어구로 두 차례 사용된 *레고 휘민*(λέγω ὑμῖν)이란 선언적 진술을 통해 강화된다(15:3, 7, 10, 11). 그는 신적 권위로 비유라는 도구를 사용하여 자신의 존재를 유감없이 밝힌다. 예수님께서 직접 자기 신분을 드러내지 않고 간접적으로 비유로 말한 이유는 무엇일까? 그것은 청중의 거부감을 완화하고 종교지도자들의 적대감을 누그러뜨리기 위한 목적에서 비롯되고 있다.[76] 이렇게 누가가 비유에서 암묵적으로 기독론을 제시한 것은 비유를 신학적으로 사용하는 한 가지 방식이다.[77]

2. 예수님의 성품

누가복음에는 예수님의 성품으로서 사랑과 자비가 두드러지게 나타난다. 사랑은 이웃과 원수에 대한 태도로 제시된다(6:27, 35-36). 자비는 은혜를 모르는 자와 악한 자에 대한 태도로 제시된다(6:35-36). 예수님의 탄생 이야기에서 마리아는 하나님의 긍휼하심이 이스라엘에 임한 것을 찬양한다(1:50, 54). 이것은 아기 예수님의 탄생을 자비의 사건으로 노래하는 것이다. 사가랴는 성령의 충만함을 받아 예언하며 죄 사함을 받는 구원이 이스라엘에 임한 것을

---

75   Nolland, *Luke 9:21-18:34*, 771.

76   Stein, *An Introduction to the Parables of Jesus*, 35.

77   암묵적 기독론에 대하여는 Blomberg, *Interpreting the Parables*, 438-445를 보라.

하나님께서 긍휼을 베푼 사건으로 노래한다(1:72, 77-78). 물론 사랑과 자비는 하나님에게서 비롯된 것으로 하나로 연결되어 있다(6:35, 10:27, 37). 선한 사마리아인 비유는 사랑과 자비의 연결을 보여주는 대표적인 실례이다(10:25-37). 율법사가 영생에 대해 질문하자 예수님께서 율법에 어떻게 기록되어 있느냐고 반문한다(10:25-26). 율법사가 하나님을 사랑하고 이웃을 사랑하라고 되어 있다고 대답하자 예수님께서 그것을 행하라고 답변한다(10:27-28). 그리고 강도 만난 자를 불쌍히 여겨 자비를 베푼 사마리아인을 모범적 실례로 든다(10:30-37). 이렇게 누가복음에서 사랑과 자비는 하나로 연결되어 있다.

세 비유에 나타난 예수님의 자기 성품은 무엇일까? 그것은 의인이 아닌 죄인을 불쌍히 여겨 용서하는 것이다(5:32). 종말론적 잔치를 상징하는 식사 교제는 죄인을 용서한 자비를 기초로 한다(5:30, 7:34, 15:2). 앞선 두 비유에서 99마리와 1마리, 10드라크마와 1드라크마의 각 비율은 지극히 작은 잃어버린 것을 소중히 여기는 자비를 보여준다(15:4, 7, 8, 10). 잔치에 참여한 자들에 대한 자비는 두 비유의 종결 어구에서 죄인 한 사람이 회개할 때 용서받는 것으로 각각 나타난다(15:7, 10). 자비, 즉 긍휼은 세 비유의 이야기를 이끌어 가는 핵심 동력이다.[78]

앞선 두 비유의 결론 구절에서 강화된 회개한 자에 대한 자비로운 용서와 환영하는 즐거운 잔치는 세 번째 비유에서 극적인 이야기를 통해 최고조에 도달한다(15:7, 10). 두 아들에 대한 아버지의 관대한 태도는 죄인에 대한 자비를 극명하게 보여주며 잔치의 즐거움을 배가시킨다. 돌아온 아들에 대한 아버지의 심정을 불쌍히 여긴 것으로 언급한 것은 예수님의 자기 마음의 표출이다(15:20). 누가는 그것을 빠르게 증명하기 위해 세 번째 비유에서 아버지가

---

78   Green, *The Gospel of Luke*, 582.

많은 행동을 한 것으로 언급한다. "보고, 불쌍히 여기고, 달리고, 껴안고, 입 맞춘다"(15:20). 돌아온 아들을 보았을 때 방탕한 자의 의도를 확인하기 전에 취한 아버지의 연속적인 행동은 사랑과 자비의 성품을 보여주기에 충분하다. 아버지는 회개의 증거를 찾거나 옳고 그름을 판단하는 자세를 취하지 않는 다. 모든 허물을 덮어주고 "측은히 여겨" 사랑으로 용서한 것은 아버지의 인 자한 성품의 결과이다(15:20).[79] 의로운 아버지의 자비가 죄인인 아들과 화해 를 이루게 한다. 방탕한 아들은 돼지 음식인 쥐엄 열매를 먹는 낮은 자리에서 아들의 위치로 높아진다(15:21). 좋은 옷과 반지와 신발은 완전한 용서를 통 해 아들의 신분이 회복되었다는 것을 확증해준다(15:22, 창 41:41-42).[80] 아버지 의 자비는 둘째 아들을 "이 내 아들"(οὗτος ὁ υἱός μου)로 부른 호칭에서 두드러 진다. 비유의 관대한 아버지처럼 예수님께서는 죄인과 화목하기 위해 세상에 달려와 식사 교제하며 화해를 선언한다. 그것을 반영한 아버지 비유는 자비 로운 예수님과 죄인 사이에 이루어진 화해의 축소판이다.[81]

아버지의 자비는 맏아들과의 대화에서 계속 나타난다(15:24). 밭에서 일하 다 돌아와 풍악과 춤추는 소리와 종의 설명을 들은 맏아들이 잔치에 참여하 지 않을 때, 아버지는 종들을 보내지 않고 친히 밖으로 나와 즐거운 잔치에 참여하도록 초대한다(15:25-28). 그러나 맏아들의 마음은 아버지의 처사에 대 한 분노로 가득하다(15:28). 그의 분노는 동생이 돌아온 것을 축하하는 자리에 참여하는 것을 거부하도록 만든다. 맏아들이 "아버지의 살림을 창녀들과 함 께 '삼켜 버린'" 자로 동생의 죄를 언급할 때 *카테스띠오*(κατεσθίω)의 사용은 분위기가 험악하다는 것을 알려준다(15:13). 그는 아버지에게 말할 때 호격도

---

79   Stein, *An Introduction to the Parables of Jesus,* 123.

80   Giblin, "Structural and Theological Considerations on Luke 15', 26.

81   Belousek, "O Sweet Exchange: The Cross of Christ in the Drama of Reconciliation', 291.

사용하지 않고 동생을 가리켜 "'당신의' 이 아들"(ὁ υἱός σου οὗτος)이라 부른다 (15:30). 둘째 아들은 세 차례 아버지라 부르고 있으나 맏아들은 아버지란 호칭을 한 차례만 사용한다(15:12, 18, 21; 15:30). 맏아들은 방탕한 아들을 위해 살진 송아지를 잡고 자신에게 염소 새끼라도 주지 않은 아버지의 공정성에 불만을 토로한다. 맏아들의 불평에 아버지는 이렇게 답변한다. "애 너는 항상 나와 함께 있으니 내 것이 다 네 것이로되"(15:31). 이 자비로운 답변은 맏아들에 대한 호칭과 소유물에 대한 언급에서 절정에 도달한다. "애"라는 애칭은 장남에 대한 사랑과 애정을 보여주기에 충분하다. 모든 것이 맏아들의 것이라는 언급은 그에 대한 믿음과 신뢰를 보여준다. 즉 맏아들은 고용된 품꾼처럼 주인에게 돈을 받는 자가 아니라 아버지의 재산을 물려받는 상속자이다.[82]

예수님께서 동생과 형의 행동을 비교하여 설명한 이유가 무엇일까? 그것은 자기 성품의 극대화를 도모하는 것에 있다. 예수님의 자기 이해를 반영한 아버지의 자비로운 성품은 시적 대구법으로 제시된 마지막 언급에서 절정에 도달한다. "이 네 동생은 죽었다가 살아났으며 내가 잃었다가 얻었기로"(15:32). 이 시적 표현은 예수님을 상징하는 아버지의 마음 깊은 곳에서 우러나온 것이다.[83] 아버지의 행동과 말은 돌아온 아들에게 조건 없는 사랑으로 손을 내미는 진정한 동정심의 소유자로서 예수님의 자기 성품의 계시이다.

음식을 나눔으로 혈연적 경계가 확보되는 유대 문화에서 식사 교제는 매우 중요한 의미를 지니고 있다.[84] 그러한 자리로 부르는 아버지의 초대에 분노하며 거절한 맏아들의 행동은 둘째 아들을 형제와 가족으로 받아들이기를 거

---

82 양재훈, "문맥적 읽기와 성서 번역: '탕자들의 비유'(눅 15:11-32) 번역 제안", 195. "『공동개정』과 같이 '종이나 다름없이 일을 하다' 혹은 '종노릇하다'로 번역하는 것이 더 적절하다."

83 Ramsey, "Plots, Gaps, Repetitions, and Ambiguity in Luke 15', 36.

84 Green, *The Gospel of Luke*, 585.

부하는 것이다.[85] 그가 동생을 가리켜 "당신의 이 아들"(ὁ υἱός σου οὗτος)이라고 말하자 아버지는 "이 네 동생"(ὁ ἀδελφός σου οὗτος)이라고 부드럽고 재치 있게 대답한다(15:30, 32). 둘째 아들을 죽었다 살아난 것으로 간주하며 "측은히 여겨"(σπλαγχνίζομαι) 잔치를 배설한 아버지의 자비는 맏아들의 불평에도 잔치의 흥겨움을 계속 유지하게 만든다(15:20). 아버지의 자비는 계속되는 잔치에 참여하도록 맏아들을 계속 설득하는 것으로 마무리된다(15:32). 세 번째 비유는 맏아들이 회개하고 잔치에 참여하여 기뻐하는지 알 수 없는 열린 상태로 끝난다.

마지막 부분에서 맏아들이 변화될 가능성을 열어놓은 상태로 마치는 개방성은 누가의 다른 비유에서 종종 나타난다.[86] 선한 사마리아인 비유에서 예수님께서는 율법사에게 "가서 너도 이와 같이 하라"라는 말로 마친다(10:37). 율법사가 어떻게 반응하는지에 대한 언급은 등장하지 않는다. 큰 부자 관리 이야기도 열린 결말을 보여준다. 부자가 예수님께 다가와 "선한 선생님이여 내가 무엇을 하여야 영생을 얻으리이까?"라고 묻는다(18:18). 예수님께서는 "네게 아직도 한 가지 부족한 것이 있으니 네게 있는 것을 다 팔아 가난한 자들에게 나눠 주라 그리하면 하늘에서 네게 보화가 있으리라 그리고 와서 나를 따르라"라고 명령한다(18:22). 누가는 큰 부자가 "이 말씀을 듣고 심히 근심하더라"라고 보고한다(18:23). 이것은 예수님의 교훈을 듣고 근심하며 떠나간 것으로 기록한 마태와 슬픈 기색을 띠고 근심하며 갔다고 기록한 마가와 다른 것이다(마 19:22; 막 10:22). 누가는 부자가 근심하지만 슬퍼하며 떠나갔다고

---

85   Benjamin J. Williams, "Brotherhood Motifs in the Parable of the Prodigal Son', *Restoration Quarterly* 56 (2014), 107.

86   Mikeal C. Parsons, "The Prodigal's Elder Brother: The History and Ethics of Reading Luke 15:25-32', *Perspectives in Religious Studies* 23 (1996), 173.

기록하지 않으므로 어떤 결단을 하였는지 설명하지 않는다. 이렇게 누가는 종종 이야기의 열린 결말을 통해 변화의 가능성을 열어둔다. 이것은 열린 결말을 통해 독자에게 도전을 주고 결단의 자리로 부르기 위한 것이다.

바리새인과 서기관들은 돈을 좋아하고, 외식하고, 스스로 옳다 하고, 다른 사람을 멸시하는 자들이다(12:1, 16:14, 18:9). 물론 누가복음은 예수님을 집으로 초청하여 함께 식사한 긍정적인 바리새인도 소개한다(7:36). 그러한 경우를 제외하고 대체로 종교지도자들을 예수님의 사명을 방해하는 대적자들로서 부정적 역할을 하는 인물로 묘사한다(5:31-32).[87] 그들에 대한 예수님의 질책은 방탕한 동생을 거부한 맏아들의 부정적인 태도에 관한 비유를 통해 완곡하지만 부드럽게 이루어진다(15:25-32). 그러나 죄인과 함께 식탁에서 음식을 먹으며 교제하는 자리로 종교지도자들을 부른 예수님의 자비로운 초청은 강하게 표현된다(15:31-32). 예수님께서는 죄인과 의인, 세리와 종교지도자들이 함께 형제가 되어 종말론적 잔치에 기쁨으로 참여하는 그림을 비유라는 도구를 통해 세 차례 반복하여 제시한다.

V. 나가는 말

누가복음 안에서 세 비유의 신학적 의미를 이해하는 열쇠는 무엇일까? 그것은 예수님께서 세리와 죄인들을 영접하여 식사 교제를 하는 서두의 배경에 있다(15:1-2). 즉 바리새인과 서기관들은 예수님께서 부정한 죄인을 가까이한 식사 교제 행위를 비난하며 죄인들과 함께 자리에 앉지 않는다. 그러자 예수

---

87 Powell, *What are They Saying about Luke*, 12-13.

님께서는 세 비유를 통해 회개한 죄인을 영접하여 하나님 나라의 백성으로 받아들인 종말론적 잔치가 시작되었으니 함께 기뻐하라고 천명한다. 즉 유사한 문학적 특징을 보여주는 세 비유를 통해 이스라엘의 소외된 잃어버린 자들에게 하나님 나라가 가까이 다가왔다는 그리스도교 복음을 선포한다.[88]

세 비유를 통해 가르친 예수님의 복음은 세 가지 측면에서 누가복음의 신학에 공헌한다. 하나는 예수님과 죄인들의 식사 교제가 부정한 것이 아니라 종말론적 잔치로서 의미를 지닌다는 것이다. 이것은 죄인의 부정함이 예수님을 부정하게 하는 것이 아닌 예수님의 의로움이 죄인을 깨끗하게 하는 시대가 도래한 것을 의미한다. 의롭다고 자처하는 자들은 새 시대의 개막을 알고 회개한 죄인들이 돌아올 때 용서하고 형제로 영접하여 기뻐해야 한다(시 51:13). 그럴 때 다가오는 종말론적 잔치에 참여할 수 있다.

다른 하나는 구원의 대상이 의인으로 자처하는 자들이 아닌 잃어버린 죄인들이다. 그들은 잃었다 다시 찾은 양과 동전과 아들로 각각 묘사된다. 이러한 상징어들을 사용한 세 비유의 교훈은 인자로서 예수님의 사명이 잃어버린 자를 찾아 구원하는 누가복음의 일반적 사고와 일치한다(5:32, 19:10).[89] 구원의 과정에서 죄인의 회개와 불쌍히 여겨 용서하는 예수님의 자비가 중요한 주제로 부각된다. 죄인 된 형제가 회개하고 돌아올 때 용서하지 못하는 자는 하나님께 용서를 받을 수 없다. 그러나 용서함으로 형제를 받아준 자는 하나님의 영접을 받는다.

88　Robert H. Stein, *An Introduction to the Parables of Jesus* (Philadelphia, Pennyslvania: The Westminster Press, 1981), 87; 장석조, "누가복음 3:1-4:15의 구조와 주제에 관하여," 『개혁논총』 38 (2016): 73-111. "복음 전하다"라는 동사의 사용에 대해 보라.

89　Powell, *What are They Saying about Luke*, 60. "모든 학자는 누가 신학의 중심이 예수에 대한 그의 이해라는 것에 동의할 것이다"; Marshall, *Luke: Historian and Theologian*, 116.

마지막으로 세 비유는 예수님이 누구인지를 알게 해준다. 세 비유에는 예수님의 자기 이해 및 성품에 대한 계시가 담겨 있다. 예수님께서는 때로는 성실한 목자로, 때로는 부지런한 여자로, 때로는 인자한 아버지로 자기 신분과 자비로운 성품을 드러낸다. 이 간접적인 암묵적 기독론은 종교지도자들과의 갈등 상황에서 예수님께서 자기 사명과 행동의 정당성을 변호하는 답변으로 세 비유를 가르친 것에서 기인한다. 이렇게 세 비유는 식사 교제의 종말론적 잔치 이미지, 회개와 용서를 통한 죄인의 구원, 사랑과 자비로 특징짓는 예수님의 자기 이해 및 성품이란 신학적 주제를 보여주어 누가복음의 심장으로 기능한다.

● **참고문헌**

김경진, 『잃어버린 자를 찾아오신 주님』, 서울: 한국성서학연구소, 2000.

박찬웅, "누가복음의 세례자 요한의 선포에 관한 연구: 눅 3장을 중심으로", 『신학과 사회』, 제36권 제1호 (2022): 45-75.

양재훈, "문맥적 읽기와 성서 번역: '탕자들의 비유'(눅 15:11-32) 번역 제안", 『성경원문연구』, 제39호 (2016): 183-202.

장석조, "누가복음 3:1-4:15의 구조와 주제에 관하여", 『개혁논총』, 제38호 (2016): 73-111.

정복희, "누가복음에 나타난 식사의 '공간적 전환': 누가복음 15장을 중심으로", 『신약논단』, 제29권 제2호 (2022): 9-45.

Belousek, Darrin W. Snyder, "O Sweet Exchange: The Cross of Christ in the Drama of Reconciliation", *The Conrad Grebel Review* 32 (2014): 276-294.

Blomberg, Craig L., *Interpreting the Parables*, Downers Grove: InterVarsity Press, 2012.

Bock, Darrell L., *Luke 9:51-24:53*, Baker Exegetical Commentary on the New Testament, Grand Rapids, Michigan: Baker Academic, 2007.

Derrett, J. Duncan M., "Fresh Light on the Lost Sheep and the Lost Coin", *New Testament Studies* 26 (1979): 36-60.

Fitzmyer, Joseph A., *The Gospel According to Luke X-XXIV*, The Anchor Bible, Garden City, New York: Doubleday & Company, Inc., 1985.

Forbes, Greg, *Repentance and Conflict in the Parable of the Lost Son (Luke 15:11-32)*, Journal of the Evangelical Theological Society 42 (1999): 211-229.

Giblin, Charles Homer, *Structural and theological considerations on Luke 15*, The Catholic Biblical Quarterly, 24 (1962): 15-31.

Green, Joel B., *The Gospel of Luke*, The New International Commentary on the New Testament, Grand Rapids, Michigan: William B. Eerdmans Publishing Company, 1997.

Jeremias, Joachim, *New Testament Theological*, London: SCM Press, 1996.

Kidson. Lyn M., "The Anxious Search for the Lost Coin(Luke 15:8-10): Lost Coins, Women's Dowryies and the Contribution of Numismatics and Phenomenology to Gospel Research', *Australian Biblical Review* 68 (2020): 76-88.

Kiehl, Erich H., "'The Lost' Parables in Luke's Gospel Account', *Concordia Journal* 18 (1992): 244-258.

Kilgallen, John J., "Luke 15 and 16: a Connection', *Biblica* 78 (1997): 369-376.

_____, "The Parable(s) of the Lost Sheep and Lost Coin, and of the Resurrected Son in Luke 15', *Proceedings of the Irish Biblical Association* 32 (2009): 60-73.

Kittel, Gerhard. ed., "ἁμαρτωλός', *Theological Dictionary of the New Testament* I, Trans, Geoffrey W. Bromiley. Grands Rapids, Michigan: Wm.B. Eerdmans Publishing company, 1976, 324-327.

Kowalski, Beate, "The Power of Forgiveness and Reconciliation: Theological Thoughts on the New Testament', *Proceedings of the Irish Biblical Association* 39 (2016): 65-87.

Marshall, L. Howard, *Luke: Historian and Theologian*, Grand Rapids, Michigan: Zondervan Publishing House, 1971.

_____, *The Gospel of Luke: A Commentary on the Greek Text*, The New International Biblical Commentary, Grand Rapids, Michigan: The Paternosters Press, 1978.

Nolland, John, *Luke 1-9:20*. Word Biblical Commentary 35a, Dallas, Texas: Word Books Publisher, 1989.

_____, *Luke 9:21-18:34*, Word Biblical Commentary 35b, Dallas, Texas: Word Books Publisher, 1993.

_____, *Luke 18:35-24:53*, Word Biblical Commentary 35c, Dallas, Texas: Word Books Publisher, 1993.

Parsons, Mikeal C., "The Prodigal's Elder Brother: The History and Ethics of Reading Luke 15:25-32', *Perspectives in Religious Studies* 23 (1996): 147-174.

Powell, Mark Allan, *What are They Saying about Luke*. New York, Mahwah: Paulist Press, 1989.

Ramsey, George W., "Plots, Gaps, Repetitions, and Ambiguity in Luke 15', *Perspectives in Religious Studies* 17 (1990): 33-42.

Rohun, Park, Revisiting the Parable of the Prodigal Son for Decolonization: Luke's Reconfiguration of Oikos in 15:11-32, *Biblical Interpretation* 17 (2009): 507-520.

Stagg, Frank, Luke's Theological Use of Parables, *Review and Expositor* 94 (1997): 215-229.

Stein, Robert H., *An Introduction to the Parables of Jesus*. Philadelphia, Pennyslvania: The Westminster Press, 1981.

White, R.E.O., *Luke's Case for Christianity*. 『누가신학연구』, 서울: 한국로고스연구원, 1995.

Williams, Benjamin J., "Brotherhood Motifs in the Parable of the Prodigal Son', *Restoration Quarterly* 56 (2014): 99-109.

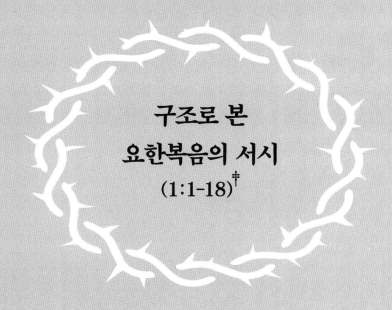

구조로 본
요한복음의 서시
(1:1-18)[†]

[†] 본 논문은 서울한영대학교에서 발행하는 『한영논총』, 제22호 (2018): 11-30에 게재되어 있다.

I. 서론

요한복음의 구조는 서론(1장), 표적의 책(2-12장), 고난의 책(13-20장), 결론 (21장)으로 이루어져 있다.[1] 전반부의 상당 부분을 차지하는 표적의 책은 이적 이상의 의미를 담고 있는 상징적인 일곱 개의 표적을 중심으로 구성되어 있 다(2:1-12:50).[2] 후반부의 많은 분량을 차지하는 영광의 책은 예수님의 죽음과 부활을 영광 받는 사건으로 묘사하고 있다(13:1-20:31).[3] 기독론 안에서 절묘 하게 하나로 연결된 표적의 책과 고난의 책은 각각 하나님의 아들로서 예수 그리스도의 신분과 그의 죽음 및 부활을 영광 받는 고양된 사건으로 서술하 기에 영광의 책으로 불린다. 두 책으로 구성된 요한복음의 중심주제인 기독 론은 로고스 성육신을 주제로 하는 서론(1장)에 요약되어 있다.[4] 서론은 요한

---

1   D. A. Carson, *The Gospel According to John* (Leicester, England: Inter-Varsity Press, 1991), 103.

2   일곱 개의 표적 이야기로는 물로 포도주 만든 사건(2:1-11); 신하의 아들 치유(4:46-54); 38년 된 병 자 치유(5:1-9); 오병이어(6:1-5); 물 위로 걸음(6:16-21); 소경 치유(9:1-12); 나사로 살림(11:1-57) 등이 있다.

3   영광의 책은 최후의 만찬(13장), 고별설교(14-17장), 수난과 부활(18-20장) 등의 세 부분으로 구성되 어 있다.

4   Leon Morris, *The Gospel According to John*, (Grand Rapids, Mich.: Wm. B. Eerdmans Publishing,

복음 전체를 해석하는 지침으로서 열쇠와 같은 기능을 하는 측면에서 전략적인 중요성을 지니고 있다.

오페라의 서곡과 같은 기능을 하는 서론(1장)은 두 부분으로 이루어져 있다. 전반부의 서시(1:1-18, prologue)와 후반부의 증언들(1:19-51, testamonia)이 바로 그것이다. 요한의 특징적인 용어들을 사용한 찬송시 혹은 산문으로 된 서시는 구조적으로 요한복음 안에서 어떤 기능을 할까?[5] 그것은 하나님의 아들 안에서 하나로 연결된 표적의 책과 영광의 책에 등장하는 예수 그리스도의 신적 기원을 보여주는 로고스 기독론과 생명의 빛으로 기능하여 사역의 성격을 설명하는 선언적 진술(programmatic statement)로 기능한다. 그런 측면에서 서시는 예수님께서 하나님의 아들로 세상에 온 것을 선언함과 동시에 본론에서 그의 사역을 기독론적으로 이해하도록 안내하는 나침판으로 기능한다.

공관복음의 시작과 완전히 다른 방식과 내용으로 이루어진 요한복음의 서시(1:1-18)는 그 자체로 독특성을 지니고 있다. 무엇보다 히브리 지혜시의 문체로 기록되어 있다.[6] 그로 인해 신학적 색채로 이루어진 난해한 많은 용어와 심오한 문장의 의미를 규정하는 데 어려움이 있다. 또한 특징적인 로고스의 역할을 이해하고 중심주제를 찾는 일을 어렵게 한다. 서시를 해석함에 있어 어려움을 가중시키는 것은 본문의 흐름을 방해하는 것처럼 보이는 세례 요한에 관한 언급이다(6-8, 15절).[7] 이러한 문제를 해결하기 위해 본 연구는 구조분

1971), 71.

5 서시가 찬송이라는 견해에 관하여 Joachim Jeremias, *The Central Message of the New Testament* (New York: Charles Scribner's Sons, 1965), 71-90을 보라; 서시를 '운율 있는 산문'으로 보는 견해에 관하여 D. A. Carson, *The Gospel According to John*, 112를 보라.

6 Barnabas Lindars, *The Gospel of John*, The New Century Bible Commentary. 『요한복음』, 조원경 옮김 (서울: 반석문화사, 1994), 126.

7 Raymond Bryan Brown, "The Prologue of the Gospel of John: John 1:1-18", *Review & Expositor* 62

석의 틀 안에서 서시에 등장하는 주된 용어들의 의미를 규명하는 방법을 사용한다.

II. 본문 분석

요한복음의 서시는 창세기 1:1과 상응하는 "태초에"란 특징적인 표현으로 시작된다(1:1).[8] 이러한 시작은 말씀이 육신이 된 하나님으로서 독생자의 탄생을 어두운 세상에 빛이 비치는 방식으로서 새로운 창조의 시작을 의미하는 것으로 이해하도록 요구한다. 이를 강화하기 위해 사용된 생명, 빛, 믿음, 영광, 은혜, 진리 등과 같이 독특한 용어들은 하나님 아들의 오심으로 시작된 새 시대의 특징을 드러냄과 동시에 다른 복음서와 차별화된 요한복음만의 독특성을 보여준다.[9] 서시의 내용을 강화하는 이러한 특징적인 용어들은 독생한 하나님의 아들 안에서 본문을 로고스 기독론 중심으로 해석하도록 요구한다.

정교하게 구성된 본문은 1-2절과 18절, 3절과 17절, 4-5절과 16절, 6-8절과 15절, 9-10절과 14절, 11절과 13a절, 12절과 13b절이 서로 대칭을 이루고 있다. 교차대칭 구조의 중심에 위치한 12절과 13b절은 "하나님께로부터 난 자들은 예수 그리스도를 영접하여 하나님의 자녀가 된다"는 것을 강조한다. 이것은 서시의 중심주제가 요한복음 전체의 기록 목적을 제시하는 20:31

(1965): 429; Charles Homer Giblin, "Two Complementary Literary Structures in John 1:1-18', *JBL* 104 (1985): 88. 기블린(Giblin)은 6-8, 15, 13절을 최종적으로 덧붙여진 것으로서 본문의 흐름을 방해하는 것으로 본다.

8 Peder Borgen, "Creation, Logos and The Son: Observations on John 1:1-18 and 5:17-18', *Ex auditu* (1987): 88.

9 Raymond Bryan Brown, "The Prologue of the Gospel of John: John 1:1-18', 429.

과 일치하는 것을 의미한다.[10] "오직 이것을 기록함은 너희로 예수님께서 하나님의 아들 그리스도이심을 믿게 하려 함이요 또 너희로 믿고 그 이름을 힘입어 생명을 얻게 하려 함이니라." 결국, 서시의 주요 내용은 구조적으로 20:31과 수미쌍관을 이루고 있다.[11] 그 중심에 예수 그리스도, 즉 하나님의 아들로서 로고스 기독론이 위치한다. 서시의 구조는 사람의 뜻이 아닌 하나님께로부터 태어난 자들이 로고스를 영접하여 생명 얻는다는 것을 주된 메시지로 말하기 위해 교차대칭 구조를 이루고 있다.

A. 로고스 하나님		(1-2절)
B. 그로 말미암아: 만물		(3절)
C. 생명, 빛과 어둠		(4-5절)
D. 빛의 증언자 요한		(6-8절)
E. 세상을 비추는 참 빛		(9-10절)
F. 로고스의 백성		(11절)
G. 로고스 이름을 믿는 자들		(12절)
F'. 사람의 뜻으로 나지 않은 자들		(13a절)
G'. 하나님께로부터 난 자들		(13b절)
E'. 독생자의 영광		(14절)
D'. 오시는 이의 증언자 요한		(15절)
C'. 은혜 위의 은혜		(16절)
B'. 예수 그리스도로 말미암아: 은혜와 진리		(17절)
A'. 독생한 로고스 하나님		(18절)

---

10 Stephen S. Smally, *John: Evangelist & Interpreter* (Exeter: Paternoster Press, 2001), 138.

11 Raymond Bryan Brown, "The Prologue of the Gospel of John: John 1:1-18", 429.

1. A 로고스 하나님(1-2절)
A' 독생한 로고스 하나님(18절)

A와 A'는 서시 전체를 감싸 안는 수미쌍관법으로 되어 있다. "하나님과 함께"는 "아버지 품속에 있는"과 평행을 이루고, "하나님이시니라"는 "독생하신 하나님이"와 평행을 이룬다.[12] A와 A'의 평행에서 로고스는 창세 전부터 성부 하나님과 얼굴을 맞대고 함께 있던 신적 존재로서 아래 세상에 독생한 아들로 내려와 하나님 아버지의 뜻을 알리는 계시 사역을 온전히 담당하는 자로 강조된다.

A의 "하나님과 함께 계셨으니"(ἦν πρὸς τὸν θεόν)와 A'의 "아버지 품속에 있는"(ὢν εἰς τὸν κόλπον τοῦ πατρὸς)이란 두 표현은 내용상 병행을 이룬다.[13] 또한 로고스를 창세 전부터 하나님과 함께 있던 초월적 존재로 동일시하도록 요구한다. A가 하나님과 함께 있던 선재한 존재로서 로고스를 언급하고 있다면, A'는 하나님 아버지의 뜻을 계시하는 독생자 하나님으로서 로고스의 기능을 말하고 있다. 로고스의 선재성은 창세기 1:1을 연상케 하는 "태초에"라는 언급을 통해 강화된다. 로고스의 계시성은 "아버지 품속"이란 연회 이미지의 비유적 표현을 통해 아버지와 아들의 친밀한 관계를 설명하는 것에서 부각된다.[14] 결국, A와 A'에서 선재한 "말씀"(λόγος)은 "육신"(σὰρξ)이 되어 독생한 하

---

12 D. A. Carson, *The Gospel According to John,* 135.

13 John Calvin, *The Gospel According to St John* (Edinburgh: Oliver and Boyd, 1959), 26. 아버지 품속에 대한 캘빈의 인상적인 표현은 적절하다: "요한이 아들이 아버지의 품속에 있다고 말할 때 그는 인간의 은유를 사용한다. 사람들은 자신의 모든 비밀을 털어놓는 사람들을 품속으로 받아들인다고 말한다. 가슴은 상담자의 좌석이다. 그러므로 그는 아들이 자기 아버지의 가장 숨겨진 비밀을 알고 있다는 것을 가르친다. 그래서 우리는 복음서에서 하나님의 가슴을 펴 놓았다는 것을 말하고 알 수 있다."

14 Charles Homer Giblin, "Two Complementary Literary Structures in John 1:1-18´, 89-90.

나님으로서 계시자의 요건을 갖추고 있다.

A는 창세기의 70인경에서 엔 아르케(Ἐν ἀρχῇ)로 번역된 히브리어 베레쉬트 (בְּרֵאשִׁית)를 상기시키는 "태초에"란 단어로 시작된다(창 1:1).[15] 또한 창세기 1:3 절의 "하나님께서 가라사대"라는 표현에 대한 유대인의 전통적인 이해에서 비롯된 "로고스"(λόγος)란 용어를 언급하고 있다.[16] 유대적 배경을 지닌 두 표현은 창조 이전부터 존재한 로고스의 선재성과 영원성을 강조하기 위해 사용된다.[17] 스토아 학자들의 글과 헤르메티카(Hermetica)와 필로(Philo)의 글에서 발견되는 로고스 용어를 이해하기 위해서는 특별한 주의를 필요로 한다.[18] "말씀"으로 번역된 로고스는 우주 만물이 창조되기 전에 하나님과 함께 있던 신적 존재로서 하나님의 자기표현이다. 유대인들은 이 용어를 지혜와 율법으로 이해한다. 로고스를 의인화한 잠언은 하나님께서 천지 만물을 창조하기 전에 로고스를 낳았다고 기록한다. "여호와께서 그 조화의 시작 곧 태초에 일하시기 전에 나를 가지셨으며… 내가 그 곁에 있어서 창조자가 되어 날마다 그의 기뻐하신 바가 되었으며"(잠 8:22, 30).[19] 영원한 신적 존재로서 창조 사역에 동참한 로고스는 세상에 대한 하나님의 통치자로 위 세상에서 아래 세상

---

15 Charles Kingsley Barrett, *The Gospel According to St. John*, International Biblical Commentary (Philadelphia: The Westerminster Press, 1978), *151*. 마가복음은 세례자의 활동과 예수님의 수세 이야기로 시작한다. 마태복음과 누가복음은 예수님의 탄생 이야기로 시작한다. 요한복음은 창조와 창조 이전으로 거슬러 올라가서 시작한다.

16 Peder Borgen, "Creation, Logos and The Son: Observations on John 1:1-18 and 5:17-18', 92. 필로 (Philo)는 창세기 1:3의 "하나님께서 가라사대"라는 표현이 어떻게 로고스로 해석될 수 있는지를 설명한다(Somn 1:75).

17 Merrill C. Tenney, *John: The Gospel of Belief* (Grand Rapids, Mich.: Zondervan Publishing House, 1995), 28.

18 Raymond Bryan Brown, "The Prologue of the Gospel of John: John 1:1-18', 430.

19 Charles Kingsley Barrett, *The Gospel According to St. John*, 151. 유대인은 세상이 창조되기 이전에 일곱 가지가 창조되었다고 주장한다: 토라, 회개, 에덴, 게헨나, 영광의 보좌, 성전, 메시아.

으로 보냄을 받는다. 로고스는 바로 예수 그리스도이다. 기자는 로고스를 그리스도의 칭호로 처음 사용한다.[20] 로고스로서 예수님은 자신을 선재한 존재로 이해한다. "아버지여 창세 전에 내가 아버지와 함께 가졌던 영화로써… 아버지께서 창세 전부터 나를 사랑하시므로"(요 17:5, 24). 이러한 이유로 로고스는 하나님의 아들, 독생자, 하나님의 형상, 조물주, 제2의 하나님, 또는 완전한 인간 등의 다양한 호칭으로 불린다.[21]

선재한 존재로서 로고스는 창조뿐 아니라 하나님의 뜻을 계시하는 기능을 담당한다. 인간은 오직 로고스의 계시를 통해 그리고 로고스 안에서만 하나님과 그의 뜻을 온전히 알 수 있다. 그런 측면에서 로고스는 하나님의 뜻을 알리는 계시의 방편으로서 빛으로 세상에 왔으며, 인간이 하나님을 알 수 있는 유일한 길이다(5, 9-12, 18절). 로고스가 성부 하나님의 뜻을 온전히 계시할 수 있는 것은 태초에 "하나님과 함께"(πρὸς τὸν θεόν) 있기에 가능한 것이다. "함께"(πρός)라는 전치사는 하나님과 로고스 사이의 친밀한 관계를 강조한다. 로버트슨(A. T. Robertson)은 이 전치사의 의미를 "그 말씀은 하나님과 얼굴을 맞대고 있었다"로 이해한다.[22] 이것은 독생자 로고스가 신적인 측면과 지적인 측면에서 성부 하나님과 동등하며 하나라는 것을 의미한다. 인간은 그런 로고스의 계시와 구속 사역을 통해 구원 얻어 하나님의 자녀가 된다(12-14, 17-17절). 로고스에 "독생하신 하나님"(μονογενὴς θεὸς ὁ)이란 표현을 사용한 것은 그가 하나님과 동등한 신성을 지녔으나 유일한 장자이며 맏아들로 세상에

---

20 R. C. H. Lenski, *Interpretation of St. John's Gospels* (Minneapolis, Minnesota: Augsburg Publishing House, 1961), 29.

21 George R. Beasley-Murray, *John,* WBC 36 (Waco, Texas: Word Books Publisher, 1987), 129.

22 A. T. Robertson, *A Grammar of the Greek New Testament in the Light of Historical Research* (New York: George H Doran, 1919), 623.

왔다는 것을 말하기 위해서이다. 여기에 유출설의 자리는 없다.

A′의 "하나님을 본 사람이 없으되"(Θεὸν οὐδεὶς ἑώρακεν)란 언급은 모세를 염두에 둔 것으로 보인다(17-18절).[23] 모세는 시내산에서 주의 영광을 보기 원한다(출 33:18). 그러나 여호와의 등을 보고 얼굴을 보지 못한 채 "나를 보고 살자가 없음이니라"라는 답변만 듣는다(출 33:20-23). 모세는 그 시내산에서 여호와로부터 두 돌판에 새겨진 율법을 받는다(출 34:1-5). 그와 달리 독생자 로고스는 아버지 품속에 있었기에 하나님의 뜻을 온전히 알고 계시할 수 있다(18절).[24] 눈으로 볼 수 없는 성부 하나님이 로고스 안에서 인간에게 현시된 것이다. 이제 인간은 참 빛으로 온 중재자 로고스의 온전한 계시를 통해 하나님을 알고 그의 자녀가 될 수 있다(12절).

2. B 그로 말미암아: 만물(3절)
B′ 예수 그리스도로 말미암아: 은혜와 진리(17절)

B에서 로고스에 의해 창조된 "만물"(πᾶς)은 피조 세계 전체를 가리킨다. "그로 말미암아"(δι' αὐτοῦ)라는 표현에 나타난 것처럼 모든 세계는 로고스에 의해 창조된다. 요한은 로고스의 창조 활동을 구체적으로 표현하고 있다. '내 아버지께서 이제까지 일하시니 나도 일한다'(5:17; 비교. 창 2:2-3).[25] 이렇게 요한복음 기자가 로고스의 창조하는 일과 능력을 강조한 것은 구약성경에 기초하고 있다. 시편 기자는 로고스에 의해 하늘과 땅이 창조된 것으로 말한다.

---

23 George R. Beasley-Murray, *John,* 142; Peder Borgen, "Creation, Logos and The Son: Observations on John 1:1-18 and 5:17-18', 93.

24 D. A. Carson, *The Gospel According to John,* 135.

25 Peder Borgen, "Creation, Logos and The Son: Observations on John 1:1-18 and 5:17-18', 88.

"여호와의 말씀으로 하늘이 지음이 되었으며 그 만상을 그의 입 기운으로 이루었도다"(시 33:6). 잠언 기자는 로고스를 창조자로 기록한다. "내가 그 곁에 있어서 창조자가 되어 날마다 그의 기뻐하신 바가 되었으며 항상 그 앞에서 즐거워하였으며"(잠 8:30). 솔로몬의 지혜서(Wisdom of Solomon)는 로고스를 지혜와 연결하여 창조적인 능력을 강조한다. "계속해서 자비를 베푸시는 우리 아버지시며 주이신 하나님, 바로 당신께서 당신의 말씀으로 만물을 지으셨으며 당신의 지혜로 인간을 만드셨습니다"(9:1). 이렇게 구약성경에서 로고스의 창조하는 능력은 결코 낯선 개념이 아니다. B에는 하나님의 창조에서 로고스의 완전한 중재를 강화하기 위해 긍정문과 부정문이 순차적으로 나열되어 있다. 로고스의 창조로 만들어진 우주 만물은 로고스에 종속되어 있으며 지금도 로고스에 의해 유지되고 있다.

B′에서 모세를 통해 주어진 "율법"(ὁ νόμος)과 그리스도로 말미암은 "은혜와 진리"(ἡ χάρις καὶ ἡ ἀλήθεια)는 서로 대조를 이룬다. 이 대조는 모세를 능가하는 그리스도의 우월성과 율법을 능가하는 은혜와 진리의 가치를 동시에 높인다. 은혜와 진리는 모세를 통해 주어진 율법이란 선물과 완전히 다른 새로운 차원의 것이다.[26] A의 로고스를 지시하는 B의 "그로"(αὐτός)라는 대명사와 B′의 "예수 그리스도"(Ἰησοῦς Χριστός)란 언급은 서로 평행을 이룬다. 이것은 천지 만물을 창조한 로고스가 바로 은혜와 진리를 제공한 예수 그리스도라는 것을 의미한다. 로고스, 즉 예수 그리스도는 옛 언약인 율법의 성취로서 새 언약인 은혜와 진리를 계시한다. 이렇게 요한복음 기자는 B에서 로고스의 창조 사역을 설명하고, B′에서 로고스의 계시하는 기능을 강조함으로써 양자를 절묘하

26　Charles Homer Giblin, "Two Complementary Literary Structures in John 1:1-18', 91.

게 조화시킨다.[27]

3. C 생명, 빛과 어둠(4-5절)
C' 은혜 위의 은혜(16절)

C에서는 로고스 안에 있는 생명을 어둠 가운데 있는 사람들에게 비치는 빛으로 설명한다. 이것은 성육신 이전 로고스의 창조 사역을 성육신 이후 로고스의 구속 사역과 연결하는 것이다. 창조 때 흑암에 비치어 생명을 준 로고스의 빛은 성육신한 로고스를 통해 새 창조가 필요한 타락한 인간에게 다시 비친다. 빛은 예수님의 행동과 말씀 선포라는 형식으로 인간에게 비친다. 빛으로 다가온 예수님의 말씀을 듣고 받아들인 자는 영원한 생명을 얻고 거부한 자는 사망에 이른다. 어둠이 빛을 막을 수 없듯 사망이 새 생명을 부여하는 로고스의 창조적인 능력을 막을 수 없다.

기자는 로고스의 탁월함을 부각하기 위해 "생명"(ζωή)과 "빛"(φῶς)을 종교적 상징으로 사용한다.[28] 생명은 유대교에서 지혜와 토라로 간주된다(P. Aboth 2:7). 유대인에게 있어서 생명은 하나님의 지혜와 토라에 대한 복종의 결과로 주어진다.[29] 그러나 기자는 이 용어를 율법에 대하여 복종한 결과가 아닌 예수 그리스도를 믿는 자에게 주어지는 구원을 가리키는 의미로 사용한다(3:16; 5:40; 6:47; 10:10, 28; 14:6; 17:2).[30] 즉, 요한복음에서 생명과 구원은 동의어로 사용된다(3:16-17; 10:9-10). 빛은 세상에서 사람들에게 하나님을 인식할 수 있게

---

27   Charles Kingsley Barrett, *The Gospel According to St. John*, 153.

28   D. A. Carson, *The Gospel According to John*, 118.

29   1Bar. 4:2-3; 2Esd. 14:29-30.

30   김득중, 『요한의 신학』(서울: 컨콜디아사, 1994), 319.

해주는 것이다.[31] 그러나 예수님을 통해 비치는 빛은 그러한 이성과 통찰력을 넘어선 구원의 빛이며 하나님을 나타낸다(3:19-21; 8:12; 9:5; 12:36). 서로 긴밀하게 연결된 생명과 빛이란 두 용어는 우주론적 차원에서 옛 창조를 상기시키고 동시에 구원론적 차원에서 새 창조를 강조하는 특징적인 표현이다. 즉, 두 용어는 우주론적 성격을 지닌 창세기의 내용과 구원론적 성격을 지닌 예수님의 자기 이해를 모두 반영하고 있다.[32] 예수님께서는 자신을 생명(11:25; 14:6)과 빛(8:12; 9:5)으로 소개한다. 이것은 시편의 영향을 받았을 개연성이 높다. "진실로 생명의 원천이 주께 있사오니 주의 빛 안에서 우리가 빛을 보리이다"(시 36:9).

대조를 이루는 "빛"(φῶς)과 "어둠"(σκοτία)은 요한복음의 특징적인 용어이다. 두 용어는 창세기 1:4-5의 빛과 어둠으로부터 가져온 것이다.[33] 기자에게 어둠은 빛의 부재일 뿐 아니라 악을 가리키고(3:19; 8:12; 12:35), 빛은 창조뿐 아니라 구원과 결부된 계시를 의미한다.[34] 어둠은 빛을 이기지 못하며 빛을 더욱 빛나게 한다(비교. 솔로몬의 지혜서 7:29-30). 당대의 상황을 고려한 기자에게 어둠은 단지 지식이나 빛의 결핍이 아니라 빛으로 온 예수님에 대한 유대교의 반란, 갈등, 적개심을 상징한다.[35] 그것은 예수님을 통해 드러난 빛을 거부하는 것에서 절정에 도달한다. "예수님께서 이르시되 아직 잠시 동안 빛이 너희 중에 있으니 빛이 있을 동안에 다녀 어둠에 붙잡히지 않게 하라 어둠에 다니는 자는 그 가는 곳을 알지 못하느니라. 너희에게 아직 빛이 있을 동안에

31   Edwyn Clement Hoskyns, *The Fourth Gospel* (London: Faber and Faber Limited, 1940), 137.

32   Charles Kingsley Barrett, *The Gospel According to St. John*, 157.

33   Peder Borgen, "Creation, Logos and The Son: Observations on John 1:1-18 and 5:17-18", 92.

34   D. A. Carson, *The Gospel According to John*, 119.

35   Raymond Bryan Brown, "The Prologue of the Gospel of John: John 1:1-18", 433.

빛을 믿으라 그리하면 빛의 아들이 되리라 예수님께서 이 말씀을 하시고 그들을 떠나가서 숨으시니라"(12:35-36). 어둠과 사망이 지배하는 시대에 예수님은 생명의 빛을 비추는 로고스로 세상에 왔다. 기자는 그 예수님의 선포를 중시하여 전략적 선언으로 서시에 기록하고 있다.

C′에서 로고스를 통해 주어진 구원은 "은혜"라는 단어로 설명된다. 그것을 표현하기에 적합한 다른 단어를 찾기 쉽지 않다. 가장 일치된 용어는 바울이 중시한 "의"의 개념이다.[36] 그러나 터너(Turner)가 주장한 것처럼 은혜를 성령으로 해석하는 것은 적절하지 않다. "은혜 위의 은혜"란 이미 받은 은혜를 영원히 대체하는 새 시대의 새 은혜를 가리킨다.[37] 여기에 근거하여 은혜를 두 개의 등급으로 구분하는 것은 적절하지 않다. C와 C′의 병행은 생명과 은혜의 긴밀한 관계를 보여준다. 즉, 은혜 위의 은혜란 로고스를 통해 주어지는 생명 얻는 것을 의미한다.

4. D 빛의 증언자 요한(6-8절)
D′ 오시는 이의 증언자 요한(15절)

D와 D′는 세례 요한을 빛이 아닌 빛의 증언자로 소개하는 것에서 평행을 이룬다. 두 본문은 내용에서 인접 구절들과 연관되어 있지 않다는 측면에서 완전히 독립적이다. 그렇다고 해서 두 본문을 후대에 삽입된 것으로 볼 필요는 없다. 교차구조에서 두 본문은 평행으로 절묘하게 조화를 이루고 있기 때문이다. 한때 세례자의 제자였으나 예수님의 제자가 되었을 가능성이 높은

---

36 Charles Kingsley Barrett, *The Gospel According to St. John*, 169.

37 George R. Beasley-Murray, *John*, 141.

기자는 빛에 대하여 증언한 세례 요한의 외침을 잘 알고 있을 개연성이 높다.[38]

D에서 세례 요한은 하나님께로부터 보냄을 받은 자로 언급된다. 하나님의 위임을 받은 그의 보냄 받음은 모세(출 3:10-15), 이사야(사 6:8), 예수님(요 3:17)과 같은 것이다. 그러나 세례자는 예수님처럼 빛으로 보냄을 받은 것이 아니다. "그는 이 빛이 아니요"(οὐκ ἦν ἐκεῖνος τὸ φῶς)란 언급은 당대 사람들에게 세례자가 빛으로 이해되었을 가능성을 높여 준다. 요세푸스는 세례 요한이 가장 인상 깊고 지배적인 인물일 것이라고 지적한다(Ant. 18:116ff). 그러나 세례자는 빛이 아니라 단지 세상에 유일한 빛에 대해 선포하고 모든 사람을 믿음에 이르게 하는 증언자다. 그는 회개의 세례를 통해 어두운 세상에 빛으로 온 로고스를 알리고 모든 사람을 믿음에 이르게 하는 사명을 부여받았다. 그의 사명은 예언하는 것이고 예수님의 사명은 그 예언을 성취하는 것이다.[39]

D′에서 세례자가 외친 내용은 선재한 빛과 그 빛의 비침에 대한 것이다. 빛으로 성육신한 로고스는 시간적으로 세례자보다 늦게 태어난다. 그래서 요한은 로고스를 자신의 출생보다 늦은 것으로 설명한다. 그러나 로고스는 하나님과 함께 있다 오는 자이기에 시간적으로 요한보다 앞선 신적 존재이다. "내 뒤에 오는 사람이 있는데 나보다 앞선 것은 그가 나보다 먼저 계심이라"(1:30).

"오시는 이"(ἐρχόμενος)란 표현은 메시아를 가리키는 전문용어이다. 유대인들은 시편 기자의 예언에 기초하여 오시는 메시아를 대망한다. "여호와의 이름으로 오는 자가 복이 있음이여"(시 118:26a),[40] 요한복음에서 그 표현은 아래 세상에서 태어난 인간과 달리 로고스가 위 세상으로부터 출생한 것을 의미한

---

38   Raymond Bryan Brown, "The Prologue of the Gospel of John: John 1:1-18", 434.

39   Edwyn Clement Hoskyns, *The Fourth Gospel*, 144.

40   참조, 단 7:13; 9:26; 말 3:1을 보라.

다. 공관복음에 자주 등장하는 이 용어는 로고스의 우월성을 보여준다.[41] 세례자가 보냄을 받은 목적은 위로부터 빛으로 오시는 이를 전하는 데 있다.

5. E 세상을 비추는 참 빛(9–10절)
   E' 독생자의 영광(14절)

E에서 "참 빛"(τὸ φῶς τὸ ἀληθινόν), 즉 로고스는 성육신의 방식으로 아래 세상에 내려와 어둠에 거하는 모든 사람에게 빛을 비춘다. 로고스가 "참 빛"으로 세상에 비친 사건은 구체적으로 성육신을 가리킨다.[42] 그러나 그 의미는 예수 그리스도의 구속 사역 전체로 확장될 수 있다. 그 이유는 예수님께서 자신의 모든 사역을 빛이 비취는 사건으로 이해하기 때문이다. "나는 빛으로 세상에 왔나니 무릇 나를 믿는 자로 어둠에 거하지 않게 하려 함이로라"(요 12:46). 예수님께서 자신을 어둠이 지배하는 세상을 비추는 빛으로 이해하여 선포한 것은 예루살렘의 초막절 축제를 배경으로 하고 있다.[43] 초막절에 유대인은 불기둥과 구름 기둥으로 인도한 출애굽의 역사를 기념하기 위해 횃불을 들고 행진한다. 군중들이 유월절 첫날에 찬미를 부르며 횃불 행진을 할 때 예수님께서 나타나 자신을 빛으로 선포한다(12:46). 그리하여 자신이 출애굽 때 이스라엘 백성을 인도한 그 불기둥과 구름 기둥의 역할을 할 자임을 극적으로 천명한다. 요한복음 기자는 초막절 축제 첫날 어둠을 물러가게 하는 빛으로 자신을 선포한 예수님의 말씀을 염두에 두고 본문을 기록했을 것이다.

---

41   마 3:11; 11:3; 21:9; 23:39; 막 11:9; 눅 13:35; 요 1:15; 3:31; 12:13.

42   Charles Kingsley Barrett, *The Gospel According to St. John*, 161; D. A. Carson, *The Gospel According to John*, 113.

43   Charles Kingsley Barrett, *The Gospel According to St. John*, 335.

"세상"(κόσμος)은 피조물 전체를 의미하기보다 인간 세계를 가리킨다.[44] 이 용어는 어둠과 관련하여 세상에 속한 것들이 하나님을 대적하는 측면에서 대부분 부정적인 의미로 사용된다.[45] 그 이유는 세상이 하나님의 통치와 주장을 반대하기 때문이다. 로고스는 그런 세상을 구원하기 위해 빛으로 왔다. 그러나 세상이 그를 생명의 빛으로 알지 못한다. "안다"는 것은 로고스의 존재에 대한 인식을 넘어 그의 사랑을 알고, 그에게 순종하고, 그와 상호 내주의 관계를 맺는 것을 의미한다. "세상이 그를 알지 못하였고"란 표현은 세상이 빛에 대한 지식을 갖고 있지 못한 것을 의미한다. 이 언급은 에녹서를 연상시킨다. "지혜가 인간 자녀들 가운데 그 거처를 만들기 위하여 나갔으나 아무런 거처도 발견치 못했다"(에녹서 42:2).

E´에서 "말씀이 육신이 되어"(ὁ λόγος σὰρξ ἐγένετο)란 표현은 천상적 존재인 로고스가 인간적 존재인 육신을 입은 것을 의미한다. 로고스가 인간의 연약함을 가진 것을 의미하기 위해 사용된 이 표현은 디모데전서에 등장하는 내용과 유사하다. "그는 육신으로 나타난 바 되시고"(딤전 3:16). 이것은 로고스가 위 세상의 신적 존재에서 아래 세상의 인간적 존재가 되어 계시자의 요건을 갖춘 것을 의미한다. 기자는 인간의 육체를 결코 경멸의 대상으로 삼지 않는다.[46] 또한 인간의 육체를 하나님을 대적하는 물질로 보지도 않는다. 육신으로 나타난 신의 현현에 관한 이 표현에서 영지주의적 입장을 위한 해석의 자리는 존재하지 않는다(14절).[47]

---

44 Charles Kingsley Barrett, *The Gospel According to St. John*, 161.

45 Bruce Milne, *The Message of John: Here is Your King* (Leicester, England: Inter-Varsity Press, 1993), 43; D. A. Carson, *The Gospel According to John*, 122-23.

46 Raymond Bryan Brown, "The Prologue of the Gospel of John: John 1:1-18", 437.

47 Charles Homer Giblin, "Two Complementary Literary Structures in John 1:1-18", 91.

"우리 가운데 거하시매"(ἐσκήνωσεν ἐν ἡμῖν)는 그의 천막을 치고 우리 가운데 "거처를 정하다"란 뜻이다. "거하시매"란 동사는 하나님께서 광야에 출애굽한 이스라엘 백성 가운데 머무는 구약성경을 연상시킨다(출 25:8-9).[48] 로고스는 그를 영접한 사람들 가운데 인격적인 방식으로 머물며 신적인 존재로 살기 위해 광야와 같은 아래 세상에 온 것이다.

"영광"(δόξα)이란 용어는 "하나님의 인격에 나타난 영광의 광휘", "하나님 자신에 대한 영광스러운 자기 계시", "하나님의 능력과 영광", "하나님의 임재" 등의 의미를 지니고 있다.[49] 이 용어는 홍해 바다(출 14:1-31), 시내산(출 33:17-23), 이스라엘 진영의 회막(40:34-38) 등에 나타난 하나님의 영광을 상기시킨다.[50] 서시에서 영광은 구약성경의 예언에 대한 성취로서 종말론적 개념으로 사용된다(사 60:1-3; 66:18; 겔 39:21; 43:1-5). 즉, 하나님께서 그의 나라를 세우기 위해 종말에 위 세상에서 아래 세상으로 현현한 사건을 의미한다. 로고스는 바로 하나님 아버지의 나라를 세우기 위해 독생자 하나님으로 세상에 자신의 모습을 나타냈으며, 그로 인해 하나님의 영광이 어두운 세상에 빛으로 나타난다. 그 결과, 하나님께로부터 태어난 자들은 믿음의 눈으로 로고스를 통해 하나님의 모습을 볼 수 있게 된다.[51]

"우리가 그의 영광을 보니"(ἐθεασάμεθα τὴν δόξαν αὐτοῦ)란 문장은 기자가 로

---

48   Raymond Bryan Brown, "The Prologue of the Gospel of John: John 1:1-18", 437.; Charles Homer Giblin, "Two Complementary Literary Structures in John 1:1-18", 90.

49   노재관, 『요한신학』(서울: 성광문화사, 1997), 121; James M. Howard, "The Significance of Minor Characters in the Gospel of John", *Bibliotheca Sacra* 163 (2006): 67. 명사 "영광"과 다양한 형태의 동사 "영광을 돌리다"는 요한복음 1:14; 2:11; 7:39; 8:50, 54; 9:24; 11:4 (2번), 40; 12:16, 23, 28 (3번), 41; 13:31, 32 (3번); 14:13; 15:8; 16:4; 17:1 (2번), 4, 5 (2번), 10, 22, 24; 21:19에서 나타난다.

50   George R. Beasley-Murray, *John,* 139.

51   Victor C. Pfitzner, *The Gospel According to St. John,* 『요한복음』, 지미숙 옮김(서울: 컨콜디아사, 1988), 40.

고스의 표적들(2:11), 십자가에 높이 들린 하나님의 아들(19:35), 영원한 생명으로 부활한 사건(20:24-29) 등을 본 것을 전제로 하고 있다.[52] 이 영광은 인간 세상에 거처를 정하기 위해 독생한 로고스를 통해 나타나고, 그것을 인식하는 것은 불신자가 아닌 제자들로 한정된다. 로고스는 이미 변화산에서 하나님 아들의 영광을 드러내고 재림 때 다시 그의 영광을 나타낼 것이다. 예수님께서 영광 받은 이유는 사람으로부터 영광을 취하지 아니하고 아버지의 영광을 구하기 때문이다(5:41; 7:18; 8:50).

"은혜와 진리"(χάριτος καὶ ἀληθείας)는 구약적 배경을 갖고 있다. 그것은 70인경에서 하나님의 언약적 자비를 묘사하는 "인자와 진실"(ἔλεος καὶ ἀληθινὸς)이란 표현에 사용된 용어와 동일하다.[53] "여호와께서 그의 앞으로 지나시며 선포하시되 여호와라 여호와라 자비롭고 은혜롭고 노하기를 더디 하고 인자와 진실이 많은 하나님이라"(출 34:6). "은혜"(χάρις)는 서시에만 네 차례 등장한다(14, 16, 17절). 그 개념은 요한복음 전체에 흐르고 있다.[54] 요한복음에서 은혜는 하나님께서 자기 아들들을 구원하기 위해 영원한 신적 존재인 독생자 로고스를 세상에 보냄으로 그를 통해 하나님께로부터 난 자들이 하나님을 보고 앎으로써 구원 얻는 것을 가리킨다.[55] 반면에 "진리"(ἀλήθεια)는 요한복음에서 30회 이상 사용된 특징적인 용어이다.[56] 그것은 로고스로서 성육신한 예수 그리스도를 통해 드러난 신적 계시를 가리킨다.

---

52   Charles Homer Giblin, "Two Complementary Literary Structures in John 1:1-18", 91.

53   D. A. Carson, *The Gospel According to John,* 129.

54   Leon Morris, *Jesus is the Christ* (Leicester, England: InterVarsity Press, 1989), 94.

55   김세윤, 『요한복음 강해』(서울: 두란노, 2002), 44.

56   Raymond Bryan Brown, "The Prologue of the Gospel of John: John 1:1-18", 437.

6. F 로고스의 백성(11절)
F' 사람의 뜻으로 나지 않은 자들(13a절)

F에서 "자기 땅에"(εἰς τὰ ἴδια)는 로고스가 창조한 인간 세상을 가리킬 수 있으나 구체적으로 이스라엘을 암시한다. 이스라엘 가운데 로고스가 율법으로 와서 머물렀으나 그의 백성이 영접하지 아니한다. 로고스가 다시 육신을 입고 이스라엘 가운데 왔으나 이스라엘 백성이 영접하지 아니한다. 로고스를 영접하는 것은 그를 하나님께로부터 보냄을 받은 신의 아들로 믿는 것이고 메시야로 보냄을 받은 자로 받아들이는 것이다.[57] 그러나 이스라엘 백성은 로고스를 거절하여 하나님의 자녀가 되는 권세와 특권을 스스로 저버린다.

F'에서 "혈통"(αἷμα)은 아버지와 어머니의 출산을 통해 태어나는 것을 의미한다. "육정"(σάρξ)은 성적인 욕구를 가리킨다. "사람의 뜻"(θέλημα ἀνδρὸς)은 성인 남자의 주도권을 의미한다. 세 표현은 모두 하나님과 반대되는 인간성을 대변할 뿐 아니라 믿는 자들이 인간이 아닌 하나님께로부터 태어나야 하는 것을 강조하기 위해 나열된다. 결국 F와 F'의 병행은 구조적으로 로고스를 영접하여 하나님의 자녀로 거듭나는 것이 사람이 아닌 하나님에 의해 되는 것임을 말하고 있다.

7. G 로고스의 이름을 믿는 자들(12절)
G' 하나님께로부터 난 자들(13b절)

G와 G'는 전체 구조의 중심 부분으로서 로고스를 영접하여 믿음에 도달한 자에게 주어지는 자녀 됨의 권세를 주제로 하고 있다. 여기에서 믿는 사람들

---

57 Raymond Bryan Brown, "The Prologue of the Gospel of John: John 1:1-18", 436.

을 중심주제로 보기 어렵다.[58] 그 이유는 F와 F′에서 하나님의 자녀 되는 것이 인간 스스로 할 수 있는 것이 아니라고 말하기 때문이다. G는 하나님의 자녀 되는 권세를 인간이 스스로 획득할 수 있는 것이 아닌 로고스에 의해 주어지는 것으로 설명한다. 여기에서 "주셨으니"(δίδωμι)에 사용된 동사는 수동태로 되어 있다. 이것은 하나님의 자녀 되는 것이 인간에게 능동적이 아닌 수동적 사건이라는 것을 의미한다. 문장 구조에서 주어가 영접하는 자가 아닌 참 빛인 로고스라는 것이 이러한 해석을 지지한다. 즉, 로고스는 만물을 지을 때와 마찬가지로 인간을 구원할 때도 그리스도와 같이 수동적이 아닌 능동적인 역할을 한다(비교. 골 1:16-22; 히 1:2).[59]

물론 인간 편에서 볼 때 하나님의 자녀 되는 권세는 인간이 로고스를 영접함으로써 가능하다.[60] 그 이외에 다른 길은 없다. 로고스를 영접한 자들은 하나님께로부터 난 자들로서 하나님의 자녀, 즉 양자 되는 권세를 부여받는다. 그러나 인간이 로고스를 영접하는 것은 로고스가 빛을 비추어줄 때 비로소 가능하다. 로고스가 빛을 비추는 것은 전적인 하나님의 사역이다. 자녀가 스스로 태어날 수 없고 부모에 의해 출생하듯 하나님의 자녀가 되는 길은 로고스의 사역을 통해서만 가능하다. 그런 측면에서 하나님의 자녀로 출생하여 생명을 얻는 것은 로고스의 선물이며 인간 스스로 획득할 수 있는 성격의 것이 아니다. 그것은 인간 행동의 결과가 아닌 하나님의 행동으로서 은혜의 결과이다. 따라서 12절을 인간 중심이 아닌 그의 이름, 즉 로고스를 중심으로 해석하여 자녀 됨의 권세가 로고스에 의해 주어지는 것으로 이해해야 한다.

---

58 Leon Morris, *Jesus is the Christ*, 170-72. 요한복음에는 "믿다"라는 동사를 98회 사용하고 있으나 "믿음"이란 명사는 한 번도 나타나지 않는다.

59 Raymond Bryan Brown, "The Prologue of the Gospel of John: John 1:1-18", 431.

60 C. K. Barrett, *The Gospel According to St. John*, 163.

이러한 읽기는 A와 A´에서 로고스를 중요하게 평행으로 만든 교차구조의 형식과 조화를 이룬다. 또한 요한복음 전체의 중심주제를 하나님의 아들로 보는 학자들의 합의된 주장과 일치한다.

G에서 양자 개념은 G´에서 중생 개념으로 대체된다.[61] 하나님의 자녀 되는 것은 신적 출생이 필요하기 때문이다. 여기에서 기자는 예수님의 탄생을 암시하고 있다.[62] 그러나 그 목적은 하나님의 자녀 되는 것이 아래 세상으로부터가 아닌 위로부터 되는 것임을 강조하는 데 있다. 이는 니고데모와 예수님의 대화에서 확인할 수 있다. "예수님께서 대답하여 이르시되 진실로 진실로 네게 이르노니 사람이 거듭나지 아니하면 하나님의 나라를 볼 수 없느니라"(요 3:3). 전문적인 용어로서 "거듭난다"(γεννηθῇ ἄνωθεν)에 사용된 동사 겐나오(γεννάω)는 첫 번째 출생의 반복이 아닌 초자연적 방식에 의해 위로부터 새로 태어나는 것을 가리킬 때 등장한다. 초자연적 방식이란 성령으로 거듭나는 것을 의미한다(요 3:6). 성령은 인간의 한 부분을 개선하지 않고 전체 본성을 완전히 새롭게 만드는 능력을 지니고 있다. 요한의 특징적인 동사 "태어난다"(γεννάω)는 초대교회에서 세례와 결합되어 사용된다. 즉, 초대교회 안에서 세례를 받은 사람은 성령으로 거듭나도록 선택된 자로 이해된다.[63]

III. 결론

요한복음의 서시에는 로고스, 생명, 빛, 믿음, 영광, 은혜, 진리 등과 같이 독

---

61   George R. Beasley-Murray, *John*, 138.

62   C. K. Barrett, *The Gospel According to St. John*, 164.

63   C. K. Barrett, *The Gospel According to St. John*, 206; Ⅰ, *Apol*, 61-62.

특한 용어들이 등장한다. 심오한 이 용어들은 본문의 의미와 역할뿐 아니라 중심주제 찾는 일을 어렵게 한다. 이 문제를 해결하기 위해 구조분석이란 연구 방법을 해석의 틀로 사용한다. 서시는 12절과 13b를 중심으로 1-2절과 18절, 3절과 17절, 4-5절과 16절, 6-8절과 15절, 9-10절과 14절, 11절과 13a절이 대칭을 이루고 있다. 교차대칭 구조의 빛 아래 주요 용어의 의미와 중심주제를 살펴본 결과 다음과 같은 결론을 도출한다.

"로고스"(λόγος)는 우주 만물이 창조되기 전에 성부 하나님과 얼굴을 맞대고 함께 있던 영원한 신적 존재이다. 하나님의 아들로 성육신한 로고스는 창조와 계시의 두 기능을 담당한다. 창조의 기능은 우주 만물을 조성하는 것으로서 모든 만물이 그로 말미암아 지음을 받고 그에 의해 유지되는 것이다. 계시의 기능은 로고스가 하나님과 함께 있다는 것에서 출발한다. 창세 전부터 있던 선재한 존재로서 로고스는 성부 하나님과 그분의 뜻을 온전히 알리는 계시와 구원의 사역에서 모세를 능가한다. 창조와 계시의 기능을 담당하기 위해 위 세상에서 내려온 로고스는 바로 아래 세상에 성육신한 예수 그리스도이다.

"생명"(ζωή)과 "빛"(φῶς)은 서로 긴밀한 관계 속에 로고스와 함께 언급된다. 새 창조와 구속의 때에 로고스는 사망과 어둠 가운데 있는 자에게 생명을 주는 빛을 비춘다. 창조 때 흑암에 빛을 비추므로 생명을 부여한 것처럼 구속의 때에 인간 세상에 성육신하여 말씀의 빛을 비추므로 새 생명을 부여한다. 생명과 빛은 로고스로부터 기인하기에 로고스는 바로 생명의 근원이자 참 빛인 예수 그리스도이다. 이것은 성육신한 로고스인 예수님께서 자신을 생명(11:25; 14:6)과 빛(8:12; 9:5)으로 선포한 것에서 확인할 수 있다. 빛으로 다가온 예수님의 말씀을 듣고 영접한 자는 영원한 생명을 얻지만 거부한 자는 사망에 이르게 된다.

"영광"(δόξα)은 하나님께서 이스라엘 백성에게 현현한 것을 표현할 때 사용된 신적 용어로서 구약적 배경을 지니고 있다. 요한복음에서 하나님의 영광은 로고스를 통해 나타난다. 즉, 표적, 죽음, 부활 등에 나타난 로고스의 영광은 하나님의 영광을 보여주기 위한 것이다. 성육신한 성자 로고스는 자신의 영광을 취하지 아니하고 그를 생명의 빛으로 보낸 성부 하나님의 영광을 드러낸다. 그 결과로 하나님께서 로고스를 영광스럽게 한다.

"은혜와 진리"(χάριτος καὶ ἀληθείας)는 70인경에서 "자비와 진실로"(ἔλεος καὶ ἀληθινός)라는 헬라어로 번역되어 있다. 은혜라는 단어는 서시에만 네 차례 등장한다. 그러나 그 개념은 요한복음 전체에 흐르고 있다. 요한복음에서 일반적으로 사용되고 있는 진리는 성육신한 예수 그리스도를 통해 나타난 계시를 가리킨다. 로고스는 하나님과 함께 있던 천상적 신적 존재이므로 위 세상의 일을 아래 세상에 알릴 수 있는 요건을 갖추고 있다. 그는 하나님의 아들로서 하나이기에 아버지의 뜻과 일을 알릴 수 있다. 그런 측면에서 아들인 로고스의 오심과 그의 사역은 모두 아래 세상의 인간에게 은혜이며 진리가 충만한 사건이다.

서시의 교차구조는 중심 부분을 12-13절로 보도록 요구한다. 중심 부분은 로고스를 영접하여 '믿음'에 도달한 자에게 주어지는 자녀 됨의 권세를 강조하고 있다. 여기에서 요점은 믿는 것이 하나님의 아들, 즉 로고스를 영접하는 것에 있다는 것이다. 그것은 인간의 노력으로 획득할 수 있는 능동적인 것이 아닌 로고스에 의해 주어지기에 수동적이다. 왜냐하면 혈통과 육정과 사람의 뜻이 아닌 하나님께로부터 태어난 자만이 로고스를 영접하여 신의 자녀가 될 수 있기 때문이다. 로고스가 참 빛을 비출 때 비로소 인간은 로고스를 영접하여 생명을 얻을 수 있다. 그런 측면에서 예수 그리스도를 믿음으로 생명을 얻는 것은 아래로부터 획득할 수 있는 것이 아니라 위로부터 주어지는 로고스의 선물이다. 이렇게 중심 부분(12-13절)을 인간이 아닌 로고스 중심으로 읽는 것은 구조적으로 시작과 마지막(1절과 18절)에 각각 수미쌍관법으로 등장하는 로고스와 절묘하게 조화를 이루며 강조된다.

● 참고문헌

김득중, 『요한의 신학』, 서울: 컨콜디아사, 1994.

김세윤, 『요한복음 강해』, 서울: 두란노, 2002.

노재관, 『요한신학』, 서울: 성광문화사, 1997.

Barrett, Charles Kingsley, *The Gospel According to St. John*, International Biblical Commentary, Philadelphia: The Westerminster Press, 1978.

Beasley-Murray, George R., Word Biblical Commentary 36: John, Waco, Texas: Word Books Publisher, 1987.

Borgen, Peder, "Creation, Logos and The Son: Observations on John 1:1-18 and 5:17-18', *Ex auditu* (1987): 88-97.

Brown, Raymond Bryan, "The Prologue of the Gospel of John: John 1:1-18', *Review & Expositor* 62 (1965): 429-439.

Calvin, John, *The Gospel According to St John*, Edinburgh: Oliver and Boyd, 1959.

Carson, D. A., *The Gospel According to John*, Leicester, England: Inter-Varsity Press, 1991.

Giblin, Charles Homer, "Two Complementary Literary Structures in John 1:1-18', *JBL* 104 (1985): 87-108.

Hoskyns, Edwyn Clement, *The Fourth Gospel*. London: Faber and Faber Limited, 1940.

Howard, James M., "The Significance of Minor Characters in the Gospel of John', *Bibliotheca Sacra* 163 (2006): 63-78.

Jeremias, Joachim, *The Central Message of the New Testament*, New York: Charles

Scribner's Sons, 1965.

Lenski, R. C. H., *Interpretation of St. John's Gospels*, Minneapolis, Minnesota: Augsburg Publishing House, 1961.

Lindars, Barnabas, *The Gospel of John*, The New Century Bible Commentary, Grand Rapids: Wm. B. Eerdmans Publishing, 1981.

Milne, Bruce, *The Message of John: Here is Your King*, Leicester, England: Inter-Varsity Press, 1993.

Morris, Leon, *The Gospel According to John*, Grand Rapids, Mich.: Wm. B. Eerdmans Publishing, 1971.

_____, *Jesus is the Christ*, Leicester, England: Inter-Varsity Press, 1989.

Pfitzner, V. C., *The Gospel According to St. John*, Chi Rho Commentary, Adelaide, South Australia: Lutheran Publishing House, 1988.

Robertson, A T., *A Grammar of the Greek New Testament in the Light of Historical Research*, New York: George H Doran, 1919.

Smally, Stephen S., *John: Evangelist & Interpreter*, Exeter: Paternoster Press, 2001.

Tenney, Merrill C., *John: The Gospel of Belief*, Grand Rapids, Mich.: Zondervan Publishing House, 1995.

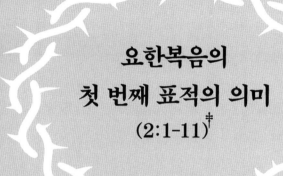

요한복음의
첫 번째 표적의 의미
(2:1-11)[†]

[†] 본 논문은 서울한영대학교에서 발행하는 『한영논총』, 제23호 (2019): 33-56에 게재되어 있다.

Ⅰ. 서론

예수님께서 가나의 혼례에서 돌 항아리의 물을 포도주로 변화시킨 사건은 기적일까 아니면 그 이상의 상징적 의미를 지닌 표적일까? 신하의 아들 치유 사건 및 물 위로 걸은 사건과 마찬가지로 이 이야기에 요한복음의 특징인 해석적 담화가 없으므로, 연구자들은 기적 혹은 표적으로 해석해야 할지를 결정하는 데 어려움을 겪고 있다(4:46-54; 6:16-21).[1] 또한 본문을 자세히 관찰하지 않으면 예수님의 말씀과 행동에 담겨 있는 상징적 의미를 올바로 이해하기 어렵다(2:4). 더욱이 포도주가 떨어져 몹시 당황해하는 마리아와 연회장을 안심시키기 위한 단순한 목적으로 예수님께서 기적을 베푸는 인상을 받을 수 있다(2:3).[2] 이러한 이유로 독자는 이 이야기를 단지 물이 포도주 성분으로 변한 단순한 기적으로 해석하고 싶은 유혹을 받는다. 물론 기적적인 요소가 없는 것은 아니지만 저자가 강조하는 것은 상징적 의미와 예언적 요소이다. 즉, 다양한 용어의 상징성은 이야기를 예언적 성격을 지닌 표적으로 읽도록 요구한다.[3] 그렇게 읽을 경우, 예수님의 신적인 신분을 알려주고 죽음과 부활을 예고하기 위한 목적으로 기록된 표적으로 해석할 수 있다.[4]

본문에 '표적'(σημεῖον)이란 단어가 등장한 것을 중시하면,[5] 이 이야기는 초

---

1 Karl T. Cooper, "The best wine: John 2:1-11", *The Westminster Theological Journal* 41 (1979): 364.

2 William Barclay, *The Gospel of John,* The Daily Study Bible (Philadelphia: The Westminster Press, 1975), 101.

3 Andreas J. Köstenberger, "The seventh Johannine sign: a study in John's christology", *Bulletin for Biblical Research* 5 (1995): 91-92.

4 R. H. Lightfoot, *St John's Gospel* (Oxford: Clarendon Press, 1956), 22.

5 요한복음에는 표적(σημεῖον)이란 용어가 2:11, 18, 23; 3:2; 4:48, 54; 6:2, 14, 26, 30; 7:31; 9:16; 10:41; 11:48; 12:18, 37; 그리고 20:30 등에서 17차례 등장한다.

자연적인 사건을 통해 영적 진리를 드러내는 것으로 읽을 수 있다(2:11).[6] 또한 '사흘', '혼례', '포도주', '때', '돌 항아리', '여섯', '영광' 등의 난해한 상징적인 용어들은 이 사건을 하나님 나라의 잔치를 배설한 예수님의 초월적인 신분과 그의 최종적인 사역으로서 죽음과 부활을 사인하는 것으로 해석할 수 있다.[7] 그렇게 해석할 경우, 이 이야기는 단순한 기적 이상의 기독론적 의미를 함축한 표적으로 볼 수 있다.

가나의 혼인 잔치 표적은 요한복음 전반부에 등장하는 일곱 개의 표적 중에 첫 번째로 등장한다.[8] 이것은 표적의 책(2-11장)으로 들어가는 관문 역할을 할 뿐 아니라 뒤에 등장하는 여섯 개의 표적을 해석하는 단초로 기능한다는 것을 의미한다.[9] 이 이야기는 표적의 책에서 차지하는 전략적인 위치와 기독론적 중요성을 고려하면 거의 연구되지 않았다.

본 연구는 구조분석의 틀 안에서 본문의 중심주제와 상징성을 지닌 주요 용어의 의미를 신학적으로 해석하는 데 목적이 있다.[10] 이를 위해 넓은 문맥인 요한복음 전반부에 등장하는 일곱 개의 표적에서 이 이야기가 차지하는

---

6   Merrill C. Tenney, *John: The Gospel of Belief* (Grand Rapids, Michigan: William B. Eerdmans Publishing Company, 1997), 29; TDNT, Ⅶ, 247. "세메이온은 신학적인 해석을 위해 열쇠가 되는 말로 이러한 점에서 공관복음서나 사도행전뿐 아니라 주변세계의 용법과 근본적으로 다른 점이 있다."

7   Merrill C. Tenney, *John: The Gospel of Belief*, 31.

8   Taylor C. Smith, "The Book of Signs John 2-12," *Review & Expositor* 62 (1965): 445. 일곱 개의 표적 중에 3개만 표적으로 받아들이는 스미스는 물을 포도주로 변화시킨 사건을 표적에 포함시킨다. 전체 구성에 관하여는 D. A. Carson, *The Gospel According to John,* The Pillar New Testament Commentary (Leicester, England: Inter-Varsity Press, 1991), 103을 참조하라.

9   C. H. Dodd, *The Interpretation of the Fourth Gospel* (Cambridge: University Press, 1953), 297. 다드는 이 부분을 "표적의 책"으로 부른다. Karl T. Cooper, "The best wine: John 2:1-11', 375. 쿠퍼는 이 표적을 다른 표적의 해석을 위한 길잡이로 본다.

10   요한복음 전체의 중심주제인 로고스 기독론에 대하여는 Leon Morris, *The Gospel According to John* (Grand Rapids, Mich.: Wm. B. Eerdmans Publishing, 1971), 71을 보라.

기독론적 위치를 간략히 살핀다. 그 후에 본문 자체를 분석하여 표적이 가리키는 상징적 의미를 도출할 것이다. 그리하여 이 표적이 하나님 나라 잔치를 배설하는 예수님의 종말론적 구원 사역을 사인하고 그의 영광을 드러내어 제자들을 믿음에 이르게 하는 것을 구조적으로 밝힐 것이다. 구조분석이라는 접근 방법을 선택한 이유는 본문의 중심 메시지를 찾고 난해한 용어의 상징적이고 신학적인 의미를 규명하는 데 주요하기 때문이다.

II. 표적의 본문과 분석

1. 표적에서 본문의 위치와 의미

예수님께서 처음으로 행한 가나의 혼인 잔치 표적은 요한복음에만 등장하는 특수 자료이다. 이 자료는 일곱 개의 표적 중 처음에 위치하여 뒤에 등장하는 여섯 개 표적의 서론으로 기능한다. 저자의 신학적 목적에 의해 선별된 일곱 개의 표적은 "가나의 혼인 잔치 이야기(2:1-11)', "신하의 아들 치유 이야기(4:46-54)', "중풍 병자 치유 이야기(5:1-18)', "오병이어 이야기(6:1-15)', "물 위로 걸은 이야기(6:16-21)', "맹인의 눈을 뜨게 한 이야기(9:1-41)', 그리고 "나사로의 살아난 이야기(11:1-57)" 등으로 구성되어 있다.[11] 학자들은 그 밖의 추가적인 표적으로 성전청결 사건(2:14-17), 광야의 뱀에 관한 교훈(3:14-15),

---

11   John M. Howard, "The significance of minor characters in the Gospel of John', *Bibliotheca sacra* 163 (2006): 63-78. 하워드는 일곱 개의 표적에서 "물 위로 걸은 이야기"(6:16-21)를 제외하고 "예수님의 죽음 이야기"(19:25-37)를 포함시킨다. 여섯 개의 표적은 일반적으로 인정되지만 나머지 한 개의 표적을 결정하는 것과 그 밖의 표적에 대한 학자들의 합의는 이루어지지 않았다; Merrill C. Tenney, *John: The Gospel of Belief*, 30-31.

기름 부음 받은 사건(12:1-8), 예루살렘 입성(12:12-16), 십자가에 못 박힘과 부활(18-19장), 출현 이야기(20-21장), 물고기 잡은 기적(21:1-14) 등을 제안한다.[12] 그러나 추가하려는 표적의 숫자와 범위에 대한 학자들의 다양한 의견은 합의에 이르지 못하고 있다. 이 사건들을 모두 요한의 일곱 표적에 추가로 포함하는 것은 지나치게 폭넓고 간접적이다.[13] 분명히 요한은 일곱 개의 표적을 선별하여 문학적으로 배치하고 있다. 요한복음의 전반부에 등장하는 각 표적은 교차구조로 상호 연관되어 있으므로 전체 구조의 틀 안에서 가나의 혼인 잔치 표적의 역할과 위치, 그리고 중심주제를 관찰할 필요가 있다.

A. 가나의 혼인 잔치 이야기 (2:1-11)   '영광' (2:11)
  B. 신하의 아들 치유 이야기 (4:46-54)   '표적' (4:48)
    C. 중풍 병자 치유 이야기 (5:1-18)   '누구' (5:12,13)
      D. 오병이어 이야기 (6:1-15)   '표적' (6:14)
    C'. 물 위로 걸은 이야기 (6:16-21)   '내니' (6:20)
  B'. 맹인의 눈을 뜨게 한 이야기 (9:1-41)   '표적' (9:16)
A'. 나사로의 살아난 이야기 (11:1-57)   '영광' (11:4)

일곱 개의 표적은 모두 예수님의 신분과 사역의 의미를 사인하기 위한 목적으로 기록되어 있다.[14] A와 A'에 각각 등장하는 '영광'(2:11; 11:4)이란 용어는 예수님께서 표적을 통해 자신의 신분을 드러내는 기독론으로 서로 연결되어 있다.[15] 예수님은 혼인 잔치에서 떨어진 포도주를 만들어 잔치의 기쁨을

---

12   Andreas J. Köstenberger, "The seventh Johannine sign: a study in John's christology', 96.

13   Andreas J. Köstenberger, "The seventh Johannine sign: a study in John's christology', 97.

14   Karl T. Cooper, "The best wine: John 2:1-11', 375.

15   노재관, 『요한신학』(서울: 성광문화사, 1997), 121. '영광'(δόξα)이란 용어의 의미는 '하나님의 인격에 나타난 영광의 광휘', '하나님 자신에 대한 영광스러운 자기계시', '하나님의 능력과 영광', '하나님

회복하는 자이다(2:1-11). 또한 죽은 나사로를 살리므로 죄, 질병, 죽음을 통치하는 자이다(11:1-57).[16] B와 B'의 두 표적(4:48; 9:16)은 왕의 신하의 아들을 살리고 소경의 눈을 뜨게 하여 질병을 능가하는 자의 신적 신분을 알려준다. 그는 생명의 근원이며 어두운 세상을 비추는 빛이다(4:50; 9:5). C와 C'는 안식일에 병자를 치유하고 풍랑 가운데 걸어온 예수님의 신분을 보여준다. 그는 안식일의 주인으로서 진정한 평안을 주며(5:1-18), 자연 위에서 바다를 다스리는 자이다(5:26; 6:21). D는 유월절이 가까이 다가왔을 때 지극히 작은 오병이어로 많은 사람을 먹인 예수님을 생명의 떡으로 소개한다(6:35). 유월절 어린양으로서 예수님은 자신을 따르는 자에게 그의 살과 피를 먹고 마시는 자가 얻게 될 영생을 사인한다(6:51).

각 표적은 예수님이 하나님의 아들로서 메시아라는 것을 보여주기 위해 많은 전승 중에 선택되어 기록된다(20:30-31).[17] 저자는 의도적으로 선별한 표적을 통해 무엇을 말하고 있는가? 그는 예수님의 정체와 그의 죽음과 부활을 통한 구원 사역의 의미를 계시하고 있다.[18] 이것은 기적에서 그 이상의 영적인 의미를 제공하지 않는 공관복음과 현저히 다른 것이다.[19] 사도 요한은 예수님의 초자연적 사건에서 더 깊은 영적 진리를 드러낸다. 그것은 예수님을 하나님의 아들이자 메시아로 선포하고 십자가의 죽음과 부활의 의미를 알리는 것이다. 따라서 모든 표적은 예수님의 신분과 사역을 해석하는 열쇠로 기능한다. 그것들은 상징성을 지닌 특징적인 표지들로서 사실상 실재인 예수님

의 임재' 등으로 이해할 수 있다

16 James Parker, "The Incarnational Christology of John', *Criswell Theological Review* 3.1 (1988): 42.

17 Taylor. C. Smith, "The Christology of the Fourth Gospel', *Review and Expositor* 71 (1974): 30.

18 V. C. Pfitzner, *The Gospel according to John*, Chi Rho commentary series (Adelaide: Lutteran Publishing House, 1988), 60.

19 Taylor. C. Smith, "The Christology of the Fourth Gospel', 30.

과 그의 최종적인 사역의 의미를 설명하는 종말론적 계시의 역할을 담당한다.[20] 실재인 예수님의 죽음과 부활이 성취되면 임시적인 표적의 기능은 더는 필요하지 않다. 여기에 표적의 제한된 기능과 단지 성취를 대망하는 약속으로서 한계가 있다. 그럼에도 표적은 천상적 존재인 예수님께 제자들을 안내하고 그를 하나님의 아들로 믿어 생명을 얻도록 돕는 역할을 한다.

2. 표적 본문 분석

가나의 혼인 잔치 표적은 D를 중심으로 교차구조를 이루고 있다. 각 대응점은 장소(A/A′), 물건(B/B′), 시간(C/C′) 등의 순서로 평행을 이룬다. A와 A′는 '갈릴리 가나'라는 장소에서 평행을 이룬다. B와 B′는 '포도주'라는 물건에서 평행을 이룬다. C와 C′는 '아직'과 '이제'라는 시간에서 평행을 이룬다. D는 '정결 예식'을 중심주제로 하고 있다.

A. 2:1-2 갈릴리 가나의 혼례   *혼례*
  B. 2:3 부족한 포도주   *포도주*
    C. 2:4-5 예수님의 때: 아직   *아직*
      D. 2:6-7 돌 항아리   *정결 예식*
    C′. 2:8-9b 예수님의 때: 이제   *이제*
  B′. 2:9c-10 풍성한 좋은 포도주   *포도주*
A′. 2:11 갈릴리 가나의 표적   *표적*

가나의 혼인 잔치 표적의 구조는 중심 요점이 D에 있으며 표적의 중심주

---

20 Andreas J. Köstenberger, "The seventh Johannine sign: a study in John's christology", 98, 103; James Parker, "The Incarnational Christology of John", 42.

제를 "정결 예식"으로 보도록 요구한다. C와 C′는 '아직'과 '이제'의 시간 관계 속에 D의 "정결 예식"이라는 중심주제와 연결되어 있다. B는 "포도주가 떨어져" 없는 상태로서 D와 관련되며, B′는 "좋은 포도주"가 생긴 상태로서 D와 연관되어 있다. B와 B′는 포도주를 정결 예식과 관련하여 해석하도록 요구한다. A와 A′는 요한복음에만 언급된 "갈릴리 가나"라는 장소에서 평행을 이루며 각 내용을 D의 중심주제와 관련하여 해석하도록 요구한다.[21] 결국 혼인 잔치 표적은 중심주제를 보여주는 D의 "정결 예식"과 긴밀한 관련 속에 각 용어의 상징성과 예언적 의미를 해석하도록 구성되어 있다.

1) A 갈릴리 가나: 혼례(1–2절)
A′ 갈릴리 가나: 표적, 영광(11절)

A와 A′는 "갈릴리 가나"라는 장소와 '제자'라는 인물에서 각각 평행을 이루며 전체 내용과 연결되어 있다. 구조적으로 서론과 결론을 일치시키는 이 수미쌍관법(inclusio)은 단락 전체를 감싸는 문학적 장치로 기능한다.[22] A는 가나의 혼례가 중요한 의미를 지니고 있다는 것을 보여준다. '제자들'은 잔치에 초대받은 자들로 묘사된다. 그들은 1장에 이미 언급된 안드레, 시몬 베드로, 빌립, 나다나엘, 요한 등의 다섯 명으로 구성되었을 것이다.[23] A′는 혼인 잔치 이야기가 무엇을 '표적'하고 어떻게 '영광'을 나타내어 제자들을 믿음에 이르게 하는지 주목하게 한다. A와 A′의 평행은 예수님께서 혼례를 통해, 보여

---

21   Raymond E. Brown, *The Gospel According to John(I-XII)*, The Anchor Yale Bible (London: Yale University Press, 1966), 98. 가나는 나사렛에서 북쪽으로 9마일 떨어진 곳에 위치한 키르벳 카나 (Khirbet Qânâ)일 가능성이 높다.

22   D. A. Carson, *The Gospel According to John*, 175.

23   William Barclay, *The Gospel of John,* 97; D. A. Carson, *The Gospel According to John*, 169.

준 표적과 영광의 범위 안에서 B와 B′, C와 C′, D의 내용을 각각 읽도록 안내한다. 즉, 가나의 혼인 잔치는 하나님 나라의 잔치를 표적(sign)하고 그 나라의 주인으로서 예수님의 영광을 보여주어 제자들을 믿음에 이르게 한다. 하나님 나라를 상징하는 종말론적 혼례에서 예수님이 가장 중요한 위치를 차지하고 있다.

(1) 표적으로서 혼례

갈릴리 가나에서 무슨 일이 일어났을까? 요한복음의 첫 번째 표적으로 소개되는 특징적인 이 사건의 의미를 알기 위해서는 "사흘째 되던 날"이란 첫 언급에 주목할 필요가 있다. 창조를 상기시키는 1장과 연결된 이 시간적인 표현은 일곱째 날로서 안식일을 가리킨다.[24] 그것은 1:50-51과 긴밀히 연결되어 있으며 예수님의 죽음과 부활의 날을 암시하는 듯하다.[25] 사흘째 되던 날은 예수님께서 나다나엘에게 "큰일"로서 "하늘이 열리고 하나님의 사자들이 인자 위에 오르락내리락하는" 야곱의 사닥다리 환상을 보여준다고 예고한 때부터 이틀 후를 가리킨다.[26] 혼례에 제자들과 함께 초대를 받은 예수님은 그날에 물로 포도주를 만들어 1:50-51에서 약속한 "큰일"을 상징적으로 보여준다.

예수님은 첫 표적에서 자신의 영광을 드러낸다(11절). "첫 표적"이란 언급에서 연대기적 의미를 고집할 필요는 없다(cf. 4:54).[27] 그 이유는 '표적'이란 단

---

24 D. A. Carson, *The Gospel According to John*, 168.

25 C. K. Barrett, *The Gospel According to St. John*, International Biblical Commentary (Philadelphia: The Westminster Press, 1978), 190; C. H. Dodd, *The Interpretation of the Fourth Gospel* (London: Cambridge University Press, 1953), 300; 김득중, 『요한의 신학』(서울: 컨콜디아사, 1994), 80.

26 George R. Beasley-Murray, *John,* Word Biblical Commentary 36 (Waco, Texas: Word Books Publisher, 1987), 31, 34; cf. V. C. Pfitzner, *The Gospel according to John*, 60.

27 김득중, 『요한의 신학』, 78.

어가 "큰일"과 연결되어 있기 때문이다(1:50-51). 예수님께서는 장차 일어날 큰일을 암시하기 위해 고도의 상징적인 표적을 행한다. 그로 인해 예수님의 신분이 계시되고 그의 영광이 나타난다. 물을 포도주로 변화시킨 예수님의 창조적인 표적을 목격한 제자들은 위 세상의 로고스가 아래 세상에 육신을 입고 메시아로 왔다는 것을 처음으로 사인을 받고 그에 대한 믿음을 갖게 된다.

'영광'과 '믿음'이란 두 용어의 결합은 다른 세 본문과 긴밀히 연결되어 있다(2:11).[28] 서시는 예수님의 이름을 믿는 것을 육신으로 온 독생자의 영광을 보고 그를 영접하는 것으로 묘사한다(1:12-14). 일곱 번째 표적은 영광에 믿음을 결합하여 첫 번째 표적과 통일성을 이루며 표적 사이클을 완성한다(11:40-44). 예수님의 기도는 자신의 사역을 아버지께 보고하는 가운데 믿음과 영광을 연결한다(17:20-24). 이렇게 전략적으로 중요한 세 본문과 연결된 '영광'과 '믿음'이란 두 용어는 요한복음의 최종적인 목적과 일치한다(20:30-31). 혼인 잔치 표적은 제자들로 하여금 예수님의 영광을 보고 그를 메시아로 믿어 구원 얻게 하려는 요한복음 전체의 목적과 연결되어 있다.[29]

구조적으로 병행을 이루는 A의 '혼례'와 A´의 '표적'은 서로 밀접하게 연결되어 있다. 즉, 물리적 현상인 혼례는 영원한 실체인 천국 잔치를 알리는 표적으로 기능한다.[30] 그 개연성은 구약성경과 예수님의 가르침에서 확인할 수 있다. 6일 동안 진행된 창조와 일곱째 날의 안식일 이야기는 가나의 혼례에서 일곱째 날에 일어난 표적으로 재현된다.[31] 이사야는 여호와께서 만민을 위

---

28   Karl T. Cooper, "The best wine: John 2:1-11," 375-376.

29   D. A. Carson, *The Gospel According to John*, 175; Merrill C. Tenney, *John: The Gospel of Belief*, 28.

30   Bruce Milne, *The Message of John: Here is Your King* (Leicester, England: Inter-Varsity Press, 1993), 66.

31   D. A. Carson, *The Gospel According to John*, 168.

해 포도주로 연회를 베풀고 사망을 영원히 멸할 것이라고 예언한다(사 25:6-8). 예수 그리스도 안에서 구약의 성취를 맛본 이 예언은 나다나엘이 태어난 가나의 혼인 잔치에서 처음으로 선취된다(21:2). 즉, 예수님께서는 가나의 혼인 잔치에서 물로 포도주를 만들어 종말론적 천국 잔치를 사인하고 마가의 다락방에서 제자들과 포도주로 최후의 만찬을 가짐으로 그것을 성취한다(눅 22:17-18). 최종적인 혼인 잔치는 세상이 아닌 천국에서 완전히 완성될 것이다(막 14:25). 그런 측면에서, 가나의 혼인 잔치는 마가의 다락방에서 그의 제자들과 최후로 가진 포도주 만찬과 최종적인 천국 잔치를 모두 사인한다. 이것은 예수님께서 혼례란 그림 언어를 통해 이사야 25:6-8의 예언을 부분적으로 성취하고 동시에 최후의 만찬에서 종말론적 잔치를 사인하는 것을 의미한다(막 14:23-25).

예수님은 혼례의 이미지를 어떻게 활용하고 있을까? 공관복음에서 예수님은 "하나님 나라는 마치 혼인 잔치와 같다"란 형식으로 교훈하여 혼례에 관한 일반적인 생각을 보여준다(마 8:11-12; 막 2:18-20; 눅 22:14-20, 30). 예를 들어, 바리새인과 세례 요한의 제자들이 금식하는데 예수님과 제자들이 금식하지 아니한다는 비난을 받을 때, 예수님은 이사야가 예언한 새로운 잔치의 시대가 도래하였으므로 혼인 잔치에 참여한 제자들은 금식할 필요가 없다고 가르친다(막 2:19). 또한 예수님께서는 비유를 통해 하나님 나라를 결혼 잔치로 묘사한다(마 22:1-14, 25:1-13). 이러한 실례를 통해 예수님께서 배설한 새 시대의 잔치는 옛 유월절 잔치와 연속성을 지니며 동시에 다가올 최종적인 천국 잔치를 사인한다는 것을 알 수 있다(눅 22:14-20, 30). 요한복음에서 예수님은 그 나라의 풍성함과 기쁨을 보여주기 위해 혼인 잔치라는 그림 언어를 활용하여 표적을 행한다. 즉, 혼인 잔치를 하나님 나라를 상징하는 그림 언어로 사용한다. 여기에 가나의 혼인 잔치에서 일으킨 상징적인 표적의 종말론적 중요성이 있다.

요한복음의 표적은 공관복음의 기적과 다른 의미를 제시한다. 생생한 초자연적 사건으로서 공관복음의 기적은 권능의 행위를 의미하는 두나미스(δύναμις)와 징조 혹은 이적을 의미하는 테라스(τέρας)란 단어로 표현된다. 전자는 요한복음에 전혀 등장하지 않지만, 후자는 한차례 언급된다(요 4:48). 요한복음은 세메이온(σημεῖον)이란 단어를 열일곱 차례나 사용한다.[32] 그렇다면 기적과 표적의 차이는 무엇일까? 기적은 예수님을 통해 하나님 나라가 세상에 도래함으로써 사탄과 죄의 영향력이 종식되는 것을 의미한다. 그것은 새 질서인 하나님 나라가 예수님의 행위를 통해 도래하였으므로 그 나라로 들어오라는 초대장으로 기능한다. 반면에 표적은 물리적 현상인 기적보다 더 상징적이고 예언적인 성격을 지닌다.[33] 그것은 예수님의 신분과 그의 주된 사역으로서 십자가의 죽음과 부활의 의미를 이해하도록 사인하는 기능을 한다. 그런 측면에서 공관복음의 기적이 하나님 나라의 도래를 알려주는 종말론적 성격을 지니고 있다면, 요한복음의 표적은 예수님의 신적 신분을 알려주는 기독론적 성격을 강하게 보여준다.[34] 물론 가나의 혼인 잔치 표적에도 종말론적 성격이 나타난다. 하지만 그것보다 십자가에서 피를 흘림으로 포도주를 만들어 하나님 나라 잔치의 기쁨을 제공하는 하나님의 아들로서 예수님의 정체를 더욱 강조하는 데 일차적 목적이 있다. 즉, 포도주가 떨어져 기쁨이 사라진 혼례에

---

32 Leon Morris, *Jesus is the Christ: studies in the theology of John* (Grand Rapids: William B. Eerdmans Publishing Company, 1989), 2-19. 표적이란 용어는 마태복음에서 13회, 마가복음에서 7회, 누가복음에서 11회, 사도행전에서 13회, 바울서신에서 8회, 히브리서에서 1회, 요한계시록에서 7회 사용되어 신약성경 전체에 77회 나타난다. 요한복음은 다른 성경과 조금 다른 의미로 세메이온이란 용어를 17회 사용하는데 그 중 11회를 예수님의 이적에 사용한다.

33 V. C. Pfitzner, *The Gospel according to John*, 59.

34 Bruce Milne, *The Message of John: Here is Your King*, 62.

서 새 포도주를 만들어 기쁨이 충만한 혼인 잔치가 되게 한 종말론적 사건은 십자가의 죽음과 부활을 통해 자기 피와 살로 성만찬을 배설하여 하나님 나라의 백성을 창조하는 예수님의 정체를 사인하는 방식으로 기독론을 강조한다.

(2) 영광

물로 포도주를 만든 사건은 예수님의 영광을 나타낸다.[35] 예수님의 영광은 말씀이 육신이 된 하나님 아버지의 독생자로서 창조적인 능력을 지닌 자라는 것을 알리는 방식으로 드러난다(1:14).[36] 예수님의 영광은 표적을 통해 천상적 존재로서 하나님의 아들 됨을 밝히 드러내어 나타난다.[37] 그러나 십자가의 죽음과 부활을 통해 세상에 온전히 드러날 그의 영광은 아직 충분히 나타나지 않는다. 요한복음에서 십자가 사건은 승귀를 동반한 즉위의 사건과 동일시되어 영광이 최고조에 달하는 순간이다.[38] 그때가 아직 이르지 않았기에 충분히 알 수 없지만 이미 제자들은 표적을 통해 영광을 미리 맛본다.[39]

가나의 혼례에서 예수님의 영광은 어떻게 나타나는가? 그것은 구약의 그림 언어의 빛 아래서 올바로 이해할 수 있다. 1:14은 성육신 사건과 임마누엘 사건이란 두 그림 언어로 영광의 의미를 설명한다.[40] 그것은 마치 이스라엘 백성이 시내산에서 만든 성막과 성전에 하나님의 영광이 임한 것과 같다. 즉, 하나님의 영광은 여호와께서 자기 백성 가운데 장막을 치고 그들과 함께 머

---

35   Karl T. Cooper, "The best wine: John 2:1-11", 375.

36   George R. Beasley-Murray, *WBC 36: John*, 31, 35.

37   V. C. Pfitzner, *The Gospel according to John*, 63.

38   Stephen S. Smalley, *Evangelist & Interperter: John* (Eugene, OR. : Wipf & Stock Publishers, 1978), 253.

39   C. K. Barrett, *The Gospel According to St. John*, 193.

40   이준호, "구조로 본 요한복음의 서시," 『한영논총』, 제22호 (2018): 11-30.

물 때 나타난다. '영광'이란 히브리어의 어원은 '거하다', '장막'과 동일하다.[41] 이 단어는 계시된 영광을 가리킬 때 사용된다.[42] 동일하게 예수님의 영광은 하나님의 독생자로 가나의 혼인 잔치에 참여한 자들과 더불어 표적을 통해 자신의 신분과 능력을 드러내어 나타난다.

아래 세상에 속한 유대인은 위 세상에 속한 예수님의 실체를 알지 못하여 아래 세상에 속한 나사렛 예수님으로만 알고 있다. 그들은 위로부터 온 하나 님 아들의 실체와 영광을 보지 못한다. 예수님께서 표적을 통해 위 세상에 속 한 자신의 신분을 보여주어도 아래 세상의 관점에서 이해하기 때문에 오해 한다. 반면에 가나의 첫 번째 표적을 통해 예수님의 실체를 알게 된 제자들 은 위에 속한 자들로서 예수님을 하나님의 아들로 올바로 이해한다. 그들은 '인자'가 위 세상에서 아래 세상으로 육신을 입고 내려온 것으로 알고 있다 (1:51). 즉, 그들은 예수님께서 가나의 혼례를 통해 하나님 나라와 자신의 정 체를 사인할 때 위 세상의 관점에서 그의 실체를 깨닫는다. 또한 예수님의 피 흘림을 통해 세워질 하나님 나라가 도래하였다는 것을 상징적으로 계시 받는 다. 그로 인해 제자들은 표적에서 하나님의 아들로 자신을 나타낸 예수님의 영광을 보고 아직 완전하지 않지만 믿음에 도달한다.

2) B 부족한 포도주(3절)
B′ 풍성한 좋은 포도주(9c-10절)

B의 질 낮은 옛 포도주와 B′의 질 좋은 새 포도주가 뚜렷이 대조를 이룬다. B에서 옛 포도주가 떨어진 것은 예수님과 제자들의 갑작스러운 참석 때문이

---

41   Bruce Milne, *The Message of John: Here is Your King*, 48.

42   참고, 출 24:16; 40:34-35; 왕상 8:11-11:21; 대하 7:1 이하 등

아니라 유대인의 결혼 예식이 일주일 동안 계속되기에 발생한다.[43] 유대인은 혼례에서 포도주가 부족하면 그 의식을 불완전한 것으로 생각한다.[44] 심지어 포도주가 떨어지면 적절한 대접을 하지 못한 신랑을 고소하기도 한다.[45] 예수님의 어머니 마리아는 포도주가 떨어졌을 때 신뢰를 받는 하인이나 존경을 받는 손님 중에서 임명된 연회장보다 그 상황을 먼저 알았다(9-10절).[46] 그것은 친척 집의 잔치에서 그녀가 음식을 조달하는 책임을 맡았을 가능성을 높인다.[47] 예수님께서 도착하였을 때 마리아는 이미 그곳에 있었다(1절). 초대를 받았다는 언급이 없는 것을 볼 때 그녀는 신랑의 가족이거나 친구 이상의 가까운 사이였을 것이다. 신랑의 집에서 준비한 포도주가 떨어진 일로 소송까지 제기되는 유대인의 관습을 고려하면 잔치에서 중대한 문제가 발생한다.[48] 그로 인해 잔치의 기쁨은 계속 지속될 수 없다.

B′에서 연회장은 먼저 좋은 포도주를 내오고 취한 후에 낮은 것을 제공하는 유대교의 관습을 언급한다. 그 관습이 지켜지지 않은 것은 창조적이고 초월적인 예수님의 능력 때문이다. 연회장의 말은 더 좋은 새 포도주의 질적 가치를 부각한다. 단번에 물을 포도주로 변화시킨 예수님의 창조적인 능력은 하나님과의 단일성을 보여준다.[49]

---

43   Merrill C. Tenney, *John: The Gospel of Belief*, 83.

44   V. C. Pfitzner, *The Gospel according to John*, 61.

45   Bruce Milne, *The Message of John: Here is Your King*, 63.

46   V. C. Pfitzner, *The Gospel according to John*, 62.

47   Raymond E. Brown, *The Gospel According to John(I-XII)*, 98. 외경에는 마리아가 신랑의 이모였다는 전설이 있다. 3세기 초 라틴어 서문에는 신랑을 세베대의 아들 요한으로 제시하고 있다. 이것은 요한의 어머니 살로메가 마리아와 자매지간이며 예수님과 요한이 사촌이라는 전승과 관련되어 있다. William Barclay, *The Gospel of John*, 96.

48   Karl T. Cooper, "The best wine: John 2:1-11", 365.

49   James Parker, "The Incarnational Christology of John", 42.

B와 B′의 대조는 옛것과 새것, 옛 시대와 새 시대의 차이를 암시하고 새것과 새 시대의 우월성을 강조하기 위해 의도되었다(cf. 히 8:13). 먼저 내어온 떨어진 포도주는 유대교를 상징한다. 옛 시대에 유대교는 유월절 어린양의 피로 정결하게 한다. 옛 시대의 잔치는 본질이 아니기에 떨어진 포도주처럼 효력을 다한다. B′의 나중 내어온 새 포도주는 의식과 율법주의로 특징짓는 유대교를 대체하고 능가하며 초월한 그리스도교를 상징한다.[50] 새 시대에 그리스도인은 흠 없는 어린양의 피로 정결하게 된다. 이러한 대조는 예수님의 피를 상징하는 포도주의 영원한 효력과 포도주가 제공하는 종말론적인 기쁨의 충만함과 완전함을 극대화한다.

(1) 포도주

예수님께서 물로 포도주를 만든 표적은 강한 상징성으로 인해 역사성에서 의심받는다. 어떤 이는 물이 포도주로 변화된 이야기의 출처를 술을 마셨을 때 기쁨을 제공해 주는 신으로 알려진 디오니소스(Dionysus) 신화에서 유래된 것으로 본다.[51] 디오니소스 신화는 축제 기간에 안드로스(Andros)에 있는 이교 신전의 샘들이 물 대신 포도주를 내뿜었다고 기록하고 있다.[52] 다른 이는 결례에 사용되는 물을 포도주로 교체한 이야기가 시간이 흐르며 가나의 이적 이야기로 변화된 것으로 생각한다.[53] 공관복음에서 이 이야기의 병행 본문을 찾을 수 없는 것은 역사성에서 의심을 받을 가능성을 높여 준다. 그러나 가나의 포도주 이야기는 오병이어 이야기와 함께 잔과 떡을 나눈 성만찬과 깊이

---

50   Stephen S. Smalley, *Evangelist & Interperter: John,* 215-16.

51   Rudolf Bultmann, *Das Evangelium des Johnnes,* 『요한복음서 연구』, 허혁 역(서울: 성광문화사, 1979), 121; cf. D. A. Carson, *The Gospel According to John,* 167.

52   Raymond E. Brown, *The Gospel According to John(I-XII),* 101.

53   H. H. Wendt, *The Gospel according to St. John: an inquiry into its genesis and historical value* (Edinburgh, 1902), 240f.

관련되어 있다. 알렉산드리아의 카타콤에서 발견된 그림들은 가나의 포도주와 오병이어의 떡을 연결하고 있다.[54] 작은 떡을 많게 한 오병이어 기적이 역사적으로 발생하면 마찬가지로 물로 포도주가 되게 한 표적도 충분히 일어날 수 있는 사건이다(cf. 요 6:1-15).

예수님의 피와 살을 각각 상징하는 이야기로서 물로 포도주를 만든 이야기와 보리떡 다섯 개와 물고기 두 마리로 수많은 무리를 먹인 이야기는 각각 구약적 배경이 있다.[55] 오병이어 표적의 배경은 열왕기하 4:42-44에 등장하는 보리떡 이십 개와 한 자루의 채소를 가지고 백 명을 먹이고 남긴 엘리사의 기적이다. 물로 포도주를 만든 표적의 배경은 열왕기상 17:8-16으로서 비가 내릴 때까지 한 움큼 있던 통의 가루가 떨어지지 않고 조금 들어 있던 병의 기름이 없어지지 아니한 엘리야의 기적이다. 이것은 혼인 잔치 표적의 역사적 배경을 헬라의 신화가 아닌 포도나무의 상징성을 사용하고 있는 구약성경이란 것을 의미한다.[56] 물이 포도주로 변한 표적의 상징성은 다른 여섯 개의 표적보다 더 강하지 않다.[57] 그렇다고 요한복음에서 가리키는 상징성을 벗어나 포도주에 그 이상의 의미를 부여할 수 없지만, 예수님께서 자신을 포도나무로 비유한 15장의 빛 아래 그 의미를 도출할 필요는 있다(15:1, 5).

예수님께서 물로 포도주를 만든 이유와 의미는 무엇일까? 예수님께서는 일반적인 물이 아닌 정화하는 기능을 담당하는 돌 항아리의 정결케 하는 물을 포도주로 대체한다. 이것은 앞으로 포도주가 물을 대신하여 정화하는 기능을 담당하게 될 것을 암시한다. 이전의 모든 제도와 관습과 절기가 무의

54   Raymond E. Brown, *The Gospel According to John(I-XII)*, 110.

55   Raymond E. Brown, *The Gospel According to John(I-XII)*, 101.

56   D. A. Carson, *The Gospel According to John*, 167.

57   Stephen S. Smalley, *Evangelist & Interperter: John*, 214.

미해진 것처럼 옛 시대의 정화하는 물은 효력을 다하였기에 그리스도 안에서 새 시대의 죄를 씻는 포도주로 바뀐다.[58] 혼인 잔치에서 포도주가 떨어졌을 때 유대교 결례를 위한 돌 항아리는 아무런 기능을 하지 못한다. 즉, 유대교의 결례에 사용되는 물은 잔치의 기쁨을 지속시켜 주지 못한다. 그러나 예수님께서 돌 항아리의 물을 변화시켜 만든 포도주는 잔치의 기쁨을 풍성하게 한다. 더 좋은 포도주로 시작된 새 잔치는 단순히 이 세상의 육신적인 결혼을 축하하기 위한 것이 아니다. 그것은 구원을 받은 자들과 함께하는 하나님 나라의 종말론적 잔치가 시작된 것을 알려주는 측면에서 상징적이고 초월적이다.

유대교에서 말하는 포도주는 어떤 의미를 지니고 있을까? 구약성경은 포도주에 관한 종말론적 예언을 기록하고 있다. 메시아 시대에 주어질 포도주의 풍성함을 예고하는 언급으로는 창세기 49:10-12, 이사야 25:6, 55:1-2, 요엘 2:22-24, 3:18, 아모스 9:13-14 등을 들 수 있다.[59] 창세기는 나귀와 그 새끼를 포도나무에 매고 옷을 포도주와 포도즙에 빨 정도로 풍성한 포도주를 가져오는 실로의 출현을 알린다(창 49:10-12). 이사야 선지자는 값없이 주어지는 포도주를 즐거운 잔치의 이미지와 결합한다(사 25:6, 55:1-2). 요엘서는 산의 포도 열매로 만든 풍성한 포도주를 맛볼 여호와의 날과 이른 비와 늦은 비로 포도 농사가 잘되어 항아리에 넘칠 포도주의 풍성함을 예고한다(욜 3:18). 아모스 선지자는 여호와의 날이 이르면 포도주가 풍성하여 기쁨이 충만하게 될 것을 예언한다(암 9:13-14). 결국 선지자들은 유대인의 잔치에 없어서는 안 될 포도주를 메시아 시대에 주어질 잔치의 풍성한 기쁨을 예고하는 상징적인 의미로 사용한다.[60]

58　Raymond E. Brown, *The Gospel According to John(I-XII)*, 104.

59　Karl T. Cooper, "The best wine: John 2:1-11", 368.

60　V. C. Pfitzner, *The Gospel according to John*, 64; Stephen S. Smalley, *Evangelist & Interperter: John*,

물로 포도주를 만든 것은 단지 세상의 질서를 뛰어넘는 물리적 사건으로서 기적이 아니라 그 이상의 의미를 지니고 있다. 그것은 예수님의 신분과 앞으로 행할 일로서 십자가의 죽음과 피 흘림의 의미를 암시하는 초월적 사건으로서 메시아적 표적이다. 즉, 포도나무가 예수님을 상징하는 것처럼(15:1, 5), 좋은 포도주는 십자가에서 죄인을 구원하기 위해 흘린 예수님의 피를 상징한다(2:10).[61] 물론 요한복음에 그리스도의 피에 관한 언급이 없으므로 포도주가 예수님의 피를 상징한다고 말하는 데 어려움이 있다. 그럼에도 물을 포도주로 만든 사건은 십자가에서 흘린 피로 만든 포도주로 기쁨을 누리는 새 시대의 천국 잔치가 시작된 것을 알리는 상징적 전조이고 종말론적 사인으로 기능한다.

정결 예식에 사용된 죄를 씻는 물은 옛 질서의 특징을 보여주고, 포도주는 새 질서의 특징을 드러낸다.[62] 이것은 예수 안에서 이미 새로운 변화가 시작되고 옛 시대가 지나가고 새 시대의 하나님 나라가 도래하는 것을 의미한다. 즉, 물이 포도주로 변한 것은 구약의 광야와 가나안 땅에서 경험한 옛 질서를 대체하는 새로운 하나님 나라의 도래를 가리킨다.[63] 이제 물로 정결케 하는 유대교 시대는 지나가고 더 좋은 포도주로 정결케 하는 그리스도교 시대가 시작된다(cf. 마 9:17; 눅 5:38-39).[64]

215; Raymond E. Brown, *The Gospel According to John(I-XII)*, 105.

61   Karl T. Cooper, "The best wine: John 2:1-11", 378.

62   George R. Beasley-Murray, *WBC 36: John*, 36.

63   George R. Beasley-Murray, *WBC 36: John*, 36.

64   Bruce Milne, *The Message of John: Here is Your King*, 64.

3) C 예수님의 때: 아직, 하인들: '그대로 하라'(4–5절)
C' 예수님의 때: 이제, 하인들: '갖다주었더니'(8–9절)

예수님의 때는 C와 C'에서 시간적인 대조를 이룬다. C에서 '아직'은 포도주를 만들 때가 아님을 보여준다. C'에서 '이제'는 포도주를 만들어 잔치에 사용할 때를 가리킨다. C의 '아직'과 C'의 '이제'는 예수님께서 십자가에 흘린 피로 된 포도주를 만들 때를 대망하게 한다. 즉, C와 C'는 아직과 이미의 관점에서 각각 예수님의 십자가에서 흘린 피로 된 포도주를 생각하도록 요구한다.

(1) "내 때"

마리아는 포도주가 떨어진 상황을 예수님과 의논하기 위해 "저들에게 포도주가 없다"라고 말하여 표적의 동기를 제공한다(3절). 예수님께서는 마리아에게 모든 시대의 독자를 당황하게 하는 두 가지 대답을 동시에 한다. "여자여 나와 무슨 상관이 있나이까 내 때가 아직 이르지 아니하였나이다"(4절). 예수님과 마리아의 관계를 부정적으로 읽도록 유혹하는 "여자여 나와 무슨 상관이 있나이까"라는 예수님의 첫 대답은 포도주 문제를 해결하지 않겠다고 거절한 것처럼 보인다. 이 어구의 셈어적 표현은 두 당사자 사이에 거리를 둘 때 흔히 사용된다. 헬라어에서도 다른 사람의 제안이나 요청을 거절하는 의미로 이해될 수 있다.[65] 그러나 예수님께서 마리아의 요청을 거절한 것으로 해석할 필요는 없다.[66]

예수님은 그의 사역을 시작하는 처음부터 자신이 인간의 어떤 조언이나 제안으로부터 완전하게 자유하다는 것을 선언하고 있다.[67] 그는 마리아가 여인으로서 그녀의 위치와 초월적 존재로서 자신의 위치를 깊이 이해하도록 안내

---

65 D. A. Carson, *The Gospel According to John*, 170.

66 Karl T. Cooper, "The best wine: John 2:1-11", 370.

67 D. A. Carson, *The Gospel According to John*, 171.

하고 있다(cf. 마 16:15; 막 8:29). 예수님께서 부인한 것은 어머니로서의 기능적 역할이지 그녀의 인격이 결코 아니다.

사도 요한은 예수님께서 어머니를 '여자'로 부른 것으로 기록하여 상징성을 부여하고 있다.[68] 상징성은 그의 또 다른 서신인 요한계시록 12:5에 등장하는 만국을 다스리고 높임 받을 아들을 낳을 '여자'와 관련해서 생각하면 이해하기 쉽다.[69] 요한계시록 12:5의 배경은 창세기 3:15에 등장하는 원수의 머리를 상하게 할 아들을 낳을 '여자'의 해산에 관한 언급이다.[70] 이러한 연관성은 요한이 마리아를 여자로 부른 언급의 배경으로 창세기 3:15을 생각하고 있는 것을 보여준다. 즉, 요한은 예수님께서 마리아를 새로운 하와로 이해하여 '여자'로 부른 것으로 생각했을 개연성이 있다.

첫 번째 대답에 대한 이러한 이해는 예수님께서 자신이 누구인지 밝히 알릴 시기에 관해 주목하도록 요구하는 "내 때가 이르지 아니하였나이다"란 두 번째 대답과 관련지어 이해할 때 자연스럽다. 나중에 일어나게 될 사건을 미리 언급하는 수사적 기법으로 제시된 "내 때"에 관한 예수님의 의도된 언급은 더욱 주목할 필요가 있다.[71] 청중이 이해하기 어려운 "때"에 대한 언급은 예수님의 자기 이해와 자기 사역에 대한 목적의식에서 비롯된다. 예수님께서는 이 독특한 표현 방식을 자주 사용하여 자기 이해와 자기 사역을 드러낸다. 예를 들어, 예수님께서는 열두 살에 유월절 관례를 따라 예루살렘 성전을 방문하고 돌아오는 길에 부모와 헤어져 예루살렘에 머무른 적이 있다. 사흘 후에 그를 찾은 마리아가 "어찌하여 우리에게 이렇게 하였느냐?"라고 질문할

68　Raymond E. Brown, *The Gospel According to John(I-XII)*, 107.

69　Raymond E. Brown, *The Gospel According to John(I-XII)*, 108.

70　Raymond E. Brown, *The Gospel According to John(I-XII)*, 108.

71　D. A. Carson, *The Gospel According to John*, 171.

때, 예수님께서는 "어찌하여 나를 찾으셨나이까 내가 내 아버지 집에 있어야 될 줄을 알지 못하셨나이까"라고 대답한다(눅 2:42-50). 여기에서 "어찌하여 나를 찾으셨나이까?"라는 질문은 부정적인 의미로 이해할 필요가 없다. 거룩한 하나님을 인간의 아버지로 언급한 것은 구약성경에 실례가 없으며 유대인에게는 신성모독 죄로 간주된다. 바로 이 독특한 표현에 예수님의 자기 이해가 담겨 있다.

예수님의 자기 사역에 대한 이러한 이해는 어디에서 기원하였을까? 그것은 창세기 49:11-12, 이사야 25:6, 요엘 3:18과 같이 메시아 시대의 초자연적인 포도주를 제공할 것에 대한 예언에서 비롯되었다.[72] 예수님께서는 포도주가 넘칠 것에 대한 이 예언들을 어느 시점에 성취해야 한다고 생각한다. 그러나 초자연적인 포도주를 만들 시기는 가나의 잔치에 참여했을 때가 아니다. 그때는 기적을 행하도록 마리아에게 요청을 받은 지금이라는 시간이 아니다.[73] 구약의 약속을 성취할 메시아의 시간은 아직 이르지 않았으며 완전한 영광을 공적으로 드러낼 때는 무르익지 않았다. 오히려 예수님의 때는 열두 제자 중 하나인 나다나엘에게 약속한 "큰일"이 이루어지는 시기와 연결되어 있다(1:50-51; 21:2). "큰일"은 가나의 혼인 잔치에서 상징적으로 예고되고 십자가에서 실재가 되었다.[74]

갈릴리 가나와 예루살렘에서 각각 예수님이 어머니 마리아에게 '여자여'라고 부른 것은 문학적으로 두 사건의 연관성을 생각하게 만든다(cf. 2:4; 19:26).[75] 이것은 예수님께서 하나님의 아들로서 메시아적 사명을 감당해야 한다고 생

---

72 Karl T. Cooper, "The best wine: John 2:1-11', 370.

73 Karl T. Cooper, "The best wine: John 2:1-11', 366.

74 John M. Howard, "The significance of minor characters in the Gospel of John', 69.

75 V. C. Pfitzner, *The Gospel according to John*, 61.

328   예수님의 기적과 비유

각한 두 장소에서 신적인 자기 인식으로 인간인 마리아의 신분을 직시하도록 '여자여'라는 호칭을 사용하는 것을 의미한다. 예수님은 어머니 마리아에게 두 번째 '여자여'라고 말하여 신적 신분을 밝히 드러내기 위해 십자가에 못 박힐 때 자기 피로 정결케 하는 포도주를 만들 것이다.

복음서는 예수님께서 그의 때에 관해 말한 것으로 기록하고 있다(마 26:18, 45; 막 14:41).[76] 요한복음은 그때가 언제인지 분명히 알 수 있도록 여섯 차례 암시하고 있다. 첫 번째는 예수님께서 성전에서 하나님께로부터 보냄을 받은 자라고 말하여도 사람들이 그를 잡지 못한 이유를 설명하는 대목에서 등장한다. "그의 때가 아직 이르지 아니하였음이러라"(7:30). 두 번째는 예수님께서 하나님을 아버지로 언급하여 신성모독 죄로 잡힐 수 있는 상황에서 언급된다. "이 말씀은 성전에서 가르치실 때에 헌금함 앞에서 하셨으나 잡는 사람이 없으니 이는 그의 때가 아직 이르지 아니하였음이러라"(8:20). 세 번째는 예수님께서 예루살렘 성에 입성하여 자기 죽음을 예고하는 장면에서 세 차례 등장한다. "예수님께서 대답하여 가라사대 인자의 영광을 얻을 때가 왔도다"(12:23). "지금 내 마음이 괴로우니 무슨 말을 하리요 아버지여 나를 구원하여 이때를 면하게 하여 주옵소서 그러나 내가 이를 위하여 이때에 왔나이다"(12:27). 마지막으로 마가의 다락방에서 제자들의 발을 씻기 전에 자기 죽음을 아버지께 돌아가는 영광 받음의 사건으로 설명할 때 두 차례 등장한다. "유월절 전에 예수님께서 자기가 세상을 떠나 아버지께로 돌아가실 때가 이른 줄 아시고 세상에 있는 자기 사람들을 사랑하시되 끝까지 사랑하시니라"(13:1). "예수님께서 이 말씀을 하시고 눈을 들어 하늘을 우러러 가라사대 아버지여 때가 이르렀사오니 아들을 영화롭게 하사 아들로 아버지를 영화롭

---

76 William Barclay, *The Gospel of John*, 102.

게 하게 하옵소서"(17:1). '때'에 관한 일곱 차례의 특징적인 언급은 모두 장차 십자가에서 죽음을 맞이할 수난과 영광의 시기를 가리키고 있다.[77] 즉, 요한 복음에서 예수님의 때는 십자가에서 흘린 피로 포도주를 만들고 부활함으로써 영광스럽게 되는 시기이다.[78] 그때는 하나님 아버지께서 아들을 영광스럽게 하려고 정한 시기이다.[79]

메시아 사역의 절정으로서 4:21, 5:25와 관련된 그때는 하나님 나라가 종말론적으로 성취되는 시기이다. 즉, 예수님께서 십자가에 못 박혀 죽기 전날 마가의 다락에서 포도주를 마시며 최종적으로 예고한 것처럼, 천국 잔치에 참여한 자들이 그의 피를 마심으로 영생을 얻을 때이다. 그때까지 저자는 하나님의 아들로서 예수님의 신분과 종말론적 사역을 이해할 수 있도록 일곱 개의 표적을 제시하여 독자를 믿음의 세계로 안내한다.

4) D 돌 항아리(6-7절)

본문의 교차구조는 중심주제를 찾는 일에 도움을 준다. D는 교차구조의 중심 부분으로서 가나의 혼인 잔치 표적 사건의 중심주제를 보여준다. 중심주제는 돌 항아리에 담긴 물로 부정하게 된 것을 씻는 유대인의 정결 예식이다. 두세 통 드는 돌 항아리 여섯은 유대인의 정결 예식을 위한 것이다. 예수님의 명령을 받은 하인들이 순종하여 그곳에 물을 아귀까지 채움으로써 새로운 정결 예식을 위한 준비를 완료한다. 여기에서 마리아와 하인들의 순종을 지나치게 확대하여 해석할 필요는 없다. 그들은 단지 예수님께서 행할 표적을 준비하는 도구로만 사용되고 있기 때문이다.[80] 하인들은 물이 포도주로 변

---

77 V. C. Pfitzner, *The Gospel according to John*, 61; D. A. Carson, *The Gospel According to John*, 171.

78 George R. Beasley-Murray, *WBC 36: John*, 34-35; C. K. Barrett, *The Gospel According to St. John*, 191.

79 Karl T. Cooper, "The best wine: John 2:1-11", 366.

80 Karl T. Cooper, "The best wine: John 2:1-11", 374.

화된 것을 알고 있으나 표적을 보고 믿는다는 언급은 등장하지 않는다. 그들은 눈으로 표적을 보지만 장차 십자가의 죽음과 부활과 높아짐에서 충만하게 나타날 신의 아들의 영광을 보지 못한다.[81] 오직 제자들만 표적에 긍정적으로 반응하여 예수님의 신성을 알고 믿음에 도달한다.[82] 이것은 표적 사건의 중심 주제가 마리아와 하인들의 순종이 아니라 정결 예식의 기능으로서 죄 씻음에 관한 것임을 의미한다.

(1) 정결 예식

유대인의 정결 예식은 어디에서 기원하였을까? 그것은 구별된 제사장의 정결케 하는 예식에서 비롯된다. 제사장은 하나님께 거룩한 제사를 하기 위해 자신의 죄를 씻는 예식으로 목욕하고 손을 씻어야만 한다. 목욕을 통한 정결 예식은 구별된 삶을 살기 위해 의의 선생을 따라 광야로 나아간 제사장 그룹으로 이루어진 에세네파에서 중시된다.[83] 손 씻는 정결 예식은 평신도로 구성된 바리새파 사람들에게 중요하다. 바리새인들의 손 씻는 관습은 유대인 사이에서 일반화된다. 유대인은 집 입구에 놓인 돌로 된 항아리에 물을 담아 두고 식사 전에 손 씻는 정결 예식을 행한다(마 15:1-2). 그들은 일상생활에서 여러 가지 물건을 만져 부정하게 되었으므로 물로 손을 씻어 정결하게 해야 한다고 생각한다.

돌이 불결해지지 않는다고 생각한 유대인은 정결케 하는 항아리를 돌로 만든다.[84] 일반적으로 각 항아리에 담겨 있는 약 73-123리터의 물은 정화하는

---

81   D. A. Carson, *The Gospel According to John*, 175.

82   Merrill C. Tenney, *John: The Gospel of Belief*, 83.

83   이준호, 『성경과 함께 읽는 신약성경배경사』(서울: 한국학술정보, 2012), 92.

84   George R. Beasley-Murray, *WBC 36: John*, 35.

기능을 담당한다.[85] 돌 항아리가 완전을 의미하는 일곱에 하나 모자란 여섯이란 숫자는 물로 정화하는 유대교의 정결 예식이 불완전한 것을 상징적으로 암시한다.[86] 그러나 예수님께서 돌 항아리 하나를 더 만들어 일곱을 채운 것으로 기록하지 않고 있기에 그러한 암시가 분명하지는 않다.[87]

예수님은 왜 항아리에 물을 채우도록 하고 포도주로 변화시켰을까? 그것의 실마리는 공관복음 전승에서 기원한 어떤 자료 중에서 찾을 수 있다.[88] 예수님은 "어떤 사람도 새 포도주를 낡은 가죽 부대에 담지 않는다. 그렇지 않으면 포도주는 가죽 부대를 터트리고 포도주와 가죽은 없어진다. 그러나 새 포도주는 신선한 포도주 부대에 담는다"라고 말한다(막 2:22; cf. 마 9:17; 눅 5:37f). 예수님은 터지지 않는 새 포도주 부대로 돌 항아리를 선택한다. 돌 항아리는 더는 물을 담고 있지 않으므로 물로 정결케 하는 유대교의 예식은 종말을 고한다. 유대인의 표면적인 정결 예식의 오래된 형식은 그리스도 안에서 단번에 새로운 포도주로 대체된다.

예수님께서는 왜 정결 예식에 사용하는 물을 포도주로 만들까? 그 이유는 새로운 정결 예식을 제정하기 위해서이다. 옛 시대는 정결케 하는 물이 필요하지만, 예수님을 통해 다가온 새 시대는 정결케 하는 포도주가 필요하다. 여기에 유대교로 대변되는 옛 시대와 그리스도교로 대변되는 새 시대의 대립이 극명하게 나타난다. 이 대립은 요한복음이 끝날 때까지 예수님과 종교지도자들의 갈등 속에 지속된다. 그리고 요한복음 후반부에 도달하여 십자가로 가

---

85   D. A. Carson, *The Gospel According to John*, 173; Merrill C. Tenney, *John: The Gospel of Belief*, 83. 테니는 돌 항아리의 총 용량을 약 150개론(약 568리터)으로 본다.

86   V. C. Pfitzner, *The Gospel according to John*, 62; William Barclay, *The Gospel of John*, 103.

87   C. K. Barrett, *The Gospel According to St. John*, 191.

88   Taylor. C. Smith, "The Book of Signs John 2-12', 443.

까이 다가갈수록 증폭된다. 마침내 예수님은 유월절 예비 일에 붙잡혀 재판을 받고 십자가에 못 박힘으로써 자기 백성을 구원하고 완전한 잔치를 배설한다. 예수님께서 흘린 피는 종말론적 하나님 나라 잔치의 포도주로 기능한다. 포도주를 마시는 자는 죄 용서를 받고 정결케 되어 기쁨으로 혼인 잔치에 참여할 수 있다.

이렇게 정결 예식은 예수님께서 십자가에서 흘린 피와 구속사적으로 연결되어 죄 용서를 통한 구원을 부각한다. 여기에 기독론과 구원론의 자리가 있다. 교차구조의 중심에는 정결 예식이 위치하고 그 안에 포도주와 죄 용서의 주제가 자리 잡고 있다. 이렇게 중심 부분은 씻는 물이 아닌 마시는 포도주를 제공하여 천국 잔치의 기쁨을 맛보게 하는 예수님의 권세와 정체를 드러낸다. 이것은 교차구조 형식으로 부각된 죄 용서하는 자로서 예수님의 자기 인식과 그의 피를 상징하는 정결케 하는 포도주가 본문에서 중심을 차지하고 있는 것을 의미한다.

III. 결론

물을 포도주로 변화시킨 표적은 교차구조를 통해 예수님이 누구인지 알도록 사인하는 기독론적 목적이 있다. 예수님은 장차 유월절 어린양처럼 흘릴 자신의 피를 상징하는 포도주를 만들어 종말론적 잔치를 배설하는 자이다. A와 A′는 갈릴리 가나라는 장소적 배경의 병행을 통해 혼인 잔치가 표적과 영광의 이미지로 사용되고 있는 것을 보여준다. B와 B′는 떨어진 포도주와 좋은 포도주를 대조함으로써 더 좋은 포도주를 만든 예수님의 초월적인 능력을 강조한다. 즉, 예수님은 잔치의 기쁨을 유지할 뿐만 아니라 이전보다 더 좋은 기쁨을 제공하는 잔치의 주인임을 보여준다. C와 C′는 예수님의 때를 아직과 이미의 종말론적 관점에서 묘사한다. 예수님께서는 자기 피로 하나님 나라 잔치에 필요한 포도주를 만들 때가 아직 이르지 않았지만 이미 그 잔치가 시작된 것을 사인한다. D는 돌항아리에 담긴 물로 씻는 유대교의 정결 예식의 한계를 보여주고 새롭게 채워진 물로 만든 포도주가 완전한 정결을 가져다준다고 말한다. 결국 교차구조의 중심에 있는 D는 돌 항아리에 담긴 물로 정결케 되는 유대교를 대체하고 능가하고 완성하는 예수님과 그의 사역을 통해 그리스도교의 새 시대가 개막된 것을 말한다.

첫 번째 표적 사건은 물이라는 성분이 포도주로 변한 기적 이상의 상징적 의미를 담고 있다. 그것은 영원한 진리를 계시하는 종말론적 표적으로서 예수님을 통해 도래한 천국 잔치를 사인한다. 질 낮은 옛 포도주가 떨어진 것은 유대교의 잔치가 종말을 고하는 것을 의미한다. 질 좋은 새 포도주를 만든 것은 기쁨을 충만케 하는 새 시대의 종말론적 잔치가 예수 안에서 시작된 것을 사인한다. 유대교의 결례에 사용된 물을 대체한 포도주는 정결케 하는 예수님의 피를 상징한다. 예수님의 때는 십자가에서 흘린 그의 피를 기념하기 위해 포도주를 마시는 성만찬의 시기를 가리킨다. 예수님께서는 장차 다가올 십자가의 피 흘림과 자기 죽음을 내다보며 인간의 죄를 영원히 씻는 정결 예식의 완성을 바라보고 있다. 그때가 도래한 것을 알리기 위해 혼인 잔치 표적을 통해 십자가의 피로 만든 포도주를 먹고 마실 새 시대의 영원한 잔치를 사인한다. 십자가의 피를 흘릴 때는 아직 아니지만 이미 그들 가운데 죄 씻음을 가져다주는 하나님 나라 잔치가 시작된 것을 알리기 위해, 예수님께서 정결 예식을 상징하는 돌 항아리의 물로 포도주를 만든다. 이러한 사인을 통해 제자들은 군중과 달리 좋은 포도주로 잔치를 배설한 예수님의 정체를 알고 믿음에 도달한다.

● 참고문헌

김득중, 『요한의 신학』, 서울: 컨콜디아사, 1994.

노재관, 『요한신학』, 서울: 성광문화사, 1997.

이준호, 『성경과 함께 읽는 신약성경배경사』, 서울: 한국학술정보, 2012.

이준호, "구조로 본 요한복음의 서시', 『한영논총』, 제22호 (2018): 11-30.

Barclay, William, *The Gospel of John*, The Daily Study Bible, Philadelphia: The
　　Westminster Press, 1975.

Barrett, C. K., *The Gospel According to St. John*, International Biblical Commentary,
　　Philadelphia: The Westminster Press, 1978.

Beasley-Murray, George R., *John*, Word Biblical Commentary 36, Waco, Texas: Word
　　Books Publisher, 1987.

Brown, Raymond E., *The Gospel According to John(I-XII)*, The Anchor Yale Bible,
　　London: Yale University Press, 1966.

Bultmann, Rudolf, *Das Evangelium des Johnnes*, 『요한복음서 연구』, 허혁 역, 서울: 성광
　　문화사, 1979.

Carson, D. A., *The Gospel According to John*, The Pillar New Testament Commentary,
　　Leicester, England: Inter-Varsity Press, 1991.

Cooper, Karl T. "The best wine: John 2:1-11', *The Westminster Theological Journal* 41
　　(1979): 364-380.

Dodd, C. H., *The Interpretation of the Fourth Gospel*, Cambridge: University Press, 1953.

Howard, John M., "The significance of minor characters in the Gospel of John',

Bibliotheca sacra 163 (2006): 63-78.

Köstenberger, Andreas J., "The seventh Johannine sign: a study in John's christology', *Bulletin for Biblical Research* 5 (1995): 87-103.

Lightfoot, R. H., *St John's Gospel.* Oxford: Clarendon Press, 1956.

Milne, Bruce, *The Message of John: Here is Your King*, Leicester, England: Inter-Varsity Press, 1993.

Morris, Leon, *The Gospel According to John*, Grand Rapids, Mich.: Wm. B. Eerdmans Publishing, 1971.

_____, *Jesus is the Christ: studies in the theology of John*, Grand Rapids: William B. Eerdmans Publishing Company, 1989.

Parker, James, "The Incarnational Christology of John', *Criswell Theological Review* 3.1 (1988): 42.

Pfitzner, V. C., *The Gospel according to John*, Chi Rho commentary series, Adelaide: Lutteran Publishing House, 1988.

Smalley, Stephen S., *John*, Evangelist & Interperter, Eugene, OR.: Wipf & Stock Publishers, 1978.

Smith, Taylor C., "The Christology of the Fourth Gospel', *Review and Expositor* 71 (1974): 19-30.

_____, "The Book of Signs John 2-12', *Review & Expositor* 62 (1965): 441-457.

Tenney, Merrill C., *John: The Gospel of Belief*, Grand Rapids, Michigan: William B. Eerdmans Publishing Company, 1997.

Wendt, H. H., *The Gospel according to St. John: an inquiry into its genesis and historical value*, Edinburgh, 1902.

글쓴이 이준호

약력

- · 한국외국어대학교
- · 총신대학교 신학대학원
- · 아세아연합신학대학교 신학대학원
- · 백석대학교 기독교전문대학원
- · 한국성서대학교 강사
- · 백석대학교 강사
- · 안양대학교 신학대학원 강사
- · 현재 서울한영대학교 신약학 교수

저서

『예수님의 풍성과 여덟 가지 축복』, 영성출판사, 2011.

『성경과 함께 읽는 신약배경사』, 한국학술정보, 2012.

『야고보서 연구: 개론, 믿음과 행함, 신학』, 공저. 도서출판 영성, 2013.

『무엇이 기독교 믿음인가?』, 도서출판 영성, 2016.

『어떻게 기뻐할 수 있는가: 빌립보서를 중심으로』, 통전치유, 2022.

연구

"야고보서에 나타난 성화", 한국복음주의신약학회,『신약연구』, 제10권 제4호, 2011.

"역사적 예수의 삶과 말에 대한 바울의 암시와 반영: 갈라디아서와 사도행전 13:23-31을 중심으로", 한국복음주의신약학회,『성경과신학』, 제62권, 2012.

"비유의 윤리적 의미와 신학적 해석의 가능성: 누가복음 10:29-37에 대한 해석학적 연구", 21세기기독교사회문화아카데미,『신학과사회』, 제36권 2호, 2021.

그 외 21편의 논문

번역

"로마서 5:1-21의 수사학적 기능을 고려한 로마서 1:1-5:21의 수사학적 분석", 한국복음주의신약학회,『신약연구』, 제8권 제1호, 번역논문, 2009.

그 외 9편의 논문

예수님의 기적과 비유

초판인쇄 2024년 12월 25일
초판발행 2024년 12월 25일

지은이 이준호
펴낸이 채종준
펴낸곳 한국학술정보(주)
주 소 경기도 파주시 회동길 230(문발동)
전 화 031-908-3181(대표)
팩 스 031-908-3189
홈페이지 http://ebook.kstudy.com
E-mail 출판사업부 publish@kstudy.com
등 록 제일산-115호(2000. 6. 19)

ISBN 979-11-7318-133-7 93230

이 책은 한국학술정보(주)와 저작자의 지적 재산으로서 무단 전재와 복제를 금합니다.
책에 대한 더 나은 생각, 끊임없는 고민, 독자를 생각하는 마음으로 보다 좋은 책을 만들어갑니다.